Schlegel | »Athenaeum«-Fragmente

Friedrich Schlegel
»Athenaeum«-Fragmente

und andere frühromantische Schriften

Edition, Kommentar und Nachwort
von Johannes Endres

Reclam

RECLAMS UNIVERSAL-BIBLIOTHEK Nr. 19525
2018 Philipp Reclam jun. GmbH & Co. KG,
Siemensstraße 32, 71254 Ditzingen
Gestaltung: Cornelia Feyll, Friedrich Forssman
Druck und Bindung: Esser printSolutions GmbH,
Untere Sonnenstraße 5, 84030 Ergolding
Printed in Germany 2023
RECLAM, UNIVERSAL-BIBLIOTHEK und
RECLAMS UNIVERSAL-BIBLIOTHEK sind eingetragene Marken
der Philipp Reclam jun. GmbH & Co. KG, Stuttgart
ISBN 978-3-15-019525-3

Auch als E-Book erhältlich

www.reclam.de

Inhalt

Anhang

Vom ästhetischen Werthe der Griechischen Komödie

⟨485⟩ Nichts ist seltner, als eine schöne Komödie. Das komische Genie ist nicht mehr frei, es schämt sich seiner Fröhlichkeit, und fürchtet durch seine Kraft zu beleidigen. Es erzeugt daher kein vollständiges und reines Werk aus sich selbst, sondern begnügt sich, ernsthafte dramatische Handlungen aus dem häuslichen Leben mit seinen Reizen zu schmücken. Aber damit hört die eigentliche Komödie auf; komische Energie wird unvermeidlich durch tragische Energie ersetzt: und es entsteht eine neue Gattung, eine Mischung des komischen und des tragischen Drama, welche sich gewöhnlich mit bescheidnem Stolz den ersten Platz über beide anmaaßt. Was ihre Ansprüche gelten, ist eine andre Frage; aber die Natur des Komischen kann man nur in der unvermischten reinen Gattung kennen lernen: und nichts entspricht so ganz dem Ideal des reinen Komischen, als die alte Griechische Komödie. Sie ist eins der wichtigsten Dokumente für die Theorie der Kunst; denn in der ganzen Geschichte der Kunst sind ihre Schönheiten einzig, und vielleicht eben deswegen allgemein verkannt. Es ist ⟨486⟩ schwer, nicht ungerecht gegen sie zu sein; sie nur zu verstehen, erfordert eine vollendete Kentniß der Griechen; und mit unbestechlicher Strenge ihre wirklichen Vergehungen von dem abzusondern, was nur uns beleidigt, erfordert einen Geschmack, der, über alle fremde Einflüsse erhaben, auf das Schöne allein gerichtet ist.

Die Griechen hielten die Freude für heilig, wie die Lebenskraft; nach ihrem Glauben liebten auch die Götter den Scherz. Ihre Komödie ist ein Rausch der Fröhlichkeit, und zugleich ein Erguß heiliger Begeisterung: ursprünglich nichts anders als eine öffentliche religiöse Handlung, ein Theil von dem Feste des *Bakchus*, welcher Gott ein Bild der Lebenskraft und des Genusses war. Diese Vermählung des Leichtesten mit dem Höchsten, des Fröhlichen mit dem Göttlichen, enthält eine große Wahrheit. Die Freude ist an sich gut, auch die sinnlichste enthält einen unmittelbaren Genuß höhern menschlichen Daseins. Sie ist der eigenthümliche, natürliche und ursprüngliche Zustand der höhern Natur des Menschen; der Schmerz erreicht ihn nur durch den geringeren Theil seines Wesens. Rein-sittlicher Schmerz ist nichts als entbehrte Freude, und rein-sinnliche Freude nichts als gestillter Schmerz; denn der Grund des thie-⟨487⟩rischen Daseins ist Schmerz. Aber Beides sind nur Begriffe; in der Wirklichkeit, bilden beide heterogene Naturen in durchgängiger Gemeinschaft ein Ganzes – den Menschen, verschmelzen in einen Trieb – den menschlichen; der Schmerz wird sittlich, und die Freude wird sinnlich.

Weil reine menschliche Kraft sich in Freude äußert, so ist sie ein Symbol des Guten, eine Schönheit der Natur. Sie verkündigt nicht bloß Leben, sondern auch Seele. Leben und unbeschränkte Freude bedeuten Liebe. Denn alles Leben deutet auf seine Wurzel und auf die Frucht seiner Vollendung; und der höchste Moment der Lebenskraft ist seine Verdoppelung, der Genuß eines homogenen Lebens. Leben und Geist aber sind im Menschen unzertrennlich, und die Bande des Lebens vereinigen die Geister. Nur der Schmerz trennt und vereinzelt; in der Freude verlieren sich alle Gränzen. Mit der Hofnung ungehinderter Vereinigung, scheint die letzte Hülle der Thierheit zu verschwinden; der Mensch erräth den völligen Genuß, nach welchem er nur streben kann ohne ihn zu besitzen. Es giebt für jedes empfindende Wesen eine Freude, welche keinen Zusatz zu leiden scheint, weil sie keine Gränzen hat, als die beschränkte Empfänglichkeit des Subjekts. In ⟨488⟩ dem Höchsten, was er fassen kann, erscheint dem Menschen das Unbedingt-Höchste; seine höchste Freude ist ihm ein Bild von dem Genusse des unendlichen Wesens. – Der Schmerz kann ein höchst wirksames Medium des Schönen sein; aber die Freude ist schon an sich schön. Schöne Freude ist der höchste Gegenstand der schönen Kunst.

Die Poesie kann diese Freude auf zweierlei Art behandeln; sie ist entweder Äußerung eines schönen Zustandes im Subjekte, in der *lyrischen* Darstellung; oder sie ist eine vollendete selbstständige Nachahmung in der *dramatischen* Darstellung. Schöne lyrische Freude muß edel und natürlich sein: die Äußerung einer unedlen Freude würde häßlich, die einer erkünstelten würde unwirksam sein. Was wäre eine Freude, die nicht von selbst schön wäre, sondern wie einem Gesetze, der Schönheit aus Pflicht gehorchte? Sie darf sich nicht einmal selbst zwingen; fremder Zwang aber vernichtet sie unvermeidlich. Schöne Freude muß frei sein, unbedingt frei. Auch die kleinste Beschränkung raubt der Freude ihre hohe Bedeutung, und damit ihre Schönheit; Zwang der Freude ist immer häßlich, ein Bild der Vernichtung und der Schlechtheit. Eine bloße Äußerung des Gefühls, die lyrische Darstellung der Freude, ⟨489⟩ kommt nicht so leicht in Gefahr ihre äußre Freiheit zu verlieren, – desto mehr die dramatische. Sie nimmt den Stof zu ihren Schöpfungen aus der Wirklichkeit, ihre Bestimmung ist eine öffentliche laute Darstellung des Lächerlichen, und ihre Freiheit ist dem Laster, der Thorheit, dem geheiligten Irrthume fürchterlich. Aber eben dadurch wird sie einer neuen hohen Bedeutung, einer neuen Schönheit fähig; wenn die Freude, wo wir Schranken erwarteten, uns mit Freiheit überrascht, so wird sie das schönste Symbol der bürgerlichen Freiheit.

Überhaupt wird Freiheit durch das Hinwegnehmen aller Schranken dargestellt. Eine Person also, die sich bloß durch ihren eignen Willen bestimmt, und die es offenbar macht daß sie weder innern noch äußern Schranken unterworfen ist, stellt die vollkommne innre und äußre persönliche Freiheit dar. Dadurch daß sie im frohen Genusse ihrer selbst nur aus reiner Willkür und Laune handelt, absichtlich ohne Grund oder wider Gründe, wird die innre Freiheit sichtbar; die äußre in dem Muthwillen, mit dem sie äußre Schranken verletzt, während das Gesetz großmüthig seinem Rechte entsagt. So stellten sich die Römer in den Saturnalien die Freiheit dar; ein ähnlicher ⟨490⟩ Gedanke lag vielleicht bei dem Karneval zum Grunde. Daß die Verletzung der Schranken nur scheinbar sei, nichts wirklich Schlechtes und Häßliches enthalte, und dennoch die Freiheit unbedingt sei: das ist die eigentliche Aufgabe einer jeden solchen Darstellung, und also auch der *alten Griechischen Komödie.*

Eine solche gränzenlose Freiheit genoß sie zu *Athen.* Schon ihr religiöser Ursprung erzog und bildete die komische Muse zur Freiheit, der Dichter und sein Chor waren heilige Personen: aus ihnen redete der Gott der Freude, und unter diesem Schutze waren sie unverletzlich. Aber bald ward aus einem religiösen Institut auch ein politisches, aus dem Feste eine öffentliche Angelegenheit, aus der Unverletzlichkeit des Priesters eine symbolische Darstellung der bürgerlichen Freiheit. Der Chor besonders deutete auf das Athenische Volk, welches in der Schönheit eines Spiels seine eigne Heiligkeit erblickte. Unter dem Deckmantel der Religion und der Politik, erschlich sich die Kunst das, worauf sie ein ewiges Recht hat, und was ihr der unglückliche Scharfsinn der Menschen raubte – unbeschränkte Autonomie. Wie die Wahrheit und die Tugend, ist die Schönheit ein ächtes erstgebornes Kind der menschlichen Natur, ⟨491⟩ und hat mit jenen ein gleiches vollgültiges Recht, Niemand zu gehorchen als sich selbst. Die Poesie kommt leichter in Gefahr dies Recht zu verlieren, als andre Künste; am meisten die komische Muse, welche nur bei einem Volke, und bei diesem einem Volke nur eine kurze Zeit, frei war. – Wenn irgend etwas in menschlichen Werken göttlich genannt werden darf, so ist es die schöne Fröhlichkeit und die erhabne Freiheit in den Werken des *Aristophanes.* Aber was die Schönheit der alten Griechischen Komödie möglich machte, veranlasste und erzeugte auch ihre Fehler, welche den Verlust ihrer Freiheit und ihrer Schönheit nach sich zogen.

Daß die Freude frei und in ihrer Natürlichkeit schön sei, setzt eine Bildung des Menschen durch Freiheit und Natur voraus, wo alle seine Kräfte ihrem freien Spiel und ihrer eignen Entwicklung ungehemmt überlassen sind. Dann wird der Mensch, seine Bildung und seine Geschichte, ein gemeinschaftliches Resultat seiner beiden heterogenen Naturen; beide sind in unzertrennlicher Gemeinschaft, die Tugend ist reizend, und die Sinnlichkeit schön. Aber freie menschliche Bildung findet in sich selbst ihr Ende, weil früher oder später die Sinnlichkeit das Übergewicht gewinnen muß. Wie alle reine Produkte des freien mensch-⟨492⟩lichen Triebes, kann auch die freie Komödie höchstens nur einen Moment vollkommner Schönheit haben; nachher wird aus Freude Ausschweifung, aus Freiheit zügelloser Frevel. Allein auch diesen Moment hat die Griechische Komödie nicht erreicht; dazu hätten zwei Zeitpunkte zusammen treffen müssen: der wo die Sitten noch nicht verderbt, und der wo der komische Geschmack und die komische Kunst schon völlig gebildet waren. Es ging aber zu Athen gerade umgekehrt; die Sitten waren schon sehr verderbt, und der komische Geschmack noch roh. Der Künstler Aristophanes schließt sich an die Geschichte vom Anfange der Kunst, der Mensch Aristophanes findet seinen Platz in der Geschichte vom Verfalle. Dies ist aus zwei Gründen sehr begreiflich; die komische Kunst bildet sich später als die tragische, und das Publikum der Komödie verdirbt früher. Weil sie mehr die Empfänglichkeit beschäftigt, als die Selbstthätigkeit in Anspruch nimmt, und weil sie in Athen nicht die gebildetere Erziehung voraussetzte wie die Tragödie, so war ihr Publikum schlechter als das tragische, wie die öffentliche Meinung der Alten und die Lehren der Philosophen ausdrücklich bestätigen. Die Tragödie spannt und erhebt ihr Publikum, hält also das Verderben des Geschmacks ⟨493⟩ so lange als möglich ab. Die Komödie hingegen verführt ihr Publikum, beschleunigt das Verderben des Geschmacks. Denn die Freude ist überhaupt etwas Verführerisches; sie macht leicht die Kraft nachläßig, die Sinnlichkeit berauscht und überwiegend. Die komische Kunst der Griechen ward später gebildet als die tragische: diese fand ihren Stof in den epischen und lyrischen Dichtern schon höchst gebildet und poetisirt; jene musste einen ganz neuen Stof erst zur Poesie erheben, das wirkliche gesellige Leben, welches sich selbst sehr spät ausbildete, nach ihrem Ideal poetisiren. Überhaupt scheint das tragische Genie früher rege zu werden, als das komische; das erste erfordert nur die großen Hauptmassen und Grundzüge der menschlichen Bildung und des menschlichen Schicksals; zu dem letztern muß der menschliche Geist und das menschliche Leben, wenn ich mich so ausdrücken darf, schon bis in die kleinsten Details ausgeführt sein.

Aus der Natur des freien Komischen überhaupt, und aus dem Ursprunge und Charakter der alten Griechischen Komödie, erklären sich sehr leicht ihre vorzüglichen Fehler: Rohigkeit, ehe der öffentliche Geschmack gebildet; Verderbtheit, nachdem die öffentliche Sittlichkeit schon entartet ⟨494⟩ war. Beides findet sich im Aristophanes; aber es ist weit weniger zu befürchten, daß wir uns an seinen Fehlern, welche unsre Sitten noch weit mehr beleidigen als die Gesetze der Kunst, den Geschmack verderben, als daß wir seine einzigen und göttlichen Schönheiten über jene verkennen möchten.

Nichts verdient den Tadel in einem Kunstwerke als Vergehungen wider die Schönheit und wider die Darstellung: das Häßliche und das Fehlerhafte. Was nur konvenzionellen Begriffen und Forderungen gewisser Stände Nazionen und Zeitalter widerspricht, ist darum nicht schlechthin verwerflich. Wir insbesondre müssen unsre ästhetischen Vorurtheile in diesem Punkte vergessen; wir müssen uns erinnern daß die schöne Kunst mehr ist als die Geschicklichkeit, einer verzärtelten Sinnlichkeit zu schmeicheln; wir müssen aufhören, eine Beleidigung der physischen Delikatesse für strafbarer zu halten als eine Verletzung der Schönheit und der Kunst. Gewiß ist diese übertriebne physische Reizbarkeit, der Kunst weit nachtheiliger als Rohigkeit; diese erzeugt nur einzelne Fehler, jene macht aller Kunst ein Ende und würdigt sie zu einem Kitzel der Sinnlichkeit herab. Es ist uns anstößig, daß die Griechische Komödie zu dem Volke ⟨495⟩ in seiner Sprache redet; wir verlangen daß die Kunst vornehm sei. Aber die Freude und die Schönheit ist kein Privilegium der Gelehrten der Adlichen und der Reichen; sie ist ein heiliges Eigenthum der Menschheit. Die Griechen ehrten das Volk; und es ist nicht die kleinste Vortreflichkeit der Griechischen Muse, daß sie auch dem ungebildeten Verstande, dem gemeinen Manne die höchste Schönheit verständlich zu machen wußte. Freilich übertraf auch der gemeine Mann zu Athen, nicht bloß an natürlichem Geist und geselliger Bildung, sondern noch weit mehr an Freiheit und Energie des sittlichen Gefühls, alle seines Gleichen. Das beweis't uns unter andern eben der Aristophanes, welcher uns oft so deutlich überführt daß es auch zu Athen Pöbel gab. Das Komische richtet sich, weit mehr als das Tragische, nach dem Grade der Reizbarkeit und der Fassungskraft seines Publikums; und diese hängen wieder von dem Maaße der geselligen Ausbildung und aller Seelenkräfte ab: daher der Unterschied unter dem Niedern und Edlen Komischen. Um eine nicht so reizbare Empfänglichkeit zu beleben, werden stärkere Reize, heftigere Erschütterungen erfordert; die Widersprüche und Kontraste, überhaupt die Verhältnisse, welche der ungebildete Verstand fassen ⟨496⟩ soll, müssen gröber und faßlicher sein. Wie wandelbar überhaupt diese Verhältnisse sind, erläutert das Beispiel der Kinder, der Wilden, des gemeinen Mannes.

Der rohere Mensch ist gegen das Widrige, welches das Komische oft enthält, nicht so empfindlich: ihn kann auch wohl das Komische eines leidenden oder schlechten Gegenstandes ergötzen. Es ist die eigentliche Aufgabe der Komödie, das Unvollkommne, welches allein der Freude dramatische Energie verleihen kann, so viel als möglich zu entfernen, zu vergüten oder zu mildern, ohne jedoch die Energie zu vernichten, oder den Mangel der komischen durch tragische Energie zu ersetzen – eine Forderung, die noch nie ganz befriedigt ist. An Energie fehlt es der komischen Kunst im Anfange nicht, aber sie ist beleidigend: von dem einem wesentlichen Element des Komischen, dem Unvollkommnen und Unangenehmen, enthält sie weit mehr, und doch nicht mehr von dem andern, der Freude. Für ihr roheres Publikum muß freilich das Schöne in ihrem Werke über das Häßliche das Übergewicht haben, sonst könnte es ihm nicht gefallen. Aber wenn der öffentliche Geschmack sich bildet, wenn der Verstand und die Reizbarkeit des Publikums sich verfeinern, so wird es die Werke, die es ehedem schön fand, belei-⟨497⟩digend finden. – Die Rohigkeit, welche oft auch unsittlich ist, muß man sich hüten mit der ästhetischen Unsittlichkeit zu verwechseln: diese ist nichts als Mangel an Harmonie, Zügellosigkeit der einzelnen Kräfte aus Übergewicht der Sinnlichkeit.

Man darf nicht glauben, daß die Griechische Komödie dadurch daß sie, wie ich vorhin erwähnte, die Sprache ihre Publikums redete, ihre Objektivität verloren habe, und zu einer individuellen Geschicklichkeit herabgesunken sei. Überhaupt widersprechen sich vollkommne Allgemeingültigkeit und höchste Individualität der Kunst nicht: sie muß beide vereinigen. Als Organ der Natur und der Schönheit, hat sie kein andres Publikum als die Menschheit; mag ihr sichtbares Publikum noch so bestimmt und beschränkt sein, sie hat es in ihm nur mit dem Menschlichen, mit dem Unveränderlichen zu thun. Aber die Materie, die Sprache der Kunst, kann nicht zu individuell sein, weil sie dadurch immer an Verständlichkeit und Energie gewinnt: die komische Muse insbesondre kann ihre Schöpfungen nur in das Detail eines wirklichen Lebens bilden; der Grund ihrer Gemälde, der Schauplatz auf dem ihre Personen handeln sollen, muß Wirklichkeit, höchste Individualität sein. ⟨498⟩ Noch ein andrer Fehler des Aristophanes, nicht wider die Schönheit, sondern wider Reinheit der Kunst, erklärt sich ganz natürlich aus den politischen Verhältnissen der Griechischen Komödie. Bis die Rechte der Kunst vielleicht bei einem spätern Geschlechte einmal freiwillig anerkannt werden, kann der Komödie die Freiheit nur durch ein Institut gesichert werden. So war es bei den Griechen; aber noch ehe sie sich aus ihrem fremdartigen Ursprunge zu reiner Poesie entwickelte und völlig bildete, entartete sie schon in persönliche und politische Nebenabsichten. Die Satire des Aristophanes ist sehr oft nicht poetisch sondern persönlich, und eben so demagogisch als die Art mit der er den Wünschen und den Meinungen des Volks schmeichelt. – Zügellosigkeit hat zur natürlichen Folge, Erschlaffung; Mißbrauch der Freiheit, den Verlust derselben. Nach diesem, welcher sehr bald erfolgte, war der Griechischen Komödie noch weit weniger möglich, was sie selbst während ihrer schönsten Blüthe und freisten Regsamkeit nicht erreicht hat – das höchste komische Schöne. Hätte die Griechische Kunst es auch erreicht, so hätte sie es nicht bewahren können, hätte es bald verlieren müssen, wie das höchste Schöne im Tragischen, welches sie wirklich erreicht hat. Denn ⟨499⟩ sie war ein Produkt des freien Genies; und im freien Laufe der sich selbst überlass'nen menschlichen Natur, ist die Vollkommenheit nur ein Moment. Wenn aber nicht freie Natur, sondern Absicht, das Prinzip der menschlichen Bildung ist, wie unter uns; so wird ganz natürlich der Anfang damit gemacht, den Menschen zu zerspalten, seine höhere Natur zu isoliren. Die Sinnlichkeit ist alsdann im Stande der Unterdrückung oder der Empörung; das Natürliche ist ohne Bildung nicht schön, die Freude darf nicht frei sein.

In andern Kunstwerken ist das Genie von seiner äußern Lage unabhängig: seine innere Freiheit kann ihm niemand rauben. Aber das komische Genie verlangt auch äußre Freiheit, kann ohne diese sich nur bis zur Grazie, nie bis zum höchsten Schönen erheben. Sie wird es erreichen, wenn die Absicht vielleicht in einer späten Zukunft ihr Geschäft vollendet und mit Natur endigt, wenn aus Gesetzmäßigkeit Freiheit wird, wenn die Würde und die Freiheit der Kunst ohne Schutz sicher, wenn jede Kraft des Menschen frei und jeder Mißbrauch der Freiheit unmöglich sein wird. Alsdann würde auch die reine Freude, ohne den Zusatz des Schlechten, welcher itzt dem Komischen nothwendig ist, an sich genug dramatische Energie ⟨500⟩ haben; die Komödie würde das vollkommenste aller poetischen Kunstwerke sein: oder vielmehr an die Stelle des Komischen würde das Entzückende treten, und wenn es einmal vorhanden wäre, ewig beharren. Die Poesie kann dies gemeinschaftliche Ziel nicht allein erreichen, aber sie kann ohne fremde Hülfe sich ihrem Ideal nähern. Das Schauspiel muß so viel als möglich mit der dramatischen Vollkommenheit die alte Fröhlichkeit vereinigen, zur Natürlichkeit zurückkehren und sich der Freiheit nähern. Wenn auf einem solchen Wege nur einige Schritte gethan sind, so läßt sich alles hoffen; und auf diesem Wege giebt es keinen bessern Wegweiser, kein vollkommneres Vorbild, als die alte Griechische Komödie. Sie ist ein unübertrefliches Muster schöner Fröhlichkeit, erhabener Freiheit, und komischer Kraft, bei allen Fehlern.

Aber noch außer denen, die ich schon entwickelt habe, wirft man dem Aristophanes vor: seine Stücke seien ohne dramatischen Zusammenhang und Einheit, seine Darstellungen in

Karrikatur und unwahr, er unterbreche oft die Täuschung. – Der letzte Tadel ist nicht ohne allen Grund: nicht bloß in dem politischen Intermezzo, der Parekbase, wo der Chor mit dem Volke redete, sondern auch außerdem kommen in häufigen Anspielungen der ⟨501⟩ Dichter und das Publikum zum Vorschein. Der Anlaß liegt in den politischen Verhältnissen der Komödie, aber eine Art von Rechtfertigung scheint mir auch in der Natur der komischen Begeisterung zu liegen. Diese Verletzung ist nicht Ungeschicklichkeit, sondern besonnener Muthwille, überschäumende Lebensfülle, und thut oft gar keine üble Wirkung, erhöht sie vielmehr, denn vernichten kann sie die Täuschung doch nicht. Die höchste Regsamkeit des Lebens muß wirken, muß zerstören; findet sie nichts außer sich, so wendet sie sich zurück auf einen geliebten Gegenstand, auf sich selbst, ihr eigen Werk; sie verletzt dann, um zu reizen, ohne zu zerstören. Dieser charakteristische Zug des Lebens und der Freude wird in der Komödie noch überdem bedeutend durch die Beziehung auf die Freiheit.

Dramatische Vollständigkeit ist in der reinen Komödie, deren Bestimmung öffentliche Darstellung und deren Prinzip der öffentliche Geschmack ist, nicht möglich; wenigstens so lange nicht möglich, bis sich das Verhältniß der Empfänglichkeit zur Selbstthätigkeit im Menschen ganz ändert, bis reine Freude, ohne allen Zusatz von Schmerz, hinreicht, seinen Trieb aufs höchste zu spannen. Bis dahin wird die komische Kunst, um die Energie ⟨502⟩ zu erreichen, ohne welche alle dramatische Darstellung unnatürlich und unwirksam ist, das Schlechte und den Schmerz zu Hülfe nehmen müssen: bis dahin bleibt also auch die Erbsünde der komischen Energie die nothwendige Lust am Schlechten. Die reine Lust ist selten lächerlich, aber das Lächerliche (sehr oft nichts anders als die Lust am Schlechten) ist weit wirksamer und lebendiger. Die eigentliche Aufgabe der Komödie ist: mit dem kleinsten Schmerz das höchste

Leben zu bewirken; ihr bestes Mittel dazu ist die Stellung, z. B. in einer überraschenden Plötzlichkeit der Kontraste. Ohne Nachtheil der Energie, hat sie noch nicht allen Zusatz des Häßlichen entbehren können; wie denn auch, nach der Meinung fast aller Philosophen, Unvollkommenheit ein wesentliches Ingrediens des Lächerlichen in der Natur ist, welchem das Komische in der Kunst entspricht. Geistige Freude ist rein und ruhig; eine Freude aber, die so heftig, unruhig, vermischt ist, wie die, welche das Komische bewirkt, ist höchst sinnlich. Sie erzeugt einen Rausch des Lebens welcher den Geist mit sich fortreißt; und Schönheiten welche die Selbststhätigkeit zu sehr in Anspruch nehmen, gehen verloren. Die vollkommne Kausalverknüpfung, die innere dramatische Nothwendigkeit und ⟨503⟩ Vollständigkeit, sind viel zu schwerfällig für einen leichten zerstreuenden Rausch; und der Genuß der Harmonie erfordert Besonnenheit, Beisammensein der ganzen Seele. Vollkommne tragische Ganze, oder auch wohl epische und philosophische Ganze im dramatischen Gewande, welche mit allen Reizen des Komischen geschmückt sind, sind gar nicht selten; aber ich zweifle, daß sich ein vollkommnes dramatisches Kunstwerk findet, in welchem die Einheit des Ganzen poetisch, und zwar nicht tragisch, sondern reinkomisch wäre.

Nachdem die Griechische Komödie nicht mehr frei, die komische Kraft des Genies erloschen (wäre sie noch vorhanden gewesen, so würde sie nur den zärtlicheren Geschmack beleidigt haben), aus Sittenlosigkeit Erschlaffung entstanden war, nachdem ferner die dramatische Kunst, die Sprache der Poesie der Philosophie und des geselligen Lebens, auch das gesellige Leben selbst den höchsten Grad der Ausbildung erreicht hatte; da entstand die *neuere* Griechische Komödie. Sie hatte die Schönheiten, welche die Komödie ohne Freiheit und ohne komische Kraft haben kann: Grazie im Stil, Humanität in den Charakteren, Anmuth der Dikzion, und Feinheit des Dialogs.

Der Mangel der komischen Energie ward (wie es über-⟨504⟩haupt unvermeidlich geschieht) durch tragische Energie ersetzt; die Tragödie war auch verfallen, und die neue Mischung mußte beide ersetzen. Von der Tragödie entlehnte sie: die sanfte Wärme der Leidenschaft welche sich oft dem tragischen Ernst nähert, und den eigenthümlichen Zauber der dramatischen Kunst, das Interesse durch die leichte Entwicklung einer schöngeordneten vollständigen Handlung zu spannen. Der Ausbildung und Verschönerung dieser neuen Gattung war vieles sehr günstig: die Attische Urbanität und Dikzion, die Vorbilder der alten Komödie und Tragödie, die Reminiscenzen der ehemaligen Freiheit; aber auf der andern Seite setzte der öffentliche Geschmack, welcher schon sehr verderbt war, der Kunst enge Gränzen. Er war nur noch für Grazie und Eleganz empfänglich. Bei einem Volke, wo der öffentliche Geschmack noch nicht so erschlafft ist, oder wo er überhaupt die Kunst nicht leitet, kann das Genie im gemischten Drama sich ohne Zweifel weit höher schwingen. Im Stof der neuern Griechischen Komödie herrscht nicht weniger Monotonie, als im Ideal. Die moralische Grazie des Menander war das höchste was der öffentliche Geschmack noch zu fassen fähig war. Aber dieser Dichter liebte die Philosophie, und war eine Aus-⟨505⟩nahme; seine Zeitgenossen selbst zogen ihm ja andre Dichter vor, in welchen sie ihre eigne erschlafte Sinnlichkeit im anmuthigsten Gewande wiederfanden.

Die Natur dieser Mischung der Tragödie und der Komödie selbst zu untersuchen, sie mit den Gesetzen der Schönheit und der Kunst zu vergleichen, und die Frage zu entscheiden, ob die Reinheit des Tragischen und des Komischen eine Bedingung ihrer Vollkommenheit ist oder nicht: das ist eine rein-theoretische Aufgabe, und liegt außer den Gränzen dieses Aufsatzes.

Dresden. *Friedrich Schlegel.*

Über Lessing

⟨76⟩ Lessings schriftstellerische Verdienste sind schon mehr als einmal der Gegenstand eigner beredter Aufsätze gewesen. Ein paar dieser Aufsätze, welche viele treffende und feine Bemerkungen enthalten, rühren von zwei der achtungswürdigsten Veteranen der deutschen Litteratur her. Ein Bruder, der Lessingen aufrichtig liebte, und ihn lange mit der Treue der Bewunderung beobachtet hatte, widmete der Beschreibung seiner Schicksale, Verhältnisse und Eigenthümlichkeiten ein umständliches Werk. Wenige Schriftsteller nennt und lobt man so gern, als ihn: ja es ist eine fast allgemeine Liebhaberei, gelegentlich etwas bedeutendes über Lessing zu sagen. Wie natürlich: da er, der eigentliche Autor der Nazion und des Zeitalters, so vielseitig und so durchgreifend wirkte, zugleich laut und glänzend ⟨77⟩ für Alle, und auf einige tief. Daher ist denn auch vielleicht über kein deutsches Genie so viel Merkwürdiges gesagt worden; oft aus sehr verschiednen, ja entgegengesetzten Standpunkten, zum Theil von Schriftstellern, welche selbst zu den geistvollsten oder zu den berühmtesten gehören.

Dennoch darf ein Versuch, *Lessings Geist im Ganzen zu charakterisiren*, nicht für überflüssig gehalten werden. Eine so reiche und umfassende Natur kann nicht vielseitig genug betrachtet werden, und ist durchaus *unerschöpflich*. So lange wir noch an Bildung wachsen, besteht ja ein Theil, und gewiß nicht der unwesentlichste, unsers Fortschreitens eben darin, daß wir immer wieder zu den alten Gegenständen, die es werth sind, zurückkehren, und alles Neue, was wir mehr sind oder mehr wissen, auf sie anwenden, die vorigen Gesichtspunkte und Resultate berichtigen, und uns neue Aussichten eröffnen. Der gewöhnlichen Behauptung: es sei schon Alles gesagt; die so scheinbar ist, daß sie von sich selbst gilt (denn so wie Voltaire sie ausdrückt, wird sie schon beim Terenz gefunden) muß man daher in Rücksicht auf Gegenstände dieser Art vorzüglich, ja vielleicht in Rücksicht auf alle, von denen immer die Rede sein wird, die gerade widersprechende Behauptung entge-⟨78⟩gensetzen: Es sei eigentlich noch Nichts gesagt; nämlich so, daß es nicht nöthig wäre, mehr, und nicht möglich, etwas besseres zu sagen.

Was Lessingen insbesondere betrift: so sind überdem erst seit Kurzem die Akten vollständig geworden, nachdem man nun alles, was zur nähern Bekanntschaft mit dem großen Manne irgend nützlich sein mag, hat drucken lassen. Jene, welche gleich im ersten Schmerz über seinen Verlust schrieben, entbehrten viele wesentliche Dokumente, unter andern die unendlich wichtige Briefsammlung. Beide beschränkten ihre Betrachtungen nur auf einige Zweige seiner vielseitigen Thätigkeit: der eine richtete seine Absicht auf ein bestimmtes, nicht auf das ganze Publikum; der andre schwieg geflissentlich über Manches, oder verweilte nicht lange dabei. Gewiß nicht ohne Grund: aber Rücksichten, welche damals nothwendig waren, sind es vielleicht jetzt nicht mehr.

Lessing endlich war einer von den *revolutionären* Geistern, die überall wohin sie sich auch im Gebiet der Meinungen wenden, gleich einem scharfen Scheidungsmittel, die heftigsten Gährungen und gewaltigsten Erschütterungen allgemein verbreiten. In der Theologie wie auf der Bühne und in der Kritik hat er nicht blos ⟨79⟩ Epoche gemacht, sondern eine allgemeine und daurende Revolution allein hervorgebracht, oder doch vorzüglich veranlaßt. Revolutionäre Gegenstände werden selten kritisch betrachtet. Die Nähe einer so glänzenden Erscheinung blendet auch sonst starke Augen, selbst bei leidenschaftsloser Beobachtung. Wie sollte also die Menge fähig sein, sich dem stürmischen Eindruck nicht ganz hinzugeben, sondern ihn mit der geistigen Gegenwirkung aneignend aufzunehmen, wodurch allein er sich zum *Urtheil* bilden kann? Der erste Eindruck litterarischer Erscheinungen aber ist nicht bloß unbestimmt: er ist auch selten reine Wirkung der Sache selbst, sondern gemeinschaftliches Resultat vieler mitwirkenden Einflüsse und zusammentreffenden Umstände. Dennoch pflegt man ihn ganz auf die Rechnung des Autors zu setzen, wodurch dieser nicht selten in ein durchaus falsches Licht gestellt wird. Der allgemeine Eindruck wird auch bald der herrschende; es bildet sich ein blinder Glauben, eine gedankenlose Gewohnheit, welche bald heilige Überlieferung und endlich beinah unverbrüchliches Gesetz wird. Die Macht einer öffentlichen und alten Meinung zeigt ihren Einfluß auch auf solche Männer, welche selbstständig urtheilen könnten; der Strom zieht auch sie mit fort, ⟨80⟩ oft ohne daß sie es nur gewahr werden. Oder wenn sie sich widersetzen, so gerathen sie dann in das andere Extrem, alles unbedingt zu verwerfen. Der Glaube wächst mit dem Fortgang, der Irrthum wird fest durch die Zeit und irrt immer weiter, die Spuren des Besseren verschwinden, Vieles und vielleicht das Wichtigste sinkt ganz in Vergessenheit. So bedarf es oft nur eines geringen Zeitraums, um das Bild von seinem Originale bis zur Unkenntlichkeit zu entfernen, und um zwischen der herrschenden Meinung über einen Schriftsteller, und dem was ganz offenbar in seinem Leben und in seinen Werken da liegt, dem was er selbst über sich urtheilte und der Art, wie er überhaupt die Dinge der litterarischen Welt ansah und maß, den schneidendsten Widerspruch zu erzeugen. Die, welche, wenn auch nicht in der Religion, doch in der Litteratur den alleinseligmachenden Glauben zu besitzen wähnen, wird dieser Widerspruch zwar selten in ihrer behäglichen Ruhe stören: aber jeder Unbefangne, dem er sich plötzlich zeigt, muß billig darüber erstaunen.

Überraschung und Erstaunen waren, das muß ich gestehen, jedesmal meine Empfindungen, wenn ich eine Zeitlang ganz in Lessings Schrif-⟨81⟩ten gelebt hatte, und nun absichtlich oder zufällig wieder auf irgend etwas gerieth, wobei ich mich alles dessen erinnerte, was ich etwa schon über die Art, wie man Lessing gewöhnlich bewundert und nachahmt, oder zu bewundern und nachzuahmen unterläßt, gesammelt und beobachtet hatte.

Ja gewiß, auch Lessing würde wo nicht überrascht doch etwas befremdet werden, und nicht ganz ohne Unwillen lächeln, wenn er wiederkehrte und sähe, wie man nur die Vortreflichkeiten nicht müde wird an ihm zu preisen, die er immer streng und ernst von sich ablehnte, nur diejenigen unter seinen zahlreichen Bemühungen und Versuchen mit einseitiger und ungerechter Vorliebe fast allein zu zergliedern und zu loben, von denen er selbst am wenigsten hielt, und von denen wohl eigentlich vergleichungsweise am wenigsten zu sagen ist, während man das Eigenste und das Größte in seinen Äußerungen, wie es scheint, gar nicht einmal gewahr werden will und kann! Er würde doch erstaunen, daß gerade die poetischen Mediocristen, litterarischen Moderantisten und Anbeter der Halbheit, welche er, so lange er lebte, nie aufhörte eifrigst zu hassen und zu verfolgen, es haben wagen dürfen, ihn als einen Virtuosen der goldnen ⟨82⟩ Mittelmäßigeit zu vergöttern, und ihn sich ausschließend gleichsam zuzueignen, als sei er einer der ihrigen! Daß sein Ruhm nicht ein ermunternder und leitender Stern für das werdende Verdienst ist, sondern als Ägide gegen jeden misbraucht wird, der etwa in allem, was gut ist und schön, zu weit vorwärts gehn zu wollen droht! Daß träger Dünkel, Plattheit und Vorurtheil unter der Sankzion seines Namens Schutz suchen und finden! Daß man ihn und einen Addison, von dessen Zahmheit, wie ers nennt, er so verächtlich redet (wie er denn überhaupt nüchterne Correktheit ohne Genie beinah noch mehr geringschätzt, als billig ist) zusammenpaaren mag und darf, wie man etwa *Miß Sara Sampson* und *Emilia Galotti* und *Nathan den Weisen* in einem Athem und aus einem Tone bewundert weil es doch sämmtlich dramatische Werke sind!

Auch Er würde, wenn sein Geist in neuer Gestalt erschiene, von seinen eifrigsten Anhängern verkannt und verläugnet werden, und könnte ihnen gar leicht großes Ärgerniß geben. Denn wenn der heilige Glauben nicht wäre, und der noch heiligere Namen, so dürfte Lessing doch wohl für manchen, der jezt auf seiner Autorität vornehm ausruht, an seine Einfälle ⟨83⟩ glaubt, die Größe seines Geistes für das Maß des menschlichen Vermögens, und die Gränzen seiner Einsicht für die wissenschaftlichen *Säulen des Herkules* hält, welche überschreiten zu wollen eben so gottlos als thöricht sei, nichts weiter sein, als ein ausgemachter Mystiker, ein sophistischer Grübler und ein kleinlicher Pedant.

Es ist nicht uninteressant, der allmähligen Entstehung und Ausbildung der herrschenden Meinung über Lessing nachzuforschen, und sie bis in ihre kleinsten Nebenzweige zu verfolgen. Die Darstellung derselben in ihrem ganzen Umfange, mit andern Worten, die Geschichte der Wirkungen, welche Lessings Schriften auf die deutsche Litteratur gehabt haben, wäre hinreichender Stoff für eine eigene Abhandlung. Hier wird es genug und zweckmäßiger sein, nur das Resultat einer solchen Untersuchung aufzustellen, und die im Ganzen herrschende Meinung, nebst den wesentlichsten Abweichungen einzelner Gattungen mit der Genauigkeit, die ein mittlerer Durchschnitt erlaubt, im Allgemeinen positiv und negativ zu bestimmen, und durch kurz angedeutete Gegensätze in ein helleres Licht zu setzen.

Völlig ausgemacht ist es nach dem einmüthigen Urtheil Aller, daß Lessing *ein sehr großer Dichter sei*. Seine dramatische Poesie hat ⟨84⟩ man unter allen seinen Geistesprodukten am weitläuftigsten und detaillirtesten zergliedert, und auf Alles, was sie betrift, legt man den wichtigsten Akzent. Läse man nicht die Werke selbst, sondern nur was über sie gesagt worden ist: so dürfte man leicht verführt werden zu glauben, die *Erziehung des Menschengeschlechts* und die *Freymäurergespräche* stehen an Bedeutung, Werth, Kunst und Genialität der *Miß Sara Sampson* weit nach.

Auch das ist ausgemacht, daß Lessing ein unübertreflich einziger, ja beinah *vollkommener Kunstkenner der Poesie* war. Hier scheinen das Ideal und der Begriff des Individuums fast in einander verschmolzen zu sein. Beide werden nicht selten verwechselt, als völlig identisch. Man sagt oft nur: *Ein Lessing*, um einen vollendeten poetischen Kritiker zu bezeichnen. So redet nicht blos Jedermann, so drückt sich aus ein *Kant*, ein *Wolf* aus; Häupter der philosophischen und der philologischen Kritik, welchen man daher den Sinn für Virtuosität in jeder Art von Kritik nicht absprechen wird; beide an Liebe und Kunst, der Wahrheit auch in ihren verborgensten Schlupfwinkeln nachzuspüren, an schneidender Strenge der Prüfung bei biegsamer Vielseitigkeit Lessingen nicht unähnlich.

⟨85⟩ Auch darin ist man einig, daß man seine Universalität bewundert, welche dem Größten gewachsen war, und es doch auch nicht verschmähte, selbst das Kleinste durch Kunst und Geist zu adeln. Einige, vorzüglich unter seinen nächsten Bewunderern und Freunden, halten ihn desfalls für ein *Universalgenie*, dem es zu gering gewesen wäre, nur in Einer Kunst oder Wissenschaft groß, vollendet und einzig zu sein, erklärt, ohne sich diesen Begriff recht genau zu bestimmen, oder über die Möglichkeit dessen, was sie behaupteten, strenge Rechenschaft zu geben. Sie machen ihn nicht ohne einige Vergötterung gleichsam zu einem *Eins und Alles*, und scheinen oft zu glauben, sein Geist habe wirklich keine Schranken gehabt.

Witz und Prosa sind Dinge für die nur sehr wenige Menschen Sinn haben, ungleich weniger vielleicht, als für kunstmäßige Vollendung und für Poesie. Daher ist denn auch von

Lessings Witz und von Lessings Prosa gar wenig die Rede, ungeachtet doch sein Witz vorzugsweise klassisch genannt zu werden verdient, und eine pragmatische Theorie der Deutschen Prosa wohl mit der Charakteristik seines Styls gleichsam würde anfangen und endigen müssen.

Noch weniger ist natürlich bei dem allge-⟨86⟩meinen Mangel an Sinn für sittliche Bildung und sittliche Größe, bei der modischen nichts unterscheidenden Verachtung der Ästhetiker gegen alles, was moralisch heißen will oder wirklich ist, der schwächlichen Schlaffheit, der eigensinnigen Willkührlichkeit, drükenden Kleinlichkeit und konsequenten Unvernunft der konvenzionellen und in der Gesellschaft wirklich geltenden Moral auf der einen Seite, und dem Bornirtismus abstrakter und buchstäbelnder Tugendpedanten und Maximisten auf der andern, von *Lessings Charakter* die Rede; von den würdigen männlichen Grundsätzen, von dem *großen freien Styl seines Lebens*, welches vielleicht die beste praktische Vorlesung über die Bestimmung des Gelehrten sein dürfte; von der dreisten Selbstständigkeit, von der derben Festigkeit seines ganzen Wesens, von seinem edeln vornehmen Cynismus, von seiner heiligen Liberalität; von jener biedern Herzlichkeit, die der sonst nicht empfindsame Mann in allem was Kindespflicht, Brudertreue, Vaterliebe, und überhaupt die ersten Bande der Natur und die innigsten Verhältnisse der Gesellschaft betrifft, stets offenbart, und die sich auch hie und da in Werken, welche sonst nur der Verstand gedichtet zu haben scheint, so anziehend und durch ⟨87⟩ ihre Seltenheit selbst rührender äußert; von jenem tugendhaften Haß der halben und der ganzen Lüge, der knechtischen und der herrschsüchtigen Geistesfaulheit; von jener Scheu vor der geringsten Verletzung der Rechte und Freiheiten jedes Selbstdenkers; von seiner warmen, thätigen Ehrfurcht vor allem was er als Mittel zur Erweiterung der Erkenntniß und in sofern als Eigenthum der Menschheit betrachtete; von seinem reinen Eifer in Bemühungen, von denen er selbst am besten wußte, daß sie nach der gemeinen Ansicht, fehlschlagen und nichts fruchten würden, die aber in diesem Sinne gethan, mehr werth sind, wie jeder Zweck; von jener göttlichen Unruhe, die überall und immer nicht bloß wirken, sondern aus Instinkt der Größe handeln *muß*, und die auf alles, was sie nur berührt, von selbst, ohne daß sie es weiß und will, zu allem Guten und Schönen so mächtig wirket.

Und doch sind es grade *diese* Eigenschaften und so viele andre ihnen ähnliche noch weit mehr als seine Universalität und Genialität, um derentwillen man es nicht misbilligen mag, daß ein Freund die erhabene Schilderung, welche Cassius beim Shakespear vom Cäsar macht, auf ihn anwandte:

⟨88⟩ Ja, er beschreitet, Freund, die enge Welt
Wie ein Kolossus, und wir kleinen Leute,
Wir wandeln unter seinen Riesenbeinen
Und schaun umher nach einem schnöden Grab.

Denn diese Eigenschaften kann nur *ein großer Mann* besitzen, *der ein Gemüth hat*, das heißt, jene lebendige Regsamkeit und Stärke des innersten, tiefsten Geistes, des Gottes im Menschen. Man hätte daher nicht so weit gehn sollen, zu behaupten, es fehle ihm an Gemüth, wie sie's nennen, weil er keine Liebe hatte. Ist, denn Lessings Haß der Unvernunft nicht so göttlich wie die ächteste, die geistigste Liebe? Kann man so hassen ohne Gemüth? Zu geschweigen, daß so mancher, der ein Individuum oder eine Kunst zu lieben glaubt, nur eine erhitzte Einbildungskraft hat. Ich fürchte, daß jene unbillige Meinung um so weiter verbreitet ist, je weniger man sie laut gesagt hat. Einige Fantasten von der bornirten und illiberalen Art, welche gegen Lessing natürlich so gesinnt sein müssen, wie etwa der Patriarch gegen einen Alhafi oder gegen einen

Nathan gesinnt sein würde, scheinen ihm wegen jenes Mangels sogar die Genialität absprechen zu wollen. – Es ist hinreichend, diese Meinung nur zu erwähnen.

Die bibliothekarische und antiquarische *Mi-*⟨89⟩*krologie* des wunderlichen Mannes und seine seltsame *Orthodoxie* weiß man nur anzustaunen. Seine böse Polemik beklagt man fast einmüthig recht sehr, so wie auch, daß der Mann sogar *fragmentarisch* schrieb, und trotz alles Anmahnens nicht immer lauter Meisterwerke vollenden wollte. –

Seine *Polemik* insonderheit ist, ungeachtet sie überall den Sieg davon getragen hat, und man es auch da, wo es allerdings einer tiefern historischen Untersuchung, und kritischen Würdigung bedurft hätte, vorzüglich in Sachen des Geschmacks, bei seiner blos polemischen Entscheidung hat bewenden lassen, dennoch selbst so völlig vergessen, daß es vielleicht für Viele, welche Verehrer Lessings zu sein glauben, ein Paradoxon sein würde, wenn man behauptete, der *Anti-Götze* verdiene nicht etwa bloß in Rücksicht auf zermalmende Kraft der Beredsamkeit, überraschende Gewandheit und glänzenden Ausdruck, sondern an Genialität, Philosophie, selbst an poetischem Geiste und sittlicher Erhabenheit einzelner Stellen, unter allen seinen Schriften den ersten Rang. Denn nie hat er so aus dem tiefsten Selbst geschrieben, als in diesen Explosionen, die ihm die Hitze des Kampfs entriß, und in denen der Adel seines Gemüths ⟨90⟩ im reinsten Glanz so unzweideutig hervorstrahlt. Was könnten und würden auch wohl die Verehrer der von Lessing immer so bitter verachteten und verspotteten Höflichkeit und Decenz, »für welche die Polemik überhaupt wohl weder Kunst noch Wissenschaft sein mag,« zu einer Polemik sagen, gegen welche sie selbst *Fichte's* Denkart friedlich und seine Schreibart milde nennen müßten? Und das in einem Zeitalter, wo man nächst der Mystik nichts so sehr scheut als Polemik, wo es herrschender Grundsatz ist, fünf grade sein zu lassen, und die Sache ja nicht so genau zu nehmen, wo man alles dulden, beschönigen und vergessen kann, nur strenge rücksichtslose Rechtlichkeit nicht? Wenn diese Lessingsche Polemik nicht glücklicherweise so vergessen, viele seiner besten Schriften nicht so unbekannt wären, daß unter hundert Lesern vielleicht kaum Einer bemerken wird, wie ähnlich die Fichtische Polemik der Lessingschen sei, nicht etwa in etwas Zufälligem, im Kolorit oder Styl, sondern grade in dem, was das wichtigste ist, in den Hauptgrundsätzen, und in dem was am meisten auffält, in einzelnen schneidenden und harten Wendungen.

Lessings *Philosophie*, welche freilich wohl unter allen Fragmenten, die er in die ⟨91⟩ Welt warf, am meisten Fragment geblieben ist, da sie in einzelnen Winken und Andeutungen, oft an dem unscheinbarsten Ort andrer Bruchstücke, über alle seine Werke der letztern, und einige der mittlern und ersten Epoche seines geistigen Lebens zerstreut liegt; seine Philosophie, welche für den Kritiker, der ein philosophischer Künstler werden will, dennoch sein sollte, was der *Torso* für den bildenden Künstler; Lessings Philosophie scheint man nur als Veranlassung der Jakobischen, oder gar nur als Anhang der Mendelsohnschen zu kennen! Man weiß nichts davon zu sagen, als daß er die Wahrheit und Untersuchung liebte, gern stritt und widersprach, sehr gern Paradoxen sagte, gewaltig viel Scharfsinn besaß, Dummköpfe mit unter ein wenig zum Besten hatte, an Universalität der Kenntnisse und Vielseitigkeit des Geistes Leibnitzen auffallend ähnelte, und gegen das Ende seines Lebens leider ein Spinosist wurde!

Von seiner *Philologie* erwähnt man, daß er in der Conjekturalkritik, welche der Gipfel der philologischen Kunst sei, ungleich weniger Stärke besitze, als man wohl erwarten möge, da er doch in der That einige der zu dieser Wissenschaft erforderlichen und ersprießlichen Geistesgaben von der Natur erhalten hätte.

⟨92⟩ Was die Mediocristen sich von der nachahmungswürdigen *Universalcorrectheit* des weisen nüchternen Lessing eingebildet haben, ist schon erwähnt worden. Diese haben denn auch natürlich seine dramaturgischen und sonst zur Poetik und Theorie der Dichtarten gehörigen Fragmente und Fermente, die er wohl selbst so nannte, fixirt, und zu heiligen Schriften und *symbolischen Büchern der Kunstlehre* erkieset.

Dies sind wohl ungefähr die hauptsächlichsten Gesichtspunkte und Rubriken, nach welchen man von Lessing überhaupt etwas geurtheilt oder gemeint hat. Wie alles das, was er in jedem dieser Fächer sein soll oder wirklich war, wohl zusammen hängen mag, welcher *gemeinsame Geist* Alles beseelt, was er denn eigentlich im *Ganzen* war, sein wollte, und werden mußte; darüber scheint man gar nichts zu urtheilen und zu meinen. Geht man sonst bei seiner Charakteristik ins Einzelne: so geschieht dies nicht etwa nach den verschiedenen Stufen seiner litterarischen Bildung, den Epochen seines Geistes, und mit der Unterscheidung des eignen Styls und Tons eines jeden, noch nach den vorherrschenden Richtungen und Neigungen seines Wesens, nach den verschiedenen ⟨93⟩ Zweigen seiner Thätigkeit und Einsicht: sondern nach den Titeln seiner einzelnen Schriften, die man nicht selten, (oft mit Übergehung der wichtigsten und bei weitläuftiger Zergliederung der dramatischen Jugendversuche) nach nichtsbedeutenden Gattungsnahmen registermäßig zusammenpaart; da doch jedes seiner meisten und besten Werke, ein litterarisches Individuum für sich, ein Wesen eigner Art ist, »was aller Gränzscheidungen der Kritik spottet,« und oft weder Vorgänger noch Nachfolger hat, womit es in eine Rubrik gebracht werden könnte.

Da ich, was Lessing betrifft, Lessingen und seinen Werken mehr glaube, als seinen Beurtheilern und Lobrednern: so kann ich nicht umhin, diese Ansichten und Meinungen, in so fern sie Urtheile sein sollen, nicht blos wegen dessen, was sie im Ganzen unterlassen, sondern auch wegen des Positiven, was sie im Einzelnen enthalten, ihrer Form und ihrem Inhalte nach zu misbilligen.

Es ist gewiß löblich, daß man Lessingen gelobt hat, und noch lobt. Man kann in diesem Stücke auf die rechte Weise des Guten auch wohl nicht so leicht zu viel thun; und was wäre kleinlicher, als einem Manne von der ersten seltensten Größe seinen Ruhm mit ängstlichem ⟨94⟩ Geiz darzuwiegen? Aber was wäre auch ein Lob ohne die strengste Prüfung und das freieste Urtheil? Zum wenigsten *Lessings* durchaus unwürdig; so wie alle unbestimmte Bewunderung und unbedingte Vergötterung, welche, wie auch dieses Beispiel wieder bestätigen kann, durch Einseitigkeit gegen ihren Gegenstand selbst so leicht ungerecht werden kann.

Man sollte doch nun auch einmal den Versuch wagen, Lessingen nach den Gesetzen zu kritisiren, die er selbst für die Beurtheilung großer Dichter und Meister in der Kunst vorgeschrieben hat; ob nicht vielleicht eine solche Kritik die beste Lobrede für ihn sein dürfte: ihn so zu bewundern und ihm so nachzufolgen, wie er wollte, daß man es mit *Luthern* halten sollte, mit dem man ihn wohl in mehr als einer Rücksicht vergleichen könnte.

Jene Vorschriften sind folgende. »Einen elenden Dichter tadelt man gar nicht; mit einem mittelmäßigen verfährt man gelinde; gegen einen großen ist man unerbittlich.« (Th. IV. S. 34). »Wenn ich Kunstrichter wäre, wenn ich mir getraute das Kunstrichterschild aushängen zu können: so würde meine Tonleiter diese sein. Gelinde und schmeichelnd gegen den Anfänger; *mit Bewunderung zweifelnd, mit Zwei-*⟨95⟩*fel bewundernd* gegen den Meister; abschreckend und positiv gegen den Stümper; höhnisch gegen den Prahler; und so bitter als möglich gegen den Kabalenmacher« (Th. XII. S. 164).

Über Luther redet er so: »Der wahre Lutheraner will nicht bei Luthers *Schriften*, er will bei Luthers *Geist* geschützt sein u. s. w.« (Th. V. S. 162.) Überhaupt war *unbegränzte Verachtung des Buchstabens* ein Hauptzug in Lessings Charakter.

Freimüthigkeit ist die erste Pflicht eines Jeden, der über Lessing öffentlich reden will. Denn wer kann wohl den Gedanken ertragen, daß Lessing irgend einer Schonung bedürfte? Oder er möchte wohl seine Meinung über den Meister der Freimüthigkeit nur furchtsam zu verstehn geben, und angstvoll halb reden, halb schweigen? Und wer, der es könnte, darf sich einen Verehrer Lessings nennen? Das wäre Entweihung seines Namens!

Wie sollte man auf das kleine Ärgerniß Rücksicht nehmen, was etwa zufällig daraus entstehen könnte, da *Er* selbst das ärgste Ärgerniß für nichts als »einen Popanz hielt, mit dem gewisse Leute gern allen und jeden Geist der Prüfung verscheuchen möchten?« (Th. VI. S. 152.) Ja er hielt es sogar für äußerst verächt-⟨96⟩lich, »daß sich niemand die Mühe zu nehmen pflegt, sich den Geckereien, welche man vor dem Publikum und mit dem Publikum so häufig unternimmt, entgegen zu stellen, wodurch sie mit dem Lauf der Zeit das Ansehn einer sehr ernsthaften, heiligen Sache gewinnen. Da heißt es dann über tausend Jahren: Würde man denn in die Welt so haben schreiben dürfen, wenn es nicht wahr gewesen wäre? Man hat diesen glaubwürdigen Männern damals nicht widersprochen und ihr wollt ihnen jezt widersprechen?« Obgleich der große Menschenkenner in dieser Stelle (Th. VII. S. 309) eigentlich von Geckereien ganz andrer Art redet: so ist doch alles auch sehr anwendbar auf die Geckereien, von denen hier die Rede ist. Denn *Gekkerei* darf es doch wohl zum Beispiel genannt werden, wenn man Lessing zum Ideal der goldnen Mittelmäßigkeit, zum Helden der seichten Aufklärung, die so wenig Licht als Kraft hat, verehren will? – »Wenn es ein wenig zu beißend gesagt sein sollte – *wozu hilft das Salz, wenn man nicht damit salzen soll?*« (Th. V. S. 208).

Auch ist gewiß eine solche Freimüthigkeit nicht nothwendig fruchtlos: denn wenn es auch sehr wahr ist, was Lessing eben so richtig als ⟨97⟩ scharfsinnig bemerkt hat, *»daß bis jezt in der Welt noch unendlich mehr übersehen als gesehen worden ist«* (Th. V. S. 256): so ist denn doch nicht minder richtig, daß *»bei den Klugen keine Verjährung Statt findet.«* (Th. VII. S. 309.) Diese nothwendige Freimüthigkeit, würde bei mir, wenn diese Eigenschaft mir auch nicht überhaupt natürlich wäre, doch schon aus der *Unbefangenheit*, mit der ich Lessings Schriften und ihre Wirkungen kennen lernte, haben folgen müssen. Eine Wahrnehmung, ein Widerspruch, der uns überrascht hat, wird ganz natürlich so wiedergegeben, wie er empfangen wurde. Auch sollte es mich freuen, wenn alle diejenigen, welche Lessing immer citiren, ohne seinen Geist, ja oft ohne seine Schriften gründlich zu kennen, meine eigenthümliche und für sie paradoxe Ansicht von ihm, ihrer Misbilligung und Abneigung werth halten wollten, oder sich eben so wenig darin finden könnten, wie in Lessings Pedanterie, Orthodoxie, Mikrologie und Polemik.

Jene *Unbefangenheit* ward mir dadurch möglich, daß ich nicht Lessings Zeitgenosse war, und also weder mit noch wider den Strom der öffentlichen Meinung über ihn zu gehn brauchte. Sie ward noch erhöht durch ⟨98⟩ den glücklichen Umstand, daß mich Lessing erst spät und nicht eher anfing zu interessiren, als bis ich fest und selbstständig genug war, um mein Augenmerk auf das Ganze richten, um mich mehr für ihn und den Geist seiner Behandlung als für die behandelten Gegenstände interessiren, und ihn *frei* betrachten zu können. Denn so lange man noch am Stoff klebt, so lange man in einer besondern Kunst und Wissenschaft, oder in der gesammten Bildung überhaupt, noch nicht durch sich selbst zu einer gewissen *Be-*

friedigung gelangt ist, welche dem weitern Fortschreiten so wenig hinderlich ist, daß dieses vielmehr erst durch sie gesichert wird; so lange man noch rastlos nach einem festen Stand und Mittelpunkt umhersucht: so lange ist man noch nicht frei, und noch durchaus unfähig, einen Schriftsteller zu beurtheilen. Wer die *Dramaturgie* zum Beispiel etwa in der illiberalen Absicht liest, die Reguln der dramatischen Dichtkunst aus ihr zu erfahren, oder durch dieses Medium über die Poetik des Aristoteles Gewisheit zu erhalten, und ins Reine zu kommen: der hat sicher noch gar keinen Sinn für die Individualität und Genialität dieses seltsamen Werks. Ich erinnere mich noch recht gut, daß ich unter andern den *Laokoon,* ⟨99⟩ Trotz dem günstigen Vorurtheil und Trotz dem Eindruck einzelner Stellen, ganz unbefriedigt und daher ganz misvergnügt aus der Hand legte. Ich hatte das Buch nähmlich mit der thörichten Hoffnung gelesen, hier die baare und blanke und felsenfeste Wissenschaft über die ersten und letzten Gründe der bildenden Kunst, und ihr Verhältnis zur Poesie, zu finden, welche ich begehrte und verlangte. So lange der Grund fehlte, war ich für einzelne Bereicherungen nicht empfänglich, und Erregungen der Wißbegier brauchte ich nicht. Mein Lesen war interessirt, und noch nicht *Studium,* d. h. uninteressirte, freie durch kein bestimmtes Bedürfnis, durch keinen bestimmten Zweck beschränkte Betrachtung und Untersuchung, wodurch allein der *Geist* eines Autors ergriffen und ein *Urtheil* über ihn hervorgebracht werden kann. So gings mir mit mehren Schriften Lessings. Doch habe ich diese Sünde, wenn es eine ist, reichlich abgebüßt. Denn seitdem mein Sinn für Lessing, wie ein Schwärmer oder ein Spötter es ausdrücken würde, zum Durchbruch gekommen, und mir ein Licht über ihn aufgegangen ist, sind seine sämmtlichen Werke, ohne Ausnahme des geringsten und unfruchtbarsten, ein wahres Labyrinth für mich, in welches ich äu-⟨100⟩ßerst leicht den Eingang, aus dem ich aber nur mit der äußersten Schwierigkeit den Ausweg finden kann. Die Magie dieses eignen Reizes wächst mit dem Gebrauch und ich kann der Lockung selten widerstehn. Ja ich muß über mich selbst lächeln, wenn ich mir vorstelle, wie oft ich ihr schon seit der Zeit, wo ich den Gedanken faßte, das Mittheilbarste von dem, was ich über Lessing gesammelt und aufgeschrieben hatte, drucken zu lassen, unterlegen, die Bände von neuem durchgelesen, vieles für mich bemerkt und für mich geschrieben, darüber aber immer den beabsichtigten Druck weiterhinausgeschoben, oft gänzlich vergessen habe. Denn das Interesse des Studiums überwog hier das Interesse der öffentlichen Mittheilung, welches immer schwächer ist, so sehr, daß ich, ohne einen kategorischen Entschluß wohl immer an einem Aufsatz über Lessing nur gearbeitet haben würde, ohne ihn jemals zu vollenden.

Dieses Studium und jene Unbefangenheit allein können mir den sonst unersetzlichen Mangel einer *lebendigen Bekanntschaft mit Lessing* einigermaßen ersetzen. Ein Autor, er sei Künstler oder Denker, der alles was er vermag, oder weiß, zu Papiere bringen kann, ist zum mindesten kein Genie. Es giebt ihrer ⟨101⟩ die ein Talent haben, aber ein so beschränktes, so isolirtes, daß es ihnen ganz fremd läßt, als ob es nicht ihr eigen, als ob es ihnen nur angeheftet oder geliehen wäre. Von dieser Art war Lessing nicht. *Er selbst war mehr werth, als alle seine Talente.* In seiner Individualität lag seine Größe. Nicht bloß aus den Nachrichten von seinen Gesprächen, nicht bloß aus den, wie es scheint, bisher sehr vernachläßigten *Briefen*, deren einer oder der andere für den, welcher *nur Lessingen im Lessing sucht* und studirt, und Sinn hat für seine genialische Individualität, mehr werth ist als manches seiner berühmtesten Werke: auch aus seinen Schriften selbst möchte man fast vermuthen, er habe das *lebendige Gespräch* noch mehr in der Gewalt gehabt als den schriftlichen Ausdruck, er habe hier seine innerste und tiefste

Eigenthümlichkeit noch klarer und dreister mittheilen können. Wie lebendig und dialogisch seine Prosa ist, bedarf keiner Auseinandersetzung. Das Interessanteste und das Gründlichste in seinen Schriften sind Winke und Andeutungen, das Reifste und Vollendetste Bruchstücke von Bruchstücken. Das Beste was Lessing sagt, ist was er, wie errathen und gefunden, in ein paar gediegenen Worten voll Kraft, Geist und Salz hinwirft; ⟨102⟩ Worte, in denen, was die dunkelsten Stellen sind im Gebiet des menschlichen Geistes, oft wie von Blitz plötzlich erleuchtet, das heiligste höchst keck und fast frevelhaft, das allgemeinste höchst sonderbar und launig ausgedrückt wird. Einzeln und kompakt, ohne Zergliederung und Demonstration, stehen seine Hauptsätze da, wie mathematische Axiome; und seine bündigsten Räsonnements sind gewöhnlich nur eine Kette von witzigen Einfällen. Von solchen Männern mag eine kurze Unterredung oft lehrreicher seyn und weiter führen, als ein langes Werk! Ich wenigstens könnte die Befriedigung des feurigen Wunsches, grade diesen Mann sehen und sprechen zu dürfen, vielleicht mit Entsagung auf den Genuß und den Vortheil von irgend einem seiner Werke an meinem Theil erkaufen wollen! Bei der Unmöglichkeit, dieses Verlangen erfüllt zu sehn, muß ich mich wohl mit der erwähnten Unbefangenheit und Freimüthigkeit zu trösten suchen.

Wenn aber auch die letzte noch so groß wäre: so würde ich es doch kaum wagen, meine Meinung über Lessing öffentlich zu sagen, wenn ich sie nicht im ganzen durch Lessings Maximen vertheidigen, und im Einzelnen durchgängig mit Autoritäten und entscheidend bewei-⟨103⟩senden Stellen aus Lessing belegen könnte; so *unendlich verschieden* ist meine Ansicht Lessings von der herrschenden.

Man meynt zum Beispiel nicht nur, sondern man glaubt sogar entschieden zu wissen, daß Lessing *einer der größten Dichter* war; und ich *zweifle* sogar, ob er überall ein Dichter gewesen sei, ja ob er poetischen Sinn und Kunstgefühl gehabt habe. Dagegen brauche ich aber auch zu dem was *er selbst* über diesem Punkt sagt, nur sehr weniges hinzuzufügen.

Die Hauptstelle steht in der Dramaturgie. »Ich bin« sagt er in dem äußerst charakteristischen *Epilog der Dramaturgie*, eines Werks, welches, darin einzig in seiner Art, von einer merkantilischen Veranlassung und von dem Vorsatz einer wöchentlichen Unterhaltung ausgeht und, ehe man sich's versieht, den populären Horizont himmelweit überflogen hat, und um alle Zeitverhältnisse unbekümmert, in die reinste Spekulation versunken, mit raschem Lauf auf das paradoxe Ziel eines *poetischen Euklides* lossteuert, dabei aber auf seiner ekzentrischen Bahn so individuell, so lebendig, so Lessingisch ausgeführt ist, daß man es selbst ein *Monodrama* nennen könnte: – »*Ich bin*, sagt er hier (Th. XXV. S. 376. folg.) *weder Schauspieler noch Dichter.*«

⟨104⟩ »Man erweiset mir wohl manchmal die Ehre, mich für den letztern zu erkennen. *Aber nur, weil man mich verkennt.* Aus einigen dramatischen *Versuchen*, die ich gewagt habe, sollte man nicht so freigebig folgern. Nicht jeder, der den Pinsel in die Hand nimmt und Farben verquistet, ist ein Mahler. Die ältesten von jenen Versuchen *sind in den Jahren hingeschrieben, in welchen man Lust und Tüchtigkeit so gern für Genie hält.* Was in den neuern *Erträgliches* ist, davon *bin ich mir sehr bewußt*, daß ich es *einzig und allein* der Kritik zu verdanken habe. *Ich fühle die lebendige Quelle nicht in mir*, die sich durch eigene Kraft emporarbeitet, durch eigene Kraft in so reichen, so frischen, so reinen Strahlen aufschießt: *ich muß alles durch Druckwerk und Röhren in mir heraufpressen.* Ich würde so arm, so kalt, so kurzsichtig seyn, wenn ich nicht einigermaßen gelernt hätte, fremde Schätze bescheiden zu borgen, an fremdem Feuer mich zu wärmen und durch die Gläser der Kunst mein Auge zu stärken. Ich bin daher immer beschämt und verdrießlich geworden, wenn ich zum Nachtheil der Kritik etwas las oder hörte. Sie soll das Genie ersticken: und ich schmeichelte mir, etwas ⟨105⟩ von ihr zu erhalten, was dem Genie sehr nahe kömmt. Ich bin ein Lahmer, den eine Schmähschrift auf die Krücke unmöglich erbauen kann.«

»Doch freilich; wie die Krücke dem Lahmen wohl hilft, sich von einem Orte zum andern zu bewegen, aber ihn nicht zum Läufer machen kann: so auch die Kritik. Wenn ich mit ihrer Hülfe etwas zu Stande bringe, welches besser ist, als es einer von meinen Talenten ohne Kritik machen würde: so kostet es mir so viel Zeit, ich muß von andern Geschäften so frei, von unwillkührlichen Zerstreuungen so ununterbrochen sein, *ich muß meine ganze Belesenheit so gegenwärtig haben*, ich muß bei jedem Schritt alle Bemerkungen, die ich jemals über Sitten und Leidenschaften gemacht, so ruhig durchlaufen können; daß zu einem Arbeiter, der ein Theater mit Neuigkeiten unterhalten soll, niemand ungeschickter sein kann, als ich.«

Man hat diese wichtige Stelle, welche meines Erachtens der *Text* zu allem, was sich über Lessings Poesie sagen läßt, ist und bleiben muß, bisher zwar keineswegs übersehen. Nur hat man nicht sehn oder nicht einsehn wollen, ⟨106⟩ was darin gesagt, und was dadurch entschieden und über allen Zweifel erhoben wird.

Vergebens würde man sich die Stärke jener Äußerung durch die Voraussetzung zu entkräften suchen, er sey *höflich* gewesen, und habe es nicht so gar ernstlich gemeynt. Dem widerspricht nicht nur der offne, freye, biedre Charakter dieser Stelle, sondern auch der Geist und Buchstabe vieler andern, wo er mit der äußersten Verachtung und Verabscheuung wider den falschen Anstand, und die falsche Bescheidenheit redet. Nichts stritt so sehr mit seinem innersten Wesen, als ein solches Gemisch von verhaltner Selbstsucht und Gewohnheitslüge. Das beweisen alle seine Schriften.

Wie freymüthig, ja wie dreist er auch das Gute, was er von sich hielt, sagen zu müssen und zu können glaubte, mögen zwey Stellen aus demselben Stück der Dramaturgie mit jener in Erinnrung bringen, welche den Inhalt jener bestätigen und erläutern; deren eine überdem ganz vorzüglich ins Licht setzt, wie *Lessing über seine Kritik selbst urtheilte*; und deren andere in ihrem äußerst kecken Tone jenes *Bewußtseyn von Genialität*, wenn auch nicht grade von poetischer, verräth, welches ⟨107⟩ sich im ganzen Epilog der Dramaturgie kund giebt.

»Seines Fleißes sagt er (Th. XXV. S. 384) darf sich jederman rühmen: ich glaube die dramatische Dichtkunst studiert zu haben; *sie mehr studiert zu haben als zwanzig, die sie ausüben.* Auch habe ich sie so weit ausgeübt, als es nöthig ist, um mitsprechen zu dürfen: denn ich weiß wohl, so wie der Mahler sich von niemanden gern tadeln läßt, der den Pinsel ganz und gar nicht zu führen weiß, so auch der Dichter. Ich habe es wenigstens versucht, was er bewerkstelligen muß, und kann von dem, was ich selbst nicht zu machen vermag, doch urtheilen, ob es sich machen läßt. Ich verlange auch nur eine Stimme unter uns, wo so mancher sich eine anmaßt, der, wenn er nicht dem oder jenem Ausländer nachplaudern gelernt hätte, stummer seyn würde, als ein Fisch.« –

Nachdem er davon geredet hat, wie er gestrebt habe, den Wahn der deutschen Dichter, den Franzosen nachahmen heiße so viel, als nach den Regeln der Alten arbeiten, zu bestreiten, fügt er hinzu (S. 388.):

»Ich wage es, hier eine Äußerung zu thun, man mag sie doch nehmen, wofür man ⟨108⟩ will: *Man nenne mir das Stück des großen Corneille, welches ich nicht besser machen wollte. Was gilt die Wette?*«

»Doch nein; ich wollte nicht gern, daß man diese Äußerung für Prahlerey nehmen könne. Man merke also wohl, was ich hinzu setze: Ich werde es zuverläßig besser machen, – und doch lange kein Corneille seyn, – und doch lange noch kein Meisterstück gemacht haben. Ich werde es zuverläßig besser machen; und mir doch wenig darauf einbilden dürfen. Ich werde nichts gethan haben, als was jeder thun kann, der so fest an den Aristoteles glaubt, wie ich.«

Zugegeben daß Lessing so über seine Poesie dachte, wie er sich äußert: ist es ausgemacht, könnte man einwenden, *daß er sich selbst gekannt habe*?

Ganz und im strengsten Sinn kennt niemand sich selbst. Von dem Standpunkt der gegenwärtigen Bildungsstufe reflektirt man über die zunächst vorhergegangne, und ahnet die kommende: aber den Boden, auf dem man steht, sieht man nicht. Von einer Seite hat man die Aussicht auf ein paar angränzende: aber die entgegengesetzte Scheibe des beseelten Planeten bleibt immer verdeckt. Mehr ist dem Menschen ⟨109⟩ nicht gegönnt. Wenn aber das Maaß der Selbstkenntniß durch das Maaß der Genialität, der Vielseitigkeit, und der Ausbildung bestimmt wird: so wage ichs zu behaupten, daß Lessing, obgleich er nicht fähig gewesen wäre, sich selbst zu charakterisiren, sich doch in einem vorzüglichen Grade selbst kannte, und grade kein Departement seines Geistes so gut kannte, als seine Poesie. Seine Poesie verstand er durch seine Kritik, die eben so alt und mit jener schwesterlich aufgewachsen war. Um seine Kritik *so* zu verstehen, hätte er früher philosophiren, oder später kritisiren müssen. Für die Philosophie war seine Anlage zu groß und zu weit, als daß sie je hätte reif werden können; wenigstens hätte er das höchste Alter erreichen müssen, um nur einigermassen zum Bewußtseyn derselben zu gelangen. Vielleicht hätte er aber auch noch außerdem etwas haben müssen, was ihm ganz fehlte, nämlich historischen Geist, um aus seiner Philosophie klug werden zu können, und sich seiner Ironie und seines Cynismus bewußt zu werden: denn niemand kennt sich, in so fern er nur er selbst und nicht auch zugleich ein andrer ist. Je mehr Vielseitigkeit also, desto mehr Selbstkenntniß; und je genialischer, desto konse-⟨110⟩quenter, bestimmter, abgeschnittner und entschiedner in seinen Schranken.

Die Anwendung auf Lessing macht sich von selbst. Und in keinem Fach hatte Lessing so viel Erfahrung, Gelehrsamkeit, Studium, Übung, Anstrengung, Ausbildung jeder Art, als grade in der Poesie. Keins seiner Werke reicht in Rücksicht auf künstlerischen Fleiß und *Feile* an *Emilia Galotti*, wenn auch andre mehr Reife des Geistes verrathen sollten. Überhaupt sind wohl wenige Werke mit diesem Verstande, dieser Feinheit, und dieser Sorgfalt ausgearbeitet. In diesem Punkte, und in Rücksicht auf jede andre formelle Vollkommenheit des konvenzionellen Drama muß *Nathan* weit nachstehn, wo selbst die mäßigsten Forderungen an Konsequenz der Charaktere und Zusammenhang der Begebenheiten oft genug beleidigt und getäuscht werden.

In *Emilia Galotti* sind die dargestellten Gegenstände überdem am entferntesten von Lessings eignem Selbst; es zeigt sich kein unkünstlerischer Zweck, keine Nebenrücksicht, die eigentlich Hauptsache wäre. Wichtige Umstände bey Lessing, dessen roheste dramatische Jugendversuche schon fast immer eine ganz bestimmte philosophischpolemische Tendenz haben; der nach ⟨111⟩ Mendelsohns Bemerkung zu den *Portraitdichtern* gehört, denen ein Charakter um so glücklicher gelingt, je ähnlicher er ihrem Selbst ist, von dem sie nur einige Variazionen zu Lieblingscharakteren von entschiedner auffallender Familienähnlichkeit ausbilden können.

Emilia Galotti ist daher das eigentliche Hauptwerk, wenn es darauf ankömmt zu bestimmen, was Lessing in der *poetischen Kunst* gewesen, wie weit er darin gekommen sey. Und was ist denn nun diese bewunderte und gewiß bewundrungswürdige *Emilia Galotti*? Unstreitig ein großes Exempel der dramatischen Algebra. Man muß es bewundern dieses in Schweiß und

Pein producirte Meisterstück des reinen Verstandes; man muß es frierend bewundern, und bewundernd frieren; denn ins Gemüth dringts nicht und kanns nicht dringen, weil es nicht aus dem Gemüth gekommen ist. Es ist in der That unendlich viel Verstand darin, nähmlich *prosaischer*, ja so gar Geist und Witz. Gräbt man aber tiefer, so zerreißt und streitet alles, was auf der Oberfläche so vernünftig zusammenzuhängen schien. Es fehlt doch an jenem *poetischen* Verstande, der sich in einem Guarini, Gozzi, Shakespear so groß zeigt. In den genialischen Werken des von diesem ⟨112⟩ poetischen Verstande geleiteten Instinkts, enthüllt alles, was beym ersten Blick so wahr aber auch so inkonsequent und eigensinnig, wie die Natur selbst auffällt, bey gründlicherem Forschen stets innigere Harmonie und tiefere Nothwendigkeit. Nicht so bey Lessing! Manches in der Emilia Galotti hat sogar den Bewunderern Zweifel abgedrungen, die Lessing nicht beantworten zu können gestand. Aber wer mag ins Einzelne gehn, wenn er mit dem Ganzen anzubinden Lust hat, und beynah nichts ohne Anmerkung vorbeygehn lassen könnte? Doch hat dieses Werk nicht seines Gleichen, und ist einzig in seiner Art. Ich möchte es eine *prosaische Tragödie* nennen. Sonderbar aber nicht eben interessant ists, wie die Charaktere zwischen Allgemeinheit und Individualität in der Mitte schweben!

Kann ein Künstler wohl kälter und liebloser von seinem vollendetsten und künstlichsten Werke reden, als Lessing bey Übersendung dieser kalten Emilia an einen Freund? »Man muß,« sagt er, »wenigstens über seine Arbeiten mit jemand sprechen können, *wenn man nicht selbst darüber einschlafen soll.* Die bloße Versicherung, welche die eigne Kritik uns gewährt, daß man auf dem rechten ⟨113⟩ Wege ist und bleibt, wenn sie auch noch so überzeugend wäre, ist doch *so kalt* und unfruchtbar, daß sie auf die Ausarbeitung keinen Einfluß hat.« (Th. XXX. S. 167.) Und bald darauf gar: »Ich danke Gott, daß ich den ganzen Plunder nach und nach wieder aus den Gedanken verliehre.« (Th. XXVII. S. 341.⟨⟩)

Mit welchem gehaltnen Enthusiasmus, und in jeder Rücksicht wie ganz anders redet er dagegen vom *Nathan*! zum Beyspiel in folgender Stelle: »Wenn man sagen wird, daß ein *Stück von so eigner Tendenz* nicht reich genug an eignen Schönheiten sey: so werde ich schweigen, aber mich nicht schämen. Ich bin mir eines Ziels bewußt, unter dem man auch noch viel weiter mit allen Ehren bleiben kann. – Noch kenne ich keinen Ort in Deutschland, wo dieses Stück schon jetzt aufgeführt werden könnte. *Aber Heil und Glück dem wo es zuerst aufgeführt wird.*« (Leb. Th. I. S. 420.) Eben so auch in einigen andern Stellen, die wegen dessen, was sie über den polemischen Ursprung und die philosophische Tendenz des Stücks enthalten, sogleich angeführt werden sollen.

Nathan kam aber freylich aus dem Gemüth, und dringt wieder hinein; er ist vom ⟨114⟩ schwebenden Geist Gottes unverkennbar durchglüht und überhaucht. Nur scheint es schwer, ja fast unmöglich, das sonderbare Werk zu rubriciren und unter Dach und Fach zu bringen. Wenn man auch mit einigem Recht sagen könnte, es sey der Gipfel von Lessings poetischem Genie, wie Emilia seiner poetischen Kunst; wie denn allerdings im *Nathan* alle dichterischen Funken, die Lessing hatte, – nach seiner eigenen Meynung waren es nicht viele (Th. XXVII. S. 43.) – am dichtesten und hellsten leuchten und sprühen: so hat doch die Philosophie wenigstens gleiches Recht, sich das Werk zu vindiciren, welches für eine Charakteristik des ganzen Mannes, eigentlich das *klassische* ist, indem es Lessings Individualität aufs tiefste und vollständigste, und doch mit vollendeter Popularität darstellt. Wer den Nathan recht versteht, kennt Lessing.

Dennoch muß er immer noch mit den Jugendversuchen und den übrigen prosaischen Kunstdramen Lessings in Reih und

Glied aufmarschieren, ungeachtet der Künstler selbst, wie man sieht, die eigene Tendenz des Werks, und auch seine Unzweckmäßigkeit für die Bühne, die doch bey allen übrigen Dramen sein Ziel war, so klar eingesehen und gesagt hat.

⟨115⟩ Mehr besorgt um den Nahmen als um den Mann, und um die Registrirung der Werke als um den Geist, hat man die nicht minder komischen als didaktischen Fragen aufgeworfen: ob *Nathan* wohl zur *didaktischen Dichtart* gehöre, oder zur *komischen*, oder zu welcher andern; und was er noch haben oder nicht haben müßte, um dies und jenes zu seyn oder nicht zu seyn. Dergleichen Problemata sind von ähnlichem Interesse, wie die lehrreiche Untersuchung, was wohl geschehen seyn würde, wenn Alexander gegen die Römer Krieg geführt hätte. Nathan ist, wie mich dünkt, ein *Lessingisches* Gedicht; es ist *Lessings Lessing*, das *Werk schlechthin* unter seinen Werken in dem vorhin bestimmten Sinne; es ist die *Fortsetzung vom Anti-Götze, Numero Zwölf.* Es ist unstreitig das eigenste, eigensinnigste und sonderbarste unter allen Lessingischen Produkten. Zwar sind sie fast alle, jedes ein ganz eignes Werk für sich, und wollen durchaus mit der Sinnesart aufgenommen, beobachtet und beurtheilt werden, welche in Saladins Worten so schön ausgedrückt ist:

– Als Christ, als Muselmann: gleichviel!
Im weißen Mantel oder Jamerlonk;
Im Turban, oder deinem Filze: wie
Du willst! *Gleichviel! Ich habe nie verlangt,*
Daß allen Bäumen Eine Rinde wachse.

⟨116⟩ Aber für keines ist dem Empfänger der Geist dieses erhabenen *Gleich viel* so durchaus nothwendig, wie für *Nathan.*

»In den Lehrbüchern,« sagt Lessing (Th. XXV. S. 385.) »sondre man die Gattungen so genau ab, als möglich: aber wenn ein

Genie *höherer Absichten* wegen, mehre derselben in einem und demselben Werke zusammenfließen läßt, so vergesse man das Lehrbuch, und untersuche bloß, ob es diese Absichten erreicht hat.«

Über die Absichten und die merkwürdige Entstehung dieses vom *Enthusiasmus der reinen Vernunft* erzeugten und beseelten Gedichts, finden sich glücklicherweise in Lessings Briefen einige sehr interessante und wirklich klassische Stellen. Man darf wohl sagen: wenn kein Werk so eigen ist, so ist auch keins so eigen entstanden.

Man konnte es Lessing natürlich nicht verzeihen, daß er in der Theologie bis zur Eleganz, und im Christianismus sogar bis zur Ironie gekommen war. Man verstand ihn nicht, also haßte verläumdete und verfolgte man ihn aufs ärgste. Dabei hatte er nun vollends die Schwäche, jedes ungedruckte Buch, welches ihm ein Mittel zur Vervollkommung des menschlichen Geistes werden zu können schien, als ein heiliges Eigenthum der Menschheit zu ehren, und wenn ihm der arme ⟨117⟩ Fündling gar den Finger gedrückt hatte, sich seiner mit Zärtlichkeit, ja mit Schwärmerey anzunehmen. Man weiß es sattsam, wie die *Fragmente* auf die Masse der Theologen gewirkt, und auf den isolirten Herausgeber zurückgewirkt haben!

In der höchsten Krise dieser Gährung schreibt er am 11. August des Jahres 1778: »Da habe ich diese Nacht einen närrischen Einfall gehabt. Ich habe vor vielen Jahren einmal ein Schauspiel entworfen, dessen Inhalt eine Art Analogie mit meinen gegenwärtigen Streitigkeiten hat, die ich mir damahls wohl nicht träumen ließ. – Ich glaube, *daß* sich alles sehr gut soll lesen lassen, und *ich gewiß den Theologen einen ärgern Possen damit spielen will, als noch mit zehn Fragmenten.*« (Th. XXX. S. 454–455.)

Die *Idee des Nathan* stand also mit einemmale ganz vor seinem Geiste. Alle seine andern genialischen Werke wuchsen ihm erst unter der Hand, bildeten sich während der Arbeit: erst dann zeigte sich weit von der ersten Veranlassung, was ihm das liebste und an sich das interessanteste war, und nun Hauptsache wurde.

»Mein *Nathan*, sagt er (Th. XXX. S. 471. 472) ist ein Stück, welches ich schon vor ⟨118⟩ drey Jahren vollends aufs reine bringen und drucken lassen wollte. Ich habe es jetzt nur wieder vorgenommen, weil mir *auf einmahl* beyfiel, daß ich, nach einigen kleinen Veränderungen des Plans, *dem Feinde auf einer andern Seite damit in die Flanke fallen könne.* – Mein Stück hat mit den jetzigen Schwarzröcken nichts zu thun; und ich will ihm den Weg nicht selbst verhauen, endlich doch einmal aufs Theater zu kommen, *wenn es auch erst nach hundert Jahren wäre.* Die Theologen aller geoffenbarten Religionen werden freylich innerlich darauf schimpfen; doch dawider sich öffentlich zu erklären, werden sie wohl bleiben lassen.« (S. 473.)

Ein aufmerksamer Beobachter der Bücherschreibenden Offenbarungsschwärmerey wird die letzte Äußerung prophetisch finden können: was aber die Beziehung des Stücks auf das damahls Jetzige betrift, so fehlt doch dem *Patriarchen* eigentlich nur eine beygedrukte kleine Hand mit gerecktem Zeigefinger, um *eine Persönlichkeit* zu seyn, wie auch schon die bürleske Karrikatur des Charakters andeutet; und an einem andern Orte nennt er selbst das Ganze geradezu einen *dramatischen Absprung* der theologischen Streitigkeiten, die damahls bey ⟨119⟩ ihm an der Tagesordnung standen, und *seine eigene Sache* schlechthin, geworden waren. (S. 464.)

Können *Verse* ein Werk, welches einen so ganz unpoetischen Zweck hat, etwa zum Gedichte machen; und noch dazu *solche* Verse? – Man höre wie Lessing darüber spricht: »Ich habe wirklich die Verse *nicht des Wohllauts wegen* gewählt« – (eine Bemerkung, auf die mancher vielleicht auch ohne diesen Wink hätte fallen können) – »sondern weil ich glaubte daß der orientalische Ton, den ich doch hie und da angeben müsse, in der Poesie zu sehr auffallen würde. Auch erlaube, meynte ich, der Vers immer einen *Absprung* eher, wie ich ihn jetzt zu meiner *anderweitigen* Absicht *bey aller Gelegenheit ergreifen* muß. (Th. XXVII. S. 46.) «

Man kanns nicht offner und unzweydeutiger sagen, wie es mit der *dramatischen Form* des *Nathan* stehe, als es Lessing selbst gesagt hat. Mit liberaler Nachlässigkeit, wie Alhafi's Kittel oder des Tempelherrn halb verbrannter Mantel, ist sie dem Geist und Wesen des Werks übergeworfen, und muß sich nach diesem biegen und schmiegen. Von einzelnen Inkonsequenzen und von der Subordinazion der Handlung, ih-⟨120⟩rer steigenden Entwicklung und ihres nothwendigen Zusammenhanges, ja selbst der Charaktere ists unnöthig viel zu sagen. Die Darstellung überhaupt ist weit hingeworfner, wie in *Emilia Galotti.* Daher treten die natürlichen Fehler der Lessingschen Dramen stärker hervor, und behaupten ihre alten schon verlohrnen Rechte wieder. Wenn die Charaktere auch lebendiger gezeichnet und wärmer colorirt sind, wie in irgend einem andern seiner Dramen: so haben sie dagegen mehr von der *Affektazion* der *manierierten* Darstellung, welche in *Minna von Barnhelm*, wo die Charaktere zuerst anfangen, merklich zu *Lessingisiren*, Nachdruck und Manier zu bekommen, und eigentlich charakteristisch zu werden, am meisten herrscht, in *Emilia Galotti* hingegen schon weggeschliffen ist. Selbst *Alhafi* ist *nicht ohne Prätension* dargestellt; welche *ihm* freylich recht gut steht, denn ein Bettler muß Prätensionen haben, sonst ist er ein Lump, dem *Künstler* doch aber nicht nachgesehn werden kann. Und dann ist das Werk so auffallend *ungleich*, wie sonst kein Lessingsches Drama. Die dramatische Form ist nur *Vehikel*; und *Recha, Sitta, Daja*, sind wohl eigentlich nur *Staffeley*: denn wie *ungalant* Lessing dachte, das übersteigt alle Begriffe.

⟨121⟩ Der durchgängig *cynisirende* Ausdruck hat sehr wenig vom orientalischen Ton, ist wohl nur mit *die beste Prosa*, welche Lessing geschrieben hat, und fällt sehr oft aus dem Kostum heroischer Personen. Ich tadle das gar nicht: ich sage nur, so ists; vielleicht ists ganz recht so. Nur wenn Nathan *weiter nichts wäre, als ein großes dramatisches Kunstwerk*, so würde ich Verse wie den:

»Noch bin ich völlig auf dem Trocknen nicht;«

im Munde der Fürstin bey der edelsten Stimmung und im rührendsten Verhältniß schlechthin fehlerhaft, ja recht sehr lächerlich finden.

Die hohe philosophische Würde des Stücks hat Lessing selbst ungemein schön mit der theatralischen Effektlosigkeit oder Effektwidrigkeit desselben kontrastirt; mit dem seinem Ton eignen pikanten Gemisch von ruhiger inniger tiefer Begeisterung und naiver Kälte. »Es kann wohl seyn,« sagt er (Th. XXX. S. 505. 506.) »daß mein Nathan im Ganzen wenig Wirkung thun würde, wenn er auf das Theater käme, *welches wohl nie geschehen wird. Genug, wenn* er sich mit Interesse nur lieset, und *unter tausend Lesern nur Einer daraus an der Evidenz und Allgemeinheit seiner Religion zweifeln lernt.*«

⟨122⟩ Natürlich hat sich denn auch die logische Zunft das *ekzentrische* Werk, (welches seine *außerordentlich große Popularität*, die ein Vorurtheil dagegen erregen könnte, wohl nur seiner *polemischen* und rhetorischen *Gewalt* verdankt, und dem Umstande, daß es den *allgemeinen Horizont* nie zu überschreiten *scheint*, wie auch dem, *daß* doch sehr *viele ein wenig Sinn haben für Lessing*, wenn auch sehr wenige viel) eben sowohl zuzueignen gesucht, wie die poetische; und sicher nicht mit minderm Rechte.

Der eine Meister der Weltweisheit meynt, *Nathan* sey ein Panegyrikus auf die Vorsehung, gleichsam eine dramatisirte Theodicee der Religionsgeschichte. Zu geschweigen, wie sehr es Lessings strengem Sinn für das rein Unendliche widerspricht, den Rechtsbegriff auf die Gottheit anzuwenden: so ist dieß auch äußerst allgemein, unbestimmt und nichtssagend. Ein andrer Virtuose der Dialektik hat dagegen gemeynt: Die Absicht des *Nathan* sey, den Geist aller Offenbarung verdächtig zu machen, und jedes System von Religion, ohne Unterschied, *als System*, in einem gehässigen Lichte darzustellen. Der Theismus, sobald er System, sobald er *förmlich* werde, sey davon nicht ausgeschlossen. – ⟨123⟩ Allein auch diese Erklärung würde, wenn man sie aus ihrem polemischen Zusammenhang reißen und einen dogmatischen Gebrauch davon machen wollte, den Fehler haben, daß sie das Werk, *welches eine Unendlichkeit umfaßt*, auf eine einzige allzubestimmte und am Ende ziemlich triviale Tendenz beschränken ⟨würde⟩.

Man sollte überhaupt die Idee aufgeben, den *Nathan* auf irgend eine Art von Einheit bringen, oder ihn in eine der vom Gesetz und Herkommen geheiligten Facultäten des menschlichen Geistes einzäunen und einzunften zu können: denn bey der gewaltsamen Reduction und Einverleibung möchte doch wohl immer mehr verlohren gehn, als die ganze Einheit werth ist. Was hilfts auch, wenn sich auch alles, was *Nathan* doch gar nicht bloß *beweisen*, sondern *lebendig* mittheilen soll, denn das Wichtigste und Beste darin reicht doch weit über das, was der trockne Beweiß allein vermag, mit mathematischer Präcision in eine logische Formel zusammenfassen ließe? Nathan würde seine Stelle nichts destoweniger auf dem *gemeinschaftlichen Raine der Poesie und Moral* (Th. XVIII. S. 5.) behalten, wo sich Lessing früh gefiel, und auf dem er schon in den *Fabeln* spielte, die als *Vorübung zu Nathans Mährchen von den drey Rin-*⟨124⟩*gen*, welches vollendet hingeworfen, bis ins Mark entzückend trifft, immer wieder überrascht, und wohl so groß ist, als ein menschlicher Geist irgend etwas machen kann, Achtung verdienen und beynah *Studien* genannt zu werden verdienen, weil sie zwar nicht die Kunst, aber doch den Künstler weiter brachten, wenn auch weit über seine anfängliche Absicht und Einsicht. Es lebt und schwebt doch ein gewisses heiliges Etwas im *Nathan*, wogegen alle syllogistischen Figuren, wie alle Reguln der dramatischen Dichtkunst, eine wahre Lumperey sind. Ein philosophisches Resultat oder eine philosophische Tendenz machen ein Werk noch nicht zum Philosophem: eben so wenig wie dramatische Form oder Erdichtung es zum Poem machen. Ist *Ernst und Falk* nicht dramatischer, wie manche der besten Scenen im Nathan? Und die *Parabel* an Götze über die Wirkung der Fragmente ist gewiß eine sehr genialische Erdichtung, deren Zweck und Geist aber dennoch so unpoetisch, oder wie man jetzt in Deutschland sagt, so unästhetisch wie möglich ist.

Muß ein Werk nicht die Unsterblichkeit verdienen oder vielmehr schon haben, welches von allen bewundert und geliebt, von jedem aber anders genommen und erklärt wird? Doch bleibts sehr wunderbar, oder wie mans nehmen will, ⟨125⟩ auch ganz und gar nicht wunderbar, daß bey dieser großen Verschiedenheit von Ansichten, bey dieser Menge von mehr charakteristischen als charakterisirenden Urtheilsübungen, noch niemand auf den Einfall oder die Bemerkung gerathen ist, daß *Nathan* beym Lichte betrachtet *zwey Hauptsachen* enthält, und also eigentlich aus *zwey Werken* zusammengewachsen ist. Das erste ist freylich *Polemik gegen alle illiberale Theologie*, und in dieser Beziehung nicht ohne manchen tieftreffenden Seitenstich auf den Christianismus, dem Lessing zwar weit mehr Gerechtigkeit wiederfahren ließ, als alle Orthodoxen zusammengenommen, aber doch noch lange nicht genug: weil sich im Christianismus theologische Illiberalität, wie theologische Liberalität, alles Gute und alles Schlechte dieses Fachs am kräftigsten, mannichfachsten und feinsten ausgebildet hat; ferner Polemik gegen alle Unnatur, kindische Künsteley, und durch Mißbildung in sich oder in andern erzeugte Dummheit und alberne Schnörkel im Verhältnisse des Menschen zu Gott: das Alles mußte Lessings geistreiche Natürlichkeit tief empören, und die Partriarchen hatten seinen Abscheu noch zu erhöhen, seinen Ekel zu reizen gewußt. Aber nicht einmal die Religionslehre im Nathan ist rein skeptisch, po-⟨126⟩lemisch, bloß negativ, wie *Jakobi* in der angeführten Stelle behaupten zu wollen scheinen könnte. Es wird im *Nathan* eine, wenn auch nicht förmliche, doch ganz bestimmte Religionsart, die freylich voll Adel, Einfalt und Freyheit ist, als Ideal ganz entschieden und positiv aufgestellt; welches immer eine rhetorische Einseitigkeit bleibt, sobald es mit Ansprüchen auf Allgemeingültigkeit verbunden ist; und ich weiß nicht, ob man Lessing von dem Vorurtheil einer objektiven und herrschenden Religion ganz freysprechen darf, und ob er den großen Satz seiner Philosophie des Christianismus, daß für jede Bildungsstufe der ganzen Menschheit eine eigene Religion gehöre, auch auf Individuen angewandt und ausgedehnt, und die Nothwendigkeit unendlich vieler Religionen eingesehen hat. Aber ist nicht noch etwas ganz anders im *Nathan*, auch etwas philosophisches, von jener Religionslehre, an die man sich allein gehalten hat, aber noch ganz verschiednes, was zwar stark damit zusammen hängt, aber doch auch wieder ganz weit davon liegt, und vollkommen für sich bestehn kann? Dahin zielen vielleicht so manche Dinge, die gar nicht bloß als zufällige Beylage und Umgebung erscheinen, dabey von der polemischen Veranlassung und Tendenz am entferntesten, und doch so gewaltig accentuirt sind, wie der Derwisch, der so ⟨127⟩ fest auftritt, und Nathans Geschichte vom Verlust der sieben Söhne und von Recha's Adoption, die jedem, der welche hat, in die Eingeweide greift. Was anders regt sich hier, als sittliche Begeisterung für die sittliche

Kraft und die sittliche Einfalt der biedern Natur? Wie liebenswürdig und glänzend erscheint nicht selbst des *Klosterbruders*, (der wenigstens mitunter aktiv und Mit-Hauptperson wird, dahingegen der *Tempelherr* so oft nur passiv, und bloß Sache ist) fromme Einfalt, deren rohes Gold sich mit den Schlacken des künstlichen Aberglaubens nicht vermischen kann? Was thuts dagegen, daß der gute Klosterbruder einigemahl stark aus dem Charakter fällt? Es folgt daraus bloß, daß die *dramatische Form* für das, was *Nathan* ist und seyn soll, ihre sehr große Inkonvenienzen haben mag, obgleich sie Lessingen sehr natürlich, ja nothwendig war. *Nathan der Weise* ist nicht bloß die Fortsetzung des Anti-Götze, Numero Zwölf: er ist auch und ist eben so sehr ein dramatisirtes *Elementarbuch des höheren Cynismus.* Der Ton des Ganzen, und *Alhafi*, das versteht sich von selbst; *Nathan* ist ein reicher Cyniker von Adel; Saladin nicht minder. Die Sultanschaft wäre keine tüchtige Einwendung: selbst Julius Cäsar war ja ein Veteran des Cynismus im großen Styl; und ist die Sultanschaft nicht eigentlich eine recht cynische Profession, wie die Möncherey, das Ritterthum, gewissermaßen auch der Handel, und jedes Verhältniß, wo die künstelnde Unnatur ihren Gipfel erreicht, eben dadurch sich ⟨128⟩ selbst überspringt, und den Weg zur Rückkehr nach unbedingter Natur-Freyheit wieder öffnet? Und ferner: Alhafi's derber Lehrsatz:

»Wer
Sich Knall und Fall ihm selbst zu leben, nicht
Entschließen kann, der lebet andrer Sklav
Auf immer;«

und Nathan's goldnes Wort:

»Der wahre Bettler ist
Doch einzig und allein der wahre König!« –

stehn sie etwa bloß da, wo sie stehn? Oder spricht nicht ihr Geist und Sinn überall im ganzen Werke zu jedem, der sie vernehmen will? Und sind dieses nicht die alten heiligen Grundfesten des selbständigen Lebens? Nähmlich für den Weisen heilig und alt, für den Pöbel an Gesinnung und Denkart aber ewig neu und thöricht.

So *paradox endigte* Lessing auch in der Poesie, wie überall! Das erreichte Ziel erklärt und rechtfertigt die ekzentrische Laufbahn; *Nathan der Weise* ist die beste *Apologie* der gesammten *Lessingschen Poesie*, die ohne ihn doch nur eine *falsche Tendenz* scheinen müßte, wo die angewandte Effektpoesie der rhetorischen Bühnendrama's mit der reinen Poesie dramatischer Kunstwerke ungeschickt verwirrt, und dadurch das Fortkommen bis zur Unmöglichkeit unnütz erschwert sey.

Ganz klein und leise fing Lessing wie überall so auch in der Poesie an, wuchs dann gleich einer Lauine; erst unscheinbar, zuletzt aber *gigantisch.*

(Der Beschluß folgt im nächsten Stück.)

Kritische Fragmente ⟨*Lyceum*-Fragmente⟩

⟨133⟩ [1] Man nennt viele Künstler, die eigentlich Kunstwerke der Natur sind.

[2] Jedes Volk will auf der Schaubühne nur den mittlern Durchschnitt seiner eignen Oberfläche schauen; man müßte ihm denn Helden, Musik oder Narren zum Besten geben.

[3] Wenn Diderot im Jakob etwas recht genialisches gemacht hat, so kömmt er gewöhnlich gleich selbst hinterher, und erzählt seine Freude dran, daß es so genialisch geworden ist.

[4] Es giebt so viel Poesie, und doch ist nichts seltner als ein Poem! Das macht die Menge ⟨134⟩ von poetischen Skizzen, Studien, Fragmenten, Tendenzen, Ruinen, und Materialien.

[5] Manches kritische Journal hat den Fehler, welcher Mozarts Musik so häufig vorgeworfen wird: einen zuweilen unmäßigen Gebrauch der Blasinstrumente.

[6] Man tadelt die metrische Sorglosigkeit der Götheschen Gedichte. Sollten aber die Gesetze der deutschen Hexameters wohl so consequent und allgemeingültig sein, wie der Charakter der Götheschen Poesie?

[7] Mein Versuch über das Studium der griechischen Poesie ist ein manierirter Hymnus in Prosa auf das Objektive in der Poesie. Das Schlechteste daran scheint mir der gänzliche Mangel der unentbehrlichen Ironie; und das Beste, die zuversichtliche Voraussetzung, daß die Poesie unendlich viel werth sei; als ob dieß eine ausgemachte Sache wäre.

[8] Eine gute Vorrede muß zugleich die Wurzel und das Quadrat ihres Buchs sein. ⟨135⟩

[9] Witz ist unbedingt geselliger Geist, oder fragmentarische Genialität.

[10] Man muß das Brett bohren, wo es am dicksten ist.

[11] Es ist doch gar nichts recht Tüchtiges, was Gründlichkeit,

Kraft und Geschick hätte, wider die Alten geschrieben worden; besonders wider ihre Poesie.

[12] In dem, was man Philosophie der Kunst nennt, fehlt gewöhnlich eins von beiden; entweder die Philosophie oder die Kunst.

[13] Jedes Gleichniß, was nur lang ist, nennt Bodmer gern homerisch. So hört man auch wohl Witz aristophanisch nennen, an dem nichts klassisch ist, als die Zwanglosigkeit und die Deutlichkeit.

[14] Auch in der Poesie mag wohl alles Ganze halb, und alles Halbe doch eigentlich ganz sein.

[15] Der dumme Herr in Diderots Jakob macht dem Künstler vielleicht mehr Ehre, als der närrische Diener. Er ist freilich nur beinah ⟨136⟩ genialisch dumm. Aber auch das war wohl schwerer zu machen, als einen ganz genialischen Narren.

[16] Genie ist zwar nicht Sache der Willkühr aber doch der Freyheit, wie Witz, Liebe und Glauben, die einst Künste und Wissenschaften werden müssen. Man soll von jedermann Genie fordern, aber ohne es zu erwarten. Ein Kantianer würde dieß den kategorischen Imperativ der Genialität nennen.

[17] Nichts ist verächtlicher als trauriger Witz.

[18] Die Romane endigen gern, wie das Vaterunser anfängt: mit dem Reich Gottes auf Erden.

[19] Manches Gedicht wird so geliebt, wie der Heiland von den Nonnen.

[20] Eine classische Schrift muß nie ganz verstanden werden können. Aber die, welche gebildet sind und sich bilden, müssen immer mehr draus lernen wollen.

[21] Wie ein Kind eigentlich eine Sache ist, ⟨137⟩ die ein Mensch werden will: so ist auch das Gedicht nur ein Naturding, welches ein Kunstwerk werden will.

[22] Ein einziges analytisches Wort, auch zum Lobe, kann den vortrefflichsten witzigen Einfall, dessen Flamme nun

erst wärmen sollte, nachdem sie geglänzt hat, unmittelbar löschen.

[23] In jedem guten Gedicht muß alles Absicht, und alles Instinkt seyn. Dadurch wird es idealisch.

[24] Die kleinsten Autoren haben wenigstens die Ähnlichkeit mit dem großen Autor des Himmels und der Erde, daß sie nach vollbrachtem Tagewerke zu sich selbst zu sagen pflegen: »Und siehe, was er gemacht hatte, war gut.«

[25] Die beiden Hauptgrundsätze der sogenannten historischen Kritik sind das Postulat der Gemeinheit, und das Axiom der Gewöhnlichkeit. Postulat der Gemeinheit: Alles recht Große, Gute und Schöne ist unwahrscheinlich, denn es ist außerordentlich, und zum mindesten verdächtig. Axiom der Gewöhnlichkeit: Wie es bey ⟨138⟩ uns und um uns ist: so muß es überall gewesen seyn: denn das ist ja alles so natürlich.

[26] Die Romane sind die sokratischen Dialoge unserer Zeit. In diese liberale Form hat sich die Lebensweisheit vor der Schulweisheit geflüchtet.

[27] Ein Kritiker ist ein Leser, der wiederkäut. Er sollte also mehr als einen Magen haben.

[28] Sinn (für eine besondere Kunst, Wissenschaft, einen Menschen, u. s. w.) ist dividirter Geist; Selbstbeschränkung, also ein Resultat von Selbstschöpfung und Selbstvernichtung.

[29] Anmuth ist korrektes Leben; Sinnlichkeit die sich selbst anschaut, und sich selbst bildet.

[30] An die Stelle des Schicksals tritt in der modernen Tragödie zuweilen Gott der Vater, noch öfter aber der Teufel selbst. Wie kommts, daß dies noch keinen Kunstgelehrten zu einer Theorie der diabolischen Dichtart veranlaßt hat?

[31] Die Eintheilung der Kunstwerke in naive und sentimentale, ließe sich vielleicht sehr frucht-⟨139⟩bar auch auf die Kunsturtheile anwenden. Es giebt sentimentale Kunsturtheile, denen nichts fehlt als eine Vignette und ein Motto, um auch

vollkommen naiv zu seyn. Zur Vignette, ein blasender Postillion. Zum Motto eine Phrasis des alten Thomasius beym Schluß einer akademischen Festrede: *Nunc vero musicantes musicabunt cum paucis et trompetis.*

[32] Die chemische Klassifikation der Auflösung in die auf dem trocknen und in die auf dem nassen Wege, ist auch in der Litteratur auf die Auflösung der Autoren anwendbar, die nach Erreichung ihrer äußersten Höhe sinken müssen. Einige verdampfen, andre werden zu Wasser.

[33] Eins von beyden ist fast immer herrschende Neigung jedes Schriftstellers: entweder manches nicht zu sagen, was durchaus gesagt werden müßte, oder vieles zu sagen, was durchaus nicht gesagt zu werden brauchte. Das erste ist die Erbsünde der synthetischen Naturen, das lezte der analytischen.

[34] Ein witziger Einfall ist eine Zersetzung geistiger Stoffe, die also vor der plötzlichen Scheidung innigst vermischt seyn mußten. Die ⟨140⟩ Einbildungskraft muß erst mit Leben jeder Art bis zur Sättigung angefüllt seyn, ehe es Zeit seyn kann, sie durch die Frikzion freyer Geselligkeit so zu elektrisiren, daß der Reiz der leisesten freundlichen oder feindlichen Berührung ihr blitzende Funken und leuchtende Strahlen, oder schmetternde Schläge entlocken kann.

[35] Mancher redet so vom Publikum, als ob es jemand wäre, mit dem er auf der Leipzigermesse im *hôtel de Saxe* zu Mittage gespeist hätte. Wer ist dieser Publikum? – Publikum ist gar keine Sache, sondern ein Gedanke, ein Postulat, wie Kirche.

[36] Wer noch nicht bis zur klaren Einsicht gekommen ist, daß es eine Größe noch ganz ausserhalb seiner eigenen Sphäre geben könne, für die ihm der Sinn durchaus fehle; wer nicht wenigstens dunkle Vermuthungen hat, nach welcher Weltgegend des menschlichen Geistes hin diese Größe ungefähr gelegen seyn möge: der ist in seiner eignen Sphäre ent-

weder ohne Genie, oder noch nicht bis zum Klassischen gebildet.

[37] Um über einen Gegenstand gut schreiben ⟨141⟩ zu können, muß man sich nicht mehr für ihn interessiren; der Gedanke, den man mit Besonnenheit ausdrücken soll, muß schon gänzlich vorbey seyn, einen nicht mehr eigentlich beschäftigen. So lange der Künstler erfindet und begeistert ist, befindet er sich für die Mittheilung wenigstens in einem illiberalen Zustande. Er wird dann alles sagen wollen; welches eine falsche Tendenz junger Genies, oder ein richtiges Vorurtheil alter Stümper ist. Dadurch verkennt er den Werth und die Würde der Selbstbeschränkung, die doch für den Künstler wie für den Menschen das Erste und das Letzte, das Nothwendigste und das Höchste ist. Das Nothwendigste: denn überall, wo man sich nicht selbst beschränkt, beschränkt einen die Welt; wodurch man ein Knecht wird. Das Höchste: denn man kann sich nur in den Punkten und an den Seiten selbst beschränken, wo man unendliche Kraft hat, Selbstschöpfung und Selbstvernichtung. Selbst ein freundschaftliches Gespräch, was nicht in jedem Augenblick frey abbrechen kann, aus unbedingter Willkühr, hat etwas Illiberales. Ein Schriftsteller aber, der sich rein ausreden will und kann, der nichts für sich behält, und alles sagen mag, was er weiß, ist sehr zu beklagen. Nur vor drey Fehlern ⟨142⟩ hat man sich zu hüten. Was unbedingte Willkühr, und sonach Unvernunft oder Übervernunft scheint und scheinen soll, muß dennoch im Grunde auch wieder schlechthin nothwendig und vernünftig seyn; sonst wird die Laune Eigensinn, es entsteht Illiberalität, und aus Selbstbeschränkung wird Selbstvernichtung. Zweytens: man muß mit der Selbstbeschränkung nicht zu sehr eilen, und erst der Selbstschöpfung, der Erfindung und Begeisterung Raum lassen, bis sie fertig ist. Drittens: man muß die Selbstbeschränkung nicht übertreiben.

[38] An dem Urbilde der Deutschheit, welches einige große vaterländische Erfinder aufgestellt haben, läßt sich nichts tadeln als die falsche Stellung. Diese Deutschheit liegt nicht hinter uns, sondern vor uns.

[39] Die Geschichte der Nachahmung der alten Dichtkunst, vornämlich im Auslande hat unter andern auch den Nutzen, daß sich die wichtigen Begriffe von unwillkührlicher Parodie und passivem Witz, hier am leichtesten und vollständigsten entwickeln lassen.

[40] In der in Deutschland erfundenen und in ⟨143⟩ Deutschland geltenden Bedeutung ist Ästhetisch ein Wort, welches wie bekannt eine gleich vollendete Unkenntniß der bezeichneten Sache und der bezeichnenden Sprache verräth. Warum wird es noch beybehalten?

[41] An geselligem Witz und geselliger Fröhlichkeit sind wenige Bücher mit dem Roman Faublas zu vergleichen. Er ist der Champagner seiner Gattung.

[42] Die Philosophie ist die eigentliche Heimath der Ironie, welche man logische Schönheit definiren möchte: denn überall wo in mündlichen oder geschriebenen Gesprächen, und nur nicht ganz systematisch philosophirt wird, soll man Ironie leisten und fordern; und sogar die Stoiker hielten die Urbanität für eine Tugend. Freylich giebts auch eine rhetorische Ironie, welche sparsam gebraucht vortreffliche Wirkung thut, besonders im Polemischen; doch ist sie gegen die erhabne Urbanität der Sokratischen Muse, was die Pracht der glänzendsten Kunstrede gegen eine alte Tragödie in hohem Styl. Die Poesie allein kann sich auch von dieser Seite bis zur Höhe der Philosophie erheben, und ist nicht auf ironische Stellen be-⟨144⟩gründet, wie die Rhetorik. Es giebt alte und moderne Gedichte, die durchgängig im Ganzen und überall den göttlichen Hauch der Ironie athmen. Es lebt in ihnen eine wirklich transcendentale Buffonerie. Im Innern, die Stimmung, welche alles übersieht,

und sich über alles Bedingte unendlich erhebt, auch über eigne Kunst, Tugend, oder Genialität: im Äußern, in der Ausführung die mimische Manier eines gewöhnlichen guten italiänischen Buffo.

[43] Hippel, sagt Kant, hatte die empfehlungswürdige Maxime, man müsse das schmackhafte Gericht einer launigen Darstellung noch durch die Zuthat des Nachgedachten würzen. Warum will Hippel nicht mehr Nachfolger in dieser Maxime finden, da doch Kant sie gebilligt hat?

[44] Man sollte sich nie auf den Geist des Alterthums berufen, wie auf eine Autorität. Es ist eine eigene Sache mit den Geistern; sie lassen sich nicht mit Händen greifen, und dem Andern vorhalten. Geister zeigen sich nur Geistern. Das Kürzeste und das Bündigste wäre wohl auch hier, den Besitz des alleinseligmachenden Glaubens durch gute Werke zu beweisen. ⟨145⟩

[45] Bey der sonderbaren Liebhaberey moderner Dichter für griechische Terminologie in Benennung ihrer Produkte, erinnert man sich der naiven Äußerung eines Franzosen bey Gelegenheit der neuen altrepublikanischen Feste: *que pourtant nous sommes menacés de rester toujours François.* – Manche solcher Benennungen der Feudalpoesie können bey den Litteratoren künftiger Zeitalter ähnliche Untersuchungen veranlassen, wie die, warum Dante sein großes Werk eine göttliche Komödie nannte. – Es giebt Tragödien, die man, wenn einmahl etwas griechisches im Namen seyn soll, am besten traurige Mimen nennen könnte. Sie scheinen nach dem Begriff von Tragödie getauft zu seyn, der einmal beym Shakespear vorkommt, aber von großer Allgemeinheit in der modernen Kunstgeschichte ist: eine Tragödie ist ein Drama, worin Pyramus sich selbst umbringt.

[46] Die Römer sind uns näher und begreiflicher als die Griechen; und doch ist ächter Sinn für die Römer noch ungleich seltner als der für die Griechen, weil es weniger synthetische

als analytische Naturen giebt. Denn auch für Nazionen giebts einen eignen Sinn; für historische ⟨146⟩ wie für moralische Individuen, nicht bloß für praktische Gattungen, Künste oder Wissenschaften.

[47] Wer etwas Unendliches will, der weiß nicht was er will. Aber umkehren läßt sich dieser Satz nicht.

[48] Ironie ist die Form des Paradoxen. Paradox ist alles, was zugleich gut und groß ist.

[49] Eins der wichtigsten Moyens der dramatischen und romantischen Kunst bey den Engländern sind die Guineen. Besonders in der Schlußcadence werden sie stark gebraucht, wenn die Bässe anfangen recht voll zu arbeiten.

[50] Wie tief doch im Menschen der Hang wurzelt, individuelle oder nazionale Eigenheiten zu generalisiren! Selbst Chamfort sagt: *»Les vers ajoutent de l'esprit a la pensée de l'homme qui en a quelquefois assez peu; et c'est ce qu'on appelle talent.«* – Ist dieß allgemeiner französischer Sprachgebrauch?

[51] Witz als Werkzeug der Rache ist so ⟨147⟩ schändlich, wie Kunst als Mittel des Sinnenkitzels.

[52] In manchem Gedicht erhält man stellenweise statt der Darstellung nur eine Überschrift, welche anzeigt, daß hier eigentlich dieß oder das dargestellt seyn sollte, daß der Künstler aber Verhinderung gehabt habe, und ergebenst um gewogene Entschuldigung bittet.

[53] In Rücksicht auf die Einheit sind die meisten modernen Gedichte Allegorien (Mysterien, Moralitäten,) oder Novellen (Avantüren, Intriguen); ein Gemisch, oder eine Verdünnung von diesen.

[54] Es giebt Schriftsteller die Unbedingtes trinken wie Wasser; und Bücher, wo selbst die Hunde sich aufs Unendliche beziehen.

[55] Ein recht freyer und gebildeter Mensch müßte sich selbst nach Belieben philosophisch oder philologisch, kritisch oder

poetisch, historisch oder rhetorisch, antik oder modern stimmen können, ganz willkührlich, wie man ein Instrument stimmt, zu jeder Zeit, und in jedem Grade. ⟨148⟩

[56] Witz ist logische Geselligkeit.

[57] Wenn manche mystische Kunstliebhaber, welche jede Kritik für Zergliederung, und jede Zergliederung für Zerstörung des Genusses halten, konsequent dächten: so wäre Potz tausend das beste Kunsturtheil über das würdigste Werk. Auch giebts Kritiken, die nichts mehr sagen, nur viel weitläuftiger.

[58] Wie die Menschen lieber groß handeln mögen, als gerecht: so wollen auch die Künstler veredeln und belehren.

[59] Chamforts Lieblingsgedanke, der Witz sey ein Ersatz der unmöglichen Glückseligkeit, gleichsam ein kleines Procent, womit die bankerotte Natur sich für die nicht honorirte Schuld des höchsten Gutes abfinde; ist nicht viel glücklicher als der des Shaftesbury, Witz sey der Prüfstein der Wahrheit, oder als das gemeinere Vorutheil, sittliche Veredlung sey der höchste Zweck der schönen Kunst. Witz ist Zweck an sich, wie die Tugend, die Liebe und die Kunst. Der genialische Mann fühlte, so scheint es, den unendlichen Werth des Witzes, und da die französische Philosophie nicht hinreicht, um die-⟨149⟩ses zu begreifen, so suchte er sein Höchstes instinktmäßig mit dem, was nach dieser das Erste und Höchste ist, zu verknüpfen. Und als Maxime ist der Gedanke, der Weise müsse gegen das Schicksal immer *en état d'epigramme* seyn, schön und ächt cynisch.

[60] Alle klassischen Dichtarten in ihrer strengen Reinheit sind jetzt lächerlich.

[61] Streng genommen ist der Begriff eines wissenschaftlichen Gedichts wohl so widersinnig, wie der einer dichterischen Wissenschaft.

[62] Man hat schon so viele Theorien der Dichtarten. Warum hat man noch keinen Begriff von Dichtart? Vielleicht würde

man sich dann mit einer einzigen Theorie der Dichtarten behelfen müssen.

[63] Nicht die Kunst und die Werke machen den Künstler, sondern der Sinn und die Begeisterung und der Trieb.

[64] Es bedürfte eines neuen Laokoon, um die Gränzen der Musik und der Philosophie zu bestimmen. Zur richtigen Ansicht mancher ⟨150⟩ Schriften fehlt es noch an einer Theorie der grammatischen Tonkunst.

[65] Die Poesie ist eine republikanische Rede; eine Rede, die ihr eignes Gesetz und ihr eigner Zweck ist, wo alle Theile freye Bürger sind, und mitstimmen dürfen.

[66] Die revoluzionäre Objektivitätswuth meiner frühern philosophischen Musikalien hat etwas weniges von der Grundwuth, die unter Reinholds Konsulate in der Philosophie so gewaltig um sich griff.

[67] In England ist der Witz wenigstens eine Profession, wenn auch keine Kunst. Alles wird da zünftig, und selbst die *roués* dieser Insel sind Pedanten. So auch ihre *wits*, welche die unbedingte Willkühr, deren Schein dem Witz das Romantische und Pikante giebt, in die Wirklichkeit einführen, und so auch witzig leben; daher ihr Talent zur Tollheit. Sie sterben für ihre Grundsätze.

[68] Wie viel Autoren giebts wohl unter den Schriftstellern? Autor heißt Urheber. ⟨151⟩

[69] Es giebt auch negativen Sinn, der viel besser ist als Null, aber viel seltner. Man kann etwas innig lieben, eben weil mans nicht hat: das giebt wenigstens ein Vorgefühl ohne Nachsatz. Selbst entschiedne Unfähigkeit, die man klar weiß, oder gar mit starker Antipathie ist bey reinem Mangel ganz unmöglich, und setzt wenigstens parziale Fähigkeit und Sympathie voraus. Gleich dem Platonischen Eros ist also wohl dieser negative Sinn der Sohn des Überflußes und der Armuth. Er entsteht, wenn einer bloß den Geist hat, ohne den Buchstaben; oder

umgekehrt, wenn er bloß die Materialien und Förmlichkeiten hat, die trockne harte Schale des produktiven Genies ohne den Kern. Im ersten Falle giebts reine Tendenzen, Projekte die so weit sind, wie der blaue Himmel, oder wenn's hoch kömmt, skizzirte Fantasien: im letzten zeigt sich jene harmonisch ausgebildete Kunst-Plattheit, in welcher die größten engländischen Kritiker so klassisch sind. Das Kennzeichen der ersten Gattung, des negativen Sinns vom Geiste ist, wenn einer immer wollen muß, ohne je zu können; wenn einer immer hören mag, ohne je zu vernehmen.

[70] Leute die Bücher schreiben, und sich dann einbilden, ihre Leser wären das Publikum, und ⟨152⟩ sie müßten das Publikum bilden: diese kommen sehr bald dahin, ihr sogenanntes Publikum nicht bloß zu verachten, sondern zu hassen; welches zu gar nichts führen kann.

[71] Sinn für Witz ohne Witz ist doch schon das *Abc* der Liberalität.

[72] Eigentlich haben sie's recht gern, wenn ein Dichterwerk ein wenig ruchlos ist, besonders in der Mitte; nur muß der Anstand nicht gradezu beleidigt werden, und zuletzt muß alles ein gutes Ende nehmen.

[73] Was in gewöhnlichen guten oder vortrefflichen Übersetzungen verlohren geht, ist grade das Beste.

[74] Es ist unmöglich, jemanden ein Ärgerniß zu geben, wenn ers nicht nehmen will.

[75] Noten sind philologische Epigramme; Übersetzungen philologische Mimen; manche Kommentare, wo der Text nur Anstoß oder Nicht-Ich ist, philologische Idyllen.

[76] Es giebt einen Ehrgeitz, welcher lieber der ⟨153⟩ Erste unter den Letzten seyn will, als der Zweyte unter den Ersten. Das ist der alte. Es giebt einen andern Ehrgeitz, der lieber wie Tasso's Gabriel:

Gabriel, che fra i primi era il secondo;

der Zweyte unter den Ersten, als der Erste unter den Zweyten seyn will. Das ist der moderne.

[77] Maximen, Ideale, Imperative und Postulate sind jetzt bisweilen Rechenpfenninge der Sittlichkeit.

[78] Mancher der vortrefflichsten Romane ist ein Compendium, eine Encyclopädie des ganzen geistigen Lebens eines genialischen Individuums; Werke die das sind, selbst in ganz andrer Form, wie Nathan, bekommen dadurch einen Anstrich vom Roman. Auch enthält jeder Mensch, der gebildet ist, und sich bildet, in seinem Innern einen Roman. Daß er ihn aber äußre und schreibe, ist nicht nöthig.

[79] Zur Popularität gelangen deutsche Schriften durch einen großen Nahmen, oder durch Persönlichkeiten, oder durch gute Bekanntschaft, oder durch Anstrengung, oder durch mäßige ⟨154⟩ Unsittlichkeit, oder durch vollendete Unverständlichkeit, oder durch harmonische Plattheit, oder durch vielseitige Langweiligkeit, oder durch beständiges Streben nach dem Unbedingten.

[80] Ungern vermisse ich in Kants Stammbaum der Urbegriffe die Kategorie Beynahe, die doch gewiß eben so viel gewirkt hat in der Welt und in der Litteratur, und eben so viel verdorben, als irgend eine andre Kategorie. In dem Geiste der Naturskeptiker tingirt sie alle übrigen Begriffe und Anschauungen.

[81] Es hat etwas Kleinliches, gegen Individuen zu polemisiren, wie der Handel *en detail.* Will er die Polemik nicht *en gros* treiben, so muß der Künstler wenigstens solche Individuen wählen, die klassisch sind, und von ewig dauerndem Werth. Ist auch das nicht möglich, etwa im traurigen Fall der Nothwehr: so müssen die Individuen, Kraft der polemischen Fikzion, so viel als möglich zu Repräsentanten der objektiven Dummheit, und der objektiven Narrheit idealisirt werden: denn auch diese sind, wie alles Objektive, unendlich

interessant, wie der höhern Polemik würdige Gegenstände seyn müssen. ⟨155⟩

[82] Geist ist Naturphilosophie.

[83] Manieren sind charakteristische Ecken.

[84] Aus dem, was die Modernen wollen, muß man lernen, was die Poesie werden soll: aus dem, was die Alten thun, was sie seyn muß.

[85] Jeder rechtliche Autor schreibt für Niemand, oder für Alle. Wer schreibt, damit ihn diese und jene lesen mögen, verdient, daß er nicht gelesen werde.

[86] Der Zweck der Kritik, sagt man, sey, Leser zu bilden! – Wer gebildet seyn will, mag sich doch selbst bilden. Dieß ist unhöflich: es steht aber nicht zu ändern.

[87] Da die Poesie unendlich viel werth ist, so sehe ich nicht ein, warum sie auch noch bloß mehr werth seyn soll, wie dieß und jenes, was auch unendlich viel werth ist. Es giebt Künstler, welche nicht etwa zu groß von der Kunst denken, denn das ist unmöglich, aber doch nicht frey genug sind, sich selbst über ihr Höchstes zu erheben. ⟨156⟩

[88] Nichts ist pikanter, als wenn ein genialischer Mann Manieren hat; nähmlich wenn er sie hat: aber gar nicht, wenn sie ihn haben; das führt zur geistigen Versteinerung.

[89] Sollte es nicht überflüßig seyn, mehr als Einen Roman zu schreiben, wenn der Künstler nicht etwa ein neuer Mensch geworden ist? – Offenbar gehören nicht selten alle Romane eines Autors zusammen, und sind gewissermaßen nur ein Roman.

[90] Witz ist eine Explosion von gebundnem Geist.

[91] Die Alten sind weder die Juden, noch die Christen, noch die Engländer der Poesie. Sie sind nicht ein willkührlich auserwähltes Kunstvolk Gottes; noch haben sie den alleinseligmachenden Schönheitsglauben; noch besitzen sie ein Dichtungsmonopol.

[92] Auch der Geist kann, wie das Thier, nur in einer aus reiner Lebensluft und Azote gemischten Atmosphäre athmen. Dies nicht ertragen und begreifen zu können, ist das Wesen ⟨157⟩ der Thorheit; es schlechthin nicht zu wollen, der Anfang der Narrheit.

[93] In den Alten sieht man den vollendeten Buchstaben der ganzen Poesie: in den Neuern ahnet man den werdenden Geist.

[94] Mittelmäßige Autoren, die ein kleines Buch so ankündigen, als ob sie einen großen Riesen wollten sehen lassen, sollten von der literarischen Polizey genöthigt werden, ihre Produkt mit dem Motto stempeln zu lassen: *This is the greatest elephant in the world, except himself*.

[95] Die harmonische Plattheit kann dem Philosophen sehr nützlich werden, als ein heller Leuchtthurm für noch unbefahrne Gegenden des Lebens, der Kunst oder der Wissenschaft. – Er wird den Menschen, das Buch vermeiden, die ein harmonisch Platter bewundert und liebt; und der Meynung wenigstens mistrauen, an die mehre der Art fest glauben.

[96] Ein gutes Räthsel sollte witzig seyn; sonst bleibt Nichts, sobald das Wort gefunden ist: auch ists nicht ohne Reiz, wenn ein witziger ⟨158⟩ Einfall in so weit räthselhaft ist, daß er errathen seyn will: nur muß sein Sinn gleich völlig klar werden, so bald er getroffen ist.

[97] Salz im Ausdruck ist das Pikante, pulverisirt. Es giebt grobkörniges und feines.

[98] Folgendes sind allgemeingültige Grundgesetze der schriftstellerischen Mittheilung: 1) Man muß Etwas haben, was mitgetheilt werden soll; 2) man muß Jemand haben, dem mans mittheilen wollen darf; 3) man muß es wirklich mittheilen, mit ihm theilen können, nicht bloß sich äußern, allein; sonst wäre es treffender, zu schweigen.

[99] Wer nicht selbst ganz neu ist, der beurtheilt das Neue,

wie alt; und das Alte wird einem immer wieder neu, bis man selbst alt wird.

[100] Die Poesie des einen heißt die philosophische; die des andern die philologische; die des dritten die rhetorische, u. s. w. Welches ist denn nun die poetische Poesie?

[101] Affektazion entspring nicht so wohl aus ⟨159⟩ dem Bestreben, neu, als aus der Furcht, alt zu seyn.

[102] Alles beurtheilen zu wollen, ist eine große Verirrung oder eine kleine Sünde.

[103] Viele Werke, deren schöne Verkettung man preist, haben weniger Einheit, als ein bunter Haufen von Einfällen, die nur vom Geiste eines Geistes belebt, nach Einem Ziele zielen. Diese verbindet doch jenes freye und gleiche Beysammenseyn, worin sich auch die Bürger des vollkommnen Staats, nach der Versicherung der Weisen, dereinst befinden werden; jener unbedingt gesellige Geist, welcher nach der Anmaaßung der Vornehmen jetzt nur in dem gefunden wird, was man so seltsam, und beynahe kindisch große Welt zu nennen pflegt. Manches Erzeugniß hingegen, an dessen Zusammenhang niemand zweifelt, ist, wie der Künstler selbst sehr wohl weiß, kein Werk, sondern nur Bruchstück, eins oder mehre, Masse, Anlage. So mächtig ist aber der Trieb nach Einheit im Menschen, daß der Urheber selbst, was er durchaus nicht vollenden oder vereinigen kann, oft gleich bey der Bildung doch wenigstens ergänzt; oft sehr sinnreich und dennoch ganz wi-⟨160⟩dernatürlich. Das Schlimmste dabey ist, daß alles, was man den gediegenen Stücken, die wirklich da sind, so drüber aufhängt, um einen Schein von Ganzheit zu erkünsteln, meistens nur aus gefärbten Lumpen besteht. Sind diese nun auch gut und täuschend geschminkt, und mit Verstand drappirt: so ists eigentlich um desto schlimmer. Dann wird anfänglich der Auserwählte getäuscht, welcher tiefen Sinn hat für das wenige tüchtig Gute und Schöne, was noch in Schriften wie in Hand-

lungen sparsam hie und da gefunden wird. Er muß nun erst durch Urtheil zur richtigen Empfindung gelangen! Geschieht die Scheidung auch noch so schnell: so ist doch der erste frische Eindruck einmahl weg.

[104] Was man gewöhnlich Vernunft nennt, ist nur eine Gattung derselben; nämlich die dünne und wäßrige. Es giebt auch eine dicke feurige Vernunft, welche den Witz eigentlich zum Witz macht, und dem gediegenen Styl das Elastische giebt und das Elektrische.

[105] Sieht man auf den Geist, nicht auf den Buchstaben: so war das ganze römische Volk, ⟨161⟩ sammt dem Senat, und sammt allen Triumphatoren und Cäsaren ein Cyniker.

[106] Nichts ist in seinem Ursprung jämmerlicher und in seinen Folgen gräßlicher, als die Furcht, lächerlich zu seyn. Daher z. B. die Knechtschaft der Weiber und mancher andre Krebsschaden der Menschheit.

[107] Die Alten sind Meister der poetischen Abstrakzion: die Modernen haben mehr poetische Spekulazion.

[108] Die Sokratische Ironie ist die einzige durchaus unwillkührliche, und doch durchaus besonnene Verstellung. Es ist gleich unmöglich sie zu erkünsteln, und sie zu verrathen. Wer sie nicht hat, dem bleibt sie auch nach dem offensten Geständniß ein Räthsel. Sie soll Niemanden täuschen, als die, welche sie für Täuschung halten, und entweder ihre Freude haben, an der herrlichen Schalkheit, alle Welt zum Besten zu haben, oder böse werden, wenn sie ahnden, sie wären wohl auch mit gemeynt. In ihr soll alles Scherz und alles Ernst seyn, alles treuherzig offen, und alles tief verstellt. Sie entspringt aus der Vereinigung von Lebenskunst-⟨162⟩sinn und wissenschaftlichem Geist, aus dem Zusammentreffen vollendeter Naturphilosophie und vollendeter Kunstphilosophie. Sie enthält und erregt ein Gefühl von dem unauflöslichen Widerstreit des Unbedingten und des Bedingten, der Unmöglichkeit und Nothwen-

digkeit einer vollständigen Mittheilung. Sie ist die freyeste aller Licenzen, denn durch sie setzt man sich über sich selbst weg; und doch auch die gesetzlichste, denn sie ist unbedingt nothwendig. Es ist ein sehr gutes Zeichen, wenn die harmonisch Platten gar nicht wissen, wie sie diese stete Selbstparodie zu nehmen haben, immer wieder von Neuem glauben und misglauben, bis sie schwindlicht werden, den Scherz grade für Ernst, und den Ernst für Scherz halten. Lessings Ironie ist Instinkt; bey Hemsterhuys ists klassisches Studium; Hülsens Ironie entspringt aus Philosophie der Philosophie, und kann die jener noch weit übertreffen.

[109] Milder Witz, oder Witz ohne Pointe, ist ein Privilegium der Poesie, was die Prosa ihr ja lassen muß: denn nur durch die schärffste Richtung auf Einen Punkt kann der einzelne Einfall eine Art von Ganzheit erhalten. ⟨163⟩

[110] Sollte die harmonische Ausbildung der Adlichen und der Künstler nicht etwa bloß eine harmonische Einbildung seyn?

[111] Chamfort war, was Rousseau gern scheinen wollte: ein ächter Cyniker, im Sinne der Alten mehr Philosoph, als eine ganze Legion trockner Schulweisen. Obgleich er sich anfänglich mit dem Vornehmen gemein gemacht hatte, lebte er dennoch frey, wie er auch frey und würdig starb, und verachtete den kleinen Ruhm eines großen Schriftstellers. Er war Mirabeau's Freund. Sein köstlichster Nachlaß sind seine Einfälle und Bemerkungen zur Lebensweisheit; ein Buch voll von gediegenem Witz, tiefem Sinn, zarter Fühlbarkeit, von reifer Vernunft und fester Männlichkeit, und von interessanten Spuren der lebendigsten Leidenschaftlichkeit, und dabey auserlesen und von vollendetem Ausdruck; ohne Vergleich das höchste und erste seiner Art.

[112] Der analytische Schriftsteller beobachtet den Leser, wie er ist; danach macht er seinen Calcül, legt seine Machinen an,

um den gehörigen Effekt auf ihn zu machen. Der synthetische Schriftsteller konstruirt und schafft sich ⟨164⟩ einen Leser, wie er seyn soll; er denkt sich denselben nicht ruhend und todt, sondern lebendig und entgegenwirkend. Er läßt das, was er erfunden hat, vor seinen Augen stufenweise werden, oder er lockt ihn es selbst zu erfinden. Er will keine bestimmte Wirkung auf ihn machen, sondern er tritt mit ihm in das heilige Verhältniß der innigsten Symphilosophie oder Sympoesie.

[113] Voß ist in der Louise ein Homeride: so ist auch Homer in seiner Übersetzung ein Voßide.

[114] Es giebt so viele kritische Zeitschriften von verschiedener Natur und mancherley Absichten! Wenn sich doch auch einmahl eine Gesellschaft der Art verbinden wollte, welche bloß den Zweck hätte, die Kritik selbst, die doch auch nothwendig ist, allmählig zu realisiren!

[115] Die ganze Geschichte der modernen Poesie ist ein fortlaufender Kommentar zu dem kurzen Text der Philosophie: Alle Kunst soll Wissenschaft, und alle Wissenschaft soll Kunst werden; Poesie und Philosophie sollen vereinigt seyn.

[116] Die Deutschen, sagt man, sind, was Höhe ⟨165⟩ des Kunstsinns und des wissenschaftlichen Geistes betrifft, das erste Volk in der Welt. Gewiß; nur giebt es sehr wenige Deutsche.

[117] Poesie kann nur durch Poesie kritisirt werden. Ein Kunsturtheil, welches nicht selbst ein Kunstwerk ist, entweder im Stoff, als Darstellung des nothwendigen Eindrucks in seinem Werden, oder durch eine schöne Form, und einen im Geist der alten römischen Satire liberalen Ton, hat gar kein Bürgerrecht im Reiche der Kunst.

[118] War nicht alles, was abgenutzt werden kann, gleich Anfangs schief oder platt?

[119] Sapphische Gedichte müssen wachsen und gefunden werden. Sie lassen sich weder machen, noch ohne Entweihung

öffentlich mittheilen. Wer es thut, dem fehlt es zugleich an Stolz und an Bescheidenheit. An Stolz: indem er sein Innerstes herausreißt, aus der heiligen Stille des Herzens, und es hinwirft unter die Menge, daß sie's angaffen, roh oder fremd; und das für ein lausiges *Da capo* oder für Friedrichsd'or. Unbescheiden aber bleibts immer, sein Selbst auf die Ausstellung zu schi-⟨166⟩cken, wie ein Urbild. Und sind lyrische Gedichte nicht ganz eigenthümlich, frey und wahr: so taugen sie nichts, als solche. Petrarka gehört nicht hieher: der kühle Liebhaber sagt ja nichts, als zierliche Allgemeinheiten; auch ist er romantisch, nicht lyrisch. Gäbe es aber auch noch eine Natur so konsequent schön und klassisch, daß sie sich nackt zeigen dürfte, wie Phryne vor allen Griechen: so giebts doch kein Olympisches Publikum mehr für ein solches Schauspiel. Auch war es Phryne. Nur Cyniker lieben auf dem Markt. Man kann ein Cyniker seyn und ein großer Dichter: der Hund und der Lorber haben gleiches Recht, Horazens Denkmahl zu zieren. Aber Horazisch ist noch bey weitem nicht Sapphisch. Sapphisch ist nie cynisch.

[120] Wer Göthe's Meister gehörig charakterisirte, der hätte damit wohl eigentlich gesagt, was es jetzt an der Zeit ist in der Poesie. Er dürfte sich, was poetische Kritik betrifft, immer zur Ruhe setzen.

[121] Die einfachsten und nächsten Fragen, wie: Soll man Shakespeare's Werke als Kunst oder als Natur beurtheilen? und: Ist das Epos ⟨167⟩ und die Tragödie wesentlich verschieden oder nicht? und: Soll die Kunst täuschen oder bloß scheinen? können nicht beantwortet werden ohne die tiefste Spekulazion und die gelehrteste Kunstgeschichte.

[122] Wenn irgend etwas die hohe Idee von Deutschheit rechtfertigen kann, die man hie und da findet: so ists die entschiedne Vernachläßigung und Verachtung solcher gewöhnlich guten Schriftsteller, die jede andre Nazion mit

Pomp in ihren Johnson aufnehmen würde, und der ziemlich allgemeine Hang, auch an dem, was sie als das beste erkennen, und was besser ist, als daß die Ausländer es schon gut finden könnten, frey zu tadeln, und es überall recht genau zu nehmen.

[123] Es ist eine unbesonnene und unbescheidne Anmaaßung, aus der Philosophie etwas über die Kunst lernen zu wollen. Manche fangen's so an, als ob sie hofften hier etwas Neues zu erfahren; da die Philosophie doch weiter nichts kann und können soll, als die gegebnen Kunsterfahrungen und vorhandnen Kunstbegriffe zur Wissenschaft machen, die Kunstansicht erheben, mit Hülfe einer gründlich gelehrten Kunstgeschichte erweitern, ⟨168⟩ und diejenige logische Stimmung auch über diese Gegenstände zu erzeugen, welche absolute Liberalität mit absolutem Rigorismus vereinigt.

[124] Auch im Innern und Ganzen der größten modernen Gedichte ist Reim, symmetrische Wiederkehr des Gleichen. Dieß rundet nicht nur vortrefflich, sondern kann auch höchst tragisch wirken. Zum Beyspiel, die Champagnerflasche und die drey Gläser, welche die alte Barbara in der Nacht vor Wilhelm auf den Tisch setzt. – Ich möchte es den gigantischen oder den Shakspeareschen Reim nennen: denn Shakspeare ist Meister darin.

[125] Schon Sophokles glaubte treuherzig, seine dargestellten Menschen seyen besser als die wirklichen. Wo hat er einen Sokrates dargestellt, einen Solon, Aristides, so unzählig viele andre? – Wie oft läßt sich nicht diese Frage auch für andre Dichter wiederhohlen? Wie haben nicht auch die größten Künstler wirkliche Helden in ihrer Darstellung verkleinert? Und doch ist jener Wahn allgemein geworden, von den Imperatoren der Poesie bis zu den geringsten Lictoren. Dichtern mag er auch wohl heilsam seyn können, wie jede konsequente Beschrän-⟨169⟩kung, um die Kraft zu kondensiren und zu kon-

zentriren. Ein Philosoph aber, der sich davon anstecken ließe, verdiente wenigsten deportirt zur werden, aus dem Reiche der Kritik. Oder giebt es etwa nicht unendlich viel Gutes und Schönes im Himmel und auf Erden, wovon sich die Poesie nichts träumen läßt?

[126] Die Römer wußten, daß der Witz ein prophetisches Vermögen ist; sie nannten ihn Nase.

[127] Es ist indelikat, sich drüber zu wundern, wenn etwas schön ist, oder groß; als ob es anders seyn dürfte.

Fragmente ⟨*Athenaeum*-Fragmente⟩

⟨3⟩ [1] Über keinen Gegenstand philosophiren sie seltner als über die Philosophie.

[2] Die Langeweile gleicht auch in ihrer Entstehungsart der Stickluft, wie in den Wirkungen. Beyde entwickeln sich gern, wo eine Menge Menschen im eingeschloßnen Raum beysammen ist.

[3] Kant hat den Begriff des Negativen in die Weltweisheit eingeführt. Sollte es nicht ein nützlicher Versuch seyn, nun auch den Begriff des Positiven in die Philosophie einzuführen?

[4] Zum großen Nachtheil der Theorie von den Dichtarten vernachläßigt man oft die Unterabtheilungen der Gattungen. So theilt sich zum Beyspiel die Naturpoesie in die natürliche und in die künstliche, und die Volkspoesie in die Volkspoesie für das Volk und in die Volkspoesie für Standespersonen und Gelehrte. ⟨4⟩

[5] Was gute Gesellschaft genannt wird, ist meistens nur eine Mosaik von geschliffnen Karikaturen.

[6] Manche haben es in Herrmann und Dorothea als einen großen Mangel an Delikatesse getadelt, daß der Jüngling seiner Geliebten, einer verarmten Bäurin, verstellter Weise den Vorschlag thut, als Magd in das Haus seiner guten Eltern zu kommen. Diese Kritiker mögen übel mit ihrem Gesinde umgehen. ⟨AWS⟩

[7] Ihr verlangt immer neue Gedanken? Thut etwas neues, so läßt sich etwas neues darüber sagen. ⟨AWS⟩

[8] Gewissen Lobrednern der vergangnen Zeiten unsrer Litteratur darf man kühnlich antworten, wie Sthenelos dem Agamemnon: wir rühmen uns viel besser zu seyn denn unsre Väter. ⟨AWS⟩

[9] Zum Glück wartet die Poesie eben so wenig auf die Theorie, als die Tugend auf die Moral, sonst hätten wir fürs erste keine Hoffnung zu einem Gedicht. ⟨AWS⟩

[10] Die Pflicht ist Kants Eins und Alles. Aus Pflicht der Dankbarkeit behauptet er, müsse man die Alten vertheidigen und schätzen; und nur aus Pflicht ist er selbst ein großer Mann geworden.

[11] Der Parisischen schönen Welt haben Geßners Idyllen grade so gefallen, wie der an *haut gout* gewöhnte Gaum sich manchmal an Milchspeisen labt. ⟨AWS⟩ ⟨5⟩

[12] Man hat von manchem Monarchen gesagt: er würde ein sehr liebenswürdiger Privatmann gewesen seyn, nur zum Könige habe er nicht getaugt. Verhält es sich etwa mit der Bibel eben so? Ist sie auch bloß ein liebenswürdiges Privatbuch, das nur nicht Bibel seyn sollte?

[13] Wenn junge Personen beyderley Geschlechts nach einer lustigen Musik zu tanzen wissen, so fällt es ihnen gar nicht ein, deshalb über die Tonkunst urtheilen zu wollen. Warum haben die Leute weniger Respekt vor der Poesie?

[14] Schöner Muthwille im Vortrage ist das Einzige was die poetische Sittlichkeit lüsterner Schilderungen retten kann. Sie zeugen von Schlaffheit und Verkehrtheit wenn sich nicht überschäumende Fülle der Lebenskraft in ihnen offenbart. Die Einbildungskraft muß ausschweifen wollen, nicht dem herrschenden Hange der Sinne knechtisch nachzugeben gewohnt seyn. Und doch findet man unter uns meistens die fröhliche Leichtfertigkeit am verdammlichsten; hingegen hat man das stärkste in dieser Art verziehen, wenn es mit einer fantastischen Mystik der Sinnlichkeit umgeben war. Als ob eine Schlechtigkeit durch eine Tollheit wieder gut gemacht würde! ⟨AWS⟩

[15] Der Selbstmord ist gewöhnlich nur eine Begebenheit, selten eine Handlung. Ist es das erste, so hat der Thäter immer Unrecht, wie ein Kind, das sich ⟨6⟩ emanzipiren will. Ist es aber eine Handlung, so kann vom Recht gar nicht die Frage seyn, sondern nur von der Schicklichkeit. Denn dieser allein ist die Willkühr unterworfen, welche alles bestimmen soll was in den reinen Gesetzen nicht bestimmt werden kann, wie das

Jetzt, und das Hier, und alles bestimmen darf, was nicht die Willkühr andrer, und dadurch sie selbst vernichtet. Es ist nie Unrecht, freywillig zu sterben, aber oft unanständig, länger zu leben.

[16] Wenn das Wesen des Cynismus darin besteht, der Natur vor der Kunst, der Tugend vor der Schönheit und Wissenschaft den Vorzug zu geben; unbekümmert um den Buchstaben, auf den der Stoiker streng hält, nur auf den Geist zu sehen, allen ökonomischen Werth und politischen Glanz unbedingt zu verachten, und die Rechte der selbständigen Willkühr tapfer zu behaupten: so dürfte der Christianismus wohl nichts anders seyn, als universeller Cynismus.

[17] Die dramatische Form kann man wählen aus Hang zur systematischen Vollständigkeit, oder um Menschen nicht blos darzustellen, sondern nachzuahmen und nachzumachen, oder aus Bequemlichkeit, oder aus Gefälligkeit für die Musik, oder auch aus reiner Freude am Sprechen, und Sprechen lassen.

[18] Es giebt verdiente Schriftsteller, die mit jugendlichem Eifer die Bildung ihres Volkes betrieben haben, ⟨7⟩ sie aber da fixiren wollen, wo die Kraft sie selbst verließ. Dieß ist umsonst: wer einmal thöricht, oder edel, sich bestrebt hat, in den Gang des menschlichen Geistes mit einzugreifen, muß mit fort, oder er ist nicht besser dran als ein Hund im Bratenwender, der die Pfoten nicht vorwärts setzen will. ⟨AWS⟩

[19] Das sicherste Mittel unverständlich oder vielmehr misverständlich zu seyn, ist, wenn man die Worte in ihrem ursprünglichen Sinne braucht; besonders Worte aus den alten Sprachen.

[20] Duclos bemerkt, es gebe wenig ausgezeichnete Werke, die nicht von Schriftstellern von Profession herrühren. In Frankreich wird dieser Stand seit langer Zeit mit Achtung anerkannt. Bey uns galt man ehedem weniger als nichts wenn man bloß Schriftsteller war. Noch jezt regt sich dieß Vorurtheil hier und da, aber die Gewalt verehrter Beyspiele muß es immer mehr lähmen. Die Schriftstellerey ist, je nachdem

man sie treibt, eine Infamie, eine Ausschweifung, eine Tagelöhnerey, ein Handwerk, eine Kunst, eine Wissenschaft und eine Tugend. ⟨AWS⟩

[21] Die Kantische Philosophie gleicht dem untergeschobnen Briefe, den Maria in Shakspeare's Was ihr wollt, dem Malvolio in den Weg legt. Nur mit dem Unterschiede, daß es in Deutschland zahllose philosophische Malvolios giebt, die nun die Kniegürtel ⟨8⟩ kreuzweise binden, gelbe Strümpfe tragen, und immer fort fantastisch lächeln.

[22] Ein Projekt ist der subjektive Keim eines werdenden Objekts. Ein vollkommnes Projekt müßte zugleich ganz subjektiv, und ganz objektiv, ein untheilbares und lebendiges Individuum seyn. Seinem Ursprunge nach, ganz subjektiv, original, nur grade in diesem Geiste möglich; seinem Charakter nach ganz objektiv, physisch und moralisch nothwendig. Der Sinn für Projekte, die man Fragmente aus der Zukunft nennen könnte, ist von dem Sinn für Fragmente aus der Vergangenheit nur durch die Richtung verschieden, die bei ihm progressiv, bei jenem aber regressiv ist. Das Wesentliche ist die Fähigkeit, Gegenstände unmittelbar zugleich zu idealisiren, und zu realisiren, zu ergänzen, und theilweise in sich auszuführen. Da nun transcendental eben das ist, was auf die Verbindung oder Trennung des Idealen und des Realen Bezug hat; so könnte man wohl sagen, der Sinn für Fragmente und Projekte sey der transcendentale Bestandtheil des historischen Geistes.

[23] Es wird manches gedruckt, was besser nur gesagt würde, und zuweilen etwas gesagt was schicklicher gedruckt wäre. Wenn die Gedanken die besten sind, die sich zugleich sagen und schreiben lassen, so ists wohl der Mühe werth, zuweilen nachzusehen, was sich von dem Gesprochnen schreiben, und was sich von dem Geschriebnen drucken läßt. Anmaßend ist es ⟨9⟩ freylich, noch bey Lebzeiten Gedanken zu haben, ja bekannt zu machen. Ganze Werke zu schreiben ist ungleich bescheidner, weil sie ja wohl bloß aus andern Werken zusam-

mengesetzt seyn können, und weil dem Gedanken da auf den schlimmsten Fall die Zuflucht bleibt, der Sache den Vorrang zu lassen, und sich demüthig in den Winkel zu stellen. Aber Gedanken, einzelne Gedanken sind gezwungen, einen Werth für sich haben zu wollen, und müßen Anspruch darauf machen, eigen und gedacht zu seyn. Das einzige, was eine Art von Trost dagegen giebt, ist, daß nichts anmaßender seyn kann, als überhaupt zu existiren, oder gar auf eine bestimmte selbständige Art zu existiren. Aus dieser ursprünglichen Grundanmaßung folgen nun doch einmal alle abgeleiteten, man stelle sich wie man auch will.

[24] Viele Werke der Alten sind Fragmente geworden. Viele Werke der Neuern sind es gleich bey der Entstehung.

[25] Nicht selten ist das Auslegen ein Einlegen des Erwünschten, oder des Zweckmäßigen, und viele Ableitungen sind eigentlich Ausleitungen. Ein Beweis, daß Gelehrsamkeit und Spekulazion der Unschuld des Geistes nicht so schädlich sind, als man uns glauben machen will. Denn ist es nicht recht kindlich, froh über das Wunder zu erstaunen, das man selbst veranstaltet hat? ⟨10⟩

[26] Die Deutschheit ist wohl darum ein Lieblingsgegenstand der Charakteriseurs, weil eine Nazion je weniger sie fertig, um so mehr ein Gegenstand der Kritik ist, und nicht der Historie.

[27] Die meisten Menschen sind, wie Leibnitzens mögliche Welten, nur gleichberechtigte Prätendenten der Existenz. Es giebt wenig Existenten.

[28] Folgendes scheinen nächst der vollendeten Darstellung des kritischen Idealismus, die immer das Erste bleibt, die wichtigsten Desiderata der Philosophie zu seyn: eine materiale Logik, eine poetische Poetik, eine positive Politik, eine systematische Ethik, und eine praktische Historie.

[29] Witzige Einfälle sind die Sprüchwörter der gebildeten Menschen.

[30] Ein blühendes Mädchen ist das reizendste Symbol vom reinen guten Willen.

[31] Prüderie ist Prätension auf Unschuld, ohne Unschuld. Die Frauen müssen wohl prüde bleiben, so lange Männer sentimental, dumm und schlecht genug sind, ewige Unschuld und Mangel an Bildung von ihnen zu fodern. Denn Unschuld ist das Einzige, was Bildungslosigkeit adeln kann. ⟨11⟩

[32] Man soll Witz haben, aber nicht haben wollen; sonst entsteht Witzeley, Alexandrinischer Styl in Witz.

[33] Es ist weit schwerer, andre zu veranlassen, daß sie gut reden, als selbst gut zu reden.

[34] Fast alle Ehen sind nur Konkubinate, Ehen an der linken Hand, oder vielmehr provisorische Versuche, und entfernte Annäherungen zu einer wirklichen Ehe, deren eigentliches Wesen, nicht nach den Paradoxen dieses oder jenes Systems, sondern nach allen geistlichen und weltlichen Rechten darin besteht, daß mehre Personen nur Eine werden sollen. Ein artiger Gedanke, dessen Realisirung jedoch viele und große Schwierigkeiten zu haben scheint. Schon darum sollte die Willkühr, die wohl ein Wort mitreden darf, wenn es darauf ankommt, ob einer ein Individuum für sich, oder nur der integrante Theil einer gemeinschaftlichen Personalität seyn will, hier so wenig als möglich beschränkt werden; und es läßt sich nicht absehen, was man gegen eine Ehe *à quatre* gründliches einwenden könnte. Wenn aber der Staat gar die misglückten Eheversuche mit Gewalt zusammenhalten will, so hindert er dadurch die Möglichkeit der Ehe selbst, die durch neue, vielleicht glücklichere Versuche befördert werden könnte.

[35] Der Cyniker dürfte eigentlich gar keine Sachen haben: denn alle Sachen die ein Mensch hat, haben ihn doch in gewissem Sinne wieder. Es kömmt also ⟨12⟩ nur darauf an, die Sachen so zu haben, als ob man sie nicht hätte. Noch künstlicher und

noch cynischer ists aber, die Sachen so nicht zu haben, als ob man sie hätte. ⟨FSM⟩

[36] Niemand beurtheilt eine Dekorazionsmahlerey und ein Altarblatt, eine Operette und eine Kirchenmusik, eine Predigt und eine philosophische Abhandlung nach demselben Maßstabe. Warum macht man also an die rhetorische Poesie, welche nur auf der Bühne existirt, Foderungen, die nur durch höhere dramatische Kunst erfüllt werden können?

[37] Manche witzige Einfälle sind wie das überraschende Wiedersehen zwey befreundeter Gedanken nach einer langen Trennung.

[38] Die Geduld, sagte S., verhält sich zu Chamforts *état d'epigramme* wie die Religion zur Philosophie. ⟨FSM⟩

[39] Die meisten Gedanken sind nur Profile von Gedanken. Diese muß man umkehren, und mit ihren Antipoden synthesiren. Viele philosophische Schriften, die es sonst nicht haben würden, erhalten dadurch ein großes Interesse.

[40] Noten zu einem Gedicht, sind wie anatomische Vorlesungen über einen Braten. ⟨AWS⟩ ⟨13⟩

[41] Die welche Profession davon gemacht haben, den Kant zu erklären, waren entweder solche, denen es an einem Organ fehlte, um sich von den Gegenständen über die Kant geschrieben hat, einige Notiz zu verschaffen; oder solche, die nur das kleine Unglück hatten, niemand zu verstehen als sich selbst; oder solche, die sich noch verworrener ausdrückten als er.

[42] Gute Dramen müssen drastisch seyn.

[43] Die Philosophie geht noch zu sehr grade aus, ist noch nicht cyklisch genug.

[44] Jede philosophische Rezension, sollte zugleich Philosophie der Rezensionen seyn.

[45] Neu, oder nicht neu, ist das, wornach auf dem höchsten und niedrigsten Standpunkte, dem Standpunkte der Geschichte, und dem der Neugierde, bey einem Werk gefragt wird.

[46] Ein Regiment Soldaten *en parade* ist nach der Denkart mancher Philosophen ein System.

[47] Kritisch heißt die Philosophie der Kantianer wohl *per antiphrasin*; oder es ist ein *epitheton ornans*.

[48] Mit den größten Philosophen geht mirs, wie dem Plato mit den Spartanern. Er liebte und ach-⟨14⟩tete sie unendlich, aber er klagt immer, daß sie überall auf halbem Wege stehn geblieben wären.

[49] Die Frauen werden in der Poesie eben so ungerecht behandelt, wie im Leben. Die weiblichen sind nicht idealisch, und die idealischen sind nicht weiblich.

[50] Wahre Liebe sollte ihrem Ursprunge nach, zugleich ganz willkührlich und ganz zufällig seyn, und zugleich nothwendig und frey scheinen; ihrem Charakter nach aber zugleich Bestimmung und Tugend seyn, ein Geheimniß, und ein Wunder scheinen.

[51] Naiv ist, was bis zur Ironie, oder bis zum steten Wechsel von Selbstschöpfung und Selbstvernichtung natürlich, individuell oder klassisch ist, oder scheint. Ist es bloß Instinkt, so ists kindlich, kindisch, oder albern; ists bloß Absicht, so entsteht Affektazion. Das schöne, poetische, idealische Naive muß zugleich Absicht, und Instinkt seyn. Das Wesen der Absicht in diesem Sinne ist die Freyheit. Bewußtseyn ist noch bey weitem nicht Absicht. Es giebt ein gewisses verliebtes Anschauen eigner Natürlichkeit oder Albernheit, das selbst unsäglich albern ist. Absicht erfordert nicht gerade einen tiefen Calcul oder Plan. Auch das Homerische Naive ist nicht bloß Instinkt: es ist wenigstens so viel Absicht darin, wie in der Anmuth lieblicher Kinder, oder unschuldiger Mädchen. Wenn ⟨15⟩ Er auch keine Absichten hatte, so hat doch seine Poesie und die eigentliche Verfasserin derselben, die Natur, Absicht.

[52] Es giebt eine eigne Gattung Menschen, bey denen die Begeistrung der Langenweile, die erste Regung der Philosophie ist.

[53] Es ist gleich tödtlich für den Geist, ein System zu haben, und keins zu haben. Er wird sich also wohl entschließen müssen, beydes zu verbinden.

[54] Man kann nur Philosoph werden, nicht es seyn. So bald man es zu seyn glaubt, hört man auf es zu werden.

[55] Es giebt Klassifikazionen, die als Klassifikazionen schlecht genug sind, aber ganze Nazionen und Zeitalter beherrschen, und oft äußerst charakteristisch und wie Centralmonaden eines solchen historischen Individuums sind. So die griechische Eintheilung aller Dinge in göttliche und menschliche, die sogar eine Homerische Antiquität ist. So die Römische Eintheilung in Zu Haus, und Im Kriege. Bey den Neuern redet man immer von dieser und jener Welt, als ob es mehr als eine Welt gäbe. Aber freylich ist bey ihnen auch das meiste so isolirt und getrennt wie ihre Diese und Jene Welt. ⟨16⟩

[56] Da die Philosophie jetzt alles was ihr vorkömmt kritisirt, so wäre eine Kritik der Philosophie nichts als eine gerechte Repressalie.

[57] Mit dem Schriftstellerruhm ist es oft wie mit Frauengunst, und Gelderwerb. Ist nur erst ein guter Grund gelegt, so folgt das übrige von selbst. Viele heißen durch Zufall groß. »Es ist alles Glück nur Glück;« ist das Resultat mancher litterarischen Phänomene nicht minder als der meisten politischen. ⟨AWS?⟩

[58] An das Herkommen glaubend, und immer um neue Tollheiten bemüht; nachahmungssüchtig und stolz auf Selbständigkeit, unbeholfen in der Oberflächlichkeit, und bis zur Gewandtheit geschickt im tief- oder trübsinnig Schwerfälligen; von Natur platt, aber dem Streben nach transcendent in Empfindungen und Ansichten; in ernsthafter Behaglichkeit gegen Witz und Muthwillen durch einen heiligen Abscheu verschanzt; auf die große Masse welcher Litteratur möchten diese Züge etwa passen? ⟨AWS⟩

[59] Die schlechten Schriftsteller klagen viel über Tyranney der Re-

zensenten; ich glaube diese hätten eher die Klage zu führen. Sie sollen schön, geistvoll, vortrefflich finden, was nichts von dem allen ist; und es stößt sich nur an dem kleinen Umstände der Macht, so gingen die Rezensirten eben so mit ihnen um wie Dionysius mit den Tadlern seiner Verse. Ein Kotzebue hat dieß ja laut bekannt. Auch ließen sich die neuen ⟨17⟩ Produkte von kleinen Dionysen dieser Art hinreichend mit den Worten anzeigen: Führt mich wieder in die Latomien. ⟨AWS⟩

[60] Die Unterthanen in einigen Ländern rühmen sich einer Menge Freyheiten, die ihnen alle durch die Freyheit entbehrlich werden würden. So legt man wohl nur deswegen einen so großen Nachdruck auf die Schönheiten mancher Gedichte, weil sie keine Schönheit haben. Sie sind im einzelnen kunstvoll, aber im Ganzen keine Kunstwerke. ⟨AWS⟩

[61] Die wenigen Schriften welche gegen die Kantische Philosophie existiren, sind die wichtigsten Dokumente zur Krankheitsgeschichte des gesunden Menschenverstandes. Diese Epidemie, welche in England entstanden ist, drohte einmal sogar die Deutsche Philosophie anstecken zu wollen.

[62] Das Drucken lassen verhält sich zum Denken, wie eine Wochenstube zum ersten Kuß.

[63] Jeder ungebildete Mensch ist die Karikatur von sich selbst.

[64] Moderantismus ist Geist der kastrirten Illiberalität. ⟨18⟩

[65] Viele Lobredner beweisen die Größe ihres Abgottes antithetisch, durch die Darlegung ihrer eignen Kleinheit.

[66] Wenn der Autor dem Kritiker gar nichts mehr zu antworten weiß, so sagt er ihm gern: Du kannst es doch nicht besser machen. Das ist eben, als wenn ein dogmatischer Philosoph dem Skeptiker vorwerfen wollte, daß er kein System erfinden könne.

[67] Es wäre illiberal, nicht vorauszusetzen, ein jeder Philosoph sey liberal, und folglich rezensibel; ja es nicht zu fingiren, wenn man auch das Gegentheil weiß. Aber anmaßend wäre es, Dichter eben so zu behandeln; es müßte denn einer durch

und durch Poesie und gleichsam ein lebendes und handelndes Kunstwerk seyn.

[68] Nur der Kunstliebhaber liebt wirklich die Kunst, der auf einige seiner Wünsche völlig Verzicht thun kann, wo er andre ganz befriedigt findet, der auch das Liebste noch streng würdigen mag, der sich im Nothfall Erklärungen gefallen läßt, und Sinn für Kunstgeschichte hat.

[69] Die Pantomimen der Alten haben wir nicht mehr. Dagegen ist aber die ganze Poesie jetzt pantomimisch.

[70] Wo ein öffentlicher Ankläger auftreten soll, muß schon ein öffentlicher Richter vorhanden seyn. ⟨19⟩

[71] Man redet immer von der Störung, welche die Zergliederung des Kunstschönen dem Genuß des Liebhabers verursachen soll. So der rechte Liebhaber läßt sich wohl nicht stören!

[72] Übersichten des Ganzen, wie sie jetzt Mode sind, entstehen, wenn einer alles Einzelne übersieht, und dann summirt.

[73] Sollte es mit der Bevölkerung nicht seyn wie mit der Wahrheit, wo das Streben, wie man sagt, mehr werth ist als die Resultate?

[74] Nach dem verderbten Sprachgebrauche bedeutet Wahrscheinlich so viel, als Beynah wahr, oder Etwas wahr, oder was noch vielleicht einmal wahr werden kann. Das alles kann das Wort aber schon seiner Bildung nach, gar nicht bezeichnen. Was wahr scheint, braucht darum auch nicht im kleinsten Grade wahr zu seyn: aber es muß doch positiv scheinen. Das Wahrscheinliche ist der Gegenstand der Klugheit, des Vermögens unter den möglichen Folgen freyer Handlungen die wirklichen zu errathen, und etwas durchaus subjektives. Was einige Logiker so genannt und zu berechnen versucht haben, ist Möglichkeit.

[75] Die formale Logik und die empirische Psychologie sind philosophische Grotesken. Denn das Interessante einer Arithmetik der vier Species oder einer ⟨20⟩ Experimentalphysik des

Geistes kann doch nur in dem Kontrast der Form und des Stoffs liegen.

[76] Die intellektuale Anschauung ist der kategorische Imperativ der Theorie.

[77] Ein Dialog ist eine Kette, oder ein Kranz von Fragmenten. Ein Briefwechsel ist ein Dialog in vergrößertem Maßstabe, und Memorabilien sind ein System von Fragmenten. Es giebt noch keins was in Stoff und Form fragmentarisch, zugleich ganz subjektiv und individuell, und ganz objektiv und wie ein nothwendiger Theil im System aller Wissenschaften wäre.

[78] Das Nichtverstehen kommt meistens gar nicht vom Mangel an Verstande, sondern vom Mangel an Sinn.

[79] Die Narrheit ist bloß dadurch von der Tollheit verschieden, daß sie willkührlich ist wie die Dummheit. Soll dieser Unterschied nicht gelten, so ists sehr ungerecht einige Narren einzusperren, während man andre ihr Glück machen läßt. Beyde sind dann nur dem Grade, nicht der Art nach verschieden.

[80] Der Historiker ist ein rückwärts gekehrter Prophet.

[81] Die meisten Menschen wissen von keiner andern Würde, als von repräsentativer; und doch haben nur ⟨21⟩ so äußerst wenige Sinn für repräsentativen Werth. Was auch für sich gar nichts ist, wird doch Beytrag zur Charakteristik irgend einer Gattung seyn, und in dieser Rücksicht könnte man sagen: Niemand sey uninteressant.

[82] Die Demonstrazionen der Philosophie sind eben Demonstrazionen im Sinne der militärischen Kunstsprache. Mit den Dedukzionen steht es auch nicht besser wie mit den politischen; auch in den Wissenschaften besetzt man erst ein Terrain, und beweist dann hinterdrein sein Recht daran. Auf die Definizionen läßt sich anwenden, was Chamfort von den Freunden sagte, die man so in der Welt hat. Es giebt drey Arten von Erklärungen in der Wissenschaft: Erklärungen, die uns ein

Licht oder einen Wink geben; Erklärungen, die nichts erklären; und Erklärungen, die alles verdunkeln. Die rechten Definizionen lassen sich gar nicht aus dem Stegreife machen, sondern müßen einem von selbst kommen; eine Definizion die nicht witzig ist, taugt nichts, und von jedem Individuum giebt es doch unendlich viele reale Definizionen. Die nothwendigen Förmlichkeiten der Kunstphilosophie arten aus in Etikette und Luxus. Als Legitimazion und Probe der Virtuosität haben sie ihren Zweck und Werth, wie die Bravourarien der Sänger, und das Lateinschreiben der Philologen. Auch machen sie nicht wenig rhetorischen Effekt. Die Hauptsache aber bleibt doch immer, daß man etwas weiß, und daß man es sagt. Es beweisen oder gar erklä-⟨22⟩ren wollen, ist in den meisten Fällen herzlich überflüßig. Der kategorische Styl der Gesetze der zwölf Tafeln, und die thetische Methode, wo die reinen Fakta der Reflexion ohne Verhüllung, Verdünnung und künstliche Verstellung wie Texte für das Studium oder die Symphilosophie da stehen, bleibt der gebildeten Naturphilosophie die angemessenste. Soll beydes gleich gut gemacht werden, so ist es unstreitig viel schwerer behaupten, als beweisen. Es giebt Demonstrazionen die Menge, die der Form nach vortrefflich sind, für schiefe und platte Sätze. Leibniz behauptete, und Wolf bewies. Das ist genug gesagt.

[83] Der Satz des Widerspruchs ist auch nicht einmal das Prinzip der Analyse, nemlich der absoluten, die allein den Namen verdient, der chemischen Dekomposizion eines Individuums in seine schlechthin einfachen Elemente.

[84] Subjektiv betrachtet, fängt die Philosophie doch immer in der Mitte an, wie das epische Gedicht.

[85] Grundsätze sind fürs Leben, was im Kabinet geschriebene Instrukzionen für den Feldherrn.

[86] Ächtes Wohlwollen geht auf Beförderung fremder Freyheit, nicht auf Gewährung thierischer Genüsse. ⟨FSM?⟩

[87] Das Erste in der Liebe ist der Sinn für einander, und das Höchste, der Glauben an einander. ⟨23⟩ Hingebung ist der Ausdruck des Glaubens, und Genuß kann den Sinn beleben und schärfen, wenn auch nicht hervorbringen, wie die gemeine Meynung ist. Darum kann die Sinnlichkeit schlechte Menschen auf eine kurze Zeit täuschen, als könnten sie sich lieben.

[88] Es giebt Menschen, deren ganze Thätigkeit darin besteht, immer Nein zu sagen. Es wäre nichts kleines, immer recht Nein sagen zu können, aber wer weiter nichts kann, kann es gewiß nicht recht. Der Geschmack dieser Neganten ist eine tüchtige Schere, um die Extremitäten des Genies zu säubern; ihre Aufklärung eine große Lichtputze für die Flamme des Enthusiasmus; und ihre Vernunft ein gelindes Laxativ gegen unmäßige Lust und Liebe.

[89] Die Kritik ist das einzige Surrogat der von so manchen Philosophen vergeblich gesuchten und gleich unmöglichen moralischen Mathematik und Wissenschaft des Schicklichen.

[90] Der Gegenstand der Historie ist das Wirklichwerden alles dessen, was praktisch nothwendig ist.

[91] Die Logik ist weder die Vorrede, noch das Instrument, noch das Formular, noch eine Episode der Philosophie, sondern eine der Poetik und Ethik entgegengesetzte, und koordinirte pragmatische Wissenschaft, welche von der Foderung der positiven Wahr-⟨24⟩heit, und der Voraussetzung der Möglichkeit eines Systems ausgeht.

[92] Ehe nicht die Philosophen Grammatiker, oder die Grammatiker Philosophen werden, wird die Grammatik nicht, was sie bey den Alten war, eine pragmatische Wissenschaft und ein Theil der Logik, noch überhaupt eine Wissenschaft werden.

[93] Die Lehre vom Geist und Buchstaben ist unter andern auch darum so interessant, weil sie die Philosophie mit der Philologie in Berührung setzen kann.

[94] Immer hat noch jeder große Philosoph seine Vorgänger, oft ohne seine Absicht, so erklärt, daß es schien, als habe man sie vor ihm gar nicht verstanden.

[95] Einiges muß die Philosophie einstweilen auf ewig voraussetzen, und sie darf es, weil sie es muß.

[96] Wer nicht um der Philosophie willen philosophirt, sondern die Philosophie als Mittel braucht, ist ein Sophist.

[97] Als vorübergehender Zustand ist der Skeptizismus logische Insurrekzion; als System ist er Anarchie. Skeptische Methode wäre also ungefähr wie insurgente Regierung. ⟨25⟩

[98] Philosophisch ist Alles, was zur Realisirung des logischen Ideals beyträgt, und wissenschaftliche Bildung hat.

[99] Bey den Ausdrücken, Seine Philosophie, Meine Philosophie, erinnert man sich immer an die Worte im Nathan: »Wem eignet Gott? Was ist das für ein Gott, der einem Menschen eignet?«

[100] Poetischer Schein ist Spiel der Vorstellungen, und Spiel ist Schein von Handlungen.

[101] Was in der Poesie geschieht, geschieht nie, oder immer. Sonst ist es keine rechte Poesie. Man darf nicht glauben sollen, daß es jetzt wirklich geschehe.

[102] Die Frauen haben durchaus keinen Sinn für die Kunst, wohl aber für die Poesie. Sie haben keine Anlage zur Wissenschaft, wohl aber zur Philosophie. An Spekulazion, innerer Anschauung des Unendlichen fehlts ihnen gar nicht; nur an Abstrakzion, die sich weit eher lernen läßt.

[103] Daß man eine Philosophie annihilirt, wobey sich der Unvorsichtige leicht gelegentlich selbst mit annihiliren kann, oder daß man ihr zeigt, sie annihilire sich selbst, kann ihr wenig schaden. Ist sie wirklich Philosophie, so wird sie doch wie ein Phönix aus ihrer eignen Asche immer wieder aufleben. ⟨26⟩

[104] Nach dem Weltbegriffe ist jeder ein Kantianer, der sich auch für die neueste deutsche philosophische Litteratur inter-

essirt. Nach dem Schulbegriffe ist nur der ein Kantianer, der glaubt, Kant sey die Wahrheit, und der, wenn die Königsberger Post einmal verunglückte, leicht einige Wochen ohne Wahrheit seyn könnte. Nach dem veralteten Sokratischen Begriffe, da die, welche sich den Geist des großen Meisters selbständig angeeignet, und angebildet hatten, seine Schüler hießen, und als Söhne seines Geistes nach ihm genannt wurden, dürfte es nur wenige Kantianer geben.

[105] Schellings Philosophie, die man kritisirten Mystizismus nennen könnte, endigt, wie der Prometheus des Aeschylus, mit Erdbeben und Untergang.

[106] Die moralische Würdigung ist der ästhetischen völlig entgegengesetzt. Dort gilt der gute Wille alles, hier gar nichts. Der gute Wille witzig zu seyn, zum Beyspiel, ist die Tugend eines Pagliaß. Das Wollen beym Witze darf nur darin bestehen, daß man die konvenzionellen Schranken aufhebt, und den Geist frey läßt. Am witzigsten aber müßte der seyn, der es nicht nur ohne es zu wollen, sondern wider seinen Willen wäre, so wie der *bienfaisant bourru* eigentlich der allergutmüthigste Charakter ist. ⟨AWS⟩

[107] Das stillschweigends vorausgesetzte, und wirklich erste Postulat aller Kantianischen Harmonien der ⟨27⟩ Evangelisten, lautet: Kants Philosophie soll mit sich selbst übereinstimmen.

[108] Schön ist, was zugleich reizend und erhaben ist.

[109] Es giebt eine Mikrologie, und einen Glauben an Autorität, die Charakterzüge der Größe sind. Das ist die vollendende Mikrologie des Künstlers, und der historische Glaube an die Autorität der Natur.

[110] Es ist ein erhabner Geschmack, immer die Dinge in der zweyten Potenz vorzuziehn. Z. B. Kopieen von Nachahmungen, Beurtheilungen von Rezensionen, Zusätze zu Ergänzungen, Kommentare zu Noten. Uns Deutschen ist er vorzüglich eigen, wo es aufs Verlängern ankommt; den Franzosen, wo Kürze und Leerheit dadurch begünstigt

wird. Ihr wissenschaftlicher Unterricht pflegt wohl die Abkürzung eines Auszugs zu seyn, und das höchste Produkt ihrer poetischen Kunst, ihre Tragödie, ist nur die Formel einer Form. ⟨AWS⟩

[111] Die Lehren welche ein Roman geben will, müssen solche seyn, die sich nur im Ganzen mittheilen, nicht einzeln beweisen, und durch Zergliederung erschöpfen lassen. Sonst wäre die rhetorische Form ungleich vorzüglicher.

[112] Die Philosophen welche nicht gegen einander sind, verbindet gewöhnlich nur Sympathie, nicht Symphilosophie. ⟨28⟩

[113] Eine Klassifikazion ist eine Definizion, die ein System von Definizionen enthält.

[114] Eine Definizion der Poesie kann nur bestimmen was sie seyn soll, nicht was sie in der Wirklichkeit war und ist; sonst würde sie am kürzesten so lauten: Poesie ist, was man zu irgend einer Zeit, an irgend einem Orte so genannt hat.

[115] Daß es den Adel vaterländischer Festgesänge nicht entweihen kann, wenn sie tüchtig bezahlt werden, beweisen die Griechen und Pindar. Daß aber das Bezahlen nicht allein selig macht, beweisen die Engländer, die wenigstens darin die Alten haben nachahmen wollen. Die Schönheit ist also doch in England nicht käuflich und verkäuflich, wenn auch die Tugend.

[116] Die romantische Poesie ist eine progressive Universalpoesie. Ihre Bestimmung ist nicht bloß, alle getrennte Gattungen der Poesie wieder zu vereinigen, und die Poesie mit der Philosophie, und Rhetorik in Berührung zu setzen. Sie will, und soll auch Poesie und Prosa, Genialität und Kritik, Kunstpoesie, und Naturpoesie bald mischen, bald verschmelzen, die Poesie lebendig und gesellig, und das Leben und die Gesellschaft poetisch machen, den Witz poetisiren, und die Formen der Kunst mit gediegnem Bildungsstoff jeder Art anfüllen und sättigen, und durch die Schwingungen des Humors beseelen. Sie umfaßt alles, was nur poetisch ist, vom größten wieder mehre Systeme ⟨29⟩ in sich enthaltenden Systeme der Kunst,

bis zu dem Seufzer, dem Kuß, den das dichtende Kind aushaucht in kunstlosen Gesang. Sie kann sich so in das Dargestellte verlieren, daß man glauben möchte, poetische Individuen jeder Art zu charakterisiren, sey ihr Eins und Alles; und doch giebt es noch keine Form, die so dazu gemacht wäre, den Geist des Autors vollständig auszudrücken: so daß manche Künstler, die nur auch einen Roman schreiben wollten, von ungefähr sich selbst dargestellt haben. Nur sie kann gleich dem Epos ein Spiegel der ganzen umgebenden Welt, ein Bild des Zeitalters werden. Und doch kann auch sie am meisten zwischen dem Dargestellten und dem Darstellenden, frey von allem realen und idealen Interesse auf den Flügeln der poetischen Reflexion in der Mitte schweben, diese Reflexion immer wieder potenziren und wie in einer endlosen Reihe von Spiegeln vervielfachen. Sie ist der höchsten und der allseitigsten Bildung fähig; nicht bloß von innen heraus, sondern auch von außen hinein; indem sie jedem, was ein Ganzes in ihren Produkten seyn soll, alle Theile ähnlich organisirt, wodurch ihr die Aussicht auf eine gränzenlos wachsende Klassizität eröffnet wird. Die romantische Poesie ist unter den Künsten was der Witz der Philosophie, und die Gesellschaft, Umgang, Freundschaft und Liebe im Leben ist. Andre Dichtarten sind fertig, und können nun vollständig zergliedert werden. Die romantische Dichtart ist noch im Werden; ja das ist ihr eigentliches Wesen, daß sie ewig nur werden, nie vollendet seyn kann. Sie kann durch keine Theo-⟨30⟩rie erschöpft werden, und nur eine divinatorische Kritik dürfte es wagen, ihr Ideal charakterisiren zu wollen. Sie allein ist unendlich, wie sie allein frey ist, und das als ihr erstes Gesetz anerkennt, daß die Willkühr des Dichters kein Gesetz über sich leide. Die romantische Dichtart ist die einzige, die mehr als Art, und gleichsam die Dichtkunst selbst ist: denn in einem gewissen Sinn ist oder soll alle Poesie romantisch seyn.

[117] Werke, deren Ideal für den Künstler nicht eben so viel lebendige Realität, und gleichsam Persönlichkeit hat, wie die Geliebte oder der Freund, blieben besser ungeschrieben. Wenigstens Kunstwerke werden es gewiß nicht.

[118] Es ist nicht einmal ein feiner, sondern eigentlich ein recht grober Kitzel des Egoismus, wenn alle Personen in einem Roman sich um Einen bewegen wie Planeten um die Sonne, der dann gewöhnlich des Verfassers unartiges Schoßkind ist, und der Spiegel und Schmeichler des entzückten Lesers wird. Wie ein gebildeter Mensch nicht bloß Zweck sondern auch Mittel ist für sich und für andre, so sollten auch im gebildeten Gedicht alle zugleich Zweck und Mittel seyn. Die Verfassung sey republikanisch, wobey immer erlaubt bleibt, daß einige Theile aktiv andre passiv seyn.

[119] Auch solche Bilder der Sprache, die bloß Eigensinn scheinen, haben oft tiefe Bedeutung. Was für eine Analogie, könnte man denken, ist wohl zwischen ⟨31⟩ Massen von Gold oder Silber, und Fertigkeiten des Geistes, die so sicher und so vollendet sind, daß sie willkührlich werden, und so zufällig entstanden, daß sie angebohren scheinen können? Und doch fällt es in die Augen, daß man Talente nur hat, besitzt, wie Sachen, die doch ihren soliden Werth behalten, wenn sie gleich den Inhaber selbst nicht adeln können. Genie kann man eigentlich nie haben, nur seyn. Auch giebt es keinen Pluralis von Genie, der hier schon im Singularis steckt. Genie ist nemlich ein System von Talenten.

[120] Den Witz achten sie darum so wenig, weil seine Äußerungen nicht lang, und nicht breit genug sind, denn ihre Empfindung ist nur eine dunkel vorgestellte Mathematik; und weil sie dabey lachen, welches gegen den Respekt wäre, wenn der Witz wahre Würde hätte. Der Witz ist wie einer, der nach der Regel repräsentiren sollte, und statt dessen bloß handelt.

[121] Eine Idee, ist ein bis zur Ironie vollendeter Begriff, eine absolute Synthesis absoluter Antithesen, der stete sich selbst erzeugende Wechsel zwey streitender Gedanken. Ein Ideal ist zugleich Idee und Faktum. Haben die Ideale für den Denker nicht so viel Individualität wie die Götter des Alterthums für den Künstler, so ist alle Beschäftigung mit Ideen nichts als ein langweiliges und mühsames Würfelspiel mit hohlen Formeln, oder ein nach Art der Chinesischen Bonzen, hinbrütendes Anschauen seiner eignen Nase. ⟨32⟩ Nichts ist kläglicher und verächtlicher als diese sentimentale Spekulazion ohne Objekt. Nur sollte man das nicht Mystik nennen, da dieß schöne alte Wort für die absolute Philosophie, auf deren Standpunkte der Geist alles als Geheimniß und als Wunder betrachtet, was er aus andern Gesichtspunkten theoretisch und praktisch natürlich findet, so brauchbar und so unentbehrlich ist. Spekulazion *en detail* ist so selten als Abstrakzion *en gros*, und doch sind sie es, die allen Stoff des wissenschaftlichen Witzes erzeugen, sie die Prinzipien der höhern Kritik, die obersten Stufen der geistigen Bildung. Die große praktische Abstrakzion macht die Alten, bey denen sie Instinkt war, eigentlich zu Alten. Umsonst war es, daß die Individuen das Ideal ihrer Gattung vollständig ausdrückten, wenn nicht auch die Gattungen selbst, streng und scharf isolirt, und ihrer Originalität gleichsam frey überlassen waren. Aber sich willkührlich bald in diese bald in jene Sphäre, wie in eine andre Welt, nicht bloß mit dem Verstande und der Einbildung, sondern mit ganzer Seele versetzen; bald auf diesen bald auf jenen Theil seines Wesens frey Verzicht thun, und sich auf einen andern ganz beschränken; jetzt in diesem, jetzt in jenem Individuum sein Eins und Alles suchen und finden, und alle übrigen absichtlich vergessen: das kann nur ein Geist, der gleichsam eine Mehrheit von Geistern, und ein ganzes System von Personen in sich enthält, und in dessen Innerm das Universum, welches, wie man sagt,

in jeder Monade keimen soll, ausgewachsen, und reif geworden ist. ⟨33⟩

[122] Wenn Bürgern ein neues Buch von der Art vorkam, die einen weder kalt noch warm macht, so pflegte er zu sagen: es verdiene in der Bibliothek der schönen Wissenschaften gepriesen zu werden. ⟨AWS⟩

[123] Sollte die Poesie nicht unter andern auch deswegen die höchste und würdigste aller Künste seyn, weil nur in ihr Dramen möglich sind?

[124] Wenn man einmal aus Psychologie Romane schreibt oder Romane liest, so ist es sehr inkonsequent, und klein, auch die langsamste und ausführlichste Zergliederung unnatürlicher Lüste, gräßlicher Marter, empörender Infamie, ekelhafter sinnlicher oder geistiger Impotenz scheuen zu wollen.

[125] Vielleicht würde eine ganz neue Epoche der Wissenschaften und Künste beginnen, wenn die Symphilosophie und Sympoesie so allgemein und so innig würde, daß es nichts seltnes mehr wäre, wenn mehre sich gegenseitig ergänzende Naturen gemeinschaftliche Werke bildeten. Oft kann man sich des Gedankens nicht erwehren, zwey Geister möchten eigentlich zusammengehören, wie getrennte Hälften, und nur verbunden alles seyn, was sie könnten. Gäbe es eine Kunst, Individuen zu verschmelzen, oder könnte die wünschende Kritik etwas mehr als wünschen, wozu sie überall so viel Veranlassung findet, so möchte ich Jean Paul und Peter Leberecht kombinirt sehen. Grade alles, was jenem fehlt, hat dieser. Jean ⟨34⟩ Pauls groteskes Talent und Peter Leberechts fantastische Bildung vereinigt, würden einen vortrefflichen romantischen Dichter hervorbringen.

[126] Alle nazionale und auf den Effekt gemachte Dramen sind romantisirte Mimen.

[127] Klopstock ist ein grammatischer Poet, und ein poetischer Grammatiker. ⟨AWS⟩

[128] Nichts ist kläglicher, als sich dem Teufel umsonst ergeben; zum Beyspiel schlüpfrige Gedichte machen, die nicht einmal vortrefflich sind. ⟨AWS⟩

[129] Manche Theoristen vergessen bey Fragen, wie die über den Gebrauch des Sylbenmaßes im Drama allzusehr, daß die Poesie überhaupt nur eine schöne Lüge ist, von der es aber dafür auch heißen kann:

Magnanima menzogna, ov' or' è il vero
Si bello, che si possa a te preporre? ⟨AWS⟩

[130] Es giebt auch grammatische Mystiker. Moriz war einer. ⟨AWS⟩

[131] Der Dichter kann wenig vom Philosophen, dieser aber viel von ihm lernen. Es ist sogar zu befürchten, daß die Nachtlampe des Weisen den irre führen möchte, der gewohnt ist im Licht der Offenbarung zu wandeln. ⟨AWS⟩ ⟨35⟩

[132] Dichter sind doch immer Narzisse. ⟨AWS⟩

[133] Es ist als wenn die Weiber alles mit eignen Händen machten, und die Männer mit dem Handwerksgeräth. ⟨AWS⟩

[134] Das männliche Geschlecht wird nicht eher durch das weibliche verbessert werden, als bis die Geschlechtsfolge der Nayren nach den Müttern eingeführt seyn wird. ⟨AWS⟩

[135] Zuweilen nimmt man doch einen Zusammenhang zwischen den getrennten, und oft sich widersprechenden Theilen unsrer Bildung gewahr. So scheinen die besseren Menschen in unsern moralischen Dramen aus den Händen der neuesten Pädagogik zu kommen. ⟨AWS⟩

[136] Es giebt Geister, denen es bey großer Anstrengung und bestimmter Richtung ihrer Kraft an Biegsamkeit fehlt. Sie werden entdecken, aber weniges, und in Gefahr seyn diese Lieblingssätze immer zu wiederhohlen. Man dringt nicht tief, wenn man einen Bohrer mit großer Gewalt gegen ein Brett drückt, ohne ihn umzudrehen. ⟨AWS⟩

[137] Es giebt eine materiale, enthusiastische Rhetorik die unendlich weit erhaben ist über den sophistischen Misbrauch der Philosophie, die deklamatorische Stylübung, die angewandte

Poesie, die improvisirte Politik, welche man mit demselben Nahmen zu bezeichnen ⟨36⟩ pflegt. Ihre Bestimmung ist, die Philosophie praktisch zu realisiren, und die praktische Unphilosophie und Antiphilosophie nicht bloß dialektisch zu besiegen, sondern real zu vernichten. Rousseau und Fichte verbieten auch denen, die nicht glauben, wo sie nicht sehen, dieß Ideal für chimärisch zu halten.

[138] Die Tragiker setzen die Szene ihrer Dichtungen fast immer in die Vergangenheit. Warum sollte dieß schlechthin nothwendig, warum sollte es nicht auch möglich seyn, die Szene in die Zukunft zu setzen, wodurch die Fantasie mit einem Streich von allen historischen Rücksichten und Einschränkungen befreyt würde? Aber freylich müßte ein Volk, das die beschämenden Gestalten einer würdigen Darstellung der bessern Zukunft ertragen sollte, mehr als eine republikanische Verfassung, es müßte eine liberale Gesinnung haben.

[139] Aus dem romantischen Gesichtspunkt haben auch die Abarten der Poesie, selbst die ekzentrischen und monströsen, ihren Werth, als Materialien und Vorübungen der Universalität, wenn nur irgend etwas drin ist, wenn sie nur original sind.

[140] Die Eigenschaft des dramatischen Dichters scheint es zu seyn, sich selbst mit freygebiger Großmuth an andere Personen zu verlieren, des lyrischen, mit liebevollem Egoismus alles zu sich herüber zu ziehn. ⟨AWS⟩ ⟨37⟩

[141] Es heißt, in Englischen und Deutschen Trauerspielen wären doch so viel Verstoße gegen den Geschmack. Die Französischen sind nur ein einziger großer Verstoß. Denn was kann geschmackwidriger seyn, als ganz außerhalb der Natur zu schreiben, und vorzustellen? ⟨AWS⟩

[142] Hemsterhuys vereinigt Plato's schöne Seherflüge mit dem strengen Ernst des Systematikers. Jacobi hat nicht dieses harmonische Ebenmaß der Geisteskräfte, aber desto freyer wirkende Tiefe und Gewalt; den Instinkt des Göttlichen haben sie mit einander gemein. Hemster-

huys' Werke mögen intellektuelle Gedichte heißen. Jacobi bildete keine untadeligen vollendeten Antiken, er gab Bruchstücke voll Originalität, Adel, und Innigkeit. Vielleicht wirkt Hemsterhuys Schwärmerey mächtiger, weil sie sich immer in den Gränzen des Schönen ergießt; hingegen setzt sich die Vernunft sogleich in wehrbaren Stand, wenn sie die Leidenschaftlichkeit des gegen sie eindringenden Gefühls gewahr wird. ⟨AWS⟩

[143] Man kann Niemand zwingen, die Alten für klassisch zu halten, oder für alt; das hängt zuletzt von Maximen ab.

[144] Das goldne Zeitalter der römischen Litteratur war genialischer und der Poesie günstiger; das sogenannte silberne in der Prosa ungleich korrekter. ⟨38⟩

[145] Als Dichter betrachtet, ist Homer sehr sittlich, weil er so natürlich, und doch so poetisch ist. Als Sittenlehrer aber, wie ihn die Alten trotz den Protestazionen der älteren und bessern Philosophen häufig betrachteten, ist er eben darum sehr unsittlich.

[146] Wie der Roman die ganze moderne Poesie, so tingirt auch die Satire, die durch alle Umgestaltungen, bey den Römern doch immer eine klassische Universalpoesie, eine Gesellschaftspoesie aus und für den Mittelpunkt des gebildeten Weltalls blieb, die ganze römische Poesie, ja die gesammte römische Litteratur, und giebt darin gleichsam den Ton an. Um Sinn zu haben für das, was in der Prosa eines Cicero, Caesar, Suetonius das urbanste, das originalste und das schönste ist, muß man die Horazischen Satiren schon lange geliebt und verstanden haben. Das sind die ewigen Urquellen der Urbanität.

[147] Klassisch zu leben, und das Alterthum praktisch in sich zu realisiren, ist der Gipfel und das Ziel der Philologie. Sollte dies ohne allen Cynismus möglich seyn?

[148] Die größte aller Antithesen, die es je gegeben hat, ist Caesar und Cato. Sallust hat sie nicht unwürdig dargestellt.

[149] Der systematische Winkelmann, der alle Alten gleichsam wie Einen Autor las, alles im Ganzen sah, ⟨39⟩ und seine gesammte Kraft auf die Griechen konzentrirte, legte durch die Wahrnehmung der absoluten Verschiedenheit des Antiken und des Modernen, den ersten Grund zu einer materialen Alterthumslehre. Erst wenn der Standpunkt und die Bedingungen der absoluten Identität des Antiken, und Modernen, die war ist oder seyn wird, gefunden ist, darf man sagen, daß wenigstens der Kontour der Wissenschaft fertig sey, und nun an die methodische Ausführung gedacht werden könne.

[150] Der Agrikola des Tacitus ist eine klassisch prächtige, historische Kanonisazion eines konsularischen Ökonomen. Nach der Denkart die darin herrscht, ist die höchste Bestimmung des Menschen, mit Erlaubniß des Imperators zu triumphiren.

[151] Jeder hat noch in den Alten gefunden, was er brauchte, oder wünschte; vorzüglich sich selbst.

[152] Cicero war ein großer Virtuose der Urbanität, der ein Redner, ja sogar ein Philosoph seyn wollte, und ein sehr genialischer Antiquar, Litterator, und Polyhistor altrömischer Tugend und altrömischer Festivität hätte werden können.

[153] Je populärer ein alter Autor ist, je romantischer ist er. Dies ist das Prinzip der neuen Auswahl, welche die Modernen aus der alten Auswahl der Klassi-⟨40⟩ker durch die That gemacht haben, oder vielmehr immer noch machen.

[154] Wer frisch vom Aristophanes, dem Olymp der Komödie, kommt, dem erscheint die romantische Persifflage wie eine lang ausgesponnene Faser aus einem Gewebe der Athene, wie eine Flocke himmlischen Feuers, von der das beste im Herabfallen auf die Erde verflog.

[155] Die rohen kosmopolitischen Versuche der Carthager und andrer Völker des Alterthums erscheinen gegen die politische Universalität der Römer, wie die Naturpoesie ungebil-

deter Nazionen gegen die klassische Kunst der Griechen. Nur die Römer waren zufrieden mit dem Geist des Despotismus, und verachteten den Buchstaben; nur sie haben naive Tyrannen gehabt.

[156] Der komische Witz ist eine Mischung des epischen und des jambischen. Aristophanes ist zugleich Homer und Archilochus.

[157] Ovid hat viel Ähnlichkeit mit dem Euripides. Dieselbe rührende Kraft, derselbe rhetorische Glanz und oft unzeitige Scharfsinn, dieselbe tändelnde Fülle, Eitelkeit und Dünnheit.

[158] Das beste im Martial ist das, was Katullisch scheinen könnte. ⟨41⟩

[159] In manchem Gedicht der spätern Alten, wie zum Beyspiel in der Mosella des Ausonius, ist schon nichts mehr antik, als das antiquarische.

[160] Weder die Attische Bildung des Xenophon, noch sein Streben nach Dorischer Harmonie, noch seine Sokratische Anmuth, durch die er liebenswürdig scheinen kann, diese hinreißende Einfalt, Klarheit und eigne Süßigkeit des Styls, kann dem unbefangnen Gemüth die Gemeinheit verbergen, die der innerste Geist seines Lebens, und seiner Werke ist. Die Memorabilien beweisen, wie unfähig er war, die Größe seines Meisters zu begreifen, und die Anabase, das interessanteste und schönste seiner Werke, wie klein er selbst war.

[161] Sollte die cyklische Natur des höchsten Wesens bey Plato und Aristoteles nicht die Personifikazion einer philosophischen Manier seyn?

[162] Hat man nicht bey Untersuchung der ältesten griechischen Mythologie viel zu wenig Rücksicht auf den Instinkt des menschlichen Geistes zu parallelisiren und zu antithesiren genommen? Die Homerische Götterwelt ist eine einfache Variazion der Homerischen Menschenwelt; die Hesiodische, welcher der heroische Gegensatz fehlt, spaltet sich in mehre entge-

gengesetzte Göttergeschlechter. In der alten Aristotelischen Bemerkung, daß man die Menschen aus ihren Göttern kennen lerne, liegt nicht bloß die von selbst einleuchtende Subjektivität aller Theologie, sondern auch die ⟨42⟩ unbegreiflichere angebohrne geistige Duplicität des Menschen.

[163] Die Geschichte der ersten Römischen Caesaren ist wie die Symphonie und das Thema der Geschichte aller nachfolgenden.

[164] Die Fehler der griechischen Sophisten waren mehr Fehler aus Überfluß als aus Mangel. Selbst in der Zuversicht und Arroganz, mit der sie alles zu wissen, ja auch wohl zu können glaubten und vorgaben, liegt etwas sehr philosophisches, nicht der Absicht, aber dem Instinkt nach: denn der Philosoph hat doch nur die Alternative, Alles oder Nichts wissen zu wollen. Das, woraus man nur Etwas, oder Allerley lernen soll, ist sicher keine Philosophie.

[165] Im Plato finden sich alle reinen Arten der Griechischen Prosa in klassischer Individualität unvermischt, und oft schneidend neben einander: die logische, die physische, die mimische, die panegyrische, und die mythische. Die mimische ist die Grundlage und das allgemeine Element: die andern kommen oft nur episodisch vor. Dann hat er noch eine ihm besonders eigne Art, worin er am meisten Plato ist, die dithyrambische. Man könnte sie eine Mischung der mythischen, und panegyrischen nennen, wenn sie nicht auch etwas von dem gedrängten und einfach Würdigen der physischen hätte. ⟨43⟩

[166] Nazionen und Zeitalter zu charakterisiren, das Große groß zu zeichnen, das ist das eigentliche Talent des poetischen Tacitus. In historischen Porträten ist der kritische Suetonius der größere Meister.

[167] Fast alle Kunsturtheile sind zu allgemein oder zu speziell. Hier in ihren eignen Produkten sollten die Kritiker die schöne Mitte suchen, und nicht in den Werken der Dichter.

[168] Cicero würdigt die Philosophieen nach ihrer Tauglichkeit für den Redner: eben so läßt sich fragen, welche die angemessenste für den Dichter sey. Gewiß kein System, das mit den Aussprüchen des Gefühls und Gemeinsinnes im Widerspruch steht; oder das Wirkliche in Schein verwandelt; oder sich aller Entscheidung enthält; oder den Schwung zum Übersinnlichen hemmt; oder die Menschheit von den äußern Gegenständen erst zusammenbettelt. Also weder der Eudämonismus, noch der Fatalismus, noch der Idealismus, noch der Skeptizismus, noch der Materialismus, noch der Empirismus. Und welche Philosophie bleibt dem Dichter übrig? Die schaffende, die von der Freyheit, und dem Glauben an sie ausgeht, und dann zeigt wie der menschliche Geist sein Gesetz allem aufprägt, und wie die Welt sein Kunstwerk ist.

[169] Das Demonstriren *a priori* führt doch eine selige Beruhigung bey sich, während die Beobachtung immer etwas halbes und unvollendetes bleibt. Aristoteles ⟨44⟩ machte durch den bloßen Begriff die Welt kugelrund: nicht das kleinste Eckchen heraus, oder hineinwärts ließ er ihr. Er zog deswegen auch die Kometen in die Atmosphäre der Erde, und fertigte die wahren Sonnensysteme der Pythagoräer kurz ab. Wie lange werden unsre Astronomen, die durch Herschelsche Teleskope sehen, zu thun haben, ehe sie wieder zu einer so bestimmten klaren und kugelrunden Einsicht über die Welt gelangen? ⟨AWS⟩

[170] Warum schreiben die Deutschen Frauen nicht häufiger Romane? Was soll man daraus auf ihre Geschicklichkeit Romane zu spielen für einen Schluß ziehen? Hängen diese beyden Künste unter einander zusammen, oder steht diese mit jener in umgekehrtem Verhältnisse? Das letzte sollte man beynah aus dem Umstande vermuthen, daß so viele Romane von Englischen, so wenige von Französischen Frauen herrühren. Oder sind die geistreichen und reizenden Französinnen in dem Fall affairirter Staatsmänner, die nicht anders dazu kommen ihre Memoiren zu schreiben, als wenn sie etwa des Dienstes entlassen werden? Und wann glaubt wohl solch ein weiblicher Geschäftsmann sei-

nen Abschied zu haben? Bey der steifen Etikette der weiblichen Tugend in England, und dem zurückgezogenen Leben, wozu die Ungeschliffenheit des männlichen Umgangs die Frauen dort oft nöthigt, scheint die häufige Romanenautorschaft der Engländerinnen auf das Bedürfniß freyerer Verhältnisse zu deuten. Man sonnt sich wenigstens im Mondschein, wenn man ⟨45⟩ durch das Spazierengehn am Tage seine Haut zu schwärzen fürchtet. ⟨AWS⟩

[171] Ein Französischer Beurtheiler hat in Hemsterhuys' Schriften *le flegme allemand* gefunden; ein andrer nach einer Französischen Übersetzung von Müllers Geschichte der Schweiz gemeynt, das Buch enthalte gute Materialien für einen künftigen Geschichtschreiber. Solche überschwengliche Dummheiten sollten in den Jahrbüchern des menschlichen Geistes aufbewahrt werden, man kann sie mit allem Verstande nicht so erfinden. Sie haben auch die Ähnlichkeit mit genialischen Einfällen, daß jedes als Kommentar hinzugefügte Wort ihnen das Pikante nehmen würde. ⟨AWS⟩

[172] Man kann sagen, daß es ein charakteristisches Kennzeichen des dichtenden Genies ist, viel mehr zu wissen, als es weiß, daß es weiß. ⟨AWS⟩

[173] Im Styl des ächten Dichters ist nichts Schmuck, alles nothwendige Hieroglyphe. ⟨AWS⟩

[174] Die Poesie ist Musik für das innere Ohr, und Mahlerey für das innere Auge; aber gedämpfte Musik, aber verschwebende Mahlerey. ⟨AWS⟩

[175] Mancher betrachtet Gemählde am liebsten mit verschloßnen Augen, damit die Fantasie nicht gestört werde. ⟨AWS⟩ ⟨46⟩

[176] Von vielen Plafonds kann man recht eigentlich sagen, daß der Himmel voll Geigen hängt. ⟨AWS⟩

[177] Für die so oft verfehlte Kunst, Gemählde mit Worten zu mahlen, läßt sich im Allgemeinen wohl keine andre Vorschrift ertheilen, als mit der Manier, den Gegenständen gemäß, aufs mannichfaltigste zu wechseln. Manchmal kann der dargestellte Moment aus einer Erzählung lebendig hervorgehn. Zuweilen ist eine fast mathematische Genauigkeit in lokalen Angaben nöthig. Meistens muß der Ton der Beschreibung das

Beste thun, um den Leser über das Wie zu verständigen. Hierin ist Diderot Meister. Er musizirt viele Gemählde wie der Abt Vogler. ⟨AWS⟩

[178] Darf irgend etwas von Deutscher Mahlerey im Vorhofe zu Raphaels Tempel aufgestellt werden, so kommen Albrecht Dürer und Holbein gewiß näher am Heiligthume zu stehn, als der gelehrte Mengs. ⟨AWS⟩

[179] Tadelt den beschränkten Kunstgeschmack der Holländer nicht. Fürs erste wissen sie ganz bestimmt was sie wollen. Fürs zweyte haben sie sich ihre Gattungen selbst erschaffen. Läßt sich eins von beyden von der Englischen Kunstliebhaberey rühmen? ⟨AWS⟩

[180] Die bildende Kunst der Griechen ist sehr schamhaft, wo es auf die Reinheit des Edlen ankommt; sie deutet zum Beyspiel an nackten Figuren der Götter und Helden das irdische Bedürfniß auf das be-⟨47⟩scheidenste an. Freylich weiß sie nichts von einer gewissen halben Delikatesse, und zeigt daher die viehischen Lüste der Satyrn ohne alle Verhüllung. Jedes Ding muß in seiner Art bleiben. Diese unbezähmbaren Naturen waren schon durch ihre Gestalt aus der Menschheit hinausgestoßen. Eben so war es vielleicht nicht bloß ein sinnliches, sondern ein sittliches Raffinement, das die Hermaphroditen erschuf. Da die Wollust einmal auf diesen Abweg gerathen war, so dichtete man eigne ursprünglich dazu bestimmte Geschöpfe. ⟨AWS⟩

[181] Rubens' Anordnung ist oft dithyrambisch, während die Gestalten träge und auseinander geschwommen bleiben. Das Feuer seines Geistes kämpft mit der klimatischen Schwerfälligkeit. Wenn in seinen Gemählden mehr innre Harmonie seyn sollte, mußte er weniger Schwungkraft haben, oder kein Flamänder seyn. ⟨AWS⟩

[182] Sich eine Gemähldeausstellung von einem Diderot beschreiben lassen, ist ein wahrhaft kaiserlicher Luxus. ⟨AWS⟩

[183] Hogarth hat die Häßlichkeit gemahlt, und über die Schönheit geschrieben. ⟨AWS⟩

[184] Peter Laar's Bambocciaten sind Niederländische Kolonisten in Italien. Das heißere Klima scheint ihr Kolorit gebräunt, Charakter und Ausdruck aber durch rüstigere Kraft veredelt zu haben. ⟨AWS⟩ ⟨48⟩

[185] Der Gegenstand kann die Dimensionen vergessen machen: man fand es nicht unschicklich, daß der Olympische Jupiter nicht aufstehen durfte, weil er das Dach eingestoßen hätte, und Herkules auf einem geschnittnen Steine erscheint noch übermenschlich groß. Über den Gegenstand können nur verkleinernde Dimensionen täuschen. Das Gemeine wird durch eine kolossale Ausführung gleichsam multiplizirt. ⟨AWS⟩

[186] Wir lachen mit Recht über die Chinesen, die beym Anblick Europäischer Porträte mit Licht und Schatten, fragten, ob die Personen denn wirklich so fleckig wären? Aber würden wir es wagen, über einen alten Griechen zu lächeln, dem man ein Stück mit Rembrandschem Helldunkel gezeigt, und der in seiner Unschuld gemeynt hätte: so mahlte man wohl im Lande der Cimmerier? ⟨AWS⟩

[187] Kein kräftigeres Mittel gegen niedrige Wollust als Anbetung der Schönheit. Alle höhere bildende Kunst ist daher keusch, ohne Rücksicht auf die Gegenstände; sie reinigt die Sinne, wie die Tragödie nach Aristoteles die Leidenschaften. Ihre zufälligen Wirkungen kommen hiebey nicht in Betracht, denn in schmutzigen Seelen kann selbst eine Vestalinn Begierden erregen. ⟨AWS⟩

[188] Gewisse Dinge bleiben unübertroffen, weil die Bedingungen, unter denen sie erreicht werden, zu herabwürdigend sind. Wenn nicht etwa einmal ein versoffner Gastwirth wie Jan Steen ein Künstler wird, ⟨49⟩ einem Künstler kann man nicht zumuthen ein versoffner Gastwirth zu werden. ⟨AWS⟩

[189] Das wenige, was in Diderots *Essai sur la peinture* nicht taugt, ist das Sentimentale. Er hat aber den Leser, den es irre führen könnte, durch seine unvergleichliche Frechheit selbst zurecht gewiesen. ⟨AWS⟩

[190] Die einförmigste und flachste Natur erzieht am besten zum Landschaftsmahler. Man denke an den Reichthum der Holländischen Kunst in diesem Fache. Armuth macht haushälterisch: es bildet sich ein genügsamer Sinn, den selbst der leiseste Wink höheres Lebens in der Natur erfreut. Wenn der Künstler dann auf Reisen romantische Szenen kennen lernt, so wirken sie desto mächtiger auf ihn. Auch die Einbil-

dungskraft hat ihre Anithesen: der größte Mahler schauerlicher Wüsteneyen, Salvator Rosa, war zu Neapel geboren. ⟨AWS⟩

[191] Die Alten, scheint es, liebten auch in der Miniatur das Unvergängliche: die Steinschneidekunst ist die Miniatur der Bildnerey. ⟨AWS⟩

[192] Die alte Kunst selbst will nicht ganz wiederkommen, so rastlos auch die Wissenschaft alle angehäuften Schätze der Natur bearbeitet. Zwar scheint es oft: aber es fehlt immer noch etwas, nämlich grade das, was nur aus dem Leben kommt und was kein Modell geben kann. Die Schicksale der alten Kunst ⟨50⟩ indessen kommen mit buchstäblicher Genauigkeit wieder. Es ist als sey der Geist des Mummius, der seine Kennerschaft an den Korinthischen Kunstschätzen so gewaltig übte, jetzt von den Todten auferstanden. ⟨AWS⟩

[193] Wenn man sich nicht durch Künstlernamen und gelehrte Anspielungen blenden läßt, so findet man bey alten und neuen Dichtern den Sinn für bildende Kunst seltner als man erwarten sollte. Pindar kann vor allen der plastische unter den Dichtern heißen, und der zarte Styl der alten Vasengemählde erinnert an seine Dorische Weichheit und süße Pracht. Propertius, der in acht Zeilen eben so viel Künstler charakterisiren konnte, ist eine Ausnahme unter den Römern. Dante zeigt durch seine Behandlung des Sichtbaren große Mahleranlagen, doch hat er mehr Bestimmtheit der Zeichnung als Perspektive. Es fehlte ihm an Gegenständen, diesen Sinn zu üben: denn die neuere Kunst war damals in ihrer Kindheit, die alte lag noch im Grabe. Aber was brauchte der von Mahlern zu lernen, von dem Michel Angelo lernen konnte? Im Ariost trifft man auf starke Spuren, daß er im blühendsten Zeitalter der Mahlerey lebte, sein Geschmack daran hat ihn bey Schilderung der Schönheit manchmal über die Gränzen der Poesie fortgerissen. Bey Goethen ist dieß nie der Fall. Er macht die bildenden Künste manchmal zum Gegenstande seiner Dichtungen, außerdem ist ihre Erwähnung darin niemals angebracht, oder herbey gezogen. Die Fülle des ruhigen Besitzers drängt sich nicht an den Tag, ⟨51⟩ sie verheimlicht sich auch nicht. Alle solchen Stellen hinweggenommen, würde doch

die Kunstliebe und Einsicht des Dichters, in der Gruppirung seiner Figuren, in der einfachen Großheit seiner Umrisse unverkennbar seyn. ⟨AWS⟩

[194] Als ein Merkmahl der Ächtheit antiker Münzen kennt man in der Numismatik den sogenannten edlen Rost. Die verfälschende Kunst hat alles besser nachahmen gelernt, als dieß Gepräge der Zeiten. Solch einen edlen Rost giebt es auch an Menschen, Helden, Weisen, Dichtern. Johannes Müller ist ein vortrefflicher Numismatiker des Menschengeschlechts. ⟨AWS⟩

[195] Hat Condorcet sich nicht ein schöneres Denkmal gesetzt, da er, von Todesgefahren umringt, sein Buch von den *progrès de l'esprit humain* schrieb, als wenn er die kurze Frist dazu angewandt hätte, sein endliches Individuum statt jener unendlichen Aussichten hinzustellen? Wie konnte er besser an die Nachwelt appelliren, als durch das Vergessen seiner selbst im Umgange mit ihr? ⟨AWS⟩

[196] Reine Autobiographien werden geschrieben: entweder von Nervenkranken, die immer an ihr Ich gebannt sind, wohin Rousseau mit gehört; oder von einer derben künstlerischen oder abentheuerlichen Eigenliebe, wie die des Benvenuto Cellini; oder von gebornen Geschichtsschreibern, die sich selbst nur ein Stoff historischer Kunst sind; oder von Frauen, die auch ⟨52⟩ mit der Nachwelt kokettiren; oder von sorglichen Gemüthern, die vor ihrem Tode noch das kleinste Stäubchen in Ordnung bringen möchten, und sich selbst nicht ohne Erläuterungen aus der Welt gehen lassen können; oder sie sind ohne weiteres bloß als *plaidoyers* vor dem Publikum zu betrachten. Eine große Klasse unter den Autobiographen machen die Autopseusten aus.

[197] Schwerlich hat irgend eine andre Litteratur so viele Ausgeburten der Originalitätssucht aufzuweisen als unsre. Es zeigt sich auch hierin daß wir Hyperboreer sind. Bey den Hyperboreern wurden nämlich dem Apollo Esel geopfert, an deren wunderlichen Sprüngen er sich ergötzte. ⟨AWS⟩

[198] Ehedem wurde unter uns die Natur, jetzt wird das Ideal ausschließend gepredigt. Man vergißt zu oft, daß diese Dinge innig vereinbar sind, daß in der schönen Darstellung die Natur idealisch und das Ideal natürlich seyn soll. ⟨AWS⟩

[199] Die Meynung von der Erhabenheit des Englischen Nazionalcharakters ist unstreitig zuerst durch die Gastwirthe veranlaßt; aber Romane und Schauspiele haben sie begünstigt, und dadurch einen nicht zu verwerfenden Beytrag zu der Lehre von der erhabenen Lächerlichkeit geliefert. ⟨AWS⟩ ⟨53⟩

[200] »Ich will einem Narren niemals trauen« sagt ein sehr gescheidter Narr beym Shakspeare, »bis ich sein Gehirn sehe.« Man möchte diese Bedingung des Zutrauens gewissen angeblichen Philosophen zumuthen; was gilts, man fände *papier maché* aus Kantischen Schriften verfertigt. ⟨AWS⟩

[201] Diderot ist im Fatalisten, in den Versuchen über die Mahlerey, und überall wo er recht Diderot ist, bis zur Unverschämtheit wahr. Er hat die Natur nicht selten im reizenden Nachtkleide überrascht, er hat sie mitunter auch ihre Nothdurft verrichten sehen. ⟨AWS⟩

[202] Seit die Nothwendigkeit des Ideals in der Kunst so dringend eingeschärft worden ist, sieht man die Lehrlinge treuherzig hinter diesem Vogel herlaufen, um ihm, so bald sie etwa nahe genug wären, das Salz der Ästhetik auf den Schwanz zu streuen. ⟨AWS⟩

[203] Moriz liebte den Griechischen Gebrauch der geschlechtlosen Adjektive für Abstrakte, und suchte etwas geheimnißvolles darin. Man könnte in seiner Sprache von der Mythologie und Anthusa sagen, daß das Menschliche dem Heiligen sich hier überall zu nähern und das Denkende im Sinnbildlichen sich wieder zu erkennen sucht, aber sich manchmal selbst nicht versteht. ⟨AWS⟩

[204] Mag es noch so gut seyn, was jemand vom Katheder herab sagt: die beste Freude ist weg, weil man ⟨54⟩ ihm nicht drein reden darf. Eben so mit dem lehrhaften Schriftsteller. ⟨AWS⟩

[205] Sie pflegen sich selbst die Kritik zu nennen. Sie schreiben kalt, flach, vornehmthuend und über alle Maßen wäßericht. Natur, Gefühl,

Adel und Größe des Geistes sind für sie gar nicht vorhanden, und doch thun sie, als könnten sie diese Dinge vor ihr Richterstühlchen laden. Nachahmungen der ehemaligen Französischen Schönenweltsversemacherey, sind das äußerste Ziel ihrer lauwarmen Bewunderung. Korrektheit gilt ihnen für Tugend. Geschmack ist ihr Idol; ein Götze dem man nur ohne Freude dienen darf. – Wer erkennt nicht in diesem Porträt die Priester im Tempel der schönen Wissenschaften, welche von dem Geschlecht sind wie die Priester der Cybele? ⟨AWS⟩

[206] Ein Fragment muß gleich einem kleinen Kunstwerke von der umgebenden Welt ganz abgesondert und in sich selbst vollendet seyn wie ein Igel.

[207] Die Freygeisterey geht immer in dieser Stufenleiter fort: zuerst wird der Teufel angegriffen, dann der heilige Geist, demnächst der Herr Christus, und zuletzt Gott der Vater. ⟨AWS⟩

[208] Es giebt Tage wo man sehr glücklich gestimmt ist, und leicht neue Entwürfe machen, sie aber eben so wenig mittheilen, als wirklich etwas hervorbringen kann. Nicht Gedanken sind es; nur Seelen von Gedanken. ⟨AWS⟩ ⟨55⟩

[209] Sollte sich eine durch Konvenienzen gefesselte Sprache, wie etwa die Französische, nicht durch einen Machtspruch des allgemeinen Willens republikanisiren können? Die Herrschaft der Sprache über die Geister ist offenbar: aber ihre heilige Unverletzlichkeit folgt daraus eben so wenig, als man im Naturrecht den ehemals behaupteten göttlichen Ursprung aller Staatsgewalt gelten lassen kann. ⟨AWS⟩

[210] Man erzählt, Klopstock habe den Französischen Dichter Rouget de Lisle, der ihn besuchte, mit der Anrede begrüßt: wie er es wage in Deutschland zu erscheinen, da sein Marseiller Marsch funfzigtausend braven Deutschen das Leben gekostet? Dieser Vorwurf war unverdient. Schlug Simson die Philister nicht mit einem Eselskinnbacken? Hat aber der Marseiller Marsch wirklich Antheil an den Siegen Frankreichs, so hat wenigstens Rouget de Lisle die mörderische Gewalt seiner Poesie in diesem einen Stücke erschöpft: mit allen seinen übrigen zusammengenommen, würde man keine Fliege todt schlagen. ⟨AWS⟩

[211] Die Menge nicht zu achten, ist sittlich; sie zu ehren, ist rechtlich.

[212] Werth ist vielleicht kein Volk der Freyheit, aber das gehört vor das *forum Dei*.

[213] Nur derjenige Staat verdient Aristokratie genannt zu werden, in welchem wenigstens die kleinere ⟨56⟩ Masse, welche die größere despotisirt, eine republikanische Verfassung hat.

[214] Die vollkommne Republik müßte nicht bloß demokratisch, sondern zugleich auch aristokratisch und monarchisch seyn; innerhalb der Gesetzgebung der Freyheit und Gleichheit müßte das Gebildete das Ungebildete überwiegen und leiten, und alles sich zu einem absoluten Ganzen organisiren.

[215] Kann eine Gesetzgebung wohl sittlich heißen, welche die Angriffe auf die Ehre der Bürger weniger hart bestraft, als die auf ihr Leben?

[216] Die Französische Revoluzion, Fichte's Wissenschaftslehre, und Goethe's Meister sind die größten Tendenzen des Zeitalters. Wer an dieser Zusammenstellung Anstoß nimmt, wem keine Revoluzion wichtig scheinen kann, die nicht laut und materiell ist, der hat sich noch nicht auf den hohen weiten Standpunkt der Geschichte der Menschheit erhoben. Selbst in unsern dürftigen Kulturgeschichten, die meistens einer mit fortlaufendem Kommentar begleiteten Variantensammlung, wozu der klassische Text verlohren ging, gleichen, spielt manches kleine Buch, von dem die lärmende Menge zu seiner Zeit nicht viel Notiz nahm, eine größere Rolle, als alles was diese trieb.

[217] Alterthümlichkeit der Worte, und Neuheit der Wortstellungen, gedrungne Kürze und nebenausbildende ⟨57⟩ Fülle, die auch die unerklärlichern Züge der charakterisirten Individuen wieder giebt; das sind die wesentlichen Eigenschaften des historischen Styls. Die wesentlichste von allen ist Adel,

Pracht, Würde. Vornehm wird der historische Styl durch die Gleichartigkeit und Reinheit einheimischer Worte von ächtem Stamm, und durch Auswahl der bedeutendsten, gewichtigsten und kostbarsten; durch groß gezeichneten, und deutlich, lieber zu hart als unklar, artikulirten Periodenbau, wie der des Thucydides; durch nackte Gediegenheit, erhabene Eil und großartige Fröhlichkeit der Stimmung und Farbe, nach Art des Caesar; besonders aber durch jene innige und hohe Bildung eines Tacitus, welche die trocknen Fakta der reinen Empirie so poetisiren, urbanisiren und zur Philosophie erheben läutern und generalisiren muß, als sey sie von Einem der zugleich ein vollendeter Denker, Künstler, und Held wäre, aufgefaßt, und vielfach durchgearbeitet, ohne daß doch irgendwo rohe Poesie, reine Philosophie oder isolirter Witz die Harmonie störte. Das alles muß in der Historie verschmolzen seyn, wie auch die Bilder und Antithesen nur angedeutet oder wieder aufgelöst seyn müßen, damit der schwebende und fließende Ausdruck dem lebendigen Werden der beweglichen Gestalten entspreche.

[218] Man wundert sich immer mißtrauisch, wenn man zu wissen scheint: das und das wird so seyn. Und doch ist es grade eben so wunderbar, daß wir wissen können: das und das ist so; was niemanden auffällt weil es immer geschieht. ⟨58⟩

[219] Im Gibbon hat sich die gemeine Bigotterie der Engländischen Pedanten für die Alten auf klassischem Boden bis zu sentimentalen Epigrammen über die Ruinen der versunknen Herrlichkeit veredelt, doch konnte sie ihre Natur nicht ganz ablegen. Er zeigt verschiedentlich für die Griechen gar keinen Sinn gehabt zu haben. Und an den Römern liebt er doch eigentlich nur die materielle Pracht, vorzüglich aber, nach Art seiner zwischen Merkantilität und Mathematik getheilten Nazion, die quantitative Erhabenheit. Die Türken sollte man denken, hätten es ihm eben auch gethan.

[220] Ist aller Witz Prinzip und Organ der Universalphilosophie, und alle Philosophie nichts andres als der Geist der Universalität, die Wissenschaft aller sich ewig mischenden und wieder trennenden Wissenschaften, eine logische Chemie: so ist der Werth und die Würde jenes absoluten, enthusiastischen, durch und durch materialen Witzes, worin Baco und Leibniz, die Häupter der scholastischen Prosa, jener einer der ersten, dieser einer der größten Virtuosen war, unendlich. Die wichtigsten wissenschaftlichen Entdeckungen sind *bonmots* der Gattung. Das sind sie durch die überraschende Zufälligkeit ihrer Entstehung, durch das Kombinatorische des Gedankens, und durch das Barokke des hingeworfenen Ausdrucks. Doch sind sie dem Gehalt nach freylich weit mehr als die sich in Nichts auflösende Erwartung des rein poetischen Witzes. Die besten sind *echappées de vue* ins Unend-⟨59⟩liche. Leibnizens gesammte Philosophie besteht aus wenigen in diesem Sinne witzigen Fragmenten und Projekten. Kant der Kopernikus der Philosophie hat von Natur vielleicht noch mehr synkretistischen Geist und kritischen Witz als Leibnitz: aber seine Situazion und seine Bildung ist nicht so witzig; auch geht es seinen Einfällen wie beliebten Melodieen: die Kantianer haben sie todt gesungen; daher kann man ihm leicht Unrecht thun, und ihn für weniger witzig halten, als er ist. Freylich ist die Philosophie erst dann in einer guten Verfassung, wenn sie nicht mehr auf genialische Einfälle zu warten, und zu rechnen braucht, und zwar nur durch enthusiastische Kraft, und mit genialischer Kunst aber doch in sicherer Methode stetig fortschreiten kann. Aber sollen wir die einzigen noch vorhandenen Produkte des synthesirenden Genie's darum nicht achten, weil es noch keine kombinatorische Kunst und Wissenschaft giebt? Und wie kann es diese geben, so lange wir die meisten Wissenschaften nur noch buchstabiren wie Quintaner, und uns einbilden, wir wären am Ziel, wenn wir in einem der vielen

Dialekte der Philosophie dekliniren und konjugiren können, und noch nichts von Syntax ahnden, noch nicht den kleinsten Perioden konstruiren können?

[221] A. Sie behaupten immer Sie wären ein Christ. Was verstehn Sie unter Christenthum? – B. Was die Christen als Christen seit achtzehn Jahrhunderten machen, oder machen wollen. Der Christianismus scheint mir ein Faktum zu seyn. Aber ein erst ange-⟨60⟩fangnes Faktum, das also nicht in einem System historisch dargestellt, sondern nur durch divinatorische Kritik charakterisirt werden kann.

[222] Der revoluzionäre Wunsch, das Reich Gottes zu realisiren, ist der elastische Punkt der progressiven Bildung, und der Anfang der modernen Geschichte. Was in gar keiner Beziehung auf's Reich Gottes steht, ist in ihr nur Nebensache.

[223] Die sogenannte Staatenhistorie, welche nichts ist als eine genetische Definizion vom Phänomen des gegenwärtigen politischen Zustandes einer Nazion, kann nicht für eine reine Kunst oder Wissenschaft gelten. Sie ist ein wissenschaftliches Gewerbe, das durch Freymüthigkeit und Opposizion gegen Faustrecht und Mode geadelt werden kann. Auch die Universalhistorie wird sophistisch, sobald sie dem Geiste der allgemeinen Bildung der ganzen Menschheit irgend etwas vorzieht, wäre auch eine moralische Idee das heteronomische Prinzip, so bald sie für eine Seite des historischen Universums Parthey nimmt; und nichts stört mehr in einer historischen Darstellung als rhetorische Seitenblicke und Nutzanwendungen.

[224] Johannes Müller thut in seiner Geschichte oft Blicke aus der Schweiz in die Weltgeschichte; seltner aber betrachtet er die Schweiz mit dem Auge eines Weltbürgers. ⟨AWS⟩ ⟨61⟩

[225] Strebt eine Biographie zu generalisiren, so ist sie ein historisches Fragment. Konzentrirt sie sich ganz darauf, die Individualität zu charakterisiren: so ist sie eine Urkunde oder ein Werk der Lebenskunstlehre.

[226] Da man immer so sehr gegen die Hypothesen redet, so sollte man doch einmahl versuchen, die Geschichte ohne Hypothese anzufangen. Man kann nicht sagen, daß etwas ist, ohne zu sagen, was es ist. Indem man sie denkt, bezieht man Fakta schon auf Begriffe, und es ist doch wohl nicht einerley, auf welche. Weiß man dieß, so bestimmt und wählt man sich selbst unter den möglichen Begriffen die nothwendigen, auf die man Fakta jeder Art beziehen soll. Will man es nicht anerkennen, so bleibt die Wahl dem Instinkt, dem Zufall, oder der Willkühr überlassen, man schmeichelt sich reine solide Empirie ganz *a posteriori* zu haben, und hat eine höchst einseitige, höchst dogmatizistische und transcendente Ansicht *a priori*.

[227] Der Schein der Regellosigkeit in der Geschichte der Menschheit entsteht nur durch die Kollisionsfälle heterogener Sphären der Natur, die hier alle zusammentreffen und in einander greifen. Dann sonst hat die unbedingte Willkühr in diesem Gebiet der freyen Nothwendigkeit und nothwendigen Freyheit, weder konstitutive noch legislative Gewalt, und nur den täuschenden Titel der exekutiven und richterlichen. Der skizzirte Gedanke einer historischen Dynamik macht dem Geiste des Condorcet so viel Ehre, als seinem ⟨62⟩ Herzen der mehr als französische Enthusiasmus für die beynah trivial gewordene Idee der unendlichen Vervollkommnung.

[228] Die historische Tendenz seiner Handlungen bestimmt die positive Sittlichkeit des Staatsmanns und Weltbürgers.

[229] Die Araber sind eine höchst polemische Natur, die Annihilanten unter den Nazionen. Ihre Liebhaberey, die Originale zu vertilgen, oder wegzuwerfen, wenn die Übersetzung fertig war, charakterisirt den Geist ihrer Philosophie. Eben darum waren sie vielleicht unendlich kultivirter, aber bei aller Kultur rein barbarischer als die Europäer des Mittelalters. Barbarisch ist nämlich, was zugleich antiklassisch, und antiprogressiv ist.

[230] Die Mysterien des Christianismus mußten durch den unaufhörlichen Streit, in den sie Vernunft und Glauben verwickelten, entweder zur skeptischen Resignazion auf alles nicht empirische Wissen, oder auf kritischen Idealismus führen.

[231] Der Katholizismus ist das naive Christenthum; der Protestantismus ist sentimentaler, und hat außer seinem polemischen revoluzionären Verdienst auch noch das positive, durch die Vergötterung der Schrift die einer universellen und progreßiven Religion auch wesentliche Philologie veranlaßt zu haben. Nur fehlt es ⟨63⟩ dem protestantischen Christenthum vielleicht noch an Urbanität. Einige biblische Historien in ein Homerisches Epos zu travestiren, andre mit der Offenheit des Herodot und der Strenge des Tacitus im Styl der klassischen Historie darzustellen, oder die ganze Bibel als das Werk Eines Autors zu rezensiren; das würde allen paradox, vielen ärgerlich, einigen doch unschicklich und überflüßig scheinen. Aber darf irgend etwas wohl überflüßig scheinen, was die Religion liberaler machen könnte?

[232] Da alle Sachen die recht Eins sind, zugleich Drey zu seyn pflegen, so läßt sich nicht absehen warum es mit Gott grade anders seyn sollte. Gott ist aber nicht bloß ein Gedanke, sondern zugleich auch eine Sache, wie alle Gedanken, die nicht bloße Einbildungen sind.

[233] Die Religion ist meistens nur ein Supplement oder gar ein Surrogat der Bildung, und nichts ist religiös in strengem Sinne, was nicht ein Produkt der Freyheit ist. Man kann also sagen: Je freyer, je religiöser; und je mehr Bildung, je weniger Religion.

[234] Es ist sehr einseitig und anmaßend, daß es grade nur Einen Mittler geben soll. Für den vollkommnen Christen, dem sich in dieser Rücksicht der einzige Spinosa am meisten nähern dürfte, müßte wohl alles Mittler seyn. ⟨64⟩

[235] Christus ist jetzt verschiedentlich *a priori* deduzirt worden: aber sollte die Madonna nicht eben so viel Anspruch ha-

ben, auch ein ursprüngliches, ewiges, nothwendiges Ideal wenn gleich nicht der reinen, doch der weiblichen und männlichen Vernunft zu seyn?

[236] Es ist ein grobes, doch immer noch gemeines Mißverständniß, daß man glaubt, um ein Ideal darzustellen, müße ein so zahlreiches Aggregat von Tugenden wie möglich auf einen Namen zusammengepackt, ein ganzes Kompendium der Moral in einem Menschen aufgestellt werden; wodurch nichts erlangt wird als Auslöschung der Individualität und Wahrheit. Das Ideale liegt nicht in der Quantität sondern in der Qualität. Grandison ist ein Exempel, und kein Ideal. ⟨AWS⟩

[237] Humor ist gleichsam der Witz der Empfindung. Er darf sich daher mit Bewußtseyn äußern: aber er ist nicht ächt, sobald man Vorsatz dabei wahrnimmt. ⟨AWS⟩

[238] Es giebt eine Poesie, deren Eins und Alles das Verhältniß des Idealen und des Realen ist, und die also nach der Analogie der philosophischen Kunstsprache Transcendentalpoesie heißen müßte. Sie beginnt als Satire mit der absoluten Verschiedenheit des Idealen und Realen, schwebt als Elegie in der Mitte, und endigt als Idylle mit der absoluten Identität beyder. So wie man aber wenig Werth auf eine Transcendentalphilosophie legen würde, die nicht kritisch wäre, ⟨65⟩ nicht auch das Producirende mit dem Produkt darstellte, und im System der transcendentalen Gedanken zugleich eine Charakteristik des transcendentalen Denkens enthielte: so sollte wohl auch jene Poesie die in modernen Dichtern nicht seltnen transcendentalen Materialien und Vorübungen zu einer poetischen Theorie des Dichtungsvermögens mit der künstlerischen Reflexion und schönen Selbstbespiegelung, die sich im Pindar, den lyrischen Fragmenten der Griechen, und der alten Elegie, unter den Neuern aber in Goethe findet, vereinigen, und in jeder ihrer Darstellungen sich selbst mit darstellen, und überall zugleich Poesie und Poesie der Poesie seyn.

[239] Bey der Liebe der Alexandrinischen und Römischen Dichter für schwierigen und unpoetischen Stoff liegt doch der große Gedanke zum Grunde: daß alles poetisirt werden soll: keineswegs als Absicht der Künstler, aber als historische Tendenz der Werke. Und bey der Mischung aller Kunstarten der poetischen Eklektiker des spätern Alterthums, die Foderung, daß es nur Eine Poesie geben solle wie Eine Philosophie.

[240] Im Aristophanes ist die Immoralität gleichsam legal, und in den Tragikern ist die Illegalität moralisch.

[241] Wie bequem ist es doch daß mythologische Wesen allerley bedeuten, was man sich zueignen möchte! Indem man unaufhörlich von ihnen spricht, glaubt einen der gutmüthige Leser im Besitz der bezeichneten ⟨66⟩ Eigenschaft. Einer oder der andre von unsern Dichtern wäre ein geschlagner Mann, wenn es keine Grazien gäbe. ⟨AWS⟩

[242] Wenn jemand die Alten in Masse charakterisiren will, das findet niemand paradox; und doch, so wenig wissen sie meistens was sie meynen, würde es ihnen auffallen wenn man behauptete: die alte Poesie sey ein Individuum im strengsten und buchstäblichsten Sinne des Worts; markirter von Physiognomie, origineller an Manieren und konsequenter in ihren Maximen als ganze Summen solcher Phänomene, welche wir in rechtlichen und gesellschaftlichen Verhältnissen für Personen, ja sogar für Individuen gelten lassen müßen und gelten lassen sollen. Kann man etwas andres charakterisiren als Individuen? Ist, was sich auf einem gewissen gegebnen Standpunkte nicht weiter multipliziren läßt, nicht eben so gut eine historische Einheit, als was sich nicht weiter dividiren läßt? Sind nicht alle Systeme Individuen, wie alle Individuen auch wenigstens im Keime und der Tendenz nach Systeme? Ist nicht alle reale Einheit historisch? Giebt es nicht Individuen, die ganze Systeme von Individuen in sich enthalten?

[243] Das Trugbild einer gewesenen goldnen Zeit ist eins der größten Hindernisse gegen die Annäherung der goldnen Zeit die noch kommen

soll. Ist die goldne Zeit gewesen, so war sie nicht recht golden. Gold kann nicht rosten, oder verwittern: es geht aus allen ⟨67⟩ Vermischungen und Zersetzungen unzerstörbar ächt wieder hervor. Will die goldne Zeit nicht ewig fortgehend beharren, so mag sie lieber gar nicht anheben, so taugt sie nur zu Elegien über ihren Verlust. ⟨AWS⟩

[244] Die Komödien des Aristophanes sind Kunstwerke, die sich von allen Seiten sehen lassen. Gozzi's Dramen haben einen Gesichtspunkt.

[245] Ein Gedicht oder ein Drama, welches der Menge gefallen soll, muß ein wenig von allem haben, eine Art Mikrokosmus seyn. Ein wenig Unglück und ein wenig Glück, etwas Kunst, und etwas Natur, die gehörige Quantität Tugend und eine gewisse Dosis Laster. Auch Geist muß drin seyn nebst Witz, ja sogar Philosophie, und vorzüglich Moral, auch Politik mitunter. Hilft ein Ingrediens nicht, so kann vielleicht das andre helfen. Und gesetzt auch, das Ganze könnte nicht helfen, so könnte es doch auch, wie manche darum immer zu lobende Medizin, wenigstens nicht schaden.

[246] Magie, Karikatur, und Materialität sind die Mittel durch welche die moderne Komödie der alten Aristophanischen im Innern, wie durch demagogische Popularität im Äußern, ähnlich werden kann, und im Gozzi bis zur Erinnerung geworden ist. Das Wesen der komischen Kunst aber bleibt immer der enthusiastische Geist und die klassische Form. ⟨68⟩

[247] Dante's prophetisches Gedicht ist das einzige System der transcendentalen Poesie, immer noch das höchste seiner Art. Shakspeare's Universalität ist wie der Mittelpunkt der romantischen Kunst. Goethe's rein poetische Poesie ist die vollständigste Poesie der Poesie. Das ist der große Dreyklang der modernen Poesie, der innerste und allerheiligste Kreis unter allen engern und weitern Sphären der kritischen Auswahl der Klassiker der neuern Dichtkunst.

[248] Die einzelnen Großen stehen weniger isolirt unter den

Griechen und Römern. Sie hatten weniger Genie's, aber mehr Genialität. Alles Antike ist genialisch. Das ganze Alterthum ist ein Genius, der einzige den man ohne Übertreibung absolut groß, einzig und unerreichbar nennen darf.

[249] Der dichtende Philosoph, der philosophirende Dichter ist ein Prophet. Das didaktische Gedicht sollte prophetisch seyn, und hat auch Anlage, es zu werden.

[250] Wer Fantasie, oder Pathos, oder mimisches Talent hat, müßte die Poesie lernen können, wie jedes andre Mechanische. Fantasie ist zugleich Begeistrung und Einbildung; Pathos ist Seele und Leidenschaft; Mimik ist Blick und Ausdruck.

[251] Wie viele giebt es nicht jetzt, die zu weich und gutmüthig sind, um Tragödien sehen zu können, und zu edel und würdig, um Komödien hören zu wollen. ⟨69⟩ Ein großer Beweis für die zarte Sittlichkeit unsers Jahrhunderts, welches die Französische Revoluzion nur hat verläumden wollen.

[252] Eine eigentliche Kunstlehre der Poesie würde mit der absoluten Verschiedenheit der ewig unauflöslichen Trennung der Kunst und der rohen Schönheit anfangen. Sie selbst würde den Kampf beyder darstellen, und mit der vollkommnen Harmonie der Kunstpoesie und Naturpoesie endigen. Diese findet sich nur in den Alten, und sie selbst würden nichts anders seyn, als eine höhere Geschichte vom Geist der klassischen Poesie. Eine Philosophie der Poesie überhaupt aber, würde mit der Selbständigkeit des Schönen beginnen, mit dem Satz, daß es vom Wahren und Sittlichen getrennt sey und getrennt seyn solle, und daß es mit diesem gleiche Rechte habe; welches für den, der es nur überhaupt begreifen kann, schon aus dem Satz folgt, daß Ich = Ich sey. Sie selbst würde zwischen Vereinigung und Trennung der Philosophie und der Poesie, der Praxis und der Poesie, der Poesie überhaupt und der Gattungen und Arten schweben, und mit der völligen Vereinigung enden. Ihr Anfang gäbe die Prinzipi-

en der reinen Poetik, ihre Mitte die Theorie der besondern eigenthümlich modernen Dichtarten, der didaktischen, der musikalischen, der rhetorischen im höhern Sinn u. s. w. Eine Philosophie des Romans, deren erste Grundlinien Platos politische Kunstlehre enthält, wäre der Schlußstein. Flüchtigen Dilettanten ohne Enthusiasmus, und ohne ⟨70⟩ Belesenheit in den besten Dichtern aller Art freylich müßte eine solche Poetik vorkommen, wie einem Kinde, das bildern wollte, ein trigonometrisches Buch. Die Philosophie über einen Gegenstand kann nur der brauchen, der den Gegenstand kennt, oder hat; nur der wird begreifen können, was sie will und meynt. Erfahrungen und Sinne kann die Philosophie nicht inokuliren oder anzaubern. Sie soll es aber auch nicht wollen. Wer es schon gewußt hat, der erfährt freylich nichts neues von ihr; doch wird es ihm erst durch sie ein Wissen und dadurch neu von Gestalt.

[253] In dem edleren und ursprünglichen Sinne des Worts Korrekt, da es absichtliche Durchbildung und Nebenausbildung des Innersten und Kleinsten im Werke nach dem Geist des Ganzen, praktische Reflexion des Künstlers, bedeutet, ist wohl kein moderner Dichter korrekter als Shakspeare. So ist er auch systematisch wie kein andrer: bald durch jene Antithesen, die Individuen, Massen, ja Welten in mahlerischen Gruppen kontrastiren lassen; bald durch musikalische Symmetrie desselben großen Maßstabes, durch gigantische Wiederholungen und Refrains; oft durch Parodie des Buchstabens und durch Ironie über den Geist des romantischen Drama und immer durch die höchste und vollständigste Individualität und die vielseitigste alle Stufen der Poesie von der sinnlichsten Nachahmung bis zur geistigsten Charakteristik vereinigende Darstellung derselben. ⟨71⟩

[254] Noch ehe Hermann und Dorothee erschien, verglich man es mit Vossens Luise; die Erscheinung hätte der Vergleichung ein Ende ma-

chen sollen; allein sie wird jenem Gedicht immer noch richtig als Empfehlungsschreiben an das Publikum mit auf den Weg gegeben. Bey der Nachwelt wird es Luisen empfehlen können, daß sie Dorotheen zur Taufe gehalten hat. ⟨AWS⟩

[255] Je mehr die Poesie Wissenschaft wird, je mehr wird sie auch Kunst. Soll die Poesie Kunst werden, soll der Künstler von seinen Mitteln und seinen Zwecken, ihren Hindernissen und ihren Gegenständen gründliche Einsicht und Wissenschaft haben, so muß der Dichter über seine Kunst philosophiren. Soll er nicht bloß Erfinder und Arbeiter sondern auch Kenner in seinem Fache seyn, und seine Mitbürger im Reiche der Kunst verstehn können, so muß er auch Philolog werden.

[256] Der Grundirrthum der sophistischen Ästhetik ist der, die Schönheit bloß für einen gegebnen Gegenstand, für ein psychologisches Phänomen zu halten. Sie ist freylich nicht bloß der leere Gedanke von etwas was hervorgebracht werden soll, sondern zugleich die Sache selbst, eine der ursprünglichen Handlungsweisen des menschlichen Geistes; nicht bloß eine nothwendige Fikzion, sondern auch ein Faktum, nämlich ein ewiges transcendentales.

[257] Die Gesellschaften der Deutschen sind ernsthaft; ihre Komödien und Satiren sind ernsthaft; ihre Kritik ⟨72⟩ ist ernsthaft; ihre ganze schöne Litteratur ist ernsthaft. Ist das Lustige bey dieser Nazion immer nur unbewußt und unwillkührlich? ⟨AWS⟩

[258] Alle Poesie, die auf einen Effekt geht, und alle Musik die der ekzentrischen Poesie in ihren komischen oder tragischen Ausschweifungen und Übertreibungen folgen will, um zu wirken und sich zu zeigen, ist rhetorisch.

[259] A. Fragmente, sagen Sie, wären die eigentliche Form der Universalphilosophie. An der Form liegt nichts. Was können aber solche Fragmente für die größeste und ernsthafteste Angelegenheit der Menschheit, für die Vervollkommung der

Wissenschaft, leisten und seyn? – B. Nichts als ein Lessingsches Salz gegen die geistige Fäulniß, vielleicht eine cynische *lanx satura* im Styl des alten Lucilius oder Horaz, oder gar *fermenta cognitionis* zur kritischen Philosophie, Randglossen zu dem Text des Zeitalters. ⟨mit AWS?⟩

[260] Wieland hat gemeynt, seine beynah ein halbes Jahrhundert umfassende Laufbahn habe mit der Morgenröthe unsrer Litteratur angefangen, und endige mit ihrem Untergange. Ein recht offenes Geständniß eines natürlichen optischen Betrugs. ⟨AWS⟩

[261] Wie das Lebensmotto des poetischen Vagabunden in Claudine von Villabella »Toll aber klug« auch der Charakter manches Werks des Genies ist: so ⟨73⟩ ließe sich der entgegengesetzte Wahlspruch auf die geistlose Regelmäßigkeit anwenden: Vernünftig aber dumm. ⟨AWS⟩

[262] Jeder gute Mensch wird immer mehr und mehr Gott. Gott werden, Mensch seyn, sich bilden, sind Ausdrücke, die einerley bedeuten.

[263] Ächte Mystik ist Moral in der höchsten Dignität.

[264] Man soll nicht mit allen symphilosophiren wollen, sondern nur mit denen die *à la hauteur* sind.

[265] Einige haben Genie zur Wahrheit; viele haben Talent zum Irren. Ein Talent, dem eine eben so große Industrie zur Seite steht. Wie zu einem Leckerbissen sind oft zu einem einzigen Irrthum die Bestandtheile aus allen Weltgegenden des menschlichen Geistes mit unermüdlicher Kunst zusammen geholt.

[266] Könnte es nicht noch vor Abfassung der logischen Konstituzion eine provisorische Philosophie geben; und ist nicht alle Philosophie provisorisch, bis die Konstituzion durch die Akzeptazion sankzionirt ist?

[267] Je mehr man schon weiß, je mehr hat man noch zu lernen. Mit dem Wissen nimmt das Nichtwissen in gleichem Grade zu, oder vielmehr das Wissen des Nichtwissens. ⟨74⟩

[268] Was man eine glückliche Ehe nennt, verhält sich zur Liebe, wie ein korrektes Gedicht zu improvisirtem Gesang.

[269] W. sagte von einem jungen Philosophen: Er trage einen Theorien-Eyerstock im Gehirne, und lege täglich wie eine Henne seine Theorie; und das sey für ihn der einzig mögliche Ruhepunkt in seinem beständigen Wechsel von Selbstschöpfung und Selbstvernichtung, welches eine fatigante Manoeuvre seyn möchte. ⟨AWS⟩

[270] Leibniz ließ sich bekanntlich Augengläser von Spinosa machen; und das ist der einzige Verkehr den er mit ihm oder mit seiner Philosophie gehabt hat. Hätte er sich doch auch Augen von ihm machen lassen, um in die ihm unbekannte Weltgegend der Philosophie, wo Spinosa seine Heimath hat, wenigstens aus der Ferne hinüber schauen zu können!

[271] Vielleicht muß man um einen transcendentalen Gesichtspunkt für das Antike zu haben, erzmodern seyn. Winkelmann hat die Griechen wie ein Grieche gefühlt. Hemsterhuys hingegen wußte modernen Umfang durch antike Einfachheit schön zu beschränken, und warf von der Höhe seiner Bildung, wie von einer freyen Gränze, gleich seelenvolle Blicke in die alte, und in die neue Welt. ⟨AWS⟩

[272] Warum sollte es nicht auch unmoralische Menschen geben dürfen, so gut wie unphilosophische und ⟨75⟩ unpoetische? Nur antipolitische oder unrechtliche Menschen können nicht geduldet werden.

[273] Mystik ist was allein das Auge des Liebenden an dem geliebten sieht. Jeder mag seine Mystik für sich haben, nur muß er sie auch für sich behalten. Es giebt wohl viele, die das schöne Alterthum travestiren, gewiß aber auch einige die es mystifiziren, und also für sich behalten müssen. ⟨AWS⟩ Beydes entfernt von dem Sinn in dem es rein genossen, und von dem Wege worauf es zurückgebracht werden kann.

[274] Jede Philosophie der Philosophie, nach der Spinosa kein Philosoph ist, muß verdächtig scheinen.

[275] Sie jammern immer, die Deutschen Autoren schrieben

nur für einen so kleinen Kreis, ja oft nur für sich selbst untereinander. Das ist recht gut. Dadurch wird die Deutsche Litteratur immer mehr Geist und Charakter bekommen. Und unterdessen kann vielleicht ein Publikum entstehen.

[276] Leibniz war so sehr Moderantist, daß er auch das Ich, und Nicht-Ich, wie Katholizismus und Protestantismus verschmelzen wollte, und Thun und Leiden nur dem Grade nach verschieden hielt. Das heißt die Harmonie chargiren, und die Billigkeit bis zur Karikatur treiben. ⟨mit FSM?⟩ ⟨76⟩

[277] An die Griechen zu glauben, ist eben auch eine Mode des Zeitalters. Sie hören gern genug über die Griechen deklamiren. Kommt aber einer und sagt: Hier sind welche; so ist niemand zu Hause.

[278] Vieles was Dummheit scheint, ist Narrheit, die gemeiner ist, als man denkt. Narrheit ist absolute Verkehrtheit der Tendenz, gänzlicher Mangel an historischem Geist.

[279] Leibnizens Methode der Jurisprudenz ist ihrem Zwecke nach eine allgemeine Ausstellung seiner Plane. Er hatte es auf alles angelegt: Praktiker, Kanzellist, Professor, Hofmeister. Das Eigne davon ist bloße Kombinazion des juristischen Stoffs mit der theologischen Form. Die Theodicee ist im Gegentheil eine Advokatenschrift in Sachen Gottes contra Bayle und Konsorten. ⟨FSM⟩

[280] Man hält es für ein Unglück, daß es kein bestimmtes Gefühl der physischen Gesundheit giebt, wohl aber der Krankheit. Wie weise diese Veranstaltung der Natur sey, sieht man aus dem Zustande der Wissenschaften, wo der Fall umgekehrt ist, und wo ein Wassersüchtiger, Hektischer und Gelbsüchtiger, wenn er sich mit einem Gesunden vergleicht, glaubt, es gäbe zwischen ihnen keinen andern Unterschied als den zwischen Fett und Mager oder Brünett und Blondin. ⟨FSM⟩ ⟨77⟩

[281] Fichte's Wissenschaftslehre ist eine Philosophie über die Materie der Kantischen Philosophie. Von der Form redet er nicht viel, weil er Meister derselben ist. Wenn aber das Wesen der kritischen Methode darin besteht, daß Theorie des bestim-

menden Vermögens und System der bestimmten Gemüthswirkungen in ihr wie Sache und Gedanken in der praestabilirten Harmonie innigst vereinigt sind: so dürfte er wohl auch in der Form ein Kant in der zweyten Potenz und die Wissenschaftslehre weit kritischer seyn, als sie scheint. Vorzüglich die neue Darstellung der Wissenschaftslehre ist immer zugleich Philosophie und Philosophie der Philosophie. Es mag gültige Bedeutungen des Worts Kritisch geben, in welchem es nicht auf jede Fichtische Schrift paßt. Aber bey Fichte muß man, wie er selbst, ohne alle Nebenrücksicht nur auf das Ganze sehen und auf das Eine worauf es eigentlich ankommt; nur so kann man die Identität seiner Philosophie mit der Kantischen sehen und begreifen. Auch ist Kritisch wohl etwas, was man nie genug seyn kann.

[282] Wenn der Mensch nicht weiter kommen kann, so hilft er sich mit einem Machtspruche, oder einer Machthandlung, einem raschen Entschluß. ⟨N⟩

[283] Wer sucht wird zweifeln. Das Genie sagt aber so dreist und sicher, was es in sich vorgehn sieht, weil es nicht in seiner Darstellung und also auch die Darstellung nicht in ihm befangen ist, sondern seine Betrachtung und das Betrachtete frey zusammen zu ⟨78⟩ stimmen, zu einem Werke frey sich zu vereinigen scheinen. Wenn wir von der Außenwelt sprechen, wenn wir wirkliche Gegenstände schildern, so verfahren wir wie das Genie. Ohne Genialität existirten wir alle überhaupt nicht. Genie ist zu allem nöthig. Was man aber gewöhnlich Genie nennt, ist Genie des Genie's. ⟨N⟩

[284] Der Geist führt einen ewigen Selbstbeweis. ⟨N⟩

[285] Der transcendentale Gesichtspunkt für dieses Leben erwartet uns. Dort wird es uns erst recht bedeutend werden. ⟨N⟩

[286] Das Leben eines wahrhaft kanonischen Menschen muß durchgehends symbolisch seyn. Wäre unter dieser Voraussetzung nicht jeder Tod ein Versöhnungstod? Mehr oder weniger versteht sich; und ließen sich nicht mehre höchst merkwürdige Folgerungen daraus ziehen? ⟨N⟩

[287] Nur dann zeige ich, daß ich einen Schriftsteller verstanden habe, wenn ich in seinem Geiste handeln kann; wenn ich ihn, ohne seine Individualität zu schmälern, übersetzen und mannichfach verändern kann. ⟨N⟩

[288] Wir sind dem Aufwachen nah, wenn wir träumen daß wir träumen. ⟨N⟩

[289] Ächt geselliger Witz ist ohne Knall. Es giebt eine Art desselben, die nur magisches Farbenspiel in höhern Sphären ist. ⟨N⟩ ⟨79⟩

[290] Geistvoll ist das, worin sich der Geist unaufhörlich offenbart, wenigstens oft von neuem in veränderter Gestalt wiedererscheint; nicht bloß etwa nur einmal, so zu Anfang, wie bey vielen philosophischen Systemen. ⟨N⟩

[291] Deutsche giebt es überall. Germanität ist so wenig, wie Romanität, Gräcität oder Brittannität auf einen besondern Staat eingeschränkt; es sind allgemeine Menschenkaraktere die nur hie und da vorzüglich allgemein geworden sind. Deutschheit ist ächte Popularität, und darum ein Ideal. ⟨N⟩

[292] Der Tod ist eine Selbstbesiegung, die wie alle Selbstüberwindung, eine neue leichtere Existenz verschafft. ⟨N⟩

[293] Brauchen wir zum Gewöhnlichen und Gemeinen vielleicht deswegen so viel Kraft und Anstrengung, weil für den eigentlichen Menschen nichts ungewöhnlicher nichts ungemeiner ist als armselige Gewöhnlichkeit? ⟨N⟩

[294] Genialischer Scharfsinn ist scharfsinniger Gebrauch des Scharfsinns. ⟨N⟩

[295] Auf die berühmte Preisfrage der Berliner Akademie der Wissenschaften über die Fortschritte der Metaphysik sind Antworten jeder Art erschienen: eine feindliche, eine günstige, eine überflüßige, noch eine, ⟨80⟩ auch eine dramatische, und sogar eine Sokratische von Hülsen. Ein wenig Enthusiasmus, wenn er auch roh seyn sollte, ein gewisser Schein von Universalität verfehlen ihre Wirkung nicht leicht, und verschaffen auch wohl dem Paradoxen ein Publikum. Aber der

Sinn für reine Genialität ist selbst unter gebildeten Menschen eine Seltenheit. Kein Wunder also, wenn es nur wenige wissen, daß Hülsens Werk eines von denen ist, wie sie in der Philosophie immer sehr selten waren und es auch jetzt noch sind: ein Werk im strengsten Sinne des Worts, ein Kunstwerk, das Ganze aus Einem Stück, an dialektischer Virtuosität das nächste nach Fichte, und das eine erste Schrift, die der Veranlassung nach eine Gelegenheitsschrift seyn sollte. Hülsen ist seines Gedankens und seines Ausdrucks völlig Meister, er geht sicher und leise; und diese ruhige hohe Besonnenheit bey dem weitumfassenden Blick und der reinen Humanität, ist es eben was ein historischer Philosoph in seinem antiquarischen und aus der Mode gekommenen Dialekt das Sokratische nennen würde; eine Terminologie, die sich jedoch ein Künstler, der so viel philologischen Geist hat, gefallen lassen muß.

[296] Ungeachtet er so eine idyllische Natur ist, hat Fontenelle doch eine starke Antipathie gegen den Instinkt, und vergleicht das reine Talent, welches er für unmöglich hält, mit dem ganz absichtslosen Kunstfleiße der Biber. Wie schwer ist es sich selbst nicht zu übersehn! Denn wenn Fontenelle sagt: *La gêne fait* ⟨81⟩ *l'essence et le merite brillant de la Poesie*: so scheints kaum möglich, die französische Poesie mit wenigen Worten besser zu karakterisiren. Aber ein Biber, der Academicien wäre, könnte wohl nicht mit vollkommnerem Unbewußtseyn das Rechte treffen.

[297] Gebildet ist ein Werk, wenn es überall scharf begränzt, innerhalb der Gränzen aber gränzenlos und unerschöpflich ist, wenn es sich selbst ganz treu, überall gleich, und doch über sich selbst erhaben ist. Das Höchste und Letzte ist, wie bey der Erziehung eines jungen Engländers, *le grand tour*. Es muß durch alle drey oder vier Welttheile der Menschheit gewandert seyn, nicht um die Ecken seiner Individualität abzuschleifen,

sondern um seinen Blick zu erweitern und seinem Geist mehr Freyheit und innre Vielseitigkeit und dadurch mehr Selbständigkeit und Selbstgenugsamkeit zu geben.

[298] Die Orthodoxen unter den Kantianern suchen das Prinzip ihrer Philosophie vergeblich im Kant. Es steht in Bürgers Gedichten und lautet: »Ein Kaiserwort soll man nicht drehn noch deuteln.«

[299] An genialischem Unbewußtseyn können die Philosophen, dünkt mich, den Dichtern den Rang recht wohl streitig machen.

[300] Wenn Verstand und Unverstand sich berühren, so giebt es einen elektrischen Schlag. Das nennt man Polemik. ⟨82⟩

[301] Noch bewundern die Philosophen im Spinosa nur die Konsequenz, wie die Engländer am Shakspeare bloß die Wahrheit preisen.

[302] Vermischte Gedanken sollten die Kartons der Philosophie seyn. Man weiß, was diese den Kennern der Mahlerey gelten. Wer nicht philosophische Welten mit dem Crayon skizziren, jeden Gedanken, der Physiognomie hat, mit ein paar Federstrichen karakterisiren kann, für den wird die Philosophie nie Kunst, und also auch nie Wissenschaft werden. Denn in der Philosophie geht der Weg zur Wissenschaft nur durch die Kunst, wie der Dichter im Gegentheil erst durch Wissenschaft ein Künstler wird.

[303] Immer tiefer zu dringen, immer höher zu steigen, ist die Lieblingsneigung der Philosophen. Auch gelingt es, wenn man ihnen aufs Wort glaubt, mit bewundrungswürdiger Schnelligkeit. Mit dem Weiterkommen geht es dagegen langsam genug. Besonders in Rücksicht der Höhe überbieten sie sich ordentlich, wie wenn zwey zugleich auf einer Aukzion unbedingte Commission haben. Vielleicht ist aber alle Philosophie, die philosophisch ist, unendlich hoch und unendlich tief. Oder steht Plato niedriger als die jetzigen Philosophen?

[304] Auch die Philosophie ist das Resultat zwey streitender Kräfte, der Poesie und Praxis. Wo diese sich ganz durchdringen und in Eins schmelzen, da entsteht ⟨83⟩ Philosophie; wenn sie sich wieder zersetzt, wird sie Mythologie, oder wirft sich ins Leben zurück. Aus Dichtung und Gesetzgebung bildete sich die Griechische Weisheit. Die höchste Philosophie, vermuthen einige, dürfte wieder Poesie werden; und es ist sogar eine bekannte Erfahrung, daß gemeine Naturen erst nach ihrer Art zu philosophiren anfangen, wenn sie zu leben aufhören. – Diesen chemischen Prozeß des Philosophirens besser darzustellen, wo möglich die dynamischen Gesetze desselben ganz ins Reine zu bringen, und die Philosophie, welche sich immer von neuem organisiren und desorganisiren muß, in ihre lebendigen Grundkräfte zu scheiden, und zu ihrem Ursprung zurückzuführen, das halte ich für Schellings eigentliche Bestimmung. Dagegen scheint mir seine Polemik, besonders aber seine litterarische Kritik der Philosophie eine falsche Tendenz zu seyn; und seine Anlage zur Universalität ist wohl noch nicht gebildet genug, um in der Philosophie der Physik das finden zu können, was sie da sucht.

[305] Absicht bis zur Ironie, und mit willkührlichem Schein von Selbstvernichtung ist eben sowohl naiv, als Instinkt bis zur Ironie. Wie das Naive mit den Widersprüchen der Theorie und der Praxis, so spielt das Groteske mit wunderlichen Versetzungen von Form und Materie, liebt den Schein des Zufälligen und Seltsamen, und kokettirt gleichsam mit unbedingter Willkühr. Humor hat es mit Seyn und Nichtseyn zu thun, und sein eigentliches Wesen ist Reflexion. Da-⟨84⟩her seine Verwandtschaft mit der Elegie und allem, was transcendental ist; daher aber auch sein Hochmuth und sein Hang zur Mystik des Witzes. Wie Genialität dem Naiven, so ist ernste reine Schönheit dem Humor nothwendig. Er schwebt am liebsten über leicht und klar strömenden Rhapsodien der Philosophie

oder der Poesie und flieht schwerfällige Massen, und abgerißne Bruchstücke.

[306] Die Geschichte von den Gergesener Säuen ist wohl eine sinnbildliche Prophezeyung von der Periode der Kraftgenie's, die sich nun glücklich in das Meer der Vergessenheit gestürzt haben.

[307] Wenn ich meine Antipathie gegen das Katzengeschlecht erkläre, so nehme ich Peter Leberechts gestiefelten Kater aus. Krallen hat er, und wer davon geritzt worden ist, schreyt, wie billig, über ihn; Andre aber kann es belustigen, wie er gleichsam auf dem Dache der dramatischen Kunst herumspaziert.

[308] Der Denker braucht grade ein solches Licht wie der Mahler: hell, ohne unmittelbaren Sonnenschein oder blendende Reflexe, und, wo möglich, von oben herab.

[309] Welche Vorstellungen müssen die Theoristen gehabt haben, die das Porträt vom Gebiet der eigentlich schönen, freyen und schaffenden Kunst ausschließen. Es ist grade, als wollte man es nicht für Poe-⟨85⟩sie gelten lassen, wenn ein Dichter seine wirkliche Geliebte besingt. Das Porträt ist die Grundlage und der Prüfstein des historischen Gemähldes. ⟨AWS⟩

[310] Neuerdings ist die unerwartete Entdeckung gemacht worden, in der Gruppe des Laokoon sey der Held sterbend vorgestellt, und zwar an einem Schlagflusse. Weiter läßt sich nun die Kennerschaft in dieser Richtung nicht treiben, es müßte uns denn jemand belehren, Laokoon sey wirklich schon todt, welches auch in Rücksicht auf den Kenner seine vollkommene Richtigkeit haben würde. Bey Gelegenheit werden Lessing und Winkelmann zurechtgewiesen: nicht Schönheit, wie jener behauptet, (eigentlich beyde und mit ihnen Mengs) noch stille Größe und edle Einfalt, wie dieser, sey das Grundgesetz der Griechischen Kunst gewesen, sondern Wahrheit der Karakteristik. Karakterisiren will wohl alle menschliche Bildnerey bis auf die hölzernen Götzen der Kamtschadalen hinunter. Wenn man aber den Geist einer Sache in Einem Zuge fassen will, so nennt man nicht das, was sich von selbst ver-

steht, und was sie mit andern gemein hat, sondern was wesentlich ihre Eigenthümlichkeit bezeichnet. Karakterlose Schönheit läßt sich nicht denken: sie wird, wenn auch keinen ethischen, doch allezeit einen physischen Karakter haben, d. h. die Schönheit eines gewissen Alters und Geschlechts seyn, oder bestimmte körperliche Gewöhnungen verrathen, wie die Körper der Ringer. Die alte Kunst hat nicht nur ihre unter Anleitung der Mythologie erschaffnen ⟨86⟩ Bildungen in dem höchsten und würdigsten Sinne gedacht, sondern mit jedem Karakter der Formen und des Ausdrucks den Grad von Schönheit vereinbart, der dabey Statt finden konnte, ohne jenen zu zerstören. Daß sie dieß auch da möglich zu machen gewußt, wo ein barbarischer Geschmack nicht einmal des Gedankens fähig gewesen wäre, läßt sich, z. B. an antiken Medusenköpfen, beynah mit Händen greifen. Wenn komische oder tragische Darstellungen ein Einwurf gegen dieß allgemeine, durchgängige Streben nach Schönheit wären, so läge er zu nahe, als daß er Kennern des Alterthums wie Mengs und Winkelmann hätte entgehen können. Man vergleiche die gröbste Ausgelassenheit antiker Satyren und Bakchantinnen mit ähnlichen Vorstellungen aus der Flamändischen Schule, und man müßte selbst ganz unhellenisch seyn, wenn man nicht dort noch das Hellenische fühlte. Es ist ganz etwas anders, im Schmutze gemeiner Sinnlichkeit einheimisch seyn, oder sich, wie eine Gottheit in eine Thiergestalt, aus muthwilliger Lust dazu herablassen. Auch bey der Wahl schrecklicher Gegenstände kommt ja noch alles auf die Behandlung an, welche den mildernden Hauch der Schönheit darüber verbreiten kann, und in der Griechischen Kunst und Poesie wirklich verbreitet hat. Grade in streitenden Elementen, in dem unauflöslich scheinenden Widerspruche zwischen der Natur des Dargestellten und dem Gesetze der Darstellung, erscheint die innre Harmonie des Geistes am göttlichsten. Oder wird man in den Tragödien des Sophokles, deswe-⟨87⟩gen weil sie höchst tragisch sind, die stille Größe und edle Einfalt wegläugnen? Daß im Körper des Laokoon der gewaltsamste Zustand des Leidens und der Anstrengung ausgedrückt sey, hat Winkelmann sehr bestimmt anerkannt; nur im Gesichte, behauptet er, erscheine die nicht erliegende Heldenseele. Jetzt erfahren wir, daß Laokoon nicht schreyt, weil er nicht mehr schreyen kann. Nämlich von wegen des Schlagflusses. Freylich kann er nicht schreyen, sonst würde er gegen eine so entstellende Beschreibung und Verkennung seiner heroischen Größe die Stimme erheben. ⟨AWS⟩

[311] Wenn der Geschmack der Engländer in der Mahlerey, wie die mechanische Zierlichkeit ihrer Kupferstiche befürchten läßt, sich auf dem festen Lande noch weiter verbreiten sollte, so möchte man darauf antragen, den ohne dieß unschicklichen Namen, historisches Gemählde, abzuschaffen und dafür theatralisches Gemählde einzuführen. ⟨AWS⟩

[312] Gegen den Vorwurf, daß die eroberten Italiänischen Gemählde in Paris übel behandelt würden, hat sich der Säuberer derselben erboten, ein Bild von Carracci halb gereinigt und halb in seinem ursprünglichen Zustande aufzustellen. Ein artiger Einfall! So sieht man bey plötzlichem Lärm auf der Gasse manchmal ein halb rasirtes Gesicht zum Fenster herausgucken; und mit Französischer Lebhaftigkeit und Ungeduld betrieben, mag das Säuberungsgeschäft überhaupt viel von der Barbierkunst an sich haben. ⟨AWS?⟩ ⟨88⟩

[313] Die zarte Weiblichkeit in Gedanken und Dichtungen, die auf den Bildern der Angelika Kaufmann anzieht, hat sich bey den Figuren mitunter auf eine unerlaubte Art eingeschlichen: ihren Jünglingen sieht es aus den Augen, daß sie gar zu gern einen Mädchenbusen hätten, und wo möglich auch solche Hüften. Vielleicht waren sich die Griechischen Mahlerinnen dieser Gränze oder Klippe ihres Talentes bewußt. Unter den wenigen, die Plinius nennt, führt er von der Timarete, Irene und Lala nur weibliche Figuren an. ⟨AWS⟩

[314] Da man jetzt überall moralische Nutzanwendungen verlangt, so wird man auch die Nützlichkeit der Porträtmahlerey durch eine Beziehung auf häusliches Glück darthun müssen. Mancher, der sich an seiner Frau ein wenig müde gesehen, findet seine ersten Regungen vor den reineren Zügen ihres Bildnisses wieder. ⟨AWS⟩

[315] Der Ursprung der Griechischen Elegie, sagt man, liege in der lydischen Doppelflöte. Sollte er nicht nächstdem auch in der menschlichen Natur zu suchen seyn?

[316] Für Empiriker, die sich auch bis zum Streben nach Gründlichkeit und bis zum Glauben an einen großen Mann erheben können, wird die Fichtische Wissenschaftslehre doch nie mehr seyn als das dritte Heft von dem philosophischen Journal, die Konstituzion. ⟨89⟩

[317] Wenn Nichts zuviel so viel bedeutet als Alles ein wenig: so ist Garve der größte deutsche Philosoph.

[318] Heraklit sagte, man lerne die Vernunft nicht durch Vielwisserey. Jetzt scheint es nöthiger zu erinnern, daß man durch reine Vernunft allein noch nicht gelehrt werde.

[319] Um einseitig seyn zu können, muß man wenigstens eine Seite haben. Dieß ist gar nicht der Fall der Menschen, die (gleich ächten Rhapsoden nach Platos Karakteristik dieser Gattung) nur für Eins Sinn haben, nicht weil es ihr Alles, sondern weil es ihr Einziges ist, und immer dasselbe absingen. Ihr Geist ist nicht so wohl in enge Gränzen eingeschlossen; er hört vielmehr gleich auf, und wo er aufhört, geht unmittelbar der leere Raum an. Ihr ganzes Wesen ist wie ein Punkt, der aber doch die Ähnlichkeit mit dem Golde hat, das er sich zu einem unglaublich dünnen Plättchen sehr weit auseinanderschlagen läßt.

[320] Warum fehlt in den modigen Verzeichnissen aller möglichen Grundsätze der Moral immer das Ridicüle? Etwa weil dieses Prinzip nur in der Praxis allgemein gilt?

[321] Über das geringste Handwerk der Alten wird keiner zu urtheilen wagen, der es nicht versteht. Über die Poesie und Philosophie der Alten glaubt jeder ⟨90⟩ mitsprechen zu dürfen, der eine Konjektur oder einen Kommentar machen kann, oder etwa in Italien gewesen ist. Hier glauben sie einmal dem Instinkt zu viel: denn übrigens mag es wohl eine Foderung der

Vernunft seyn, daß jeder Mensch ein Poet und ein Philosoph seyn solle, und die Foderungen der Vernunft, sagt man, ziehen den Glauben nach sich. Man könnte diese Gattung des Naiven das philologische Naive nennen.

[322] Das beständige Wiederhohlen des Themas in der Philosophie entspringt aus zwey verschiedenen Ursachen. Entweder der Autor hat etwas entdeckt, er weiß aber selbst noch nicht recht was; und in diesem Sinne sind Kants Schriften musikalisch genug. Oder er hat etwas Neues gehört, ohne es gehörig zu vernehmen, und in diesem Sinne sind die Kantianer die größten Tonkünstler der Litteratur.

[323] Daß ein Prophet nicht in seinem Vaterlande gilt ist wohl der Grund, warum kluge Schriftsteller es so häufig vermeiden, ein Vaterland im Gebiete der Künste und Wissenschaften zu haben. Sie legen sich lieber aufs Reisen, Reisebeschreibungen, oder aufs Lesen und Übersetzen von Reisebeschreibungen, und erhalten das Lob der Universalität.

[324] Alle Gattungen sind gut, sagt Voltaire, ausgenommen die langweilige Gattung. Aber welches ist denn nun die langweilige Gattung? Sie mag größer ⟨91⟩ seyn als alle andern und viele Wege mögen dahin führen. Der kürzeste ist wohl, wenn ein Werk nicht weiß, zu welcher Gattung es gehören will oder soll. Sollte Voltaire diesen Weg nie gegangen seyn?

[325] Wie Simonides die Poesie eine redende Mahlerey und die Mahlerey eine stumme Poesie nannte, so könnte man sagen, die Geschichte sey eine werdende Philosophie, und die Philosophie eine vollendete Geschichte. Aber Apoll, der nicht verschweigt und nicht sagt, sondern andeutet, wird nicht mehr verehrt und wo sich eine Muse sehen läßt, wollen sie sie gleich zu Protokoll vernehmen. Wie übel verfährt selbst Lessing mit jenem schönen Wort des geistvollen Griechen, der vielleicht keine Gelegenheit hatte, an *descriptive poetry* zu denken, und dem es sehr überflüßig scheinen mußte, daran zu erinnern,

daß die Poesie auch eine geistige Musik sey, da er keine Vorstellung davon hatte, daß beyde Künste getrennt seyn könnten.

[326] Wenn gemeine Menschen, ohne Sinn für die Zukunft, einmahl von der Wuth des Fortschreitens ergriffen werden, treiben sie's auch recht buchstäblich. Den Kopf voran und die Augen zu schreiten sie in alle Welt, als ob der Geist Arme und Beine hätte. Wenn sie nicht etwa den Hals brechen, so erfolgt gewöhnlich eins von beyden: entweder sie werden stätisch oder sie machen linksum. Mit den letzten muß mans machen wie Caesar, der die Gewohnheit hatte, im ⟨92⟩ Gedränge der Schlacht flüchtig gewordene Krieger bey der Kehle zu packen, und mit dem Gesicht gegen die Feinde zu kehren.

[327] Virtuosen in verwandten Gattungen verstehn sich oft am wenigsten, und auch die geistige Nachbarschaft pflegt Feindseligkeiten zu veranlassen. So findet man nicht selten, daß edle und gebildete Menschen, die alle göttlich dichten, denken oder leben, deren jeder aber sich der Gottheit auf einem andern Wege nähert, einander die Religion absprechen, gar nicht um der Parthey oder des Systems willen, sondern aus Mangel an Sinn für religiöse Individualität. Die Religion ist schlechthin groß wie die Natur, der vortrefflichste Priester hat doch nur ein klein Stück davon. Es giebt unendlich viel Arten derselben, die sich jedoch von selbst unter einige Hauptrubriken zu ordnen scheinen. Einige haben am meisten Talent für die Anbetung des Mittlers, für Wunder und Gesichte. Das sind die, welche der gemeine Mann, wie es kommt, Schwärmer oder Poeten nennt. Ein andrer weiß vielleicht mehr von Gott dem Vater, und versteht sich auf Geheimnisse und Weissagungen. Dieser ist ein Philosoph, und wird wie der Gesunde von der Gesundheit, nicht viel von der Religion reden, am wenigsten von seiner eignen. Andre glauben an den heiligen Geist, und was dem anhängt, Offenbarungen, Eingebungen u. s. w.; an sonst aber niemand. Das sind künstlerische

Naturen. Es ist ein sehr natürlicher ja fast unvermeidlicher Wunsch, alle Gattungen der Religion ⟨93⟩ in sich vereinigen zu wollen. In der Ausführung ists damit aber ungefähr, wie mit der Vermischung der Dichtarten. Wer aus wahrem Instinkt zugleich an den Mittler und an den heiligen Geist glaubt, pflegt schon die Religion als isolirte Kunst zu treiben, welches eine der mißlichsten Professionen ist, die ein ehrlicher Mann treiben kann. Wie müßte es erst einem ergehn, der an alle drey glaubt!

[328] Nur der, welcher sich selbst setzt, kann andre setzen. Eben so hat nur der, welcher sich selbst annihilirt, ein Recht jeden andern zu annihiliren. ⟨FSM⟩

[329] Es ist kindisch, den Leuten das einreden zu wollen, wofür sie keinen Sinn haben. Thut als ob sie nicht da wären, und macht ihnen vor, was sie sehen lernen sollen. Dieß ist zugleich höchst weltbürgerlich und höchst sittlich; sehr höflich und sehr cynisch. ⟨FSM⟩

[330] Viele haben Geist oder Gemüth oder Fantasie. Aber weil es für sich selbst nur in flüchtiger dunstförmiger Gestalt erscheinen könnte, hat die Natur Sorge getragen, es durch irgend einen gemeinen erdigen Stoff chemisch zu binden. Dieses Gebundne zu entdecken ist die beständige Aufgabe des höchsten Wohlwollens, aber es erfodert viel Übung in der intellektuellen Chemie. Wer für jedes, was in der menschlichen Natur schön ist, ein untrügliches Reagens zu entdecken wüßte, würde uns eine neue Welt zeigen. ⟨94⟩ Wie in der Vision des Propheten würde auf einmal das unendliche Feld zerstückter Menschenglieder lebendig werden. ⟨FSM⟩

[331] Es giebt Menschen, die kein Interesse an sich selbst nehmen. Einige, weil sie überhaupt keines, auch nicht an andern, fähig sind. Andere, weil sie ihres gleichmäßigen Fortschreitens sicher sind, und weil ihre selbstbildende Kraft keiner reflektirenden Theilnahme mehr bedarf, weil hier Freyheit in allen ihren höchsten und schönsten Äußerungen gleichsam Natur geworden ist. So berührt sich auch hier in der Erscheinung das Niedrigste und das Erhabenste. ⟨FSM⟩

[332] Unter den Menschen, die mit der Zeit fortgehn, giebt es manche, welche, wie die fortlaufenden Kommentare, bey den schwierigen Stellen nicht still stehn wollen.

[333] Gott ist nach Leibnitz wirklich, weil nichts seine Möglichkeit verhindert. In dieser Rücksicht ist Leibnitzens Philosophie recht gottähnlich. ⟨FSM?⟩

[334] Dafür ist das Zeitalter noch nicht reif, sagen sie immer. Soll es deswegen unterbleiben? – Was noch nicht seyn kann, muß wenigstens immer im Werden bleiben. ⟨FSM⟩

[335] Wenn Welt der Inbegriff desjenigen ist, was sich dynamisch afficirt, so wird es der gebildete ⟨95⟩ Mensch wohl nie dahin bringen, nur in einer Welt zu leben. Die eine müßte die beste seyn, die man nur suchen soll, nicht finden kann. Aber der Glaube an sie ist etwas so heiliges, wie der Glaube an die Einzigkeit in der Freundschaft und Liebe. ⟨FSM⟩

[336] Wer mit seiner Manier, kleine Silhouetten von sich selbst in verschiednen Stellungen aus freyer Hand auszuschneiden und umherzubieten, eine Gesellschaft unterhalten kann, oder auf den ersten Wink fertig ist, den Kastellan von sich selbst zu machen, und was in ihm ist jedem, der an seiner Thüre stehn bleibt, zu zeigen wie ein Landedelmann die verschrobenen Anlagen seines englischen Gartens, der heißt ein offner Mensch. Für die, welche auch in die Gesellschaft ihre Trägheit mitbringen und beyläufig gern was sie um sich sehn mustern und klassifiziren möchten, ist dies freylich eine bequeme Eigenschaft. Auch giebt es Menschen genug, die dieser Foderung entsprechen, und durchaus in dem Styl eines Gartenhauses gebaut sind, wo jedes Fenster eine Thür ist, und jedermann Platz zu nehmen genöthigt wird, in der Voraussetzung, daß er nicht mehr zu finden erwarte, als was ein Dieb in einer Nacht ausräumen könnte, ohne sich sonderlich zu bereichern. Ein eigentlicher Mensch, der etwas mehr in sich hat, als diesen ärmlichen Hausbedarf, wird sich freylich nicht so preis geben, da es ohnedieß vergeblich wäre, ihn aus Selbstbeschreibungen, auch aus den besten und geistvollsten, kennen lernen zu wollen. Von einem Karakter giebt es

keine an-⟨96⟩dre Erkenntniß als Anschauung. Ihr müßt selbst den Standpunkt finden, aus dem grade ihr das Ganze übersehn könnt, und müßt verstehn aus den Erscheinungen das Innere nach festen Gesetzen und sichern Ahndungen zu konstruiren. Für einen reellen Zweck ist also jenes Selbsterklären überflüßig. Und Offenheit in diesem Sinne zu fodern, ist eben so anmaßend als unverständig. Wer dürfte sich selbst zerlegen, wie das Objekt einer anatomischen Vorlesung, das Einzelne aus der Verbindung, in der es allein schön und verständlich ist, herausreißen, und auch das Feinste und Zarteste mit Worten gleichsam aussprüzen, daß es zur Ungestaltheit ausgedehnt wird? Das innere Leben verschwindet unter dieser Behandlung; sie ist der jämmerlichste Selbstmord. Der Mensch gebe sich selbst, wie ein Kunstwerk, welches im Freyen ausgestellt Jedem den Zutritt verstattet, und doch nur von denen genossen und verstanden wird, die Sinn und Studium mitbringen. Er stehe frey und bewege sich seiner Natur gemäß, ohne zu fragen, wer ihn ansieht und wie. Diese ruhige Unbefangenheit verdient eigentlich den Namen der Offenheit allein: denn offen ist, wo hinein jeder gehn kann, ohne daß etwas gewaltthätiges nöthig wäre; versteht sich, daß er auch das, was nicht Niet- und Nagelfest ist, mit Achtung behandle. Mehr gehört nicht zu der Gastfreyheit die der Mensch innerhalb seines Gemüths beweisen muß: alles übrige ist nur in den Ergießungen und den Genüssen einer vertrauten Freundschaft nicht an der unrechten Stelle. Um diesen engeren Kreis erst zu finden, be-⟨97⟩darf es freylich einer etwas zuvorkommendern Mittheilung, einer schamhaften, schüchtern versuchenden Offenheit, die hie und da durch einen kleinen Druck ihr innerstes Daseyn mit seinen Springfedern errathen läßt, und ihre Tendenz zu Liebe und Freundschaft offenbart. Sie ist aber kein permanenter Zustand, sondern wie eine Wünschelruthe schlägt sie nur da an, wo der Instinkt der Freundschaft seinen Schatz zu heben hoft. Über diese schmale Linie des sittlich Schönen werden liebenswürdige Seelen nur durch Mißverstand zu beyden Seiten etwas hinausgeführt. Durch mißlungene Versuche dieses schönen Instinkts zu jener interessanten Verschlossenheit, die sich nicht verstellen, sondern nur verbergen will, und die jeden, der das Vortreffliche zu ahnden weiß, so zauberisch intriguirt; durch sanguinische Hoffnungen und durch eine Reizbarkeit, welche auch von der geringsten Affinität in Bewegung gesetzt wird, zu jener naiven Herzlichkeit, welche, wie die Freymaurer meynt, daß wenigstens der erste Grad niemals zu Vielen gegeben werden kann. Diese Erscheinungen sind erfreulich und interessant, weil sie noch an der Gränze des Besten liegen, und nur der Uneingeweihte wird sie mit Manieren verwechseln, die aus reiner Unfähigkeit hervorgehn. So wie man ein nicht verstandnes Buch lieber verläugnet, so sind viele nur deswegen verschlossen, weil sie den Fragen über sich selbst ausweichen wollen; und wie Manche nicht für sich lesen können, ohne zugleich die Worte hören zu lassen, so können Manche sich nicht anschaun, ohne immer zu sagen, was sie sehn. Diese Verschlossenheit ⟨98⟩ aber ist ängstlich und kindisch verlegen, und diese nur scheinbare Offenheit kümmert sich nicht, ob Jemand da ist und wer, sondern strömt ihren Stoff aus ins Weite und nach allen Richtungen wie eine elektrische Spitze. Eine andre langweilige Offenheit, der mehr mit Hörern gedient ist, ist die der Enthusiasten die aus reinem Eifer für das Reich Gottes sich selbst vortragen, erläutern und übersetzen, weil sie glauben Normal-Seelen zu seyn, an denen alles lehrreich und erbaulich ist. Heinrich Stilling mag leicht der vollkommenste unter diesen seyn; und wie ist er nun ganz herunter? Mit dem was wir nur haben, können wir uns ohne so große Gefahr viel freygebiger zeigen. Erfahrungen und Erkenntnisse deren Erwerbung an lokalen und temporellen Verhältnissen abhängt, darf keiner nur für sich haben wollen; sie müßen für jeden rechtlichen Mann immer bereit liegen. Es giebt freylich eine nicht eben beneidenswerthe Art, auch Meinungen, Gefühle und Grundsätze nur so zu haben, und mit wem es so steht, der hat natürlich für seine unbedeutende Offenheit einen weit größern Spielraum. Dagegen sind diejenigen sehr übel daran, bey denen Eigenthümlichkeit des Sinnes und Karakters überall ins Spiel kommt. Ihnen muß man erlauben, auch mit dem was andren nur lose anzuhängen pflegt zurückhaltender zu seyn, bis vollendete Kenntniß ihrer selbst und der andern ihnen den sichern Takt giebt, die Sache, worauf es den Leuten allein ankommt von ihrer individuellen Ansicht durchaus zu trennen und zu jedem Stoff, die ihnen fremde, Jenen aber so erwünschte ⟨99⟩ gemeine Form zu finden. So können Notizen und Urtheile mitgetheilt werden, ohne auf Ideen hinzudeuten und Empfindungen zu profaniren; und die Heiligkeit des Gemüths kann bewahrt werden, ohne irgend einem zu versagen, was ihm auch nur entfernt gebührt. Wer es dahin gebracht hätte, könnte für jeden offen seyn, nach dem Maß, welches ihm zukommt. Jeder würde glauben, ihn zu haben und zu kennen, und nur der, der ihm gleich wäre, oder dem er es gäbe, würde ihn wirklich besitzen. ⟨FSM⟩

[337] Arrogant ist, wer Sinn und Karakter zugleich hat, und sich dann und wann merken läßt, daß diese Verbindung gut und nützlich sey. Wer beydes auch von den Weibern fodert, ist ein Weiberfeind. ⟨FSM⟩

[338] Nur die äußerlich bildende und schaffende Kraft des Menschen ist veränderlich und hat ihre Jahreszeiten. Verändrung ist nur ein Wort für die physische Welt. Das Ich verliert nichts, und in ihm geht nichts unter; es wohnt mit allem, was ihm angehört, seinen Gedanken und Gefühlen, in der Burgfreyheit der Unvergänglichkeit. Verloren gehn kann nur das, was bald hierhin bald dorthin gelegt wird. Im Ich bildet sich alles organisch, und alles hat seine Stelle. Was du verlieren kannst, hat dir noch nie angehört. Das gilt bis auf einzelne Gedanken. ⟨FSM⟩

[339] Sinn der sich selbst sieht, wird Geist; Geist ist innre Geselligkeit, Seele ist verborgene Liebenswürdig-⟨100⟩keit. Aber die eigentliche Lebenskraft der innern Schönheit und Vollendung ist das Gemüth. Man kann etwas Geist haben ohne Seele, und viel Seele bey weniger Gemüth. Der Instinkt der sittlichen Größe aber, den wir Gemüth nennen, darf nur sprechen lernen, so hat er Geist. Er darf sich nur regen und lieben, so ist er ganz Seele; und wann er reif ist, hat er Sinn für alles. Geist ist wie eine Musik von Gedanken; wo Seele ist, da haben auch die Gefühle Umriß und Gestalt, edles Verhältniß und reizendes Kolorit. Gemüth ist die Poesie der erhabenen

Vernunft, und durch Vereinigung mit Philosophie und sittlicher Erfahrung entspringt aus ihm die namenlose Kunst, welche das verworrne flüchtige Leben ergreift und zur ewigen Einheit bildet.

[340] Was oft Liebe genannt wird, ist nur eine eigne Art von Magnetismus. Es fängt an mit einem beschwerlich kitzelnden *en rapport Setzen*, besteht in einer Desorganisazion und endigt mit einem ekelhaften Hellsehen und viel Ermattung. Gewöhnlich ist auch einer dabey nüchtern. ⟨FSM⟩

[341] Wer einen höheren Gesichtspunkt für sich selbst gefunden hat, als sein äußeres Daseyn, kann auf einzelne Momente die Welt aus sich entfernen. So werden diejenigen, die sich selbst noch nicht gefunden haben, nur auf einzelne Momente wie durch einen Zauber in die Welt hineingerückt, ob sie sich etwa finden möchten. ⟨FSM⟩ ⟨101⟩

[342] Es ist schön, wenn ein schöner Geist sich selbst anlächelt, und der Augenblick, in welchem eine große Natur sich mit Ruhe und Ernst betrachtet, ist ein erhabener Augenblick. Aber das Höchste ist, wenn zwey Freunde zugleich ihr Heiligstes in der Seele des Andern klar und vollständig erblicken, und ihres Werthes gemeinschaftlich froh ihre Schranken nur durch die Ergänzung des Andern fühlen dürfen. Es ist die intellektuale Anschauung der Freundschaft.

[343] Wenn man ein interessantes philosophisches Phänomen, und dabey ein ausgezeichneter Schriftsteller ist, so kann man sicher auf den Ruhm eines großen Philosophen rechnen. Oft erhält man ihn auch ohne die letzte Bedingung.

[344] Philosophiren heißt die Allwissenheit gemeinschaftlich suchen.

[345] Es wäre zu wünschen, daß ein transcendentaler Linné die verschiedenen Ichs klassifizirte und eine recht genaue Beschreibung derselben allenfalls mit illuminirten Kupfern herausgäbe, damit das philosophirende Ich nicht mehr so oft mit dem philosophirten Ich verwechselt würde.

[346] Der gepriesne Salto mortale der Philosophen ist oft nur ein blinder Lerm. Sie nehmen in Gedanken einen erschrecklichen Anlauf und wünschen sich Glück zu der überstandnen Gefahr; sieht man aber nur ⟨102⟩ etwas genau zu, so sitzen sie immer auf dem alten Fleck. Es ist Don Quixotes Luftreise auf dem hölzernen Pferde. Auch Jacobi scheint mir zwar nie ruhig werden zu können, aber doch immer da zu bleiben, wo er ist: in der Klemme zwischen zwey Arten von Philosophie, der systematischen und der absoluten, zwischen Spinosa und Leibnitz, wo sich sein zarter Geist etwas wund gedrückt hat.

[347] Es ist noch ungleich gewagter, anzunehmen, daß jemand ein Philosoph sey, als zu behaupten, daß jemand ein Sophist sey: Soll das letzte nie erlaubt seyn, so kann das erste noch weniger gelten.

[348] Es giebt Elegien von der heroisch kläglichen Art, die man so erklären könnte: es sind die Empfindungen der Jämmerlichkeit bey den Gedanken der Albernheit von den Verhältnissen der Plattheit zur Tollheit.

[349] Die Duldung hat keinen andern Gegenstand als das Vernichtende. Wer nichts vernichten will, bedarf gar nicht geduldet zu werden; wer alles vernichten will, soll nicht geduldet werden. In dem was zwischen beyden liegt, hat diese Gesinnung ihren ganz freyen Spielraum. Denn wenn man nicht intolerant seyn dürfte, wäre die Toleranz nichts. ⟨FSM⟩

[350] Keine Poesie, keine Wirklichkeit. So wie es trotz aller Sinne ohne Fantasie keine Außenwelt giebt, so ⟨103⟩ auch mit allem Sinn ohne Gemüth keine Geisterwelt. Wer nur Sinn hat, sieht keinen Menschen, sondern bloß Menschliches: dem Zauberstabe des Gemüths allein thut sich alles auf. Es setzt Menschen und ergreift sie; es schaut an wie das Auge ohne sich seiner mathematischen Operazion bewußt zu seyn. ⟨FSM⟩

[351] Hast du je den ganzen Umfang eines Andern mit allen seinen Unebenheiten berühren können, ohne ihm Schmerzen zu machen? Ihr

braucht beyde keinen weitern Beweis zu führen, daß ihr gebildete Menschen seyd. ⟨FSM⟩

[352] Es ist eine Dichtung der Geschichtschreiber der Natur, daß ihre plastischen Kräfte lange in vergeblichen Anstrengungen gearbeitet, und nachdem sie sich in Formen erschöpft hatten, die kein dauerndes Leben haben konnten, noch viele andre erzeugt worden wären, die zwar lebten, aber untergehn mußten, weil es ihnen an der Kraft fehlte sich fortzupflanzen. Die sich selbst bildende Kraft der Menschheit steht noch auf dieser Stufe. Wenige leben, und die meisten unter diesen haben nur ein vergängliches Daseyn. Wenn sie ihr Ich in einem glücklichen Moment gefunden haben, so fehlt es ihnen doch an der Kraft es aus sich selbst wieder zu erzeugen. Der Tod ist ihr gewöhnlicher Zustand, und wenn sie einmal leben, glauben sie in eine andre Welt entzückt zu seyn. ⟨FSM⟩ ⟨104⟩

[353] Jene Geschichte von einem Franzosen der alten Zeit, welcher seine Adelszeichen den Gerichten übergab, um sie wieder zu fodern, wenn er durch den Handel einiges Vermögen erlangt haben würde, ist eine Allegorie auf die Bescheidenheit. Wer den Ruhm dieser beliebten Tugend haben will, muß es mit seinem innern Adel eben so machen. Er gebe ihn der gemeinen Meynung *ad depositum* und erwerbe sich dadurch ein Recht ihn wieder zu fodern, daß er mit Glück und Fleiß einen Spedizionshandel treibt mit fremden Verdiensten, Talenten und Einfällen, feinem und Mittelgut, wie es jeder verlangt. ⟨FSM⟩

[354] Wer Liberalität und Rigorismus verbinden wollte, bey dem müßte jene etwas mehr seyn als Selbstverläugnung, und dieser etwas mehr als Einseitigkeit. Sollte das aber wohl erlaubt seyn? ⟨FSM⟩

[355] Jämmerlich ist freylich jene praktische Philosophie der Franzosen und Engländer, von denen man meynt, sie wüßten so gut, was der Mensch sey, unerachtet sie nicht darüber spekulirten, was er seyn solle. Jede organische Natur hat ihre Regel, ihr Sollen; und wer darum nicht weiß, wie kann der sie kennen? Woher nehmen sie denn den Eintheilungsgrund ihrer naturhistorischen Beschreibungen und wonach messen sie den Menschen? Eben so gut sind sie aber doch als jene, die mit

dem Sollen anfangen und endigen. Diese wissen nicht, daß der sittliche Mensch aus eigner Kraft sich um seine Axe frey bewegt. Sie haben ⟨105⟩ den Punkt außer der Erde gefunden, den nur ein Mathematiker suchen wollen kann, aber die Erde selbst verloren. Um zu sagen, was der Mensch soll, muß man einer seyn, und es nebenbey auch wissen. ⟨FSM⟩

[356] Die Welt kennen, heißt wissen, daß man nicht viel auf derselben bedeutet, glauben, daß kein philosophischer Traum darin realisirt werden kann, und hoffen, daß sie nie anders werden wird, höchstens nur etwas dünner. ⟨FSM⟩

[357] Von einer guten Bibel fodert Lessing Anspielungen, Fingerzeige, Vorübungen; er billigt auch die Tautologien, welche den Scharfsinn üben, die Allegorien und Exempel, welche das Abstrakte lehrreich einkleiden; und er hat das Zutrauen, die geoffenbarten Geheimnisse seyen bestimmt, in Vernunftwahrheiten ausgebildet zu werden. Welches Buch hätten die Philosophen nach diesem Ideal wohl schicklicher zu ihrer Bibel wählen können, als die Kritik der reinen Vernunft?

[358] Leibniz bedient sich einmal, indem er das Wesen und Thun einer Monade beschreibt, des merkwürdigen Ausdrucks: *Cela peut aller jusqu'au sentiment*. Dieß möchte man auf ihn selbst anwenden. Wenn jemand die Physik universeller macht, sie als ein Stück Mathematik und diese als ein Charadenspiel behandelt, und dann sieht daß er die Theologie dazu nehmen muß, deren Geheimnisse seinen diplomatischen ⟨106⟩ und deren verwickelte Streitfragen seinen chirurgischen Sinn anlocken: *cela peut aller jusqu'a la philosophie*, wenn er noch so viel Instinkt hat als Leibniz. Aber eine solche Philosophie wird doch immer nur ein konfuses, unvollständiges Etwas bleiben, wie der Urstoff nach Leibniz seyn soll, der nach Art der Genies die Form seines Innern einzelnen Gegenständen der Außenwelt anzudichten pflegt.

[359] Freundschaft ist parziale Ehe und Liebe ist Freundschaft von allen Seiten und nach allen Richtungen, universelle

Freundschaft. Das Bewußtseyn der nothwendigen Gränzen ist das Unentbehrlichste und das Seltenste in der Freundschaft.

[360] Wenn eine Kunst die schwarze Kunst heißen sollte, so wäre es die, den Unsinn flüßig klar und beweglich zu machen, und ihn zur Masse zu bilden. Die Franzosen haben Meisterwerke der Gattung aufzuweisen. Alles große Unheil ist seinem innersten Grunde nach eine ernsthafte Fratze, eine *mauvaise plaisanterie.* Heil und Ehre also den Helden, die nicht müde werden, gegen die Thorheit zu kämpfen, deren Unscheinbarstes oft den Keim zu einer endlosen Reihe ungeheurer Verwüstungen in sich trägt! Lessing und Fichte sind die Friedensfürsten der künftigen Jahrhunderte.

[361] Leibniz sieht die Existenz an wie eine Hofcharge, die man zu Lehn haben muß. Sein Gott ist nicht ⟨107⟩ nur Lehnsherr der Existenz, sondern er besitzt auch als Regale allein Freyheit, Harmonie, synthetisches Vermögen. Ein fruchtbarer Beyschlaf ist die Expedizion eines Adelsdiploms für eine schlummernde Monade aus der göttlichen geheimen Kanzley. ⟨FSM?⟩

[362] Die Fertigkeit, zu einem gegebnen Zweck die Mittel zu finden, welche ihn, ohne Rücksicht auf etwas anders zu nehmen, am vollkommensten erreichen, und die, sie so zu wählen, daß nicht außer ihrer Beziehung auf den gegebnen Zweck noch etwas anders daraus erfolge, was entweder einen andern von unsern Zwecken hintertreibt, oder irgend einen Gegenstand für die Zukunft von unsern Bestrebungen ausschließt, sind sehr unterschiedene Talente, obgleich die Sprache für beyde nur das Wort Klugheit darbietet. Man sollte es nicht an jeden verschwenden, der sich nur in den gemeinsten Fällen des Schicklichen zu bemächtigen weiß, oder der sich durch kleinliche Selbstbeobachtung eine gewisse Menschenkenntniß erworben hat, die weder etwas schweres noch etwas rühmliches ist. Man denkt sich unter Klugheit doch etwas bedeutendes und wichtiges, und das Talent aus einer Mustercharte von Mitteln die zweckmäßigsten auszuwählen ist etwas so

geringfügiges, daß auch der gemeinste Verstand dazu hinreicht, und daß kaum etwas anders als leidenschaftliche Verblendung jemanden darin kann fehl gehen lassen. Sich für so ein Objekt mit einem so imposanten Wort in Unkosten zu stecken, lohnt wahrlich der Mühe nicht. Auch rechtfertigt es ⟨108⟩ der Sprachgebrauch nicht. Man schreibt der Natur oder dem höchsten Wesen nie Klugheit zu, ungeachtet man in allen ihren Veranstaltungen dieß Talent in einem hohen Grade preist. Es wäre daher besser, dieß Wort für die zweyte Eigenschaft allein aufzubewahren. Bey dem Streben nach einem Zweck zugleich auf alle wirklichen und möglichen Zwecke hinsehn, und die natürlichen Wirkungen, die eine jede Handlung nebenher haben kann, berechnen, das ist in der That etwas großes, und was man nur von wenigen wird rühmen können. Daß man im gemeinen Sprachgebrauch wirklich so etwas unter Klugheit versteht, geht auch aus dem Gefühl hervor, welches erregt wird, wenn man Jemand mit einem gewissen Akzent als klug preist. Das erste ist, daß er uns imponirt, und das zweyte, daß wir uns nach Wohlwollen und Ironie bey dem gerühmten Manne umsehn, und daß er uns verhaßt wird, wenn wir nicht beydes antreffen. Das letzte dürfte eben so allgemein seyn, als das erste und gewiß ist es auch, so bald man Klugheit in dieser Bedeutung nimmt, eben so natürlich. Wir hoffen nämlich von jedem Menschen, daß wir ihn mehr oder weniger zu unsern Absichten werden gebrauchen können, und zugleich wünschen wir, daß er uns durch das freye Naturspiel seines Gemüths und durch absichtslose und unverwahrte Äußerungen ein Gegenstand des Wohlwollens und nach Gelegenheit auch ein Gegenstand für den Scherz oder den arglosen Spott werden möge. Bey andern Menschen sind wir ziemlich sicher beydes allenfalls auch wider ihren ⟨109⟩ Willen zu erlangen. Der ausgezeichnet Kluge aber, der seine Handlungen so abmißt, daß nichts dabey herauskommen kann, als was er selbst beabsichtigt, macht uns für beydes bloß von seinem guten Willen abhängig; und wenn er nicht Wohlwollen besitzt, um mit Bewußtseyn und Freyheit in die Absichten Andrer hinein zu gehen, oder wenn es ihm an der Ironie fehlt, die ihn dahin bringen könnte, absichtlich sich aus seiner

Klugheit herauszusetzen und sich mit Entsagung auf dieselbe als ein Naturwesen der Gesellschaft zum beliebigen Gebrauch hinzugeben: so ist es natürlich, daß wir die Stelle, die er in unserm Kreise einnimmt, von einem andern besetzt wünschen. ⟨FSM⟩

[363] Das Geliebte zu vergöttern ist die Natur des Liebenden. Aber ein andres ist es, mit gespannter Imaginazion ein fremdes Bild unterschieben und eine reine Vollkommenheit anstaunen, die uns nur darum als solche erscheint, weil wir noch nicht gebildet genug sind, um die unendliche Fülle der menschlichen Natur zu begreifen, und die Harmonie ihrer Widersprüche zu verstehn. Laura war des Dichters Werk. Dennoch konnte die wirkliche Laura ein Weib seyn, aus der ein nicht so einseitiger Schwärmer etwas weniger und etwas mehr als eine Heilige gemacht hätte.

[364] Idee zu einem Katechismus der Vernunft für edle Frauen. – Die zehn Gebote. 1) Du sollst keinen Geliebten haben neben ihm: aber du sollst Freun-⟨110⟩din seyn können, ohne in das Kolorit der Liebe zu spielen und zu kokettiren oder anzubeten. 2) Du sollst dir kein Ideal machen, weder eines Engels im Himmel, noch eines Helden aus einem Gedicht oder Roman, noch eines selbstgeträumten oder fantasirten; sondern du sollst einen Mann lieben, wie er ist. Denn sie die Natur, deine Herrin, ist eine strenge Gottheit, welche die Schwärmerey der Mädchen heimsucht an den Frauen bis ins dritte und vierte Zeitalter ihrer Gefühle. 3) Du sollst von den Heiligthümern der Liebe auch nicht das kleinste mißbrauchen: denn die wird ihr zartes Gefühl verlieren, die ihre Gunst entweiht und sich hingiebt für Geschenke und Gaben, oder um nur in Ruhe und Frieden Mutter zu werden. 4) Merke auf den Sabbath deines Herzens, daß du ihn feyerst, und wenn sie dich halten, so mache dich frey oder gehe zu Grunde. 5) Ehre die Eigenthümlichkeit und die Willkühr deiner Kinder, auf daß es ihnen wohlgehe, und sie kräftig leben auf Erden. 6) Du sollst nicht absichtlich lebendig machen. 7) Du sollst keine Ehe schließen, die gebrochen werden müßte. 8) Du sollst nicht geliebt seyn wollen, wo du nicht liebst. 9) Du sollst nicht

falsch Zeugniß ablegen für die Männer; du sollst ihre Barbarey nicht beschönigen mit Worten und Werken. 10) Laß dich gelüsten nach der Männer Bildung, Kunst, Weisheit und Ehre. – Der Glaube. 1) Ich glaube an die unendliche Menschheit, die da war, ehe sie die Hülle der Männlichkeit und der Weiblichkeit annahm. 2) Ich glaube, daß ich nicht lebe, um zu gehorchen oder ⟨111⟩ um mich zu zerstreuen, sondern um zu seyn und zu werden; und ich glaube an die Macht des Willens und der Bildung, mich dem Unendlichen wieder zu nähern, mich aus den Fesseln der Mißbildung zu erlösen, und mich von den Schranken des Geschlechts unabhängig zu machen. 3) Ich glaube an Begeisterung und Tugend, an die Würde der Kunst und den Reiz der Wissenschaft, an Freundschaft der Männer und Liebe zum Vaterlande, an vergangene Größe und künftige Veredlung. ⟨FSM⟩

[365] Die Mathematik ist gleichsam eine sinnliche Logik, sie verhält sich zur Philosophie, wie die materiellen Künste, Musik und Plastik zur Poesie.

[366] Verstand ist mechanischer, Witz ist chemischer, Genie ist organischer Geist.

[367] Man glaubt Autoren oft durch Vergleichungen mit dem Fabrikwesen zu schmähen. Aber soll der wahre Autor nicht auch Fabrikant seyn? Soll er nicht sein ganzes Leben dem Geschäft widmen, litterarische Materie in Formen zu bilden, die auf eine große Art zweckmäßig und nützlich sind? Wie sehr wäre manchem Pfuscher nur ein geringer Theil von dem Fleiß und der Sorgfalt zu wünschen, die wir an den gemeinsten Werkzeugen kaum noch achten!

[368] Es gab und giebt schon Ärzte, die über ihre Kunst zu philosophiren wünschen. Die Kaufleute al-⟨112⟩lein machen nicht einmal diese Prätension und sind recht altfränkisch bescheiden.

[369] Der Deputirte ist etwas ganz anders als der Repräsentant. Repräsentant ist nur, wer das politische Ganze in seiner Person, gleichsam identisch mit ihm, darstellt, er mag nun ge-

wählt seyn oder nicht; er ist wie die sichtbare Weltseele des Staats. Diese Idee, welche offenbar nicht selten der Geist der Monarchien war, ist vielleicht nirgends so rein und konsequent ausgeführt wie zu Sparta. Die Spartanischen Könige waren zugleich die ersten Priester, Feldherren und Präsidenten der öffentlichen Erziehung. Mit der eigentlichen Administrazion hatten sie wenig zu schaffen; sie waren eben nichts als Könige im Sinne jener Idee. Die Gewalt des Priesters, des Feldherrn und des Erziehers ist ihrer Natur nach unbestimmt, universell, mehr oder weniger ein rechtlicher Despotismus. Nur durch den Geist der Repräsentazion kann er gemildert und legitimirt werden.

[370] Sollte nicht das eine absolute Monarchie seyn, wo alles Wesentliche durch ein Kabinet im Geheim geschieht, und wo ein Parlament über die Formen mit Pomp öffentlich reden und streiten darf? Eine absolute Monarchie könnte sonach sehr gut eine Art von Konstituzion haben, die Unverständigen wohl gar republikanisch schiene. ⟨113⟩

[371] Um den Unterschied der Pflichten gegen sich selbst und der Pflichten gegen andre zu bestimmen, dürften sich schwerlich andre Kennzeichen finden, als die welche jener einfältige Mensch für den der Tragödie und der Komödie angab. Lachst du dabey und bekommst du am Ende etwas, so nimms für eine Pflicht gegen dich selbst; ist dir das Weinen näher und bekommts ein andrer, so nimms für eine Pflicht gegen den Nächsten. Daß die ganze Eintheilung am Ende darauf hinausläuft, und daß es auch ein ganz unmoralischer Unterschied ist, leuchtet ein. Es entsteht daraus die Ansicht als ob es zwey ganz verschiedne im Streit liegende Stimmungen gäbe, die entweder sorgfältig auseinander gehalten oder durch eine kleinliche Arithmetik künstlich verglichen werden müßten. Es entstehn daraus die Fantome von Hingebung, Aufopferung, Großmuth und was alles für moralisches Unheil. Überhaupt ist die gesammte Moral aller Systeme eher jedes andre, nur nicht moralisch. ⟨FSM⟩

[372] In den Werken der größten Dichter athmet nicht selten der Geist einer andern Kunst. Sollte dieß nicht auch bey Mahlern der Fall seyn; mahlt nicht Michelangelo in gewissem Sinn wie ein Bildhauer, Rafael wie ein Architekt, Correggio wie ein Musiker? Und gewiß würden sie darum nicht weniger Mahler seyn als Tizian, weil dieser bloß Mahler war.

[373] Die Philosophie war bey den Alten *in ecclesia pressa*, die Kunst bey den Neuern; die Sittlichkeit ⟨114⟩ aber war noch überall im Gedränge, die Nützlichkeit und die Rechtlichkeit mißgönnen ihr sogar die Existenz.

[374] Sieht man nicht auf Voltaire's Behandlung, sondern bloß auf die Meynung des Buchs, das Weltall persiffliren sey Philosophie und eigentlich das Rechte: so kann man sagen, die Französischen Philosophen machen es mit dem Candide, wie die Weiber mit der Weiblichkeit; sie bringen ihn überall an.

[375] Grade die Energie hat am wenigsten das Bedürfniß, zu zeigen, was sie kann. Fodern es die Umstände, so mag sie gern Passivität scheinen, und verkannt werden. Sie ist zufrieden, im Stillen zu wirken ohne Accompagnement und ohne Gestikulazion. Der Virtuose, der genialische Mensch will einen bestimmten Zweck durchsetzen, ein Werk bilden u. s. w. Der energische Mensch benutzt immer nur den Moment, und ist überall bereit und unendlich biegsam. Er hat unermeßlich viel Projekte oder gar keins: denn Energie ist zwar mehr als bloße Agilität, es ist wirkende, bestimmt nach Außen wirkende Kraft, aber universelle Kraft, durch die der ganze Mensch sich bildet und handelt.

[376] Die passiven Christen betrachten die Religion meistens aus einem medicinischen, die aktiven aus einem merkantilischen Gesichtspunkte. ⟨115⟩

[377] Hat der Staat denn ein Recht, Wechsel aus reiner Willkühr gültiger zu heiligen, als andre Verträge, und dadurch diese ihrer Majestät zu entsetzen?

[378] Es ist nicht selten, daß jemand lange kalt scheint und heißt, der nachher bey außerordentlichen Veranlassungen durch die gewaltigsten Explosionen von Leidenschaft alles in Erstaunen setzt. Das ist der wahrhaft gefühlvolle Mensch, bey dem die ersten Eindrücke nicht stark sind, aber lange nachwirken, tief ins Innre dringen, und im Stillen durch ihre eigne Kraft wachsen. Immer gleich zu reagiren ist das Kennzeichen der Schwäche, jenes innre Crescendo der Empfindungen ist die Eigenheit energischer Naturen. ⟨FSM⟩

[379] Der Satan der Italiänischen und Engländischen Dichter mag poetischer seyn: aber der deutsche Satan ist satanischer; und insofern könnte man sagen, der Satan sey eine deutsche Erfindung. Gewiß ist er ein Favorit deutscher Dichter und Philosophen. Er muß also wohl auch sein Gutes haben, und wenn sein Karakter in der unbedingten Willkührlichkeit und Absichtlichkeit, und in der Liebhaberey am Vernichten, Verwirren und Verführen besteht, so findet man ihn unstreitig nicht selten in der schönsten Gesellschaft. Aber sollte man sich bisher nicht in den Dimensionen vergriffen haben? Ein großer Satan hat immer etwas Ungeschlachtes, und Vierschrötiges; er paßt höchstens nur für die Prätensionen auf Ruchlosigkeit ⟨116⟩ solcher Caricaturen, die nichts können und mögen, als Verstand affektiren. Warum fehlen die Satanisken in der christlichen Mythologie? Es giebt vielleicht kein angemeßneres Wort und Bild für gewisse Bosheiten *en miniature*, deren Schein die Unschuld liebt; und für jene reizend groteske Farbenmusik des erhabensten und zartesten Muthwillens, welche die Oberfläche der Größe so gern zu umspielen pflegt. Die alten Amorinen sind nur eine andre Race dieser Satanisken.

[380] Vorlesen und Deklamiren ist nicht einerley. Dieses erfodert den richtig höchsten, jenes einen gemäßigten Ausdruck. Deklamazion gehört für die Ferne, nicht in das Zimmer. Die laute Stimme zu welcher sie sich, um den gehörigen Wechsel hervorzubringen, erhöhen muß, beleidigt ein feines Gehör. Alle Wirkung geht in der Betäubung verloren. Mit

Gestikulazion verbunden wird sie widrig wie alle Demonstrazionen heftiger Leidenschaft. Die gebildete Empfindung kann sie nur in solcher Entfernung ertragen, die gleichsam wieder einen Schleyer über sie wirft. Der Ton, statt sich zu erheben, muß, um die Wirkung durch ein andres Mittel hervorzubringen, gedämpft, in der Tiefe gehalten und der Akzent nur so bezeichnet werden, daß das Verstehen dessen was man liest angedeutet wird, ohne das Gelesene ganz auszudrücken. Bey epischen Gedichten und dem Roman insbesondre sollte der Vorleser nie von seinem Gegenstande hingerissen scheinen, sondern die stille ⟨117⟩ Superiorität des Verfassers selbst behaupten, der über seinem Werke ist. Überhaupt wäre es sehr nöthig das Vorlesen zu üben, damit es allgemeiner eingeführt würde, und sehr nöthig es einzuführen, um es desto besser zu üben. Bey uns bleibt die Poesie wenigstens stumm und wer denn doch zum Beyspiel den Wilhelm Meister nie laut gelesen oder lesen gehört hätte, der hat diese Musik nur in den Noten studirt. ⟨AWS⟩

[381] Viele der ersten Stifter der modernen Physik müssen gar nicht als Philosophen, sondern als Künstler betrachtet werden.

[382] Der Instinkt spricht dunkel und bildlich. Wird er mißverstanden, so entsteht eine falsche Tendenz. Das widerfährt Zeitaltern und Nazionen nicht seltener als Individuen.

[383] Es giebt eine Art von Witz, den man wegen seiner Gediegenheit, Ausführlichkeit und Symmetrie den architektonischen nennen möchte. Äußert er sich satirisch, so giebt das die eigentlichen Sarkasmen. Er muß ordentlich systematisch seyn, und doch auch wieder nicht; bey aller Vollständigkeit muß dennoch etwas zu fehlen scheinen, wie abgerissen. Dieses Barokke dürfte wohl eigentlich den großen Styl im Witz erzeugen. Es spielt eine wichtige Rolle in der Novelle: denn eine Geschichte kann doch nur durch eine solche einzig schöne Seltsamkeit ewig neu bleiben. ⟨118⟩ Dahin scheint die wenig verstandne Absicht der Unterhaltungen der Ausgewanderten zu gehn. Wunder nimmts gewiß niemand, daß der Sinn für reine Novellen

fast nicht mehr existirt. Doch wäre es nicht übel, ihn wieder zu erwecken, da man unter andern die Form der Shakspeareschen Dramen ohne das wohl nie begreifen wird.

[384] Jeder Philosoph hat seine veranlassende Punkte, die ihn nicht selten real beschränken, an die er sich akkomodirt u. s. w. Da bleiben denn dunkle Stellen im System für den, welcher es isolirt, und die Philosophie nicht historisch und im Ganzen studirt. Manche verwickelte Streitfragen der modernen Philosophie sind wie die Sagen und Götter der alten Poesie. Sie kommen in jedem System wieder, aber immer verwandelt.

[385] In den Handlungen und Bestimmungen, welche der gesetzgebenden, ausübenden oder richterlichen Gewalt zur Erreichung ihrer Zwecke unentbehrlich sind, kommt oft etwas absolut Willkührliches vor, welches unvermeidlich ist, und sich aus dem Begriff jener Gewalten nicht ableiten läßt, wozu sie also für sich nicht berechtigt scheinen. Ist die Befugniß dazu nicht etwa von der konstitutiven Gewalt entlehnt, die daher auch nothwendig ein Veto haben müßte, nicht bloß ein Recht des Interdikts? Geschehn nicht alle absolut willkührlichen Bestimmungen im Staat kraft der konstitutiven Gewalt? ⟨119⟩

[386] Der platte Mensch beurtheilt alle andre Menschen wie Menschen, behandelt sie aber wie Sachen, und begreift es durchaus nicht, daß sie andre Menschen sind als er.

[387] Man betrachtet die kritische Philosophie immer so als ob sie vom Himmel gefallen wäre. Sie hätte auch ohne Kant in Deutschland entstehn müssen, und es auf viele Weisen können. Doch ists so besser.

[388] Transcendental ist was in der Höhe ist, seyn soll und kann: transcendent ist, was in die Höhe will, und nicht kann oder nicht soll. Es wäre Lästerung und Unsinn zu glauben, die Menschheit könne ihren Zweck überschreiten, ihre Kräfte überspringen, oder die Philosophie dürfe irgend etwas nicht, was sie will und also soll.

[389] Wenn jede rein willkührliche oder rein zufällige Verknüpfung von Form und Materie grotesk ist: so hat auch die Philosophie Grotesken wie die Poesie; nur weiß sie weniger darum, und hat den Schlüssel zu ihrer eignen esoterischen Geschichte noch nicht finden können. Sie hat Werke, die ein Gewebe von moralischen Dissonanzen sind, aus denen man die Desorganisazion lernen könnte, oder wo die Konfusion ordentlich konstruirt und symmetrisch ist. Manches philosophische Kunstchaos der Art hat Festigkeit genug gehabt, eine Gothische Kirche zu überleben. In unserem Jahrhundert hat man auch in den Wis-⟨120⟩senschaften leichter gebaut, obgleich nicht weniger grotesk. Es fehlt der Litteratur nicht an chinesischen Gartenhäusern. So zum Beyspiel die Engländische Kritik, die doch nichts enthält, als eine Anwendung der Philosophie des gesunden Menschenverstandes, die selbst nur eine Versetzung der Naturphilosophie und Kunstphilosophie ist, auf die Poesie ohne Sinn für die Poesie. Denn von Sinn für die Poesie findet sich in Harris Home und Johnson, den Koryphäen der Gattung, auch nicht die schamhafteste Andeutung.

[390] Es giebt rechtliche und angenehme Leute, die den Menschen und das Leben so betrachten und besprechen, als ob von der besten Schafzucht oder vom Kaufen und Verkaufen der Güter die Rede wäre. Es sind die Ökonomen der Moral, und eigentlich behält wohl alle Moral ohne Philosophie auch bey großer Welt und hoher Poesie immer einen gewissen illiberalen und ökonomischen Anstrich. Einige Ökonomen bauen gern, andre flicken lieber, andre müssen immer etwas bringen, andre treiben, andre versuchen alles, und halten sich überall an, andre legen immer zurecht und machen Fächer, andre sehen zu und machen nach. Alle Nachahmer in der Poesie und Philosophie sind eigentlich verlaufne Ökonomen. Jeder Mensch hat seinen ökonomischen Instinkt, der gebildet werden muß, so gut wie auch die Orthographie und die Metrik gelernt zu wer-

den verdienen. Aber es giebt ökonomische Schwärmer und Panthei-⟨121⟩sten, die nichts achten als die Nothdurft und sich über nichts freuen als über ihre Nützlichkeit. Wo sie hinkommen, wird alles platt und handwerksmäßig, selbst die Religion, die Alten und die Poesie, die auf ihrer Drechselbank nichts edler ist als Flachshecheln.

[391] Lesen heißt den philologischen Trieb befriedigen, sich selbst litterarisch affiziren. Aus reiner Philosophie oder Poesie ohne Philologie kann man wohl nicht lesen.

[392] Viele musikalische Komposizionen sind nur Übersetzungen des Gedichts in die Sprache der Musik.

[393] Um aus den Alten ins Moderne vollkommen übersetzen zu können, müßte der Übersetzer desselben so mächtig seyn, daß er allenfalls alles Moderne machen könnte; zugleich aber das Antike so verstehn, daß ers nicht bloß nachmachen, sondern allenfalls wiederschaffen könnte.

[394] Es ist ein großer Irrthum, den Witz bloß auf die Gesellschaft einschränken zu wollen. Die besten Einfälle machen durch ihre zermalmende Kraft, ihren unendlichen Gehalt und ihre klassische Form oft einen unangenehmen Stillstand im Gespräch. Eigentlichen Witz kann man sich doch nur geschrieben denken, wie Gesetze; man muß seine Produkte nach dem Gewicht würdigen, wie Caesar die Perlen und Edel-⟨122⟩steine in der Hand sorgfältig gegen einander abwog. Der Werth steigt mit der Größe ganz unverhältnißmäßig; und manche, die bey einem enthusiastischen Geist und barokkem Äußern, noch beseelte Akzente, frisches Kolorit und eine gewisse krystallne Durchsichtigkeit haben, die man mit dem Wasser der Diamanten vergleichen möchte, sind gar nicht mehr zu taxiren.

[395] In der wahren Prosa muß alles unterstrichen seyn.

[396] Caricatur ist eine passive Verbindung des Naiven und Grotesken. Der Dichter kann sie eben so wohl tragisch als komisch gebrauchen.

[397] Da die Natur und die Menschheit sich so oft und so schneidend widersprechen, darf die Philosophie es vielleicht nicht vermeiden, dasselbe zu thun.

[398] Der Mystizismus ist die mäßigste und wohlfeilste aller philosophischen Rasereyen. Man darf ihm nur einen einzigen absoluten Widerspruch creditiren, er weiß alle Bedürfnisse damit zu bestreiten und kann noch großen Luxus treiben.

[399] Polemische Totalität ist zwar eine nothwendige Folge aus der Annahme und Foderung unbedingter Mittheilbarkeit und Mittheilung, und kann wohl die Gegner vollkommen vernichten, ohne jedoch die Phi-⟨123⟩losophie ihres Eigenthümers hinreichend zu legitimiren, so lange sie bloß nach Außen gerichtet ist. Nur wenn sie auch auf das Innere angewandt wäre, wenn eine Philosophie ihren Geist selbst kritisirte, und ihren Buchstaben auf dem Schleifstein und mit der Feile der Polemik selbst bildete, könnte sie zu logischer Correctheit führen.

[400] Es giebt noch gar keinen Skeptizismus, der den Nahmen verdient. Ein solcher müßte mit der Behauptung und Foderung unendlich vieler Widersprüche anfangen und endigen. Daß Konsequenz in ihm vollkommne Selbstvernichtung nach sich ziehen würde, ist nichts Karakteristisches. Das hat diese logische Krankheit mit aller Unphilosophie gemein. Respect vor der Mathemathik, und Appelliren an den gesunden Menschenverstand sind die diagnostischen Zeichen des halben unächten Skeptizismus.

[401] Um jemand zu verstehn, der sich selbst nur halb versteht, muß man ihn erst ganz und besser als er selbst, dann aber auch nur halb und grade so gut wie er selbst verstehn.

[402] Bey der Frage von der Möglichkeit, die alten Dichter zu übersetzen, kömmts eigentlich darauf an, ob das treu aber in das reinste Deutsch übersetzte nicht etwa immer noch griechisch sey. Nach dem Eindruck auf die Layen, welche am meisten Sinn und Geist haben, zu urtheilen, sollte man das vermuthen. ⟨124⟩

[403] Die ächte Recension sollte die Auflösung einer kritischen Gleichung, das Resultat und die Darstellung eines philologischen Experiments und einer litterarischen Recherche seyn.

[404] Zur Philologie muß man gebohren seyn, wie zur Poesie und zur Philosophie. Es giebt keinen Philologen ohne Philologie in der ursprünglichsten Bedeutung des Worts, ohne grammatisches Interesse. Philologie ist ein logischer Affekt, das Seitenstück der Philosophie, Enthusiasmus für chemische Erkenntniß: denn die Grammatik ist doch nur der philosophische Theil der universellen Scheidungs- und Verbindungskunst. Durch die kunstmäßige Ausbildung jenes Sinns entsteht die Kritik, deren Stoff nur das Klassische und schlechthin Ewige seyn kann, was nie ganz verstanden werden mag: sonst würden die Philologen, an deren meisten man die gewöhnlichsten und sichersten Merkmahle der unwissenschaftlichen Virtuosität wahrnimmt, ihre Geschicklichkeit eben so gern an jedem andern Stoff zeigen als an den Werken des Alterthums, für das sie in der Regel weder Interesse noch Sinn haben. Doch ist diese nothwendige Beschränktheit um so weniger zu tadeln oder zu beklagen, da auch hier die künstlerische Vollendung allein zur Wissenschaft führen, und die bloß formelle Philologie einer materialen Alterthumslehre und einer humanen Geschichte der Menschheit nähern muß. Besser als eine sogenannte Anwendung der Philosophie auf die Philologie im gewöhnlichen Styl derer, welche die ⟨125⟩ Wissenschaften mehr kompiliren als kombiniren. Die einzige Art, die Philosophie auf die Philologie oder, welches noch weit nöthiger ist, die Philologie auf die Philosophie anzuwenden, ist, wenn man zugleich Philolog und Philosoph ist. Doch auch ohne das kann die philologische Kunst ihre Ansprüche behaupten. Sich ausschließlich der Entwicklung eines ursprünglichen Triebes zu widmen, ist so würdig und so weise, wie das Beste und das Höchste, was der Mensch nur immer zum Geschäft seines Lebens wählen kann.

[405] Die Mildthätigkeit ist die schmähliche Tugend die es in Romanen und Schauspielen immer ausbüßen muß, wenn gemeine Natur zum edlen Karakter erhoben, oder gar wie in Kotzebue's Stücken anderweitige Schlechtigkeit wieder gut gemacht werden soll. Warum benutzt man nicht die wohlthätige Stimmung des Augenblicks, und läßt den Klingelbeutel im Schauspielhause umhergehn? ⟨AWS⟩

[406] Wenn jedes unendliche Individuum Gott ist, so giebts so viele Götter als Ideale. Auch ist das Verhältniß des wahren Künstlers und des wahren Menschen zu seinen Idealen durchaus Religion. Wem dieser innre Gottesdienst Ziel und Geschäft des ganzen Lebens ist, der ist Priester, und so kann und soll es jeder werden.

[407] Das wichtigste Stück der guten Lebensart ist die Dreistigkeit, sie denen absichtlich andichten zu können, ⟨126⟩ von denen man weiß, daß sie sie nicht haben: das schwerste ist, unter der Hülle der allgemeinen guten Sitte die eigenthümliche Gemeinheit zu ahnden und zu errathen. ⟨FSM⟩

[408] Niedliche Gemeinheit und gebildete Unart heißt in der Sprache des feinen Umgangs Delikatesse.

[409] Um sittlich zu heißen, müssen Empfindungen nicht bloß schön, sondern auch weise, im Zusammenhange ihres Ganzen zweckmäßig, im höchsten Sinne schicklich seyn.

[410] Alltäglichkeit, Ökonomie ist das nothwendige Supplement aller nicht schlechthin universellen Naturen. Oft verliert sich das Talent und die Bildung ganz in diesem umgebenden Element.

[411] Das wissenschaftliche Ideal des Christianismus ist eine Karakteristik der Gottheit mit unendlich vielen Variazionen.

[412] Ideale die sich für unerreichbar halten, sind eben darum nicht Ideale, sondern mathematische Fantome des bloß mechanischen Denkens. Wer Sinn fürs Unendliche hat, und weiß was er damit will, sieht in ihm das Produkt sich ewig scheidender und mischender Kräfte, denkt sich seine Ideale wenigstens

chemisch, und sagt, wenn er sich entschieden ausdrückt, lauter Widersprüche. So weit scheint die Philosophie ⟨127⟩ des Zeitalters gekommen zu seyn; nicht aber die Philosophie der Philosophie: denn auch chemische Idealisten haben doch nicht selten nur ein einseitiges mathematisches Ideal des Philosophirens. Ihre Thesen darüber sind ganz wahr d. h. philosophisch: aber die Antithesen dazu fehlen. Eine Physik der Philosophie scheint noch nicht an der Zeit zu seyn, und nur der vollendete Geist könnte Ideale organisch denken.

[413] Ein Philosoph muß von sich selbst reden so gut wie ein lyrischer Dichter.

[414] Giebts eine unsichtbare Kirche, so ist es die jener großen Paradoxie, die von der Sittlichkeit unzertrennlich ist, und von der bloß philosophischen noch sehr unterschieden werden muß. Menschen, die so ekzentrisch sind, im vollen Ernst tugendhaft zu seyn und zu werden, verstehn sich überall, finden sich leicht, und bilden eine stille Opposizion gegen die herrschende Unsittlichkeit, die eben für Sittlichkeit gilt. Ein gewisser Mystizismus des Ausdrucks, der bey einer romantischen Fantasie und mit grammatischem Sinn verbunden, etwas sehr Reizendes und etwas sehr Gutes seyn kann, dient ihnen oft als Symbol ihrer schönen Geheimnisse.

[415] Sinn für Poesie oder Philosophie hat der, für den sie ein Individuum ist. ⟨128⟩

[416] Zur Philosophie gehören, je nach dem man es nimmt, entweder gar keine oder alle Sachkenntnisse.

[417] Man soll niemanden zur Philosophie verführen oder bereden wollen.

[418] Auch nach den gewöhnlichsten Ansichten ist es Verdienst genug, um einen Roman berühmt zu machen, wenn ein durchaus neuer Karakter darin auf eine interessante Art dargestellt und ausgeführt wird. Dieß Verdienst hat William Lovell unläugbar, und daß alles Nebenwerk und Gerüste darin ge-

mein oder misglückt ist, wie der große Machinist im Hintergrunde des Ganzen, daß das Ungewöhnliche darin oft nur ein umgekehrtes Gewöhnliches ist, hätte ihm wohl nicht geschadet: aber der Karakter war unglücklicherweise poetisch. Lovell ist wie seine nur etwas zu wenig unterschiedene Variazion Balder ein vollkommner Fantast in jedem guten und in jedem schlechten, in jedem schönen und in jedem häßlichen Sinne des Worts. Das ganze Buch ist ein Kampf der Prosa und der Poesie, wo die Prosa mit Füßen getreten wird und die Poesie über sich selbst den Hals bricht. Übrigens hat es den Fehler mancher ersten Produkte: es schwankt zwischen Instinkt und Absicht, weil es von beyden nicht genug hat. Daher die Wiederhohlungen, wodurch die Darstellung der erhabenen Langenweile zuweilen in Mittheilung übergehn kann. Hier liegt der Grund, ⟨129⟩ warum die absolute Fantasie in diesem Roman auch von Eingeweihten der Poesie verkannt und als bloß sentimental verachtet werden mag, während dem vernünftigen Leser, der für sein Geld mäßig gerührt zu werden verlangt, das Sentimentale darin keineswegs zusagt und sehr furios dünkt. So tief und ausführlich hat Tieck vielleicht noch keinen Karakter wieder dargestellt. Aber der Sternbald vereinigt den Ernst und Schwung des Lovell mit der künstlerischen Religiosität des Klosterbruders und mit allem was in den poetischen Arabesken, die er aus alten Mährchen gebildet, im Ganzen genommen das Schönste ist: die fantastische Fülle und Leichtigkeit, der Sinn für Ironie, und besonders die absichtliche Verschiedenheit und Einheit des Kolorits. Auch hier ist alles klar und transparent, und der romantische Geist scheint angenehm über sich selbst zu fantasiren.

[419] Die Welt ist viel zu ernsthaft, aber der Ernst ist doch selten genug. Ernst ist das Gegentheil von Spiel. Der Ernst hat einen bestimmten Zweck, den wichtigsten unter allen möglichen; er kann nicht tändeln und kann sich nicht täuschen; er

verfolgt sein Ziel unermüdet bis er es ganz erreicht hat. Dazu gehört Energie, Geisteskraft von schlechthin unbegränzter Extension und Intension. Giebt es keine absolute Höhe und Weite für den Menschen, so ist das Wort Größe in sittlicher Bedeutung überflüßig. Ernst ist Größe in Handlung. Groß ist was zugleich Enthusiasmus und Genialität hat, was zugleich gött-⟨130⟩lich und vollendet ist. Vollendet ist, was zugleich natürlich und künstlich ist. Göttlich ist was aus der Liebe zum reinen ewigen Seyn und Werden quillt, die höher ist als alle Poesie und Philosophie. Es giebt eine ruhige Göttlichkeit ohne die zermalmende Kraft des Helden und die bildende Thätigkeit des Künstlers. Was zugleich göttlich, vollendet und groß ist, ist vollkommen.

[420] Ob eine gebildete Frau, bey der von Sittlichkeit die Frage seyn kann, verderbt oder rein sey, läßt sich vielleicht sehr bestimmt entscheiden. Folgt sie der allgemeinen Tendenz, ist Energie des Geistes und des Karakters, die äußre Erscheinung derselben und was eben durch sie gilt, ihr Eins und Alles, so ist sie verderbt. Kennt sie etwas größeres als die Größe, kann sie über ihre natürliche Neigung zur Energie lächeln, ist sie mit einem Worte des Enthusiasmus fähig, so ist sie unschuldig im sittlichen Sinne. In dieser Rücksicht kann man sagen, alle Tugend des Weibes sey Religion. Aber daß die Frauen gleichsam mehr an Gott oder an Christus glauben müßten, als die Männer, daß irgend eine gute und schöne Freygeisterey ihnen weniger zieme als den Männern, ist wohl nur eine von den unendlich vielen gemeingeltenden Plattheiten, die Rousseau in ein ordentliches System der Weiblichkeitslehre verbunden hat, in welchem der Unsinn so ins Reine gebracht und ausgebildet war, daß es durchaus allgemeinen Beyfall finden mußte. ⟨131⟩

[421] Der große Haufen liebt Friedrich Richters Romane vielleicht nur wegen der anscheinenden Abentheuerlichkeit. Überhaupt interessirt er wohl auf die verschiedenste Art und aus ganz entgegengesetzten Ursachen. Während der gebildete

Ökonom edle Thränen in Menge bey ihm weint, und der strenge Künstler ihn als das blutrothe Himmelszeichen der vollendeten Unpoesie der Nazion und des Zeitalters haßt, kann sich der Mensch von universeller Tendenz an den grotesken Porzellanfiguren seines wie Reichstruppen zusammengetrommelten Bilderwitzes ergötzen, oder die Willkührlichkeit in ihm vergöttern. Ein eignes Phänomen ist es; ein Autor, der die Anfangsgründe der Kunst nicht in der Gewalt hat, nicht ein Bonmot rein ausdrücken, nicht eine Geschichte gut erzählen kann, nur so was man gewöhnlich gut erzählen nennt, und dem man doch schon um eines solchen humoristischen Dithyrambus willen, wie der Adamsbrief des trotzigen, kernigen, prallen, herrlichen Leibgeber, den Namen eines großen Dichters nicht ohne Ungerechtigkeit absprechen dürfte. Wenn seine Werke auch nicht übermäßig viel Bildung enthalten, so sind sie doch gebildet: das Ganze ist wie das Einzelne und umgekehrt, kurz, er ist fertig. Es ist ein großer Vorzug des Siebenkäs, daß die Ausführung und Darstellung darin noch am besten ist; ein weit größerer, daß so wenig Engländer darin sind. Freylich sind seine Engländer am Ende auch Deutsche, nur in idyllischen Verhältnissen und mit sentimentalen Namen: indessen haben sie immer eine starke Ähnlich⟨132⟩keit mit Louvets Pohlen und gehören mit zu den falschen Tendenzen, deren er so viele hat. Dahin gehören auch die Frauen, die Philosophie, die Jungfrau Maria, die Zierlichkeit, die idealischen Visionen und die Selbstbeurtheilung. Seine Frauen haben rothe Augen und sind Exempel, Gliederfrauen zu psychologischmoralischen Reflexionen über die Weiblichkeit oder über die Schwärmerey. Überhaupt läßt er sich fast nie herab, die Personen darzustellen; genug daß er sie sich denkt, und zuweilen eine treffende Bemerkung über sie sagt. So hält ers mit den passiven Humoristen, den Menschen, die eigentlich nur humoristische Sachen sind: die aktiven erscheinen auch selbständiger, aber sie haben eine zu starke Familienähnlichkeit unter sich und mit dem Autor, als daß man ihnen dieß für ein Verdienst anrechnen dürfte. Sein Schmuck besteht in bleyernen Arabesken im Nürnberger Styl. Hier ist die an Armuth gränzende Monotonie seiner Fantasie und seines Geistes am auffallendsten: aber hier ist auch seine anziehende Schwerfälligkeit zu Hause, und seine pikante Geschmacklosigkeit, an der nur das zu tadeln ist, daß er nicht um sie zu wissen scheint. Seine Madonna ist eine empfindsame Küstersfrau, und Christus erscheint wie ein aufgeklärter Candidat. Je moralischer seine poetischen Rembrandts sind, desto mittelmäßiger und gemeiner; je komischer, je näher dem Bessern; je dithyrambischer und je kleinstädtischer, desto göttlicher: denn seine Ansicht des Kleinstädtischen ist vorzüglich gottesstädtisch. Seine humoristische Poesie sondert sich im-⟨133⟩mer mehr von seiner sentimentalen Prosa; oft erscheint sie gleich eingestreuten Liedern als Episode, oder vernichtet als Appendix das Buch. Doch zerfließen ihm immer noch zu Zeiten gute Massen in das allgemeine Chaos.

[422] Mirabeau hat eine große Rolle in der Revoluzion gespielt, weil sein Karakter und sein Geist revoluzionär war; Robespierre, weil er der Revoluzion unbedingt gehorchte, sich ihr ganz hingab, sie anbetete, und sich für den Gott derselben hielt; Buonaparte, weil er Revoluzionen schaffen und bilden, und sich selbst annihiliren kann.

[423] Sollte der jetzige französische Nazionalkarakter nicht eigentlich mit dem Kardinal Richelieu anfangen? Seine seltsame und beynah abgeschmackte Universalität erinnert an viele der merkwürdigsten französischen Phänomene nach ihm.

[424] Man kann die französische Revoluzion als das größte und merkwürdigste Phänomen der Staatengeschichte betrachten, als ein fast universelles Erdbeben, eine unermeßliche Überschwemmung in der politischen Welt; oder als ein Urbild

der Revoluzionen, als die Revoluzion schlechthin. Das sind die gewöhnlichen Gesichtspunkte. Man kann sie aber auch betrachten als den Mittelpunkt und den Gipfel des französischen Nazionalkarakters, wo alle Paradoxien desselben zusammengedrängt sind; als die furchtbarste ⟨134⟩ Groteske des Zeitalters, wo die tiefsinnigsten Vorurtheile und die gewaltsamsten Ahndungen desselben in ein grauses Chaos gemischt, zu einer ungeheuren Tragikomödie der Menschheit so bizarr als möglich verwebt sind. Zur Ausführung dieser historischen Ansichten findet man nur noch einzelne Züge.

[425] Die erste Regung der Sittlichkeit ist Opposizion gegen die positive Gesetzlichkeit und konvenzionelle Rechtlichkeit, und eine gränzenlose Reizbarkeit des Gemüths. Kommt dazu noch die selbständigen und starken Geistern so eigne Nachlässigkeit, und die Heftigkeit und Ungeschicklichkeit der Jugend, so sind Ausschweifungen unvermeidlich, deren nicht zu berechnende Folgen oft das ganze Leben vergiften. So geschiehts, daß der Pöbel die für Verbrecher oder Exempel der Unsittlichkeit hält, welche für den wahrhaft sittlichen Menschen zu den höchst seltnen Ausnahmen gehören, die er als Wesen seiner Art, als Mitbürger seiner Welt betrachten kann. Wer denkt hiebey nicht an Mirabeau und Chamfort?

[426] Es ist natürlich, daß die Franzosen etwas dominiren im Zeitalter. Sie sind eine chemische Nazion, der chemische Sinn ist bey ihnen am allgemeinsten erregt, und sie machen ihre Versuche auch in der moralischen Chemie immer im Großen. Das Zeitalter ist gleichfalls ein chemisches Zeitalter. Revoluzionen sind universelle nicht organische, sondern chemische Bewegungen. Der große Handel ist die Chemie der ⟨135⟩ großen Ökonomie; es giebt wohl auch eine Alchemie der Art. Die chemische Natur des Romans, der Kritik, des Witzes, der Geselligkeit, der neuesten Rhetorik und der bisherigen Historie leuchtet von selbst ein. Ehe man nicht zu einer Karakteristik

des Universums und zu einer Eintheilung der Menschheit gelangt ist, muß man sich nur mit Notizen über den Grundton und einzelne Manieren des Zeitalters begnügen lassen, ohne den Riesen auch nur silhouettiren zu können. Denn wie wollte man ohne jene Vorkenntnisse bestimmen, ob das Zeitalter wirklich ein Individuum, oder vielleicht nur ein Collisionspunkt andrer Zeitalter sey; wo es bestimmt anfange und endige? Wie wäre es möglich, die gegenwärtige Periode der Welt richtig zu verstehen und zu interpungiren, wenn man nicht wenigstens den allgemeinen Karakter der nächstfolgenden anticipiren dürfte? Nach der Analogie jenes Gedankens würde auf das chemische ein organisches Zeitalter folgen, und dann dürften die Erdbürger des nächsten Sonnenumlaufs wohl bey weitem nicht so groß von uns denken wie wir selbst, und vieles was jetzt bloß angestaunt wird, nur für nützliche Jugendübungen der Menschheit halten.

[427] Eine sogenannte Recherche ist ein historisches Experiment. Der Gegenstand und das Resultat desselben ist ein Faktum. Was ein Faktum seyn soll, muß strenge Individualität haben, zugleich ein Geheimniß und ein Experiment seyn, nämlich ein Experiment der bildenden Natur. Geheimniß und Mysterie ist alles ⟨136⟩ was nur durch Enthusiasmus und mit philosophischem poetischem oder sittlichem Sinn aufgefaßt werden kann.

[428] Auch die Sprache begegnet der Sittlichkeit schlecht. Sie ist nirgends so roh und arm, als wo es auf die Bezeichnung sittlicher Begriffe ankommt. Zum Beyspiel nehme ich die drey Karaktere, die sich aus den verschiedenen Verbindungen zwischen Zweck und Mittel konstruiren lassen. Es giebt Menschen, denen unter der Hand alles was sie als Mittel behandeln, zum Zweck wird. Sie widmen sich einer Wissenschaft um ihr Glück zu machen, und werden von den Reizen derselben gefesselt. Sie suchen einen Anhänger derselben auf, und sie fangen an ihn zu lieben. Sie besuchen seine Zirkel um mit ihm zu

seyn, und sie werden die leidenschaftlichsten Mitglieder derselben. Sie schreiben, oder treiben schöne Künste, oder kleiden sich besser, um in diesen Zirkeln zu gefallen, und ehe man sich versieht, finden sie unabhängig von Gefallen und Mißfallen in ihren Schreibereyen, in ihrem Kunststudium, in ihrer Eleganz einen innigen Genuß. Dieß ist ein sehr bestimmter Karakter der sich überall leicht erkennen läßt; hat aber die Sprache einen Namen dafür? Ein großer Kreis von verschiedenen Thätigkeiten wird auf diese Art durchlaufen, und die Sprache vergönnt auch ihn deswegen veränderlich oder vielseitig zu nennen: das ist aber nur ein Theil von den Erscheinungen dieser Denkungsart, welchen sie mit manchen andern gemein hat. Menschen ⟨137⟩ von dieser Art machen den endlichen Raum vom gegenwärtigen Augenblick bis zur Erreichung eines gewissen Zweckes zu einer unendlichen und ins Unendliche getheilten Größe. Wem diese Fertigkeit das Endliche als etwas Unendliches zu behandeln, immer liebenswürdig erscheint, möchte sie so nennen: aber dieß ist nur die Beschreibung eines Eindrucks. Für das Wesen dieses Karakters, von dem Interesse für etwas als Mittel in ein unmittelbares Interesse leicht und oft überzugehn, hat die Sprache kein Zeichen. Es giebt andre Menschen, welche den entgegengesetzten Weg gehn, und sehr leicht das, was ihnen Anfangs Zweck war, nur als Mittel für etwas andres behandeln; die wenn sie einen Schriftsteller leidenschaftlich gelesen haben, mit einer Karakteristik desselben endigen, wenn sie eine Wissenschaft lange getrieben haben, sich bald zur Philosophie der Wissenschaft erheben, und selbst wenn eine persönliche Anhänglichkeit sie fesselt, in Gefahr sind, eine zärtliche Verbindung als Mittel zu behandeln, um eine neue Ansicht der menschlichen Natur zu gewinnen, oder über die Liebe aus eignen Experimenten zu philosophiren. Nenne mir das Jemand auf Deutsch! Von den Wirkungen und dem Eindruck eines solchen Karakters zu reden, ist wohlfeil: daß es groß ist, das Endliche wegzuwerfen, weil man auf das Unendliche losgeht, daß es originell ist, Schranken umzureißen, wo Andere hängen bleiben, neue Bahnen zu eröffnen, wo Andere einen geschloßnen Kreis zu sehen glauben, große Leidenschaften in reißendem Fluge zu durchlaufen, und ⟨138⟩ große Kunstwerke gleichsam im Vorbeygehn aufzubaun; denn das sind die natürlichen Äußerungen eines solchen Karakters, wenn er nicht erlischt; dieß zu mahlen, hat die Sprache nicht Mangel an Worten. Es giebt einen dritten Karakter, der beyde vereinigt, der so lange er einen Zweck vor Augen hat, alles wieder zum Zweck macht, was in das System desselben gehört, bey diesem endlichen Genuß dennoch das Höherstreben nicht vergißt und mitten auf seinen Riesenschritten immer wieder zu jenem zurückkehrt. Er verbindet das Talent, seine eignen Gränzen leicht zu finden, und nichts zu wollen, als was man kann, mit dem, seine Endzwecke mit den Kräften zugleich zu erweitern: die Weisheit und ruhige Resignazion des in sich gekehrten Gemüths, mit der Energie eines äußerst elastischen und expansibeln Geistes, der durch die geringste Öffnung, die sich darbietet, entweicht, um in einem Augenblick einen weit größern Kreis als den bisherigen auszufüllen. Er macht nie einen vergeblichen Versuch, den erkannten Schranken des Augenblicks zu entweichen, und glüht dabey doch von Sehnsucht, sich weiter auszudehnen; er widerstrebt nie dem Schicksal, aber er fodert es in jedem Augenblick auf, ihm eine Erweiterung seines Daseyns anzuweisen; er hat immer alles im Auge, was ein Mensch nur werden kann und zu werden wünschen mag, aber strebt nie nach etwas, bis der günstige Moment erschienen ist. Daß ein solcher Karakter ein vollendetes praktisches Genie wäre, daß bey ihm alles Absicht und alles Instinkt, alles Willkühr ⟨139⟩ und alles Natur seyn würde, das kann man sagen, aber ein Wort, um das Wesen dieses Karakters zu bezeichnen, wird vergebens gesucht. ⟨FSM⟩

[429] Wie die Novelle in jedem Punkt ihres Seyns und ihres Werdens neu und frappant seyn muß, so sollte vielleicht das poetische Mährchen und vorzüglich die Romanze unendlich bizarr seyn; denn sie will nicht bloß die Fantasie interessiren, sondern auch den Geist bezaubern und das Gemüth reizen; und das Wesen des Bizarren scheint eben in gewissen willkührlichen und seltsamen Verknüpfungen und Verwechslun-

gen des Denkens, Dichtens und Handelns zu bestehn. Es giebt eine Bizarrerie der Begeisterung, die sich mit der höchsten Bildung und Freyheit verträgt, und das Tragische nicht bloß verstärkt, sondern verschönert und gleichsam vergöttlicht; wie in Goethe's Braut von Korinth, die Epoche in der Geschichte der Poesie macht. Das Rührende darin ist zerreißend und doch verführerisch lockend. Einige Stellen könnte man fast bürlesk nennen, und eben in diesen erscheint das Schreckliche zermalmend groß.

[430] Es giebt unvermeidliche Lagen und Verhältnisse, die man nur dadurch liberal behandeln kann, daß man sie durch einen kühnen Akt der Willkühr verwandelt und durchaus als Poesie betrachtet. Also sollen alle gebildete Menschen im Nothfalle Poeten seyn können, und daraus läßt sich eben so gut folgern, daß der ⟨140⟩ Mensch von Natur ein Poet sey, daß es eine Naturpoesie gebe, als umgekehrt.

[431] Opfre den Grazien, heißt, wenn es einem Philosophen gesagt wird, so viel als: Schaffe dir Ironie und bilde dich zur Urbanität.

[432] Bey manchen, besonders historischen Werken von Umfang, die im Einzelnen überall sehr anziehend und schön geschrieben sind, empfindet man dennoch im Ganzen eine unangenehme Monotonie. Um dieß zu vermeiden, müßte Kolorit und Ton und selbst der Styl sich verändern und in den verschiedenen großen Massen des Ganzen auffallend verschieden seyn, wodurch das Werk nicht bloß mannichfaltiger, sondern auch systematischer werden würde. Es leuchtet ein, daß eine solche regelmäßige Abwechslung nicht das Werk des Zufalls seyn könne, daß der Künstler hier ganz bestimmt wissen müsse, was er wolle, um es machen zu können; aber es leuchtet auch ein, daß es voreilig sey, die Poesie oder die Prosa Kunst zu nennen, ehe sie dahin gelangt sind, ihre Werke vollständig zu konstruiren. Daß das Genie dadurch überflüßig

gemacht werde, steht nicht zu besorgen, da der Sprung vom anschaulichsten Erkennen und klaren Sehen dessen, was hervorgebracht werden soll, bis zum Vollenden immer unendlich bleibt.

[433] Das Wesen des poetischen Gefühls liegt vielleicht darin, daß man sich ganz aus sich selbst affi-⟨141⟩ciren, über Nichts in Affekt gerathen und ohne Veranlassung fantasiren kann. Sittliche Reizbarkeit ist mit einem gänzlichen Mangel an poetischem Gefühl sehr gut vereinbar.

[434] Soll denn die Poesie schlechthin eingetheilt seyn? oder soll sie die eine und untheilbare bleiben? oder wechseln zwischen Trennung und Verbindung? Die meisten Vorstellungsarten vom poetischen Weltsystem sind noch so roh und kindisch, wie die älteren vom astronomischen vor Kopernikus. Die gewöhnlichen Eintheilungen der Poesie sind nur todtes Fachwerk für einen beschränkten Horizont. Was einer machen kann, oder was eben gilt, ist die ruhende Erde im Mittelpunkt. Im Universum der Poesie selbst aber ruht nichts, alles wird und verwandelt sich und bewegt sich harmonisch; und auch die Kometen haben unabänderliche Bewegungsgesetze. Ehe sich aber der Lauf dieser Gestirne nicht berechnen, ihre Wiederkunft nicht vorherbestimmen läßt, ist das wahre Weltsystem der Poesie noch nicht entdeckt.

[435] Einige Grammatiker scheinen den Grundsatz des alten Völkerrechts, daß jeder Fremde ein Feind sey, in die Sprache einführen zu wollen. Aber ein Autor, der auch ohne ausländische Worte fertig zu werden weiß, wird sich immer berechtigt halten dürfen, sie zu brauchen, wo der Karakter der Gattung selbst ein Kolorit der Universalität fodert oder wünscht; und ein historischer Geist wird sich immer für alte Worte, ⟨142⟩ die so oft nicht bloß mehr Erfahrung und Verstand, sondern auch mehr Lebenskraft und Einheit haben, als viele sogenannte Menschen oder Grammatiker, mit Ehr-

furcht und Liebe interessiren und sie bey Gelegenheit gern verjüngen.

[436] Ganz ohne Rücksicht auf den Inhalt ist der Fürstenspiegel sehr schätzbar als ein Muster des guten Tons in geschriebner Konversazion, wie die deutsche Prosa nur wenige aufzuweisen hat, aus denen der Autor, der die Philosophie und das gesellschaftliche Leben *en rapport* setzen will, lernen muß, wie man das Dekorum der Konvenzion zum Anstand der Natur adelt. So sollte eigentlich jeder schreiben können, der Veranlassung findet, etwas drucken zu lassen, ohne darum eben ein Autor seyn zu wollen.

[437] Wie kann eine Wissenschaft auf wissenschaftliche Strenge und Vollendung Anspruch machen, die meistens *in usum delphini* oder nach dem System der gelegenheitlichen Ursachen angeordnet und eingetheilt ist, wie die Mathematik?

[438] Urbanität ist der Witz der harmonischen Universalität, und diese ist das Eins und Alles der historischen Philosophie und Plato's höchste Musik. Die Humaniora sind die Gymnastik dieser Kunst und Wissenschaft. ⟨143⟩

[439] Eine Karakteristik ist ein Kunstwerk der Kritik, ein *visum repertum* der chemischen Philosophie. Eine Rezension ist eine angewandte und anwendende Karakteristik, mit Rücksicht auf den gegenwärtigen Zustand der Litteratur und des Publikums. Übersichten, litterarische Annalen sind Summen oder Reihen von Karakteristiken. Parallelen sind kritische Gruppen. Aus der Verknüpfung beyder entspringt die Auswahl der Klassiker, das kritische Weltsystem für eine gegebne Sphäre der Philosophie oder der Poesie.

[440] Alle reine uneigennützige Bildung ist gymnastisch oder musikalisch; sie geht auf Entwicklung der einzelnen und auf Harmonie aller Kräfte. Die Griechische Dichotomie der Erziehung ist mehr als eine von den Paradoxien des Alterthums.

[441] Liberal ist wer von allen Seiten und nach allen Richtungen wie von selbst frey ist und in seiner ganzen Menschheit wirkt; wer alles, was handelt, ist und wird, nach dem Maß seiner Kraft heilig hält, und an allem Leben Antheil nimmt, ohne sich durch beschränkte Ansichten zum Haß oder zur Geringschätzung desselben verführen zu lassen.

[442] Philosophische Juristen nennen sich auch solche, die neben ihren andern Rechten, die oft so unrechtlich sind, auch ein Naturrecht haben, welches nicht selten noch unrechtlicher ist. ⟨144⟩

[443] Die Dedukzion eines Begriffs ist die Ahnenprobe seiner ächten Abstammung von der intellektuellen Anschauung seiner Wissenschaft. Denn jede Wissenschaft hat die ihrige.

[444] Es pflegt manchem seltsam und lächerlich aufzufallen, wenn die Musiker von den Gedanken in ihren Composizionen reden; und oft mag es auch so geschehen, daß man wahrnimmt, sie haben mehr Gedanken in ihrer Musik als über dieselbe. Wer aber Sinn für die wunderbaren Affinitäten aller Künste und Wissenschaften hat, wird die Sache wenigstens nicht aus dem platten Gesichtspunkt der sogenannten Natürlichkeit betrachten, nach welcher die Musik nur die Sprache der Empfindung seyn soll, und eine gewisse Tendenz aller reinen Instrumentalmusik zur Philosophie an sich nicht unmöglich finden. Muß die reine Instrumentalmusik sich nicht selbst einen Text erschaffen? und wird das Thema in ihr nicht so entwickelt, bestätigt, variirt und kontrastirt, wie der Gegenstand der Meditazion in einer philosophischen Ideenreihe?

[445] Die Dynamik ist die Größenlehre der Energie, welche in der Astronomie auf die Organisazion des Universums angewandt wird. Insofern könnte man beyde eine historische Mathematik nennen. Die Algebra erfordert am meisten Witz und Enthusiasmus, nämlich mathematischen. ⟨145⟩

[446] Der konsequente Empirismus endigt mit Beyträgen zur Ausgleichung der Misverständnisse oder mit einer Subskripzion auf die Wahrheit.

[447] Die unächte Universalität ist entweder theoretisch oder praktisch. Die theoretische ist die Universalität eines schlechten Lexikons, einer Registratur. Die praktische entsteht aus der Totalität der Einmischung.

[448] Die intellektualen Anschauungen der Kritik sind das Gefühl von der unendlich feinen Analyse der Griechischen Poesie und das von der unendlich vollen Mischung der Römischen Satire und der Römischen Prosa.

[449] Wir haben noch keinen moralischen Autor, welcher den Ersten der Poesie und Philosophie verglichen werden könnte. Ein solcher mußte die erhabene antiquarische Politik Müllers mit Forsters großer Ökonomie des Universums und mit Jacobi's sittlicher Gymnastik und Musik verknüpfen, und auch in der Schreibart den schweren, ehrwürdigen und begeisterten Styl des ersten, mit dem frischen Kolorit, der liebenswürdigen Zartheit des zweyten, und mit der überall wie ferne Harmonika der Geisterwelt antönenden gebildeten Fühlbarkeit des dritten verbinden.

[450] Rousseau's Polemik gegen die Poesie ist doch nur eine schlechte Nachahmung des Plato. Plato hat es mehr gegen die Poeten als gegen die Poesie; er hielt ⟨146⟩ die Philosophie für den kühnsten Dithyrambus und für die einstimmigste Musik. Epikur ist eigentlicher Feind der schönen Kunst: denn er will die Fantasie ausrotten und sich bloß an den Sinn halten. Auf eine ganz andre Art könnte Spinosa ein Feind der Poesie scheinen; weil er zeigt, wie weit man mit Philosophie und Moralität ohne Poesie kommen kann, und weil es sehr im Geist seines Systems liegt, die Poesie nicht zu isoliren.

[451] Universalität ist Wechselsättigung aller Formen und aller Stoffe. Zur Harmonie gelangt sie nur durch Verbindung der

Poesie und der Philosophie: auch den universellsten vollendetsten Werken der isolirten Poesie und Philosophie scheint die letzte Synthese zu fehlen; dicht am Ziel der Harmonie bleiben sie unvollendet stehn. Das Leben des universellen Geistes ist eine ununterbrochne Kette innerer Revoluzionen; alle Individuen, die ursprünglichen, ewigen nämlich leben in ihm. Er ist ächter Polytheist und trägt den ganzen Olymp in sich.

Über Goethe's Meister

⟨147⟩ Ohne Anmaßung und ohne Geräusch, wie die Bildung eines strebenden Geistes sich still entfaltet, und wie die werdende Welt aus seinem Innern leise emporsteigt, beginnt die klare Geschichte. Was hier vorgeht und was hier gesprochen wird, ist nicht außerordentlich, und die Gestalten, welche zuerst hervortreten, sind weder groß noch wunderbar: eine kluge Alte, die überall den Vortheil bedenkt und für den reicheren Liebhaber das Wort führt; ein Mädchen, die sich aus den Verstrickungen der gefährlichen Führerin nur losreißen kann, um sich dem Geliebten heftig hinzugeben; ein reiner Jüngling, der das schöne Feuer seiner ersten Liebe einer Schauspielerin weiht. Indessen steht alles gegenwärtig vor unsern Augen da, lockt und spricht uns an. Die Umrisse sind allgemein und leicht, aber sie sind genau, scharf und sicher. Der kleinste Zug ist bedeutsam, jeder Strich ist ein leiser Wink und alles ist durch helle und lebhafte Gegensätze gehoben. Hier ist nichts, was die Leiden-⟨148⟩schaft heftig entzünden, oder die Theilnahme sogleich gewaltsam mit sich fortreißen könnte. Aber die beweglichen Gemählde haften wie von selbst in dem Gemüthe, welches eben zum ruhigen Genuß heiter gestimmt war. So bleibt auch wohl eine Landschaft von einfachem und unscheinbarem Reiz, der eine seltsam schöne Beleuchtung oder eine wunderbare Stimmung unsers Gefühls einen augenblicklichen Schein von Neuheit und von Einzigkeit lieh, sonderbar hell und unauslöschlich in der Erinnerung. Der Geist fühlt sich durch die heitre Erzählung überall gelinde berührt, leise und vielfach angeregt. Ohne sie ganz zu kennen, hält er diese Menschen dennoch schon für Bekannte, ehe er noch recht weiß, oder sich fragen kann, wie er mit ihnen bekannt geworden sey. Es geht ihm damit wie der Schauspielergesellschaft auf ihrer lustigen Wasserfarth mit dem Fremden. Er glaubt, er müßte sie schon gesehen haben, weil sie aussehn wie Menschen und nicht wie Hinz oder Kunz. Dieß Aussehn verdanken sie nicht eben ihrer Natur und ihrer Bildung: denn nur bey einem oder dem andern nähert sich diese auf verschiedne Weise und in verschiednem Maß der Allgemeinheit. Die Art der Darstellung ist es, wodurch auch das Beschränkteste zugleich ein ganz eignes selbständiges Wesen für sich, und dennoch nur eine andre Seite, eine neue Veränderung der allgemeinen und unter allen Verwandlungen einigen menschlichen Natur, ein kleiner Theil der unendlichen Welt zu seyn scheint. Das ist eben das Große, worin jeder Gebildete nur sich selbst wiederzu-⟨149⟩finden glaubt, während er weit über sich selbst erhoben wird; was nur so ist, als müßte es so seyn, und doch weit mehr als man fodern darf.

Mit wohlwollendem Lächeln folgt der heitre Leser Wilhelms gefühlvollen Erinnerungen an die Puppenspiele, welche den neugierigen Knaben mehr beseeligten als alles andre Naschwerk, als er noch jedes Schauspiel und Bilder aller Art, wie sie ihm vorkamen, mit demselben reinen Durste in sich sog, mit welchem der Neugebohrne die süße Nahrung aus der Brust der liebkosenden Mutter empfängt. Sein Glaube macht ihm die gutmüthigen Kindergeschichten von jener Zeit, wo er immer alles zu sehen begehrte, was ihm neu war, und was er gesehn hatte, nun auch gleich zu machen oder nachzumachen versuchte oder strebte, wichtig, ja heilig, seine Liebe mahlt sie mit den reizendsten Farben aus, und seine Hoffnung leiht ihnen die schmeichelhafteste Bedeutung. Eben diese schönen Eigenschaften bilden das Gewebe seines Lieblingsgedankens, von der Bühne herab die Menschen zu erheben, aufzuklären und zu veredeln, und der Schöpfer eines neuen schöneren Zeitalters der vaterländischen Bühne zu werden, für die seine kindliche Neigung, erhöht durch die Jugend und verdoppelt durch die Liebe, in helle Flammen emporschlägt. Wenn die Theilnahme an diesen Gefühlen und Wünschen nicht frey von Besorgniß seyn kann, so ist es dagegen nicht wenig anziehend und ergötzlich, wie Wilhelm auf einer kleinen Reise, auf welche ihn die Väter zum ersten Versuch senden, einem Abentheuer ⟨150⟩ von der Art, die sich ernsthaft anläßt und drollig entwickelt, begegnet, in welchem er den Widerschein seines eignen Unternehmens, freylich nicht auf die vortheilhafteste Weise abgebildet, erblickt, ohne daß ihn dieß seiner Schwärmerey untreu machen könnte. Unvermerkt ist indeß die Erzählung lebhafter und leidenschaftlicher geworden, und in der warmen Nacht, wo Wilhelm, sich einer ewigen Verbindung mit seiner Mariane so nahe wähnend, liebevoll um ihre Wohnung schwärmt, steigt die heiße Sehnsucht, die sich in sich selbst zu verlieren, im Genuß ihrer eignen Töne zu lindern und zu erquicken scheint, aufs äußerste, bis die Gluth durch die traurige Gewißheit und Norbergs niedrigen Brief plötzlich gelöscht, und die ganze schöne Gedankenwelt des liebenden Jünglings mit einem Streich vernichtet wird.

Mit diesem so harten Mißlaut schließt das erste Buch, dessen Ende einer geistigen Musik gleicht, wo die verschiedensten Stimmen, wie eben so viele einladende Anklänge aus der neuen Welt, deren Wunder sich vor uns entfalten sollen, rasch und heftig wechseln; und der schneidende Abstich kann die erst weniger, dann mehr als man erwartete, gereizte Spannung mit einem Zusatz von Ungeduld heilsam würzen, ohne doch je den ruhigsten Genuß des Gegenwärtigen zu stören, oder auch die feinsten Züge der Nebenausbildung, die leisesten Winke der Wahrnehmung zu entziehn, die jeden Blick, jede Miene des durch das Werk sichtbaren Dichtergeistes zu verstehen wünscht.

Damit aber nicht bloß das Gefühl in ein leeres ⟨151⟩ Unendliches hinausstrebe, sondern auch das Auge nach einem großen Gesichtspunkt die Entfernung sinnlich berechnen, und die weite Aussicht einigermaßen umgränzen könne, steht der Fremde da, der mit so vielem Rechte der Fremde heißt. Allein und unbegreiflich, wie eine Erscheinung aus einer andern edleren Welt, die von der Wirklichkeit, welche Wilhelmen umgiebt, so verschieden seyn mag, wie von der Möglichkeit, die er sich träumt, dient er zum Maßstab der Höhe, zu welcher das Werk noch steigen soll; eine Höhe, auf der vielleicht die Kunst eine Wissenschaft und das Leben eine Kunst seyn wird.

Der reife Verstand dieses gebildeten Mannes ist wie durch eine große Kluft von der blühenden Einbildung des liebenden Jünglings geschieden. Aber auch von Wilhelms Serenate zu Norbergs Brief ist der Übergang nicht milde, und der Kontrast zwischen seiner Poesie und Marianens prosaischer ja niedriger Umgebung ist stark genug. Als vorbereitender Theil des ganzen Werks ist das erste Buch eine Reihe von veränderten Stellungen und mahlerischen Gegensätzen in deren jedem Wilhelms Karakter von einer andern merkwürdigen Seite, in einem neuen helleren Lichte gezeigt wird; und die kleineren deutlich geschiednen Massen und Kapitel bilden mehr oder weniger jede für sich ein mahlerisches Ganzes. Auch gewinnt er schon jetzt das ganze Wohlwollen des Lesers, dem er, wie sich selbst, wo er geht und steht, in einer Fülle von prächtigen Worten die erhabensten Gesinnungen vorsagt. Sein ganzes Thun und Wesen besteht fast ⟨152⟩ im Streben, Wollen und Empfinden, und obgleich wir voraussehn, daß er erst spät oder nie als Mann handeln wird, so verspricht doch seine gränzenlose Bildsamkeit, daß Männer und Frauen sich seine Erziehung zum Geschäft und zum Vergnügen machen und dadurch, vielleicht ohne es zu wollen oder zu wissen, die leise und vielseitige Empfänglichkeit, welche seinem Geiste einen so hohen Zauber giebt, vielfach anregen und die Vorempfindung der ganzen Welt in ihm zu einem schönen Bilde entfalten werden. Lernen muß er überall können, und auch an prüfenden Versuchungen wird es ihm nie fehlen. Wenn ihm nun das günstige Schicksal oder ein erfahrner Freund von großem Überblick günstig beysteht und ihn durch Warnungen und Verheißungen nach dem Ziele lenkt, so müssen seine Lehrjahre glücklich endigen.

Das zweyte Buch beginnt damit, die Resultate des ersten musikalisch zu wiederhohlen, sie in wenige Punkte zusammenzudrängen und gleichsam auf die äußerste Spitze zu treiben. Zuerst wird die langsame aber völlige Vernichtung von Wilhelms Poesie seiner Kinderträume und seiner ersten Liebe mit schonender Allgemeinheit der Darstellung betrachtet. Dann wird der Geist, der mit Wilhelmen in diese Tiefe gesunken, und mit ihm gleichsam unthätig geworden war, von neuem belebt und mächtig geweckt, sich aus der Leere herauszureißen, durch die leidenschaftlichste Erinnerung an Marianen, und durch des Jünglings begeistertes Lob der Poesie, welches die Wirklichkeit seines ursprünglichen Traums von Poesie durch seine ⟨153⟩ Schönheit bewährt, und uns in die ahndungsvollste Vergangenheit der alten Heroen und der noch unschuldigen Dichterwelt versetzt.

Nun folgt sein Eintritt in die Welt, der weder abgemessen noch brausend ist, sondern gelinde und leise wie das freye Lustwandeln eines, der zwischen Schwermuth und Erwartung getheilt, von schmerzlichsüßen Erinnerungen zu noch ahndungsvolleren Wünschen schwankt. Eine neue Scene öffnet sich, und eine neue Welt breitet sich lockend vor uns aus. Alles ist hier seltsam, bedeutend, wundervoll und von geheimem Zauber umweht. Die Ereignisse und die Personen bewegen sich rascher und jedes Kapitel ist wie ein neuer Akt. Auch solche Ereignisse, die nicht eigentlich ungewöhnlich sind, machen eine überraschende Erscheinung. Aber diese sind nur das Element der Personen, in denen sich der Geist dieser Masse des ganzen Systems am klarsten offenbart. Auch in ihnen äußert sich jene frische Gegenwart, jenes magische Schweben zwischen Vorwärts und Rückwärts. Philine ist das verführerische Symbol der leichtesten Sinnlichkeit; auch der bewegliche Laertes lebt nur für den Augenblick; und damit die lustige Gesellschaft vollzählig sey, repräsentirt der blonde Friedrich die gesunde kräftige Ungezogenheit. Alles was die Erinnerung und die Schwermuth und die Reue nur Rührendes hat, athmet und klagt der Alte wie aus einer unbekannten bodenlosen Tiefe von Gram und ergreift uns mit wilder Wehmuth. Noch süßere Schauer und gleichsam ein schönes Grausen erregt das heilige Kind, mit dessen Er-⟨154⟩scheinung die innerste Springfeder des sonderbaren Werks plötzlich frey zu werden scheint. Dann und wann tritt Marianens Bild hervor, wie ein bedeutender Traum; plötzlich erscheint der seltsame Fremde und verschwindet schnell wie ein Blitz. Auch Melina's kommen wieder, aber verwandelt, nämlich ganz in ihrer natürlichen Gestalt. Die schwerfällige Eitelkeit der Anempfinderin kontrastirt artig genug gegen die Leichtigkeit der zierlichen Sünderin. Überhaupt gewährt uns die Vorlesung des Ritterstücks einen tiefen Blick hinter die Coulissen des theatralischen Zaubers wie in eine komische Welt im Hintergrunde. Das Lustige und das Ergreifende, das Geheime und das Lockende sind im Finale wunderbar verwebt, und die streitenden Stimmen tönen grell neben einander. Diese Harmonie von Dissonanzen ist noch schöner als die Musik, mit der das erste Buch endigte; sie ist entzückender und doch zerreißender, sie überwältigt mehr und sie läßt doch besonnener.

Es ist schön und nothwendig, sich dem Eindruck eines Gedichtes ganz hinzugeben, den Künstler mit uns machen zu lassen, was er will, und etwa nur im Einzelnen das Gefühl durch Reflexion zu bestätigen und zum Gedanken zu erheben, und wo es noch zweifeln oder streiten dürfte, zu entscheiden und zu ergänzen. Dieß ist das erste und das wesentlichste. Aber nicht minder nothwendig ist es, von allem Einzelnen abstrahiren zu können, das Allgemeine schwebend zu fassen, eine Masse zu überschauen, und das Ganze festzuhalten, selbst dem Verborgensten nachzuforschen ‹155› und das Entlegenste zu verbinden. Wir müssen uns über unsre eigne Liebe erheben, und was wir anbeten, in Gedanken vernichten können: sonst fehlt uns, was wir auch für andre Fähigkeiten haben, der Sinn für das Weltall. Warum sollte man nicht den Duft einer Blume einathmen, und dann doch das unendliche Geäder eines einzelnen Blatts betrachten und sich ganz in diese Betrachtung verlieren können? Nicht bloß die glänzende äußre Hülle, das bunte Kleid der schönen Erde, ist dem Menschen, der ganz Mensch ist, und so fühlt und denkt, interessant: er mag auch gern untersuchen, wie die Schichten im Innern auf einander liegen, und aus welchen Erdarten sie zusammengesetzt sind; er möchte immer tiefer dringen, bis in den Mittelpunkt wo möglich, und möchte wissen, wie das Ganze konstruirt ist. So mögen wir uns gern dem Zauber des Dichters entreißen, nachdem wir uns gutwillig haben von ihm fesseln lassen, mögen am liebsten dem nachspähn, was er unserm Blick entziehen oder doch nicht zuerst zeigen wollte, und was ihn doch am meisten zum Künstler macht: die geheimen Absichten, die er im Stillen verfolgt, und deren wir beym Genius, dessen Instinkt zur Willkühr geworden ist, nie zu viele voraussetzen können.

Der angebohrne Trieb des durchaus organisirten und organisirenden Werks, sich zu einem Ganzen zu bilden, äußert sich in den größeren wie in den kleineren Massen. Keine Pause ist zufällig und unbedeutend; und hier, wo alles zugleich Mittel und Zweck ist, wird es nicht unrichtig seyn, den ersten Theil unbeschadet ‹156› seiner Beziehung aufs Ganze als ein Werk für sich zu betrachten. Wenn wir auf die Lieblingsgegenstände aller Gespräche und aller gelegentlichen Entwickelungen, und auf die Lieblingsbeziehungen aller Begebenheiten, der Menschen und ihrer Umgebung sehen: so fällt in die Augen, daß sich alles um Schauspiel, Darstellung, Kunst und Poesie drehe. Es war so sehr die Absicht des Dichters, eine nicht unvollständige Kunstlehre aufzustellen, oder vielmehr in lebendigen Beyspielen und Ansichten darzustellen, daß diese Absicht ihn sogar zu eigentlichen Episoden verleiten kann, wie die Komödie der Fabrikanten und die Vorstellung der Bergmänner. Ja man dürfte eine systematische Ordnung in dem Vortrage dieser poetischen Physik der Poesie finden; nicht eben das todte Fachwerk eines Lehrgebäudes, aber die lebendige Stufenleiter jeder Naturgeschichte und Bildungslehre. Wie nämlich Wilhelm in diesem Abschnitt seiner Lehrjahre mit den ersten und nothdürftigsten Anfangsgründen der Lebenskunst beschäftigt ist: so werden hier auch die einfachsten Ideen über die schöne Kunst, die ursprünglichen Fakta, und die rohesten Versuche, kurz die Elemente der Poesie vorgetragen: die Puppenspiele, diese Kinderjahre des gemeinen poetischen Instinkts, wie er allen gefühlvollen Menschen auch ohne besondres Talent eigen ist; die Bemerkungen über die Art, wie der Schüler Versuche machen und beurtheilen soll, und über die Eindrücke, welche der Bergmann und die Seiltänzer erregen; die Dichtung über das goldne Zeitalter der jugendlichen Poesie, die Künste der Gauk-⟨157⟩ler, die improvisirte Komödie auf der Wasserfahrt. Aber nicht bloß auf die Darstellungen des Schauspielers und was dem ähnlich ist, beschränkt sich diese Naturgeschichte des Schönen; in Mignons und des Alten romantischen Gesängen offenbart sich die Poesie auch als die natürliche Sprache und Musik schöner Seelen. Bey dieser Absicht mußte die Schauspielerwelt die Umgebung und der Grund des Ganzen werden, weil eben diese Kunst nicht bloß die vielseitigste, sondern auch die geselligste aller Künste ist, und weil sich hier vorzüglich Poesie und Leben, Zeitalter und Welt berühren, während die einsame Werkstätte des bildenden Künstlers weniger Stoff darbietet, und die Dichter nur in ihrem Innern als Dichter leben, und keinen abgesonderten Künstlerstand mehr bilden.

Obgleich es also den Anschein haben möchte, als sey das Ganze eben so sehr eine historische Philosophie der Kunst, als ein Kunstwerk oder Gedicht, und als sey alles, was der Dichter mit solcher Liebe ausführt, als wäre es sein letzter Zweck, am Ende doch nur Mittel: so ist doch auch alles Poesie, reine, hohe Poesie. Alles ist so gedacht und so gesagt, wie von einem der zugleich ein göttlicher Dichter und ein vollendeter Künstler wäre; und selbst der feinste Zug der Nebenausbildung scheint für sich zu existiren und sich eines eignen selbstständigen Daseyns zu erfreuen. Sogar gegen die Gesetze einer kleinlichen unächten Wahrscheinlichkeit. Was fehlt Werners und Wilhelms Lobe des Handels und der Dichtkunst, als das Metrum, um von jedermann für erhabne Poesie aner-⟨158⟩kannt zu werden? Überall werden uns goldne Früchte in silbernen Schalen gereicht. Diese wunderbare Prosa ist Prosa und doch Poesie. Ihre Fülle ist zierlich, ihre Einfachheit bedeutend und vielsagend und ihre hohe und zarte Ausbildung ist ohne eigensinnige Strenge. Wie die Grundfäden dieses Styls im Ganzen aus der gebildeten Sprache des gesellschaftlichen Lebens genommen sind, so gefällt er sich auch in seltsamen Gleichnissen, welche eine eigentümliche Merkwürdigkeit aus diesem oder jenem oekonomischen Gewerbe, und was sonst von den öffentlichen Gemeinplätzen der Poesie am entlegensten scheint, dem Höchsten und Zartesten ähnlich zu bilden streben.

Man lasse sich also dadurch, daß der Dichter selbst die Personen und die Begebenheiten so leicht und so launig zu nehmen, den Helden fast nie ohne Ironie zu erwähnen, und auf sein Meisterwerk selbst von der Höhe seines Geistes herabzulächeln scheint, nicht täuschen, als sey es ihm nicht der heiligste Ernst. Man darf es nur auf die höchsten Begriffe beziehn und es nicht bloß so nehmen, wie es gewöhnlich auf dem Standpunkt des gesellschaftlichen Lebens genommen wird: als einen Roman, wo Personen und Begebenheiten der letzte Endzweck sind. Denn dieses schlechthin neue und einzige Buch, welches man nur aus sich selbst verstehen lernen kann, nach einem aus Gewohnheit und Glauben, aus zufälligen Erfahrungen und willkührlichen Foderungen zusammengesetzten und entstandnen Gattungsbegriff beurtheilen; das ist, als wenn ein Kind Mond und Gestirne mit ⟨159⟩ der Hand greifen und in sein Schächtelchen packen will.

Eben so sehr regt sich das Gefühl gegen eine schulgerechte Kunstbeurtheilung des göttlichen Gewächses. Wer möchte ein Gastmahl des feinsten und ausgesuchtesten Witzes mit allen Förmlichkeiten und in aller üblichen Umständlichkeit recensiren? Eine sogenannte Recension des Meister würde uns immer erscheinen, wie der junge Mann, der mit dem Buche unter dem Arm in den Wald spazieren kommt, und den Philine mit dem Kuckuck vertreibt.

Vielleicht soll man es also zugleich beurtheilen und nicht beurtheilen; welches keine leichte Aufgabe zu seyn scheint. Glücklicherweise ist es eben eins von den Büchern, welche sich selbst beurtheilen, und den Kunstrichter sonach aller Mühe überheben. Ja es beurtheilt sich nicht nur selbst, es stellt sich auch selbst dar. Eine bloße Darstellung des Eindrucks würde daher, wenn sie auch keins der schlechtesten Gedichte von der beschreibenden Gattung seyn sollte, außer dem, daß sie überflüssig seyn würde, sehr den Kürzern ziehen müssen; nicht bloß gegen den Dichter, sondern sogar gegen den Gedanken des Lesers, der Sinn für das Höchste hat, der anbeten kann, und ohne Kunst und Wissenschaft gleich weiß, was er anbeten soll, den das Rechte trifft wie ein Blitz.

Die gewöhnlichen Erwartungen von Einheit und Zusammenhang täuscht dieser Roman eben so oft als er sie erfüllt. Wer aber ächten systematischen Instinkt, Sinn für das Universum, jene Vorempfindung der ‹160› ganzen Welt hat, die Wilhelmen so interessant macht, fühlt gleichsam überall die Persönlichkeit und lebendige Individualität des Werks, und je tiefer er forscht, je mehr innere Beziehungen und Verwandtschaften, je mehr geistigen Zusammenhang entdeckt er in demselben. Hat irgend ein Buch einen Genius, so ist es dieses. Hätte sich dieser auch im Ganzen wie im Einzelnen selbst karakterisiren können, so dürfte niemand weiter sagen, was eigentlich daran sey, und wie man es nehmen solle. Hier bleibt noch eine kleine Ergänzung möglich, und einige Erklärung kann nicht unnütz oder überflüßig scheinen, da trotz jenes Gefühls der Anfang und der Schluß des Werkes fast allgemein seltsam und unbefriedigend, und eins und das andre in der Mitte überflüßig und unzusammenhängend gefunden wird, und da selbst der, welcher das Göttliche der gebildeten Willkühr zu unterscheiden und zu ehren weiß, beym ersten und beym letzten Lesen etwas Isolirtes fühlt, als ob bey der schönsten und innigsten Übereinstimmung und Einheit nur eben die letzte Verknüpfung der Gedanken und der Gefühle fehlte. Mancher, dem man den Sinn nicht absprechen kann, wird sich in Vieles lange nicht finden können: denn bey fortschreitenden Naturen erweitern, schärfen und bilden sich Begriff und Sinn gegenseitig.

Über die Organisazion des Werks muß der verschiedne Karakter den einzelnen Massen viel Licht geben können. Doch darf sich die Beobachtung und Zergliederung, um von den Theilen zum Ganzen ge-‹161›setzmäßig fortzuschreiten, eben nicht ins Unendlichkleine verlieren. Sie muß vielmehr als wären es schlechthin einfache Theile bey jenen größern Massen stehn bleiben, deren Selbständigkeit sich auch durch ihre freye Behandlung, Gestaltung und Verwandlung dessen, was sie von den vorhergehenden überkamen, bewährt, und deren innre absichtslose Gleichartigkeit und ursprüngliche Einheit der Dichter selbst durch das absichtliche Bestreben, sie durch sehr verschiedenartige doch immer poetische Mittel zu einem in sich vollendeten Ganzen zu runden, anerkannt hat. Durch jene Fortbildung ist der Zusammenhang, durch diese Einfassung ist die Verschiedenheit der einzelnen Massen gesichert und bestätigt; und so wird jeder nothwendige Theil des einen und untheilbaren Romans ein System für sich. Die Mittel der Verknüpfung und der Fortschreitung sind ungefähr überall dieselben. Auch im zweyten Bande locken Jarno und die Erscheinung der Amazone, wie der Fremde und Mignon im ersten Bande, unsre Erwartung und unser Interesse in die dunkle Ferne, und deuten auf eine noch nicht sichtbare Höhe der Bildung; auch hier öffnet sich mit jedem Buch eine neue Scene und eine neue Welt; auch hier kommen die alten Gestalten verjüngt wieder; auch hier enthält jedes Buch die Keime des künftigen und verarbeitet den reinen Ertrag des vorigen mit lebendiger Kraft in sein eigenthümliches Wesen; und das dritte Buch, welches sich durch das frischeste und fröhlichste Kolorit auszeichnet, erhält durch Mignons Dahin und durch Wilhelms und der Gräfin ersten ⟨162⟩ Kuss, eine schöne Einfassung wie von den höchsten Blüthen der noch keimenden und der schon reifen Jugendfülle. Wo so unendlich viel zu bemerken ist, wäre es unzweckmäßig, irgend etwas bemerken zu wollen, was schon dagewesen ist, oder mit wenigen Veränderungen immer ähnlich wiederkommt. Nur was ganz neu und eigen ist, bedarf der Erläuterungen, die aber keinesweges alles allen hell und klar machen sollen: sie dürften vielmehr eben dann vortrefflich genannt zu werden verdienen, wenn sie dem, der den Meister ganz versteht, durchaus bekannt, und dem, der ihn gar nicht versteht, so gemein und leer, wie das, was sie erläutern wollen, selbst vorkämen; dem hingegen, welcher das Werk halb versteht, auch nur halb verständlich wären, ihn über einiges aufklärten, über anders aber vielleicht noch tiefer verwirrten, damit aus der Unruhe und dem Zweifeln die Erkenntniß hervorgehe, oder damit das Subjekt wenigstens seiner Halbheit, so viel das möglich ist, inne werde. Der zweyte Band insonderheit bedarf der Erläuterungen am wenigsten: er ist der reichste, aber der reizendste; er ist voll Verstand aber doch sehr verständlich.

In dem Stufengange der Lehrjahre der Lebenskunst ist dieser Band für Wilhelmen der höhere Grad der Versuchungen, und die Zeit der Verirrungen und lehrreichen, aber kostbaren Erfahrungen. Freylich laufen seine Vorsätze und seine Handlungen vor wie nach in parallellen Linien neben einander her, ohne sich je zu stören oder zu berühren. Indessen hat er ⟨163⟩ doch endlich das gewonnen, daß er sich aus der Gemeinheit, die auch den edelsten Naturen ursprünglich anhängt oder sie durch Zufall umgiebt, mehr und mehr erhoben, oder sich doch aus ihr zu erheben ernstlich bemüht hat. Nachdem Wilhelms unendlicher Bildungstrieb zuerst bloß in seinem eignen Innern gewebt und gelebt hatte, bis zur Selbstvernichtung seiner ersten Liebe und seiner ersten Künstlerhoffnung, und sich dann weit genug in die Welt gewagt hatte, war es natürlich, daß er nun vor allen Dingen in die Höhe strebte, sollte es auch nur die Höhe einer gewöhnlichen Bühne seyn, daß das Edle und Vornehme sein vorzüglichstes Augenmerk ward, sollte es auch nur die Repräsentazion eines nicht sehr gebildeten Adels seyn. Anders konnte der Erfolg dieses seinem Ursprunge nach achtungswürdigen Strebens nicht wohl ausfallen, da Wilhelm noch so unschuldig und so neu war. Daher mußte das dritte Buch eine starke Annäherung zur Komödie erhalten; um so mehr, da es darauf angelegt war, Wilhelms Unbekanntschaft mit der Welt und den Gegensatz zwischen dem Zauber des Schauspiels und der Niedrigkeit des gewöhnlichen Schauspielerlebens in das hellste Licht zu setzen. In den vorigen Massen waren nur einzelne Züge entschieden komisch, etwa ein paar Gestalten zum Vorgrunde oder eine unbestimmte Ferne. Hier ist das Ganze, die Scene und Handlung selbst komisch. Ja man möchte es eine komische Welt nennen, da des Lustigen darin in der That unendlich viel ist, und da die Adlichen und die Komödianten zwey abgesonderte ⟨164⟩ Corps bilden, deren keines dem andern den Preis der Lächerlichkeit abtreten darf, und die auf das drolligste gegen einander manövriren. Die Bestandtheile dieses Komischen sind keinesweges vorzüglich fein und zart oder edel. Manches ist vielmehr von der Art, worüber jeder gemeiniglich von Herzen zu lachen pflegt, wie der Kontrast zwischen den schönsten Erwartungen und einer schlechten Bewirthung. Der Kontrast zwischen der Hoffnung und dem Erfolg, der Einbildung und der Wirklichkeit spielt hier überhaupt eine große Rolle: die Rechte der Realität werden mit unbarmherziger Strenge durchgesetzt und der Pedant bekommt sogar Prügel, weil er doch auch ein Idealist ist. Aus wahrer Affenliebe begrüßt ihn sein College, der Graf, mit gnädigen Blicken über die ungeheure Kluft der Verschiedenheit des Standes; der Baron darf an geistiger Albernheit und die Baronesse an sittlicher Gemeinheit niemanden weichen; die Gräfin selbst ist höchstens eine reizende Veranlassung zu der schönsten Rechtfertigung des Putzes; und diese Adlichen sind den Stand abgerechnet den Schauspielern nur darin vorzuziehen, daß sie gründlicher gemein sind. Aber diese Menschen, die man lieber Figuren als Menschen nennen dürfte, sind mit leichter Hand und mit zartem Pinsel so hingedruckt, wie man sich die zierlichsten Caricaturen der edelsten Mahlerey denken möchte. Es ist bis zum Durchsichtigen gebildete Albernheit. Dieses Frische der Farben, dieses kindlich Bunte, diese Liebe zum Putz und Schmuck, dieser geistreiche Leichtsinn und flüchtige Muthwillen ha-⟨165⟩ben etwas was man Äther der Fröhlichkeit nennen möchte, und was zu zart und zu fein ist, als daß der Buchstabe seinen Eindruck nachbilden und wiedergeben könnte. Nur dem, der vorlesen kann, und sie vollkommen versteht, muß es überlassen bleiben, die Ironie, die über dem ganzen Werke schwebt, hier aber vorzüglich laut wird, denen die den Sinn dafür haben, ganz fühlbar zu machen. Dieser sich selbst belächelnde Schein von Würde und Bedeutsamkeit in dem periodischen Styl, diese scheinbaren Nachlässigkeiten und Tautologien, welche die Bedingungen so vollenden, daß sie mit dem Bedingten wieder eins werden, und wie es die Gelegenheit giebt, Alles oder Nichts zu sagen oder sagen zu wollen scheinen, dieses höchst Prosaische mitten in der poetischen Stimmung des dargestellten oder komödirten Subjekts, der absichtliche Anhauch von poetischer Pedanterie bey sehr prosaischen Veranlassungen; sie beruhen oft auf einem einzigen Wort, ja auf einem Akzent.

Vielleicht ist keine Masse des Werks so frey und unabhängig vom Ganzen als eben das dritte Buch. Doch ist nicht alles darin Spiel und nur auf den augenblicklichen Genuß gerichtet. Jarno giebt Wilhelmen und dem Leser eine mächtige Glaubensbestätigung an eine würdige große Realität und ernstere Thätigkeit in der Welt und in dem Werke. Sein schlichter trockner Verstand ist das vollkommne Gegentheil von Aureliens spitzfindiger Empfindsamkeit, die ihr halb natürlich ist und halb erzwungen. Sie ist durch und durch Schauspielerin, auch von Karak-⟨166⟩ter; sie kann nichts und mag nichts als darstellen und aufführen, am liebsten sich selbst, und sie trägt alles zur Schau, auch ihre Weiblichkeit und ihre Liebe. Beyde haben nur Verstand: denn auch Aurelien giebt der Dichter ein großes Maß von Scharfsinn; aber es fehlt ihr so ganz an Urtheil und Gefühl des Schicklichen wie Jarno'n an Einbildungskraft. Es sind sehr ausgezeichnete aber fast beschränkte durchaus nicht große Menschen; und daß das Buch selbst auf jene Beschränktheit so bestimmt hindeutet, beweist, wie wenig es so bloße Lobrede auf den Verstand sey, als es wohl anfänglich scheinen könnte. Beyde sind sich so vollkommen entgegengesetzt wie die tiefe innige Mariane und die leichte allgemeine Philine; und beyde treten gleich diesen stärker hervor als nöthig wäre, um die dargestellte Kunstlehre mit Beyspielen und die Verwicklung des Ganzen mit Personen zu versorgen. Es sind Hauptfiguren, die jede in ihrer Masse gleichsam den Ton angeben. Sie bezahlen ihre Stelle dadurch, daß sie Wilhelms Geist auch bilden wollen, und sich seine gesammte Erziehung vorzüglich angelegen seyn lassen. Wenn gleich der Zögling trotz des redlichen Beystandes so vieler Erzieher in seiner persönlichen und sittlichen Ausbildung wenig mehr gewonnen zu haben scheint als die äußre Gewandtheit, die er sich durch den mannichfaltigeren Umgang und durch die Übungen im Tanzen und Fechten erworben zu haben glaubt: so macht er doch dem Anscheine nach in der Kunst große Fortschritte, und zwar mehr durch die natürliche Entfal-‹167›tung seines Geistes als auf fremde Veranlassung. Er lernt nun auch eigentliche Virtuosen kennen, und die künstlerischen Gespräche unter ihnen sind außerdem, daß sie ohne den schwerfälligen Prunk der sogenannten gedrängten Kürze, unendlich viel Geist, Sinn und Gehalt haben, auch noch wahre Gespräche; vielstimmig und in einander greifend, nicht bloß einseitige Scheingespräche. Serlo ist in gewissem Sinne ein allgemeingültiger Mensch, und selbst seine Jugendgeschichte ist wie sie seyn kann und seyn soll bey entschiedenem Talent und eben so entschiedenem Mangel an Sinn für das Höchste. Darin ist er Jarno'n gleich: beyde haben am Ende doch nur das Mechanische ihrer Kunst in der Gewalt. Von den ersten Wahrnehmungen und Elementen der Poesie, mit denen der erste Band Wilhelmen und den Leser beschäftigte, bis zu dem Punkt, wo der Mensch fähig wird, das Höchste und das Tiefste zu fassen, ist ein unermeßlich weiter

Zwischenraum, und wenn der Übergang, der immer ein Sprung seyn muß, wie billig durch ein großes Vorbild vermittelt werden sollte: durch welchen Dichter konnte dieß wohl schicklicher geschehen, als durch den, welcher vorzugsweise der Unendliche genannt zu werden verdient? Grade diese Seite des Shakespear wird von Wilhelmen zuerst aufgefaßt, und da es in dieser Kunstlehre weniger auf seine große Natur als auf seine tiefe Künstlichkeit und Absichtlichkeit ankam, so mußte die Wahl den Hamlet treffen, da wohl kein Stück zu so vielfachem und interessanten Streit, was die verborgne Absicht ⟨168⟩ des Künstlers oder was zufälliger Mangel des Werks seyn möchte, Veranlassung geben kann, als eben dieses, welches auch in die theatralische Verwicklung und Umgebung des Romans am schönsten eingreift, und unter andern die Frage von der Möglichkeit, ein vollendetes Meisterwerk zu verändern oder unverändert auf der Bühne zu geben, gleichsam von selbst aufwirft. Durch seine retardirende Natur kann das Stück dem Roman, der sein Wesen eben darin setzt, bis zu Verwechselungen verwandt scheinen. Auch ist der Geist der Betrachtung und der Rückkehr in sich selbst, von dem es so voll ist, so sehr eine gemeinsame Eigenthümlichkeit aller sehr geistigen Poesie, daß dadurch selbst dieß fürchterliche Trauerspiel, welches zwischen Verbrechen und Wahnsinn schwankend, die sichtbare Erde als einen verwilderten Garten der lüsternen Sünde, und ihr gleichsam hohles Innres wie den Wohnsitz der Strafe und der Pein darstellt und auf den härtesten Begriffen von Ehre und Pflicht ruht, wenigstens in einer Eigenschaft sich den fröhlichen Lehrjahren eines jungen Künstlers anneigen kann.

Die in diesem und dem ersten Buche des nächsten Bandes so zerstreute Ansicht des Hamlet ist nicht so wohl Kritik als hohe Poesie. Und was kann wohl anders entstehn als ein Gedicht, wenn ein Dichter als solcher ein Werk der Dichtkunst anschaut und darstellt? Dieß liegt nicht darin, daß sie über die Gränzen des sichtbaren Werkes mit Vermuthungen und Behauptungen hinausgeht. Das muß alle Kritik, weil jedes vortreffliche Werk, von welcher Art es auch sey, mehr ⟨169⟩ weiß als es sagt, und mehr will als es weiß. Es liegt in der gänzlichen Verschiedenheit des Zweckes und des Verfahrens. Jene poetische Kritik will gar nicht wie eine bloße Inschrift nur sagen, was die Sache eigentlich sey, wo sie in der Welt stehe und stehn solle: dazu bedarf es nur eines vollständigen ungetheilten Menschen, der das Werk so lange als nöthig ist, zum Mittelpunkt seiner Thätigkeit mache; wenn ein solcher mündliche oder schriftliche Mittheilung liebt, kann es ihm Vergnügen gewähren, eine Wahrnehmung, die im Grunde nur eine und untheilbar ist, weitläuftig zu entwickeln, und so entsteht eine eigentliche Karakteristik. Der Dichter und Künstler hingegen wird die Darstellung von Neuem darstellen, das schon Gebildete noch einmal bilden wollen; er wird das Werk ergänzen, verjüngen, neu gestalten. Er wird das Ganze nur in Glieder und Massen und Stücke theilen, nie in seine ursprünglichen Bestandtheile zerlegen, die in Beziehung auf das Werk todt sind, weil sie nicht mehr Einheiten derselben Art wie das Ganze enthalten, in Beziehung auf das Weltall aber allerdings lebendig und Glieder oder Massen desselben seyn könnten. Auf solche bezieht der gewöhnliche Kritiker den Gegenstand seiner Kunst, und muß daher seine lebendige Einheit unvermeidlich zerstören, ihn bald in seine Elemente zersetzen, bald selbst nur als ein Atom einer größern Masse betrachten.

Im fünften Buche kommt es von der Theorie zu einer durchdachten und nach Grundsätzen verfahrenden Ausübung; und auch Serlo's und der andern ⟨170⟩ Rohheit und Eigennutz, Philinens Leichtsinn, Aureliens Überspannung, des Alten Schwermuth und Mignons Sehnsucht gehen in Handlung über. Daher die nicht seltne Annäherung zum Wahnsinn, die eine Lieblingsbeziehung und Ton dieses Theils scheinen dürfte. Mignon als Mänade ist ein göttlich lichter Punkt, deren es hier mehrere giebt. Aber im Ganzen scheint das Werk etwas von der Höhe des zweyten Bandes zu sinken. Es bereitet sich gleichsam schon vor, in die äußersten Tiefen des innern Menschen zu graben, und von da wieder eine noch größere und schlechthin große Höhe zu ersteigen, wo es bleiben kann. Überhaupt scheint es an einem Scheidepunkte zu stehn und in einer wichtigen Krise begriffen zu seyn. Die Verwicklung und Verwirrung steigt am höchsten, und auch die gespannte Erwartung über den endlichen Aufschluß so vieler interessanter Räthsel und schöner Wunder. Auch Wilhelms falsche Tendenz bildet sich zu Maximen: aber die seltsame Warnung warnt auch den Leser, ihn nicht zu leichtsinnig schon am Ziel oder auf dem rechten Wege dahin zu glauben. Kein Theil des Ganzen scheint so abhängig von diesem zu seyn, und nur als Mittel gebraucht zu werden, wie das fünfte Buch. Es erlaubt sich sogar bloß theoretische Nachträge und Ergänzungen, wie das Ideal eines Souffleurs, die Skizze der Liebhaber der Schauspielkunst, die Grundsätze über den Unterschied des Drama und des Romans.

⟨171⟩ Die Bekenntnisse der schönen Seele überraschen im Gegentheil durch ihre unbefangene Einzelnheit scheinbare Beziehungslosigkeit auf das Ganze und in den früheren Theilen des Romans beispiellose Willkührlichkeit der Verflechtung mit dem Ganzen, oder vielmehr der Aufnahme in dasselbe. Genauer erwogen aber dürfte Wilhelm auch wohl vor seiner Verheirathung nicht ohne alle Verwandtschaft mit der Tante seyn, wie ihre Bekenntnisse mit dem ganzen Buch. Es sind doch auch Lehrjahre, in denen nichts gelernt wird, als zu existiren, nach seinen besondern Grundsätzen oder seiner unabänderlichen Natur zu leben; und wenn Wilhelm uns nur durch die Fähigkeit, sich für alles zu interessiren, interessant bleibt, so darf auch die Tante durch die Art, wie sie sich für sich selbst interessirt, Ansprüche darauf machen, ihr Gefühl mitzutheilen. Ja sie lebt im Grunde auch theatralisch; nur mit dem Unterschiede, daß sie die sämmtlichen Rollen vereinigt, die in dem gräflichen Schlosse, wo alle agirten und Komödie mit sich spielten, unter viele Figuren vertheilt waren, und daß ihr Innres die Bühne bildet, auf der sie Schauspieler und Zuschauer zugleich ist und auch noch die Intriguen in der Coulisse besorgt. Sie steht beständig vor dem Spiegel des Gewissens, und ist beschäftigt, ihr Gemüth zu putzen und zu schmücken. Überhaupt ist in ihr das äußerste Maß der Innerlichkeit erreicht, wie es doch auch geschehen mußte, da das Werk von Anfang an einen so entschiednen Hang offenbarte, das Innre und das Äußre scharf zu trennen und ⟨172⟩ entgegenzusetzen. Hier hat sich das Innre nur gleichsam selbst ausgehöhlt. Es ist der Gipfel der ausgebildeten Einseitigkeit, dem das Bild reifer Allgemeinheit eines großen Sinnes gegenübersteht. Der Onkel nämlich ruht im Hintergrunde dieses Gemähldes, wie ein gewaltiges Gebäude der Lebenskunst im großen alten Styl, von edlen einfachen Verhältnissen, aus dem reinsten gediegensten Marmor. Es ist eine ganz neue Erscheinung in dieser Suite von Bildungsstücken. Bekenntnisse zu schreiben wäre wohl nicht seine Liebhaberey gewesen; und da er sein eigner Lehrer war, kann er keine Lehrjahre gehabt haben, wie Wilhelm. Aber mit männlicher Kraft hat er sich die umgebende Natur zu einer klassischen Welt gebildet, die sich um seinen selbständigen Geist wie um den Mittelpunkt bewegt.

Daß auch die Religion hier als angebohrne Liebhaberey dargestellt wird, die sich durch sich selbst freyen Spielraum schafft und stufenweise zur Kunst vollendet, stimmt vollkommen zu dem künstlerischen Geist des Ganzen und es wird dadurch, wie an dem auffallendsten Beyspiele gezeigt, daß er alles so behandeln und behandelt wissen möchte. Die Schonung des Oheims gegen die Tante ist die stärkste Versinnlichung der unglaublichen Toleranz jener großen Männer, in denen sich der

Weltgeist des Werks am unmittelbarsten offenbart. Die Darstellung einer sich wie ins Unendliche immer wieder selbst anschauenden Natur war der schönste Beweis, den ein Künstler von der unergründlichen Tiefe seines Vermögens geben ⟨173⟩ konnte. Selbst die fremden Gegenstände mahlte er in der Beleuchtung und Farbe und mit solchen Schlagschatten, wie sie sich in diesem alles in seinem eignen Wiederscheine schauenden Geiste abspiegeln und darstellen mußten. Doch konnte es nicht seine Absicht seyn, hier tiefer und voller darzustellen, als für den Zweck des Ganzen nöthig und gut wäre; und noch weniger konnte es seine Pflicht seyn, einer bestimmten Wirklichkeit zu gleichen. Überhaupt gleichen die Karaktere in diesem Roman zwar durch die Art der Darstellung dem Portrait, ihrem Wesen nach aber sind sie mehr oder minder allgemein und allegorisch. Eben daher sind sie ein unerschöpflicher Stoff und die vortrefflichste Beyspielsammlung für sittliche und gesellschaftliche Untersuchungen. Für diesen Zweck müßten Gespräche über die Karaktere im Meister sehr interessant seyn können, obgleich sie zum Verständniß des Werks selbst nur etwa episodisch mitwirken könnten: aber Gespräche müßten es seyn, um schon durch die Form alle Einseitigkeit zu verbannen. Denn wenn ein Einzelner nur aus dem Standpunkte seiner Eigenthümlichkeit über jede dieser Personen räsonnirte und ein moralisches Gutachten fällte, das wäre wohl die unfruchtbarste unter allen möglichen Arten, den Wilhelm Meister anzusehn; und man würde am Ende nicht mehr daraus lernen, als daß der Redner über diese Gegenstände so, wie es nun lautete, gesinnt sey.

⟨174⟩ Mit dem vierten Bande scheint das Werk gleichsam mannbar und mündig geworden. Wir sehen nun klar, daß es nicht bloß, was wir Theater oder Poesie nennen, sondern das große Schauspiel der Menschheit selbst und die Kunst aller Künste, die Kunst zu leben, umfassen soll. Wir sehen auch, daß diese Lehrjahre eher jeden andern zum tüchtigen Künstler oder zum tüchtigen Mann bilden wollen und bilden können, als Wilhelmen selbst. Nicht dieser oder jener Mensch sollte erzogen, sondern die Natur, die Bildung selbst sollte in mannichfachen Beyspielen dargestellt, und in einfache Grundsätze zusammengedrängt werden. Wie wir uns in den Bekenntnissen plötzlich aus der Poesie in das Gebiet der Moral versetzt wähnten, so stehn hier die gediegnen Resultate einer Philosophie vor uns, die sich auf den höhern Sinn und Geist gründet, und gleich sehr nach strenger Absonderung und nach erhabner Allgemeinheit aller menschlichen Kräfte und Künste strebt. Für Wilhelmen wird wohl endlich auch gesorgt: aber sie haben ihn fast mehr als billig oder höflich ist, zum besten; selbst der kleine Felix hilft ihn erziehen und beschämen, indem er ihm seine vielfache Unwissenheit fühlbar macht. Nach einigen leichten Krämpfen von Angst, Trotz und Reue verschwindet seine Selbständigkeit aus der Gesellschaft der Lebendigen. Er resignirt förmlich darauf, einen eignen Willen zu haben; und nun sind seine Lehrjahre wirklich vollendet, und Nathalie wird Supplement des Romans. Als die schönste Form der reinsten Weiblichkeit und Güte macht sie einen ⟨175⟩ angenehmen Kontrast mit der etwas materiellen Therese. Nathalie verbreitet ihre wohlthätigen Wirkungen durch ihr bloßes Daseyn in der Gesellschaft: Therese bildet eine ähnliche Welt um sich her, wie der Oheim. Es sind Beyspiele und Veranlassungen zu der Theorie der Weiblichkeit, die in jener großen Lebenskunstlehre nicht fehlen durfte. Sittliche Geselligkeit und häusliche Thätigkeit, beyde in romantisch schöner Gestalt, sind die beyden Urbilder, oder die beyden Hälften eines Urbildes, welche hier für diesen Theil der Menschheit aufgestellt werden.

Wie mögen sich die Leser dieses Romans beym Schluß desselben getäuscht fühlen, da aus allen diesen Erziehungsanstalten nichts herauskommt, als bescheidne Liebenswürdigkeit, da hinter allen diesen wunderbaren Zufällen, weissagenden Winken und geheimnißvollen Erscheinungen nichts steckt als die erhabenste Poesie, und da die letzten Fäden des Ganzen nur durch die Willkühr eines bis zur Vollendung gebildeten Geistes gelenkt werden! In der That erlaubt sich diese hier, wie es scheint mit gutem Bedacht, fast alles, und liebt die seltsamsten Verknüpfungen. Die Reden einer Barbara wirken mit der gigantischen Kraft und der würdigen Großheit der alten Tragödie; von dem interessantesten Menschen im ganzen Buch wird fast nichts ausführlich erwähnt, als sein Verhältniß mit einer Pächterstochter; gleich nach dem Untergang Marianens, die uns nicht als Mariane, sondern als das verlassene, zerrissene Weib überhaupt interessirt, ergötzt uns der Anblick des Ducaten zäh-⟨176⟩lenden Laertes; und selbst die unbedeutendsten Nebengestalten wie der Wundarzt sind mit Absicht höchst wunderlich. Der eigentliche Mittelpunkt dieser Willkührlichkeit ist die geheime Gesellschaft des reinen Verstandes, die Wilhelmen und sich selbst zum besten hat, und zuletzt noch rechtlich und nützlich und ökonomisch wird. Dagegen ist aber der Zufall selbst hier ein gebildeter Mann, und da die Darstellung alles andern im Großen nimmt und giebt, warum sollte sie sich nicht auch der hergebrachten Lizenzen der Poesie im Großen bedienen? Es versteht sich von selbst, daß eine Behandlung dieser Art und dieses Geistes nicht alle Fäden lang und langsam ausspinnen wird. Indessen erinnert doch auch der erst eilende dann aber unerwartet zögernde Schluß des vierten Bandes, wie Wilhelms allegorischer Traum im Anfange desselben, an vieles von allem, was das Interessanteste und Bedeutendste im Ganzen ist. Unter andern sind der segnende Graf, die schwangre Philine vor dem Spiegel, als ein warnendes Beyspiel der komischen Nemesis und der sterbend geglaubte Knabe, welcher ein Butterbrodt verlangt, gleichsam die ganz bürlesken Spitzen des Lustigen und Lächerlichen.

Wenn bescheidner Reiz den ersten Band dieses Romans, glänzende Schönheit den zweyten und tiefe Künstlichkeit und Absichtlichkeit den dritten unterscheidet; so ist Größe der eigentliche Karakter des letzten, und mit ihm des ganzen Werks. Selbst der Gliederbau ist erhabner, und Licht und Farben heller und höher; alles ist gediegen und hinreißend, und die ⟨177⟩ Überraschungen drängen sich. Aber nicht bloß die Dimensionen sind erweitert, auch die Menschen sind von größerem Schlage. Lothario, der Abbé und der Oheim sind gewissermaßen jeder auf seine Weise, der Genius des Buchs selbst; die andern sind nur seine Geschöpfe. Darum treten sie auch wie der alte Meister neben seinem Gemählde bescheiden in den Hintergrund zurück, obgleich sie aus diesem Gesichtspunkt eigentlich die Hauptpersonen sind. Der Oheim hat einen großen Sinn; der Abbé hat einen großen Verstand, und schwebt über dem Ganzen wie der Geist Gottes. Dafür daß er gern das Schicksal spielt, muß er auch im Buch die Rolle des Schicksals übernehmen. Lothario ist ein großer Mensch: der Oheim hat noch etwas Schwerfälliges, Breites, der Abbé etwas Magres, aber Lothario ist vollendet, seine Erscheinung ist einfach, sein Geist ist immer im Fortschreiten, und er hat keinen Fehler als den Erbfehler aller Größe, die Fähigkeit auch zerstören zu können. Er ist die himmelanstrebende Kuppel, jene sind die gewaltigen Pilaster, auf denen sie ruht. Diese architektonischen Naturen umfassen, tragen und erhalten das Ganze. Die andern, welche nach dem Maß von Ausführlichkeit der Darstellung die wichtigsten scheinen können, sind nur die kleinen Bilder und Verzierungen im Tempel. Sie interessiren den Geist unendlich, und es läßt sich auch gut darüber sprechen, ob man sie achten oder lieben soll und kann, aber für das Gemüth selbst bleiben es Marionetten, allegorisches Spielwerk. Nicht so Mignon, Sperata und ⟨178⟩ Augustino, die heilige Familie der Naturpoesie, welche dem Ganzen romantischen Zauber und

Musik geben, und im Übermaß ihrer eignen Seelengluth zu Grunde gehn. Es ist als wollte dieser Schmerz unser Gemüth aus allen seinen Fugen reißen: aber dieser Schmerz hat die Gestalt, den Ton einer klagenden Gottheit und seine Stimme rauscht auf den Wogen der Melodie daher wie die Andacht würdiger Chöre.

Es ist als sey alles Vorhergehende nur ein geistreiches interessantes Spiel gewesen, und als würde es nun Ernst. Der vierte Band ist eigentlich das Werk selbst; die vorigen Theile sind nur Vorbereitung. Hier öffnet sich der Vorhang des Allerheiligsten, und wir befinden uns plötzlich auf einer Höhe, wo alles göttlich und gelassen und rein ist, und von der Mignons Exequien so wichtig und so bedeutend erscheinen, als ihr nothwendiger Untergang.

(Die Fortsetzung folgt.)

Gespräch über die Poesie

⟨58⟩ Alle Gemüther, die sie lieben, befreundet und bindet Poesie mit unauflöslichen Banden. Mögen sie sonst im eignen Leben das Verschiedenste suchen, einer gänzlich verachten, was der andre am heiligsten hält, sich verkennen, nicht vernehmen, ewig fremd bleiben; in dieser Region sind sie dennoch durch höhere Zauberkraft einig und in Frieden. Jede Muse sucht und findet die andre, und alle Ströme der Poesie fließen zusammen in das allgemeine große Meer.

Die Vernunft ist nur eine und in allen dieselbe: wie aber jeder Mensch seine eigne Natur hat und seine eigne Liebe, so trägt auch jeder seine eigne Poesie in sich. Die muß ihm bleiben und soll ihm bleiben, so gewiß er der ist, der er ist, so gewiß nur irgend etwas Ursprüngliches in ihm war; und keine Kritik kann und darf ihm sein eigenstes Wesen, seine innerste Kraft rauben, um ihn zu einem allgemeinen Bilde ohne Geist und ohne Sinn zu läutern und zu reinigen, wie die Thoren sich bemühen, die nicht wissen was sie ⟨59⟩ wollen. Aber lehren soll ihn die hohe Wissenschaft ächter Kritik, wie er sich selbst bilden muß in sich selbst, und vor allem soll sie ihn lehren, auch jede andre selbständige Gestalt der Poesie in ihrer classischen Kraft und Fülle zu fassen, daß die Blüthe und der Kern fremder Geister Nahrung und Saame werde für seine eigne Fantasie.

Nie wird der Geist, welcher die Orgien der wahren Muse kennt, auf dieser Bahn bis ans Ende dringen, oder wähnen, daß er es erreicht: denn nie kann er eine Sehnsucht stillen, die aus der Fülle der Befriedigungen selbst sich ewig von neuem erzeugt. Unermeßlich und unerschöpflich ist die Welt der Poesie wie der Reichthum der belebenden Natur an Gewächsen, Thieren und Bildungen jeglicher Art, Gestalt und Farbe. Selbst die künstlichen Werke oder natürlichen Erzeugnisse, welche die Form und den Namen von Gedichten tragen, wird nicht leicht auch der umfassendste alle umfassen. Und was sind sie gegen die formlose und bewußtlose Poesie, die sich in der Pflanze regt, im Lichte strahlt, im Kinde lächelt, in der Blüthe der Jugend schimmert, in der liebenden Brust der Frauen glüht? – Diese aber ist die erste, ursprüngliche, ohne die es gewiß keine Poesie der Worte geben würde. Ja wir alle, die wir Menschen sind, haben immer und ewig keinen andern Gegenstand und keinen andern Stoff aller Thätigkeit und aller Freude, als das eine Gedicht der Gottheit, dessen Theil und Blüthe auch wir sind – die Erde. Die Musik des unendlichen Spielwerks zu vernehmen, die Schönheit des ⟨60⟩ Gedichts zu verstehen, sind wir fähig, weil auch ein Theil des Dichters, ein Funke seines schaffenden Geistes in uns lebt und tief unter der Asche der selbstgemachten Unvernunft mit heimlicher Gewalt zu glühen niemals aufhört.

Es ist nicht nöthig, daß irgend jemand sich bestrebe, etwa durch vernünftige Reden und Lehren die Poesie zu erhalten und fortzupflanzen, oder gar sie erst hervorzubringen, zu erfinden, aufzustellen und ihr strafende Gesetze zu geben, wie es die Theorie der Dichtkunst so gern möchte. Wie der Kern der Erde sich von selbst mit Gebilden und Gewächsen bekleidete, wie das Leben von selbst aus der Tiefe hervorsprang, und alles voll ward von Wesen die sich fröhlich vermehrten; so blüht auch Poesie von selbst aus der unsichtbaren Urkraft der Menschheit hervor, wenn der erwärmende Strahl der göttlichen Sonne sie trifft und befruchtet. Nur Gestalt und Farbe können es nachbildend ausdrücken, wie der Mensch gebildet ist; und so läßt sich auch eigentlich nicht reden von der Poesie als nur in Poesie.

Die Ansicht eines jeden von ihr ist wahr und gut, in so fern sie selbst Poesie ist. Da nun aber seine Poesie, eben weil es die seine ist, beschränkt seyn muß, so kann auch seine Ansicht der Poesie nicht anders als beschränkt seyn. Dieses kann der Geist nicht ertragen, ohne Zweifel weil er, ohne es zu wissen, es dennoch weiß, daß kein Mensch schlechthin nur ein Mensch ist, sondern zugleich auch die ganze Menschheit wirklich und in Wahrheit seyn kann und soll. Darum geht ⟨61⟩ der Mensch, sicher sich selbst immer wieder zu finden, immer von neuem aus sich heraus, um die Ergänzung seines innersten Wesens in der Tiefe eines fremden zu suchen und zu finden. Das Spiel der Mittheilung und der Annäherung ist das Geschäft und die Kraft des Lebens, absolute Vollendung ist nur im Tode.

Darum darf es auch dem Dichter nicht genügen, den Ausdruck seiner eigenthümlichen Poesie, wie sie ihm angebohren und angebildet wurde, in bleibenden Werken zu hinterlassen. Er muß streben, seine Poesie und seine Ansicht der Poesie ewig zu erweitern, und sie der höchsten zu nähern, die überhaupt auf der Erde möglich ist; dadurch daß er seinen Theil an das große Ganze auf die bestimmteste Weise anzuschließen strebt: denn die tödtende Verallgemeinerung wirkt gerade das Gegentheil.

Er kann es, wenn er den Mittelpunkt gefunden hat, durch Mittheilung mit denen, die ihn gleichfalls von einer andern Seite auf eine andre Weise gefunden haben. Die Liebe bedarf der Gegenliebe. Ja für den wahren Dichter kann selbst das Verkehr mit denen, die nur auf der bunten Oberfläche spielen, heilsam und lehrreich seyn. Er ist ein geselliges Wesen.

Für mich hatte es von jeher einen großen Reiz mit Dichtern und dichterisch Gesinnten über die Poesie zu reden. Viele Gespräche der Art habe ich nie vergessen, von andern weiß ich nicht genau, was der Fantasie und was der Erinnerung angehört; vieles ist wirklich darin, andres ersonnen. So das gegenwärtige, welches ganz verschiedene Ansichten gegen einan-⟨62⟩der stellen soll, deren jede aus ihrem Standpunkte den unendlichen Geist der Poesie in einem neuen Lichte zeigen kann, und die alle mehr oder minder bald von dieser bald von jener Seite in den eigentlichen Kern zu dringen streben. Das Interesse an dieser Vielseitigkeit erzeugte den Entschluß, was ich in einem Kreise von Freunden bemerkt und anfänglich nur in Beziehung auf sie gedacht hatte, allen denen mitzutheilen, die eigne Liebe im Busen spüren und gesonnen sind, in die heiligen Mysterien der Natur und der Poesie kraft ihrer innern Lebensfülle sich selbst einzuweihen.

Amalia und Camilla geriethen so eben über ein neues Schauspiel in ein Gespräch, das immer lebhafter wurde, als zwey von den erwarteten Freunden, die wir Marcus und Antonio nennen wollen, mit einem lauten Gelächter in die Gesellschaft traten. Nachdem jene beyden hinzugekommen, war diese nun so vollständig als sie sich gewöhnlich bey Amalien zu versammeln pflegte, um sich frey und froh mit ihrer gemeinschaftlichen Liebhaberey zu beschäftigen. Ohne Verabredung oder Gesetz fügte es sich meistens von selbst, daß Poesie der Gegenstand, die Veranlaßung, der Mittelpunkt ihres Beysammenseyns war. Bisher hatte bald dieser bald jener unter ihnen ein dramatisches Werk oder auch ein andres vorgelesen, worüber dann viel hin und her geredet, und manches Gute und Schöne gesagt ward. Doch fühlten bald alle mehr oder minder einen gewissen Mangel bey dieser Art der Unterhaltung. Amalia bemerkte den Umstand zuerst und wie ihm zu helfen seyn mögte. Sie ⟨63⟩ meynte, die Freunde wüßten nicht klar genug um die Verschiedenheit ihrer Ansichten. Dadurch werde die Mittheilung verworren, und schwiege mancher gar, der sonst wohl reden würde. Jeder, oder zunächst nur wer eben am meisten Lust habe, solle einmal seine Gedanken über Poesie, oder über einen Theil, eine Seite derselben von Grund des Herzens aussprechen, oder lieber ausschreiben, damit man's schwarz auf weiß besitze, wie's jeder meyne. Camilla stimmte ihrer

Freundin lebhaft bey, damit wenigstens einmal etwas neues geschähe, zur Abwechslung von dem ewigen Lesen. Der Streit, sagte sie, würde dann erst recht arg werden; und das müsse er auch, denn eher sey keine Hoffnung zum ewigen Frieden.

Die Freunde ließen sich den Vorschlag gefallen und legten sogleich Hand ans Werk, ihn auszuführen. Selbst Lothario, der sonst am wenigsten sagte und stritt, ja oft Stundenlang bey allem was die andern sagen und streiten mochten, stumm blieb und sich in seiner würdigen Ruhe nicht stören ließ, schien den lebhaftesten Antheil zu nehmen, und gab selbst Versprechungen, etwas vorzulesen. Das Interesse wuchs mit dem Werk und mit den Vorbereitungen dazu, die Frauen machten sich ein Fest daraus, und es wurde endlich ein Tag festgesetzt, an dem jeder vorlesen sollte, was er bringen würde. Durch alle diese Umstände war die Aufmerksamkeit gespannter, als gewöhnlich; der Ton des Gesprächs indessen blieb ganz so zwanglos und leicht wie er sonst unter ihnen zu seyn pflegte.

Camilla hatte mit vielem Feuer ein Schauspiel beschrieben und gerühmt, was am Tage zuvor gegeben war. ⟨64⟩ Amalia hingegen tadelte es, und behauptete, es sey von Kunst ja von Verstand durchaus keine Ahndung darin. Ihre Freundin gab dies sogleich zu; aber, sagte sie, es ist doch wild und lebendig genug, oder wenigstens können es gute Schauspieler, wenn sie guter Laune sind, dazu machen. – Wenn sie wirklich gute Schauspieler sind, sagte Andrea, indem er auf seine Rolle und nach der Thüre sah, ob die fehlenden nicht bald kommen würden; wenn sie wirklich gute Schauspieler sind, so müssen sie eigentlich alle gute Laune verlieren, daß sie die der Dichter erst machen sollen. – Ihre gute Laune, Freund, erwiederte Amalia, macht Sie Selbst zum Dichter; denn daß man dergleichen Schauspielschreiber Dichter heißt, ist doch nur ein Gedicht, und eigentlich viel ärger als wenn die Komödianten sich Künstler nennen oder nennen lassen. – Gönnt uns aber doch unsre Weise, sagte Antonio, indem er sichtbar Camillens Parthey nahm; wenn sich einmal durch glücklichen Zufall ein Funken von Leben, von Freude und Geist in der gemeinen Masse entwickelt, so wollen wirs lieber erkennen, als uns immer wiederholen, wie gemein nun eben die gemeine Masse ist. – Darüber ist ja grade der Streit, sagte Amalia; gewiß es hat sich in dem Stück von dem wir reden, gar nichts weiter entwickelt, als was sich fast alle Tage da entwickelt; eine gute Portion Albernheit. Sie fing hierauf an, Beyspiele anzuführen, worin sie aber bald gebeten wurde nicht länger fortzufahren, und in der That bewiesen sie nur zu sehr was sie beweisen sollten.

Camilla erwiederte dagegen, dieses treffe sie gar nicht, denn sie habe auf die Reden und Redensarten der ⟨65⟩ Personen im Stück nicht sonderlich Acht gegeben. – Man fragte sie, worauf sie denn geachtet habe, da es doch keine Operette sey? – Auf die äußre Erscheinung, sagte sie, die ich mir wie eine leichte Musik habe vorspielen lassen. Sie lobte dann eine der geistreichsten Schauspielerinnen, schilderte ihre Manieren, ihre schöne Kleidung, und äußerte ihre Verwunderung, daß man ein Wesen wie unser Theater so schwer nehmen könne. Gemein sey da in der Regel freylich fast alles; aber selbst im Leben, wo es einem doch näher träte, mache ja oft das Gemeine eine sehr romantische und angenehme Erscheinung. – Gemein in der Regel fast alles, sagte Lothario. Dieses ist sehr richtig. Wahrlich, wir sollten nicht mehr so häufig an einen Ort gehen, wo der von Glück zu sagen hat, der nicht vom Gedränge, von üblem Geruch oder von unangenehmen Nachbaren leidet. Man foderte einmal von einem Gelehrten eine Inschrift für das Schauspielhaus. Ich würde vorschlagen, daß man darüber setzte: Komm Wandrer und sieh das Platteste; welches dann in den meisten Fällen eintreffen würde.

Hier wurde das Gespräch durch die eintretenden Freunde unterbrochen, und wären sie zugegen gewesen, so dürfte der

Streit wohl eine andre Richtung und Verwicklung gewonnen haben, denn Marcus dachte nicht so über das Theater, und konnte die Hoffnung nicht aufgeben, daß etwas rechtes daraus werden müsse.

Sie traten, wie gesagt, mit einem unmäßigen Gelächter in die Gesellschaft, und aus den letzten ⟨66⟩ Worten, die man hören konnte, ließ sich schließen, daß ihre Unterhaltung sich auf die sogenannten classischen Dichter der Engländer bezog. Man sagte noch einiges über denselben Gegenstand, und Antonio, der sich gern bey Gelegenheit mit dergleichen polemischen Einfällen dem Gespräch einmischte, das er selten selbst führte, behauptete, die Grundsätze ihrer Kritik und ihres Enthusiasmus wären im Smith über den Nationalreichthum zu suchen. Sie wären nur froh, wenn sie wieder einen Classiker in die öffentliche Schatzkammer tragen könnten. Wie jedes Buch auf dieser Insel ein Essay, so werde da auch jeder Schriftsteller, wenn er nur seine gehörige Zeit gelegen habe, zum Classiker. Sie wären aus gleichem Grund und in gleicher Weise auf die Verfertigung der besten Scheeren stolz wie auf die der besten Poesie. So ein Engländer lese den Shakspeare eigentlich nicht anders wie den Pope, den Dryden, oder wer sonst noch Classiker sey; bey dem einen denke er eben nicht mehr als bey dem andern. – Marcus meynte, das goldne Zeitalter sey nun einmal eine moderne Krankheit, durch die jede Nation hindurch müsse, wie die Kinder durch die Pocken. – So müßte man den Versuch machen können, die Kraft der Krankheit durch Inoculation zu schwächen, sagte Antonio. Ludoviko, der mit seiner revoluzionären Philosophie das Vernichten gern im Großen trieb, fing an von einem *System der falschen Poesie* zu sprechen, was er darstellen wolle, die in diesem Zeitalter besonders bey Engländern und Franzosen grassirt habe und zum Theil noch grassire; der tiefe gründliche ⟨67⟩ Zusammenhang aller dieser falschen Tendenzen, die so schön übereinstimmen, eine die andre ergänzen und sich freundschaftlich auf halbem Wege entgegenkommen, sey eben so merkwürdig und lehrreich als unterhaltend und grotesk. Er wünschte sich nur Verse machen zu können, denn in einem komischen Gedicht müßte sich, was er meyne, eigentlich erst recht machen. Er wollte noch mehr davon sagen, aber die Frauen unterbrachen ihn und foderten den Andrea auf, daß er anfangen möchte; sonst wäre des Vorredens kein Ende. Nachher könnten sie ja desto mehr reden und streiten. Andrea schlug die Rolle auf und las.

Epochen der Dichtkunst.

Wo irgend lebendiger Geist in einem gebildeten Buchstaben gebunden erscheint, da ist Kunst, da ist Absonderung, Stoff zu überwinden, Werkzeuge zu gebrauchen, ein Entwurf und Gesetze der Behandlung. Darum sehn wir die Meister der Poesie sich mächtig bestreben, sie auf das vielseitigste zu bilden. Sie ist eine Kunst, und wo sie es noch nicht war, soll sie es werden, und wenn sie es wurde, erregt sie gewiß in denen die sie wahrhaft lieben, eine starke Sehnsucht, sie zu erkennen, die Absicht des Meisters zu verstehen, die Natur des Werks zu begreifen, den Ursprung der Schule, den Gang der Ausbildung zu erfahren. Die Kunst ruht auf dem Wissen, und die Wissenschaft der Kunst ist ihre Geschichte.

⟨68⟩ Es ist aller Kunst wesentlich eigen, sich an das Gebildete anzuschließen, und darum steigt die Geschichte von Geschlecht zu Geschlecht, von Stufe zu Stufe immer höher ins Alterthum zurück, bis zur ersten ursprünglichen Quelle.

Für uns Neuere, für Europa liegt diese Quelle in Hellas, und für die Hellenen und ihre Poesie war es Homeros und die alte Schule der Homeriden. Eine unversiegbare Quelle allbildsamer Dichtung war es, ein mächtiger Strom der Darstellung wo eine Woge des Lebens auf die andre rauscht, ein ruhiges Meer, wo sich die Fülle der Erde und der Glanz des Himmels freundlich spiegeln. Wie die Weisen den Anfang der Natur im Wasser suchen, so zeigt sich die älteste Poesie in flüßiger Gestalt.

Um zwey verschiedene Mittelpunkte vereinigte sich die Masse der Sage und des Gesanges. Hier ein großes gemeinsames Unternehmen, ein Gedränge von Kraft und Zwiespalt, der Ruhm des Tapfersten; dort die Fülle des Sinnlichen, Neuen, Fremden, Reizenden, das Glück einer Familie, ein Bild der gewandtesten Klugheit, wie ihr endlich die erschwerte Heimkehr dennoch gelingt. Durch diese ursprüngliche Absonderung ward das vorbereitet und gebildet, was wir Ilias und Odyssee nennen, und was in ihr eben einen festen Anhalt fand, um vor andern Gesängen der gleichen Zeit für die Nachwelt zu bleiben.

In dem Gewächs der Homerischen sehen wir gleichsam das Entstehen aller Poesie; aber die Wurzeln entziehn sich dem Blick, und die Blüthen und ⟨69⟩ Zweige der Pflanze treten unbegreiflich schön aus der Nacht des Alterthums hervor. Dieses reizend gebildete Chaos ist der Keim, aus welchem die Welt der alten Poesie sich organisirte.

Die epische Form verdarb schnell. Statt dessen erhob sich, auch bey den Joniern, die Kunst der Jamben, die im Stoff und in der Behandlung der grade Gegensatz der mythischen Poesie, und eben darum der zweyte Mittelpunkt der hellenischen Poesie war, und an und mit ihr die Elegie, welche sich fast eben so mannichfach verwandelte und umgestaltete wie das Epos.

Was Archilochos war, muß uns außer den Bruchstücken, Nachrichten und Nachbildungen des Horatius in den Epoden, die Verwandtschaft der Komödie des Aristophanes und selbst die entferntere der römischen Satire vermuthen lassen. Mehr haben wir nicht, die größte Lücke in der Kunstgeschichte auszufüllen. Doch leuchtet es jedem, der nachdenken will, ein, wie es ewig im Wesen der höchsten Poesie liege, auch in heiligen Zorn auszubrechen, und ihre volle Kraft an dem fremdesten Stoff, der gemeinen Gegenwart zu äußern.

Dieses sind die Quellen der hellenischen Poesie, Grundlage und Anfang. Die schönste Blüthe umfaßt die melischen, chorischen, tragischen und komischen Werke der Dorer, Aeolier und Athener von Alkman und Sappho bis zum Aristophanes. Was uns aus dieser wahrhaft goldenen Zeit in den höchsten Gattungen der Poesie übrig geblieben ist, trägt mehr oder minder einen schönen oder großen Styl, die Lebens-⟨70⟩kraft der Begeisterung und die Ausbildung der Kunst in göttlicher Harmonie.

Das Ganze ruht auf dem festen Boden der alten Dichtung, eins und untheilbar durch das festliche Leben freyer Menschen und durch die heilige Kraft der alten Götter.

Die melische Poesie schloß sich mit ihrer Musik aller schönen Gefühle zunächst an die jambische, in welcher der Drang der Leidenschaft, und die elegische, in welcher der Wechsel der Stimmung im Spiel des Lebens so lebendig erscheinen, daß sie für den Haß und die Liebe gelten können, durch welche das ruhige Chaos der homerischen Dichtung bewegt ward zu neuen Bildungen und Gestaltungen. Die chorischen Gesänge hingegen neigten sich mehr zum heroischen Geist des Epos, und trennten sich eben so einfach nach dem Übergewicht von gesetzlichem Ernst oder heiliger Freyheit in der Verfassung und Stimmung des Volks. Was Eros der Sappho eingab, athmete Musik; und wie die Würde des Pindaros gemildert wird durch den fröhlichen Reiz gymnastischer Spiele, so ahmten die Dithyramben in ihrer Ausgelassenheit auch wohl die kühnsten Schönheiten der Orchestik nach.

Stoff und Urbilder fanden die Stifter der tragischen Kunst im Epos, und wie dieses aus sich selbst die Parodie entwickelte, so spielten dieselben Meister, welche die Tragödie erfanden, in Erfindung Satyrischer Dramen.

Zugleich mit der Plastik entstand die neue Gat-⟨71⟩tung, ihr ähnlich in der Kraft der Bildung und im Gesetz des Gliederbaus.

Aus der Verbindung der Parodie mit den alten Jamben und als Gegensatz der Tragödie entsprang die Komödie, voll der höchsten Mimik die nur in Worten möglich ist.

Wie dort Handlungen und Begebenheiten, Eigenthümlichkeit und Leidenschaft, aus der gegebnen Sage zu einem schönen System harmonisch geordnet und gebildet wurden, so ward hier eine verschwenderische Fülle von Erfindung als Rhapsodie kühn hingeworfen, mit tiefem Verstand im scheinbaren Unzusammenhang.

Beyde Arten des attischen Drama griffen aufs wirksamste ins Leben ein, durch ihre Beziehung auf das Ideal der beyden großen Formen, in denen das höchste und einzige Leben, das Leben des Menschen unter Menschen erscheint. Den Enthusiasmus für die Republik finden wir beym Aeschylos und Aristophanes, ein hohes Urbild schöner Familie in den heroischen Verhältnissen der alten Zeit liegt dem Sophokles zum Grunde.

Wie Aeschylos ein ewiges Urbild der harten Größe und des nicht ausgebildeten Enthusiasmus, Sophokles aber der harmonischen Vollendung ist: so zeigt schon Euripides jene unergründliche Weichlichkeit, die nur dem versunkenen Künstler möglich ist, und seine Poesie ist oft nur die sinnreichste Declamation.

Diese erste Masse hellenischer Dichtkunst, das alte Epos, die Jamben, die Elegie, die festlichen Gesänge und Schauspiele; das ist die Poesie selbst. Alles, was ⟨72⟩ noch folgt, bis auf unsre Zeiten, ist Überbleibsel, Nachhall, einzelne Ahndung, Annäherung, Rückkehr zu jenem höchsten Olymp der Poesie.

Die Vollständigkeit nöthigt mich zu erwähnen, daß auch die ersten Quellen und Urbilder des didaskalischen Gedichts, die wechselseitigen Übergänge der Poesie und der Philosophie in dieser Blüthezeit der alten Bildung zu suchen sind: in den naturbegeisterten Hymnen der Mysterien, in den sinnreichen Lehren der gesellig sittlichen Gnome, in den allumfassenden Gedichten des Empedokles und andrer Forscher, und etwa in den Symposien, wo das philosophische Gespräch und die Darstellung desselben ganz in Dichtung übergeht.

Solche einzig große Geister wie Sappho, Pindaros, Aeschylos, Sophokles, Aristophanes kamen nicht wieder; aber noch gabs genialische Virtuosen wie Philoxenos, die den Zustand der Auflösung und Gährung bezeichnen, welcher den Übergang von der großen idealischen zur zierlichen gelehrten Poesie der Hellenen bildet. Ein Mittelpunkt für diese war Alexandrien. Doch nicht hier allein blühte ein classisches Siebengestirn tragischer Dichter; auch auf der attischen Bühne glänzte eine Schaar von Virtuosen, und wenn gleich die Dichtkünstler in allen Gattungen Versuche in Menge machten, jede alte Form nachzubilden oder umzugestalten, so war es doch die dramatische Gattung vor allen, in welcher sich die noch übrige Erfindungskraft dieses Zeitalters durch eine reiche Fülle der sinnreichsten und oft seltsamen neuen Verbindungen und Zusammensez-⟨73⟩zungen zeigte, theils im Ernst, theils zur Parodie. Doch blieb es auch wohl in dieser Gattung beym Zierlichen, Geistvollen, Künstlichen, wie in den andern, unter denen wir nur das Idyllion, als eine eigenthümliche Form dieses Zeitalters erwähnen; eine Form, deren Eigenthümliches aber fast nur im Formlosen besteht. Im Rhythmus und manchen Wendungen der Sprache und Darstellungsart folgt es einigermaßen dem epischen Styl; in der Handlung und im Gespräch den dorischen Mimen von einzelnen Scenen aus dem geselligen Leben in der lokalsten Farbe; im Wechselgesange den kunstlosen Liedern der Hirten; im erotischen Geist gleicht es der Elegie und dem Epigramm dieser Zeit, wo dieser Geist selbst in epische Werke einfloß, deren viele jedoch fast nur Form waren, wo der Künstler in der didaskalischen Gattung zu zeigen suchte, daß seine Darstellung auch den schwierigsten trockensten Stoff besiegen könne; in der mythischen hingegen, daß man auch den seltensten kenne, und auch den ältesten ausgebildetsten neu zu verjüngen und feiner umzubilden wisse; oder in zierlichen Parodien mit einem nur scheinbaren Objekt spielte. Überhaupt ging die Poesie dieser Zeit entweder auf die Künstlichkeit der Form, oder auf den sinnlichen Reiz des Stoffs, der selbst in der neuen attischen Komödie herrschte; aber das wollüstigste ist verloren.

Nachdem auch die Nachahmung erschöpft war, begnügte man sich neue Kränze aus den alten Blumen zu flechten, und Anthologien sind es, welche die hellenische Poesie beschließen. ⟨74⟩ Die Römer hatten nur einen kurzen Anfall von Poesie, während dessen sie mit großer Kraft kämpften und strebten, sich die Kunst ihrer Vorbilder anzueignen. Sie erhielten dieselben zunächst aus den Händen der Alexandriner; daher herrscht das Erotische und Gelehrte in ihren Werken, und muß auch, was die Kunst betrifft, der Gesichtspunkt bleiben, sie zu würdigen. Denn der Verständige läßt jedes Gebildete in seiner Sphäre, und beurtheilt es nur nach seinem eignen Ideale. Zwar erscheint Horatius in jeder Form interessant, und einen Menschen von dem Werth dieses Römers würden wir vergeblich unter den spätern Hellenen suchen; aber dieses allgemeine Interesse an ihm selbst ist mehr ein romantisches als ein Kunsturtheil, welches ihn nur in der Satire hoch stellen kann. Eine herrliche Erscheinung ists wenn die römische Kraft mit der hellenischen Kunst bis zur Verschmelzung Eins wird. So bildete Propertius eine große Natur durch die gelehrteste Kunst; der Strom inniger Liebe quoll mächtig aus seiner treuen Brust. Er darf uns über den Verlust hellenischer Elegiker trösten, wie Lucretius über den des Empedokles.

Während einiger Menschenalter wollte alles dichten in Rom, und jeder glaubte, er müsse die Musen begünstigen und ihnen wieder aufhelfen; und das nannten sie ihre goldne Zeit der Poesie. Gleichsam die taube Blüthe in der Bildung dieser Nation. Die Modernen sind ihnen darin gefolgt; was unter Augustus und Maecenas geschah, war eine Vorbedeutung auf die Cinquecantisten Italiens. Ludwig der vier-⟨75⟩zehnte versuchte denselben Frühling des Geistes in Frankreich zu erzwingen, auch die Engländer kamen überein, den Geschmack unter der Königin Anna für den besten zu halten, und keine Nation wollte fernerhin ohne ihr goldnes Zeitalter bleiben; jedes folgende war leerer und schlechter noch als das vorhergehende, und was sich die Deutschen zuletzt als golden eingebildet haben, verbietet die Würde dieser Darstellung näher zu bezeichnen.

Ich kehre zurück zu den Römern. Sie hatten, wie gesagt, nur einen Anfall von Poesie, die ihnen eigentlich stets widernatürlich blieb. Einheimisch war bey ihnen nur die Poesie der Urbanität, und mit der einzigen Satire haben sie das Gebiet der Kunst bereichert. Es nahm dieselbe unter jedem Meister eine neue Gestalt an, indem sich der große alte Styl der römischen Geselligkeit und des römischen Witzes bald die classische Kühnheit des Archilochos und der alten Komödie aneignete, bald aus der sorglosen Leichtigkeit eines Improvisatore zur saubersten Eleganz eines correcten Hellenen bildete, bald mit Stoischem Sinn und im gediegensten Styl zur großen alten Weise der Nation zurückkehrte, bald sich der Begeisterung des Hasses überließ. Durch die Satire erscheint in neuem Glanz, was noch von der Urbanität der ewigen Roma im Catullus lebt, im Martialis, oder sonst einzeln und zerstreut. Die Satire giebt uns einen römischen Standpunkt für die Produkte des römischen Geistes.

Nachdem die Kraft der Poesie so schnell erloschen als zuvor gewachsen war, nahm der Geist der Men-⟨76⟩schen eine andre

Richtung, die Kunst verschwand im Gedränge der alten und der neuen Welt, und über ein Jahrtausend verstrich, ehe wieder ein großer Dichter im Occident aufstand. Wer Talent zum Reden hatte, widmete sich bey den Römern gerichtlichen Geschäften, und wenn er ein Hellene war, hielt er populäre Vorlesungen über allerley Philosophie. Man begnügte sich, die alten Schätze jeder Art zu erhalten, zu sammeln, zu mischen, abzukürzen und zu verderben; und wie in andern Zweigen der Bildung, so zeigt sich auch in der Poesie nur selten eine Spur von Originalität, einzeln und ohne Nachdruck; nirgends ein Künstler, kein classisches Werk in so langer Zeit. Dagegen war die Erfindung und Begeisterung in der Religion um so reger; in der Ausbildung der neuen, in den Versuchen zur Umbildung der alten, in der mystischen Philosophie müssen wir die Kraft jener Zeit suchen, die in dieser Rücksicht groß war, eine Zwischenwelt der Bildung, ein fruchtbares Chaos zu einer neuen Ordnung der Dinge, das wahre Mittelalter.

Mit den Germaniern strömte ein unverdorbener Felsenquell von neuem Heldengesang über Europa, und als die wilde Kraft der Gothischen Dichtung durch Einwirkung der Araber mit einem Nachhall von den reizenden Wundermährchen des Orients zusammentraf, blühte an der südlichen Küste gegen das Mittelmeer ein fröhliches Gewerbe von Erfindern lieblicher Gesänge und seltsamer Geschichten, und bald in dieser bald in jener Gestalt verbreitete sich mit der heiligen ⟨77⟩ lateinischen Legende auch die weltliche Romanze, von Liebe und von Waffen singend.

Die katholische Hierarchie war unterdessen ausgewachsen; die Jurisprudenz und die Theologie zeigte manchen Rückweg zum Alterthum. Diesen betrat, Religion und Poesie verbindend, der große Dante, der heilige Stifter und Vater der modernen Poesie. Von den Altvordern der Nation lernte er das eigenste und sonderbarste, das heiligste und das süßeste der neuen gemeinen Mundart zu classischer Würde und Kraft zusammenzudrängen, und so die provenzalische Kunst der Reime zu veredeln; und da ihm nicht bis zur Quelle zu steigen vergönnt war, konnten ihm auch Römer den allgemeinen Gedanken eines großen Werkes von geordnetem Gliederbau mittelbar anregen. Mächtig faßte er ihn, in Einen Mittelpunkt drängte sich die Kraft seines erfindsamen Geistes zusammen, in Einem ungeheuren Gedicht umfaßte er mit starken Armen seine Nation und sein Zeitalter, die Kirche und das Kaiserthum, die Weisheit und die Offenbarung, die Natur und das Reich Gottes. Eine Auswahl des Edelsten und des Schändlichsten was er gesehn, des Größten und des Seltsamsten, was er ersinnen konnte; die offenherzigste Darstellung seiner selbst und seiner Freunde, die herrlichste Verherrlichung der Geliebten; alles treu und wahrhaftig im Sichtbaren und voll geheimer Bedeutung und Beziehung aufs Unsichtbare.

Petrarca gab der Canzone und dem Sonett Vollendung und Schönheit. Seine Gesänge sind der Geist seines Lebens, und ein Hauch beseelt und bildet sie zu ⟨78⟩ Einem untheilbaren Werk; die ewige Roma auf Erden und Madonna im Himmel als Wiederschein der einzigen Laura in seinem Herzen versinnlichen und halten in schöner Freyheit die geistige Einheit des ganzen Gedichts. Sein Gefühl hat die Sprache der Liebe gleichsam erfunden, und gilt nach Jahrhunderten noch bey allen Edlen, wie Boccaccio's Verstand eine unversiegbare Quelle merkwürdiger meistens wahrer und sehr gründlich ausgearbeiteter Geschichten für die Dichter jeder Nation stiftete, und durch kraftvollen Ausdruck und großen Periodenbau die Erzählungs-Sprache der Conversazion zu einer soliden Grundlage für die Prosa des Romans erhob. So streng in der Liebe Petrarca's Reinheit, so materiell ist Boccaccio's Kraft, der es lieber wählte, alle reizende Frauen zu trösten, als eine zu vergöttern. In der Canzone durch fröhliche Anmuth und geselligen Scherz nach dem Meister neu zu seyn, gelang ihm glücklicher als diesem, in der Vision und Terzine dem großen Dante ähnlich zu werden.

Diese drey sind die Häupter vom alten Styl der modernen Kunst; ihren Werth soll der Kenner verstehn, dem Gefühl des Liebhabers bleibt grade das Beste und Eigenste in ihnen hart oder doch fremd.

Aus solchen Quellen entsprungen, konnte bey der vorgezognen Nation der Italiäner der Strom der Poesie nicht wieder versiegen. Jene Erfinder zwar ließen keine Schule sondern nur Nachahmer zurück: dagegen entstand schon früh ein neues Gewächs. Man wandte die Form und Bildung der nun wieder ⟨79⟩ zur Kunst gewordnen Poesie auf den abentheuerlichen Stoff der Ritterbücher an, und so entstand das Romanzo der Italiäner, ursprünglich schon zu geselligen Vorlesungen bestimmt, und die alterthümlichen Wundergeschichten durch einen Anhauch von geselligem Witz und geistiger Würze zur Groteske laut oder leise verwandelnd. Doch ist dieses Groteske selbst im Ariosto, der das Romanzo wie Boyardo mit Novellen, und nach dem Geist seiner Zeit mit schönen Blüthen aus den Alten schmückte, und in der Stanze eine hohe Anmuth erreichte, nur einzeln, nicht im Ganzen, das kaum diesen Namen verdient. Durch diesen Vorzug und durch seinen hellen Verstand steht er über seinem Vorgänger; die Fülle klarer Bilder und die glückliche Mischung von Scherz und Ernst macht ihn zum Meister und Urbilde in leichter Erzählung und sinnlichen Fantasien. Der Versuch, das Romanzo durch einen würdigen Gegenstand und durch classische Sprache zur antiken Würde der Epopöe zu erheben, das man sich als ein großes Kunstwerk aller Kunstwerke für die Nation, und nach seinem allegorischen Sinn noch besonders für die Gelehrten dachte, blieb, so oft er auch wiederhohlt wurde, nur ein Versuch, der den rechten Punkt nicht treffen konnte. Auf einem andern ganz neuen, aber nur einmal anwendbaren Wege gelang es dem Guarini, im Pastorfido, dem größten ja einzigen Kunstwerke der Italiäner nach jenen Großen, den romantischen Geist und die classische Bildung zur schönsten Harmonie zu verschmelzen, wo-⟨80⟩durch er auch dem Sonett neue Kraft und neuen Reiz gab.

Die Kunstgeschichte der Spanier, die mit der Poesie der Italiäner aufs innigste vertraut waren, und die der Engländer, deren Sinn damals für das Romantische, was etwa durch die dritte vierte Hand zu ihnen gelangte, sehr empfänglich war, drängt sich zusammen in die von der Kunst zweyer Männer, des Cervantes und Shakspeare, die so groß waren, daß alles übrige gegen sie nur vorbereitende, erklärende, ergänzende Umgebung scheint. Die Fülle ihrer Werke und der Stufengang ihres unermeßlichen Geistes wäre allein Stoff für eine eigne Geschichte. Wir wollen nur den Faden derselben andeuten, in welche bestimmte Massen das Ganze zerfällt, oder wo man wenigstens einige feste Punkte und die Richtung sieht.

Da Cervantes zuerst die Feder statt des Degens ergriff, den er nicht mehr führen konnte, dichtete er die Galatea, eine wunderbar große Composition von ewiger Musik der Fantasie und der Liebe, den zartesten und lieblichsten aller Romane; außerdem viele Werke, so die Bühne beherrschten, und wie die göttliche Numancia des alten Kothurns würdig waren. Dieses war die erste große Zeit seiner Poesie; ihr Charakter war hohe Schönheit, ernst aber lieblich.

Das Hauptwerk seiner zweyten Manier ist der erste Theil des Don Quixote, in welchem der fantastische Witz und eine verschwenderische Fülle kühner Erfindung herrschen. Im gleichen Geist und wahrscheinlich auch um dieselbe Zeit dichtete er auch viele ⟨81⟩ seiner Novellen, besonders die komischen. In den letzten Jahren seines Lebens gab er dem herrschenden Geschmack im Drama nach, und nahm es aus diesem Grunde zu nachläßig; auch im zweyten Theil des Don Quixote nahm er Rücksicht auf Urtheile; es blieb ihm ja doch frey, sich selbst zu genügen, und diese an die erste überall angebildete Masse des einzig in zwey getrennten und aus zweyen verbundenen Werks, das hier gleichsam in sich selbst zurückkehrt, mit unergründlichem Verstand in die tiefste Tiefe auszuarbeiten. Den großen Persiles dichtete er mit sinnreicher Künstlichkeit in einer ernsten, dunkeln Manier nach seiner Idee vom Roman des Heliodor; was er noch dichten wollte, vermuthlich in der Gattung des Ritterbuchs und des dramatisirten Romans, so wie den zweyten Theil der Galatea zu vollenden, verhinderte ihn der Tod.

Vor Cervantes war die Prosa der Spanier im Ritterbuch auf eine schöne Art alterthümlich, im Schäferroman blühend, und ahmte im romantischen Drama das unmittelbare Leben in der Sprache des Umgangs scharf und genau nach. Die lieblichste Form für zarte Lieder, voll Musik oder sinnreicher Tändeley, und die Romanze, gemacht um mit Adel und Einfalt edle und rührende alte Geschichte ernst und treu zu erzählen, waren von Alters her in diesem Lande einheimisch. Weniger war dem Shakspeare vorgearbeitet; fast nur durch die bunte Mannichfaltigkeit der Engländischen Bühne, für die bald Gelehrte, bald Schauspieler, Vornehme und Hofnarren arbeiteten, wo Mysterien aus der Kindheit des Schauspiels oder ⟨82⟩ altenglische Possen mit fremden Novellen, mit vaterländischen Historien und andern Gegenständen wechselten; in jeder Manier und in jeder Form, aber nichts was wir Kunst nennen dürften. Doch war es für den Effekt und selbst für die Gründlichkeit ein glücklicher Umstand, daß früh schon Schauspieler für die Bühne arbeiteten, die doch durchaus nicht auf den Glanz der äußern Erscheinung berechnet war, und daß im historischen Schauspiel die Einerleyheit des Stoffs, den Geist des Dichters und des Zuschauers auf die Form lenken mußte.

Shakspeare's frühste Werke*) müssen mit dem Auge betrachtet werden, mit welchem der Kenner die Alterthümer der italiänischen Mahlerkunst verehrt. Sie sind ohne Perspektive und andre Vollendung, aber gründlich, groß und voll Verstand, und in ihrer Gattung nur durch die Werke aus der schönsten Manier desselben Meisters übertroffen. Wir rechnen dahin den Locrinus, wo der höchste Kothurn in Gothischer Mundart mit der derben altenglischen Lustigkeit grell verbunden ist, den göttlichen Perikles, und andre Kunstwerke des einzigen Meisters, die der Aberwitz seichter Schriftgelehrten ihm gegen alle Geschichte abgesprochen, oder die Dummheit derselben nicht anerkannt hat. Wir ⟨83⟩ setzen, daß diese Produkte früher sind als der Adonis und die Sonette, weil keine Spur darin ist von der süßen lieblichen Bildung, von dem schönen Geist, der mehr oder minder in allen spätern Dramen des Dichters athmet, am meisten in denen der höchsten Blüthe. Liebe, Freundschaft und edle Gesellschaft wirkten nach seiner Selbstdarstellung eine schöne Revoluzion in seinem Geiste; die Bekanntschaft mit den zärtlichen Gedichten des bey den Vornehmen beliebten Spenser gab seinem neuen romantischen Schwunge Nahrung, und dieser mochte ihn zur Lektüre der Novellen führen, die er mehr als zuvor geschehn war, für die Bühne mit dem tiefsten Verstande umbildete, neu construirte und fantastisch reizend dramatisirte. Diese Ausbildung floß nun auch auf die historischen Stücke zurück, gab ihnen mehr Fülle, Anmuth und Witz, und hauchte allen seinen Dramen den romantischen Geist ein, der sie in Verbindung mit der tiefen Gründ-

*) Über die sogenannten unächten Stücke von Shakspeare und die Beweise ihrer Ächtheit dürfen wir den Freunden des Dichters eine ausführliche Untersuchung von *Tieck* versprechen, dessen gelehrte Kenntniß und originelle Ansicht derselben die Aufmerksamkeit des Verfassers zuerst auf jene interessante kritische Frage lenkte.

lichkeit am eigensten charakterisirt, und sie zu einer romantischen Grundlage des modernen Drama constituirt, die dauerhaft genug ist für ewige Zeiten.

Von den zuerst dramatisirten Novellen erwähnen wir nur den Romeo und *Love's labour's lost*, als die lichtesten Punkte seiner jugendlichen Fantasie, die am nächsten an Adonis und die Sonette gränzen. In drey Stücken von Heinrich dem Sechsten und Richard dem Dritten sehn wir einen stätigen Übergang aus der ältern noch nicht romantisirten Manier in die große. An diese Masse adstruirte er die von Richard dem Zweyten bis Heinrich dem Fünften; und dieses ⟨84⟩ Werk ist der Gipfel seiner Kraft. Im Macbeth und Lear sehn wir die Gränzzeichen der männlichen Reife und der Hamlet schwebt unauflöslich im Übergang von der Novelle zu dem was diese Tragödien sind. Für die letzte Epoche erwähnen wir den Sturm, Othello und die römischen Stücke; es ist unermeßlich viel Verstand darin, aber schon etwas von der Kälte des Alters.

Nach dem Tode dieser Großen erlosch die schöne Fantasie in ihren Ländern. Merkwürdig genug bildete sich nun sogleich die bis dahin roh gebliebene Philosophie zur Kunst, erregte den Enthusiasmus herrlicher Männer und zog ihn wieder ganz an sich. In der Poesie dagegen gab es zwar vom Lope de Vega bis zum Gozzi manche schätzbare Virtuosen, aber doch keine Poeten, und auch jene nur für die Bühne. Übrigens wuchs die Fülle der falschen Tendenzen in allen gelehrten und populären Gattungen und Formen immer mehr. Aus oberflächlichen Abstractionen und Räsonnements, aus dem misverstandenen Alterthum und dem mittelmäßigen Talent entstand in Frankreich ein umfassendes und zusammenhängendes System von falscher Poesie, welches auf einer gleich falschen Theorie in der Dichtkunst ruhete; und von hier aus verbreitete sich diese schwächliche Geisteskrankheit des sogenannten guten Geschmackes fast über alle Länder Europa's. Die Franzosen und die Engländer constituirten sich nun ihre verschiedenen goldenen Zeitalter, und wählten sorgfältig als würdige Repräsentanten der Nation im Pantheon des Ruhms ihre Zahl von Classikern aus ⟨85⟩ Schriftstellern, die sämmtlich in einer Geschichte der Kunst keine Erwähnung finden können.

Indessen erhielt sich doch auch hier wenigstens eine Tradition, man müsse zu den Alten und zur Natur zurückkehren, und dieser Funken zündete bey den Deutschen, nachdem sie sich durch ihre Vorbilder allmählig durchgearbeitet hatten. Winkelmann lehrte das Alterthum als ein Ganzes betrachten, und gab das erste Beyspiel, wie man eine Kunst durch die Geschichte ihrer Bildung begründen solle. Goethe's Universalität gab einen milden Widerschein von der Poesie fast aller Nationen und Zeitalter; eine unerschöpflich lehrreiche Suite von Werken, Studien, Skizzen, Fragmenten, Versuchen in jeder Gattung und in den verschiedensten Formen. Die Philosophie gelangte in wenigen kühnen Schritten dahin, sich selbst und den Geist des Menschen zu verstehen, in dessen Tiefe sie den Urquell der Fantasie und das Ideal der Schönheit entdecken, und so die Poesie deutlich anerkennen mußte, deren Wesen und Daseyn sie bisher auch nicht geahndet hatte. Philosophie und Poesie, die höchsten Kräfte des Menschen, die selbst zu Athen jede für sich in der höchsten Blüthe doch nur einzeln wirkten, greifen nun in einander, um sich in ewiger Wechselwirkung gegenseitig zu beleben und zu bilden. Das Übersetzen der Dichter und das Nachbilden ihrer Rhythmen ist zur Kunst und die Kritik zur Wissenschaft geworden, die alte Irrthümer vernichtet und neue Aussichten in die Kenntniß des Alterthums eröff-⟨86⟩net, in deren Hintergrunde sich eine vollendete Geschichte der Poesie zeigt.

Es fehlt nichts, als daß die Deutschen diese Mittel ferner brauchen, daß sie dem Vorbilde folgen, was Goethe aufgestellt hat, die Formen der Kunst überall bis auf den Ursprung erforschen, um sie neu beleben oder verbinden zu können, und daß sie auf die Quellen ihrer eignen Sprache und Dichtung zurückgehn, und die alte Kraft, den hohen Geist wieder frey machen, der noch in den Urkunden der vaterländischen Vorzeit vom Liede der Nibelungen bis zum Flamming und Weckherlin bis jetzt verkannt schlummert: so wird die Poesie, die bey keiner modernen Nation so ursprünglich ausgearbeitet und vortrefflich erst eine Sage der Helden, dann ein Spiel der Ritter, und endlich ein Handwerk der Bürger war, nun auch bey eben derselben eine gründliche Wissenschaft wahrer Gelehrten und eine tüchtige Kunst erfindsamer Dichter seyn und bleiben.

Camilla. Sie haben die Franzosen ja fast gar nicht erwähnt.

Andrea. Es ist ohne besondre Absicht geschehn; ich fand eben keine Veranlassung.

Antonio. Er hätte an dem Beyspiel der großen Nation wenigstens zeigen können, wie man eine seyn kann, ohne alle Poesie.

Camilla. Und darstellen wie man ohne Poesie lebt.

⟨87⟩ *Ludoviko.* Er hat mir durch diese Tücke auf eine indirekte Art mein polemisches Werk über die Theorie der falschen Poesie vorwegnehmen wollen.

Andrea. Es wird nur auf Sie ankommen, so habe ich, was Sie thun wollen nur leise angekündigt.

Lothario. Da Sie bey Erwähnung der Übergänge aus Poesie in Philosophie und aus Philosophie in Poesie, des Plato als Dichter erwähnten, wofür die Muse Ihnen lohne, horchte ich nachher auch auf den Namen des Tacitus. Diese durchgebildete Vollendung des Styls, diese gediegene und helle Darstellung, die wir in den großen Historien des Alterthums finden, sollte dem Dichter ein Urbild seyn. Ich bin überzeugt, dieses große Mittel ließe sich noch gebrauchen.

Marcus. Und vielleicht ganz neu anwenden.

Amalia. Wenn das so fortgeht, wird sich uns, ehe wirs uns versehen, eins nach dem andern in Poesie verwandeln. Ist denn alles Poesie?

Lothario. Jede Kunst und jede Wissenschaft die durch die Rede wirkt, wenn sie als Kunst um ihrer selbst willen geübt wird, und wenn sie den höchsten Gipfel erreicht, erscheint als Poesie.

Ludoviko. Und jede, die auch nicht in den Worten der Sprache ihr Wesen treibt, hat einen unsichtbaren Geist, und der ist Poesie.

Marcus. Ich stimme in vielen ja fast in den meisten Punkten mit Ihnen überein. Nur wünschte ich, Sie hätten noch mehr Rücksicht auf die Dichtarten genommen; oder um mich besser auszudrücken, ich ⟨88⟩ wünschte, daß eine bestimmtere Theorie derselben aus Ihrer Darstellung hervorginge.

Andrea. Ich habe mich in diesem Stück ganz in den Gränzen der Geschichte halten wollen.

Ludoviko. Sie könnten sich immerhin auch auf die Philosophie berufen. Wenigstens habe ich noch in keiner Eintheilung den ursprünglichen Gegensatz der Poesie so wiedergefunden, als in Ihrer Gegeneinanderstellung der epischen und der jambischen Dichtungsart.

Andrea. Die doch nur historisch ist.

Lothario. Es ist natürlich, daß wenn die Poesie auf eine so große Weise entsteht, wie in jenem glücklichen Lande, sie sich auf zwiefache Art äußert. Sie bildet entweder eine Welt aus sich heraus, oder sie schließt sich an die äußre, welches im Anfang nicht durch Idealisiren sondern auf eine feindliche und harte Art geschehen wird. So erkläre ich mir die epische und die jambische Gattung.

Amalia. Mich schauderts immer, wenn ich ein Buch aufschlage, wo die Fantasie und ihre Werke Rubrikenweise classifizirt werden.

Marcus. Solche verabscheuungswürdige Bücher wird Ihnen niemand zumuthen zu lesen. Und doch ist eine Theorie der Dichtarten grade das, was uns fehlt. Und was kann sie anders seyn als eine Classifikation, die zugleich Geschichte und Theorie der Dichtkunst wäre?

Ludoviko. Sie würde uns darstellen wie und auf welche Weise die Fantasie eines – erdichteten ⟨89⟩ Dichters, der, als Urbild, der Dichter aller Dichter wäre, sich kraft ihrer Thätigkeit durch diese selbst nothwendig beschränken und theilen muß.

Amalia. Wie kann aber dieses künstliche Wesen zur Poesie dienen?

Lothario. Sie haben bis jetzt eigentlich wenig Ursache, Amalia, über dergleichen künstliches Wesen bey Ihren Freunden zu klagen. Es muß noch ganz anders kommen, wenn die Poesie wirklich ein künstliches Wesen werden soll.

Marcus. Ohne Absonderung findet keine Bildung Statt, und Bildung ist das Wesen der Kunst. Also werden Sie jene Eintheilungen wenigstens als Mittel gelten lassen.

Amalia. Diese Mittel werfen sich oft zum Zweck auf, und immer bleibt es ein gefährlicher Umweg, der gar zu oft den Sinn für das Höchste tödtet, ehe das Ziel erreicht ist.

Ludoviko. Der rechte Sinn läßt sich nicht tödten.

Amalia. Und welche Mittel zu welchem Zweck? Es ist ein Zweck, den man nur gleich oder nie erreichen kann. Jeder freye Geist sollte unmittelbar das Ideal ergreifen und sich der Harmonie hingeben, die er in seinem Innern finden muß, sobald er sie da suchen will.

Ludoviko. Die innere Vorstellung kann nur durch die Darstellung nach außen, sich selbst klarer und ganz lebendig werden.

⟨90⟩ *Marcus.* Und Darstellung ist Sache der Kunst, man stelle sich wie man auch wolle.

Antonio. Nun so sollte man die Poesie auch als Kunst behandeln. Es kann wenig fruchten, sie in einer kritischen Geschichte so zu betrachten, wenn die Dichter nicht selbst Künstler und Meister sind, mit sichern Werkzeugen zu bestimmten Zwecken auf beliebige Weise zu verfahren.

Marcus. Und warum sollten sie das nicht? Freylich müssen sie es und werden es auch. Das wesentlichste sind die bestimmten Zwecke, die Absonderung wodurch allein das Kunstwerk Umriß erhält und in sich selbst vollendet wird. Die Fantasie des Dichters soll sich nicht in eine chaotische Überhauptpoesie ergießen, sondern jedes Werk soll der Form und der Gattung nach einen durchaus bestimmten Charakter haben.

Antonio. Sie zielen schon wieder auf Ihre Theorie der Dichtarten. Wären Sie nur erst damit im Reinen.

Lothario. Es ist nicht zu tadeln, wenn unser Freund auch noch so oft darauf zurückkommt. Die Theorie der Dichtungsarten würde die eigenthümliche Kunstlehre der Poesie seyn. Ich habe oft im Einzelnen bestätigt gefunden, was ich im Allgemeinen schon wußte: daß die Principien des Rhythmus und selbst der gereimten Sylbenmaße musikalisch sind; was in der Darstellung von Charakteren, Situationen, Leidenschaften das Wesentliche, Innere ist, der Geist, dürfte in den bildenden und zeichnenden Künsten einheimisch ⟨91⟩ seyn. Die Diction selbst, obgleich sie schon unmittelbarer mit dem eigenthümlichen Wesen der Poesie zusammenhängt, ist ihr mit der Rhetorik gemein. Die Dichtungsarten sind eigentlich die Poesie selbst.

Marcus. Auch mit einer bündigen Theorie derselben bliebe noch vieles zu thun übrig, oder eigentlich alles. Es fehlt nicht an Lehren und Theorien, daß und wie die Poesie eine Kunst seyn und werden solle. Wird sie es aber dadurch wirklich? – Dieß könnte nur auf dem praktischen Wege geschehn, wenn mehre Dichter sich vereinigten eine Schule der Poesie zu stiften, wo der Meister den Lehrling wie in andern Künsten tüchtig angriffe und wacker plagte, aber auch im Schweiß seines Angesichts ihm eine solide Grundlage als Erbschaft hinterließe, auf die der

Nachfolger dadurch von Anfang an im Vortheil nun immer größer und kühner fortbauen dürfte, um sich endlich auf der stolzesten Höhe frey und mit Leichtigkeit zu bewegen.

Andrea. Das Reich der Poesie ist unsichtbar. Wenn ihr nur nicht auf die äußre Form seht, so könnt ihr eine Schule der Poesie in ihrer Geschichte finden, größer als in irgend einer andern Kunst. Die Meister aller Zeiten und Nationen haben uns vorgearbeitet, uns ein ungeheures Capital hinterlassen. Dieß in der Kürze zu zeigen, war der Zweck meiner Vorlesung.

Antonio. Auch unter uns und ganz in der Nähe fehlt es nicht an Beyspielen, daß ein Meister, vielleicht ohne es zu wissen und zu wollen, den Nachfolgern gewaltig vorarbeitet. Wenn Voßens eigne Gedichte längst aus der Reihe der Dinge verschwun-⟨92⟩den sind, wird sein Verdienst als Übersetzer und Sprachkünstler, der eine neue Gegend mit unsäglicher Kraft und Ausdauer urbar gemacht, um so heller glänzen, je mehr seine vorläufigen Arbeiten durch nachfolgende, bessere übertroffen werden, weil man dann einsehn wird, daß diese nur durch jene möglich gemacht worden waren.

Marcus. Bey den Alten gab es auch im eigentlichsten Sinne Schulen der Poesie. Und ich will es nicht leugnen, ich hege die Hoffnung, daß dieß noch jetzt möglich sey. Was ist wohl ausführbarer, und was zugleich wünschenswürdiger, als ein gründlicher Unterricht in der metrischen Kunst? Aus dem Theater kann gewiß nicht eher etwas rechtes werden, bis ein Dichter das Ganze dirigirt, und viele in einem Geiste dafür arbeiten. Ich deute nur auf einige Wege zur Möglichkeit, meine Idee auszuführen. Es könnte in der That das Ziel meines Ehrgeizes seyn, eine solche Schule zu vereinigen und so wenigstens einige Arten und einige Mittel der Poesie in einen gründlichen Zustand zu bringen.

Amalia. Warum wieder nur Arten und Mittel? – Warum nicht die ganze eine und untheilbare Poesie? – Unser Freund kann gar nicht von seiner alten Unart lassen; er muß immer sondern und theilen, wo doch nur das Ganze in ungetheilter Kraft wirken und befriedigen kann. Und ich hoffe, Sie werden doch Ihre Schule nicht so ganz allein stiften wollen?

Camilla. Sonst mag er auch sein eigner Schü-⟨93⟩ler bleiben, wenn er allein der Meister seyn will. Wir wenigstens werden uns auf die Art nicht in die Lehre geben.

Antonio. Nein gewiß, Sie sollen nicht von einem Einzelnen allein despotisirt werden, liebe Freundin; wir müssen Sie alle nach Gelegenheit belehren dürfen. Wir wollen alle Meister und Schüler zugleich seyn, bald dieses bald jenes wie es sich trifft. Und mich wird wohl das letzte am häufigsten treffen. Doch wäre ich gleich dabey, ein Schutz- und Trutzbündniß von und für die Poesie einzugehn, wenn ich nur die Möglichkeit einer solchen Kunstschule derselben einsehn könnte.

Ludoviko. Die Wirklichkeit würde das am besten entscheiden.

Antonio. Es müßte zuvor untersucht und ins Reine gebracht werden, ob sich Poesie überhaupt lehren und lernen läßt.

Lothario. Wenigstens wird es eben so begreiflich seyn, als daß sie überhaupt durch Menschenwitz und Menschenkunst aus der Tiefe ans Licht gelockt werden kann. Ein Wunder bleibt es doch; ihr mögt euch stellen wie ihr wollt.

Ludoviko. So ist es. Sie ist der edelste Zweig der Magie, und zur Magie kann der isolirte Mensch sich nicht erheben; aber wo irgend Menschentrieb durch Menschengeist verbunden zusammenwirkt, da regt sich magische Kraft. Auf diese Kraft habe ich gerechnet; ich fühle den geistigen Hauch wehen in der Mitte der Freunde; ich lebe nicht in Hoffnung sondern in Zu-⟨94⟩versicht der neuen Morgenröthe der neuen Poesie. Das übrige hier auf diesen Blättern, wenn es jetzt Zeit ist.

Antonio. Lassen Sie uns hören. Ich hoffe, wir finden in dem was Sie uns geben wollen, einen Gegensatz für Andrea's Epochen der Dichtkunst. So können wir dann eine Ansicht und eine Kraft als Hebel für die andre gebrauchen, und über beyde desto freyer und eingreifender disputiren, und wieder auf die große Frage zurückkommen, ob sich Poesie lehren und lernen läßt.

Camilla. Es ist gut, daß Ihr endlich ein Ende macht. Ihr wollt eben alles in die Schule nehmen und seyd nicht einmal Meister über die Redensarten, die Ihr führt; so daß ich nicht übel Lust hätte, mich zur Präsidentin zu constituiren und Ordnung im Gespräch zu schaffen.

Antonio. Nachher wollen wir Ordnung halten, und im Nothfalle an Sie appelliren. Jetzt lassen Sie uns hören.

Ludoviko. Was ich Euch zu geben habe und was mir sehr an der Zeit schien, zur Sprache zu bringen, ist eine

Rede über die Mythologie.

Bey dem Ernst, mit dem Ihr die Kunst verehrt, meine Freunde, will ich Euch auffordern, Euch selbst zu fragen: Soll die Kraft der Begeisterung auch in ⟨95⟩ der Poesie sich immerfort einzeln versplittern und wenn sie sich müde gekämpft hat gegen das widrige Element, endlich einsam verstummen? Soll das höchste heilige immer namenlos und formlos bleiben, im Dunkel dem Zufall überlassen? Ist die Liebe wirklich unüberwindlich, und giebt es wohl eine Kunst, die den Namen verdiente, wenn diese nicht die Gewalt hat, den Geist der Liebe durch ihr Zauberwort zu fesseln, daß er ihr folge und auf ihr Geheiß und nach ihrer nothwendigen Willkühr die schönen Bildungen beseelen muß? –

Ihr vor allen müßt wissen, was ich meyne. Ihr habt selbst gedichtet, und Ihr müßt es oft im Dichten gefühlt haben, daß es Euch an einem festen Halt für Euer Wirken gebrach, an einem mütterlichen Boden, einem Himmel, einer lebendigen Luft.

Aus dem Innern herausarbeiten das alles muß der moderne Dichter, und viele haben es herrlich gethan, aber bis jetzt nur jeder allein, jedes Werk wie eine neue Schöpfung von vorn an aus Nichts.

Ich gehe gleich zum Ziel. Es fehlt, behaupte ich, unsrer Poesie an einem Mittelpunkt, wie es die Mythologie für die der Alten war, und alles Wesentliche, worin die moderne Dichtkunst der antiken nachsteht, läßt sich in die Worte zusammenfassen: Wir haben keine Mythologie. Aber setze ich hinzu, wir sind nahe daran eine zu erhalten, oder vielmehr es wird Zeit, daß wir ernsthaft dazu mitwirken sollen, eine hervorzubringen.

Denn auf dem ganz entgegengesetzten Wege wird ⟨96⟩ sie uns kommen, wie die alte ehemalige, überall die erste Blüthe der jugendlichen Fantasie, sich unmittelbar anschließend und anbildend an das nächste, lebendigste der sinnlichen Welt. Die neue Mythologie muß im Gegentheil aus der tiefsten Tiefe des Geistes herausgebildet werden; es muß das künstlichste aller Kunstwerke seyn, denn es soll alle andern umfassen, ein neues Bette und Gefäß für den alten ewigen Urquell der Poesie und selbst das unendliche Gedicht, welches die Keime aller andern Gedichte verhüllt.

Ihr mögt wohl lächeln über dieses mystische Gedicht und über die Unordnung, die etwa aus dem Gedränge und der Fülle von Dichtungen entstehn dürfte. Aber die höchste Schönheit, ja die höchste Ordnung ist denn doch nur die des Chaos, nämlich eines solchen, welches nur auf die Berührung der Liebe wartet, um sich zu einer harmonischen Welt zu entfalten, eines solchen wie es auch die alte Mythologie und Poesie war. Denn Mythologie und Poesie, beyde sind Eins und unzertrennlich. Alle Gedichte des Alterthums schließen sich eines an das andre, bis sich aus immer größern Massen und Gliedern das Ganze bildet; alles greift in einander, und überall ist ein und derselbe Geist nur anders ausgedruckt. Und so ist es wahrlich kein leeres Bild, zu sagen: die alte Poesie sey ein einziges, untheilbares, vollendetes Gedicht. Warum sollte nicht wieder von neuem werden, was schon gewesen ist? Auf eine andre Weise versteht sich. Und warum nicht auf eine schönere, größere? –

Ich bitte Euch, nur dem Unglauben an die Mög-⟨97⟩lichkeit einer neuen Mythologie nicht Raum zu geben. Die Zweifel von allen Seiten und nach allen Richtungen sollen mir willkommen seyn, damit die Untersuchung desto freyer und reicher werde. Und nun schenkt meinen Vermuthungen ein aufmerksames Gehör! Mehr als Vermuthungen kann ich Euch nach der Lage der Sache nicht geben wollen. Aber ich hoffe, diese Vermuthungen sollen durch euch selbst zu Wahrheiten werden. Denn es sind, wenn Ihr sie dazu machen wollt, gewissermaßen Vorschläge zu Versuchen.

Kann eine neue Mythologie sich nur aus der innersten Tiefe des Geistes wie durch sich selbst herausarbeiten, so finden wir einen sehr bedeutenden Wink und eine merkwürdige Bestätigung für das was wir suchen in dem großen Phänomen des Zeitalters, im Idealismus! Dieser ist auf eben die Weise gleichsam wie aus Nichts entstanden, und es ist nun auch in der Geisterwelt ein fester Punkt constituirt, von wo aus die Kraft des Menschen sich nach allen Seiten mit steigender Entwicklung ausbreiten kann, sicher sich selbst und die Rückkehr nie zu verlieren. Alle Wissenschaften und alle Künste wird die große Revoluzion ergreifen. Schon seht Ihr sie in der Physik wirken, in welcher der Idealismus eigentlich schon früher für sich ausbrach, ehe sie noch vom Zauberstabe der Philosophie berührt war. Und dieses wunderbare große Faktum kann Euch zugleich ein Wink seyn über den geheimen Zusammenhang und die innre Einheit des Zeitalters. Der Idealismus, in praktischer Ansicht ⟨98⟩ nichts anders als der Geist jener Revoluzion, die großen Maximen derselben, die wir aus eigner Kraft und

Freyheit ausüben und ausbreiten sollen, ist in theoretischer Ansicht, so groß er sich auch hier zeigt, doch nur ein Theil, ein Zweig, eine Äußerungsart von dem Phänomene aller Phänomene, daß die Menschheit aus allen Kräften ringt, ihr Centrum zu finden. Sie muß wie die Sachen stehn, untergehn oder sich verjüngen. Was ist wahrscheinlicher, und was läßt sich nicht von einem solchen Zeitalter der Verjüngung hoffen? – Das graue Alterthum wird wieder lebendig werden, und die fernste Zukunft der Bildung sich schon in Vorbedeutungen melden. Doch das ist nicht das, worauf es mir zunächst hier ankommt: denn ich möchte gern nichts überspringen und Euch Schritt vor Schritt bis zur Gewißheit der allerheiligsten Mysterien führen. Wie es das Wesen des Geistes ist, sich selbst zu bestimmen und im ewigen Wechsel aus sich heraus zu gehn und in sich zurückzukehren; wie jeder Gedanke nichts anders ist, als das Resultat einer solchen Thätigkeit: so ist derselbe Proceß auch im Ganzen und Großen jeder Form des Idealismus sichtbar, der ja selbst nur die Anerkennung jenes Selbstgesetzes ist, und das neue durch die Anerkennung verdoppelte Leben, welches die geheime Kraft desselben durch die unbeschränkte Fülle neuer Erfindung, durch die allgemeine Mittheilbarkeit und durch die lebendige Wirksamkeit aufs herrlichste offenbart. Natürlich nimmt das Phänomen in jedem Individuum eine andre Gestalt an, wo denn oft der Erfolg hinter unsrer Erwartung zurückbleiben muß. Aber was nothwendige Gesetze ⟨99⟩ für den Gang des Ganzen erwarten lassen, darin kann unsre Erwartung nicht getäuscht werden. Der Idealismus in jeder Form muß auf eine oder die andre Art aus sich herausgehn, um in sich zurückkehren zu können, und zu bleiben was er ist. Deswegen muß und wird sich aus seinem Schooß ein neuer eben so gränzenloser Realismus erheben; und der Idealismus also nicht bloß in seiner Entstehungsart ein Beyspiel für die neue Mythologie, sondern selbst auf indirekte

Art Quelle derselben werden. Die Spuren einer ähnlichen Tendenz könnt ihr schon jetzt fast überall wahrnehmen; besonders in der Physik, der es an nichts mehr zu fehlen scheint, als an einer mythologischen Ansicht der Natur.

Auch ich trage schon lange das Ideal eines solchen Realismus in mir, und wenn es bisher nicht zur Mittheilung gekommen ist, so war es nur, weil ich das Organ dazu noch suche. Doch weiß ich, daß ichs nur in der Poesie finden kann, denn in Gestalt der Philosophie oder gar eines Systems wird der Realismus nie wieder auftreten können. Und selbst nach einer allgemeinen Tradition ist es zu erwarten, daß dieser neue Realismus, weil er doch idealischen Ursprungs seyn, und gleichsam auf idealischem Grund und Boden schweben muß, als Poesie erscheinen wird, die ja auf der Harmonie des Ideellen und Reellen beruhen soll.

Spinosa, scheint mirs, hat ein gleiches Schicksal, wie der gute alte Saturn der Fabel. Die neuen Götter haben den Herrlichen vom hohen Thron der Wissen-⟨100⟩schaft herabgestürzt. In das heilige Dunkel der Fantasie ist er zurückgewichen, da lebt und haust er nun mit den andern Titanen in ehrwürdiger Verbannung. Haltet ihn hier! Im Gesang der Musen verschmelze seine Erinnrung an die alte Herrschaft in eine leise Sehnsucht. Er entkleide sich vom kriegerischen Schmuck des Systems, und theile dann die Wohnung im Tempel der neuen Poesie mit Homer und Dante und geselle sich zu den Laren und Hausfreunden jedes Gottbegeisterten Dichters.

In der That, ich begreife kaum, wie man ein Dichter seyn kann, ohne den Spinosa zu verehren, zu lieben und ganz der seinige zu werden. In Erfindung des Einzelnen ist Eure eigne Fantasie reich genug; sie anzuregen, zur Thätigkeit zu reizen und ihr Nahrung zu geben, nichts geschickter als die Dichtungen andrer Künstler. Im Spinosa aber findet Ihr den Anfang und das Ende aller Fantasie, den allgemeinen Grund und Boden, auf dem Euer Einzelnes ruht und eben diese Absonderung des Ursprünglichen, Ewigen der Fantasie von allem Einzelnen und Besondern muß Euch sehr willkommen seyn. Ergreift die Gelegenheit und schaut hin! Es wird Euch ein tiefer Blick in die innerste Werkstätte der Poesie gegönnt. Von der Art wie die Fantasie des Spinosa, so ist auch sein Gefühl. Nicht Reizbarkeit für dieses und jenes, nicht Leidenschaft die schwillt und wieder sinket; aber ein klarer Duft schwebt unsichtbar sichtbar über dem Ganzen, überall findet die ewige Sehnsucht einen Anklang aus ⟨101⟩ den Tiefen des einfachen Werks, welches in stiller Größe den Geist der ursprünglichen Liebe athmet.

Und ist nicht dieser milde Widerschein der Gottheit im Menschen die eigentliche Seele, der zündende Funken aller Poesie? – Das bloße Darstellen von Menschen, von Leidenschaften und Handlungen macht es wahrlich nicht aus, so wenig wie die künstlichen Formen; und wenn Ihr den alten Kram auch Millionenmal durch einander würfelt und über einander wälzt. Das ist nur der sichtbare äußere Leib, und wenn die Seele erloschen ist, gar nur der todte Leichnam der Poesie. Wenn aber jener Funken des Enthusiasmus in Werke ausbricht, so steht eine neue Erscheinung vor uns, lebendig und in schöner Glorie von Licht und Liebe.

Und was ist jede schöne Mythologie anders als ein hieroglyphischer Ausdruck der umgebenden Natur in dieser Verklärung von Fantasie und Liebe?

Einen großen Vorzug hat die Mythologie. Was sonst das Bewußtseyn ewig flieht, ist hier dennoch sinnlich geistig zu schauen, und festgehalten, wie die Seele in dem umgebenden Leibe, durch den sie in unser Auge schimmert, zu unserm Ohre spricht.

Das ist der eigentliche Punkt, daß wir uns wegen des Höchsten nicht so ganz allein auf unser Gemüth verlassen. Freylich, wem es da trocken ist, dem wird es nirgends quillen; und das ist eine bekannte Wahrheit, gegen die ich am wenigsten gesonnen bin mich aufzulehnen. Aber wir sollen uns überall an das Gebildete anschließen und auch das Höchste durch die Berührung des Gleichartigen, Ähnlichen, oder bey ⟨102⟩ gleicher Würde Feindlichen entwickeln, entzünden, nähren, mit einem Worte bilden. Ist das Höchste aber wirklich keiner absichtlichen Bildung fähig; so laßt uns nur gleich jeden Anspruch auf irgend eine freye Ideenkunst aufgeben, die alsdann ein leerer Name seyn würde.

Die Mythologie ist ein solches Kunstwerk der Natur. In ihrem Gewebe ist das Höchste wirklich gebildet; alles ist Beziehung und Verwandlung, angebildet und umgebildet, und dieses Anbilden und Umbilden eben ihr eigentümliches Verfahren, ihr innres Leben, ihre Methode wenn ich so sagen darf.

Da finde ich nun eine große Ähnlichkeit mit jenem großen Witz der romantischen Poesie, der nicht in einzelnen Einfällen, sondern in der Construction des Ganzen sich zeigt, und den unser Freund uns schon so oft an den Werken des Cervantes und des Shakspeare entwickelt hat. Ja, diese künstlich geordnete Verwirrung, diese reizende Symmetrie von Widersprüchen, dieser wunderbare ewige Wechsel von Enthusiasmus und Ironie, der selbst in den kleinsten Gliedern des Ganzen lebt, scheinen mir schon selbst eine indirekte Mythologie zu seyn. Die Organisazion ist dieselbe und gewiß ist die Arabeske die älteste und ursprüngliche Form der menschlichen Fantasie. Weder dieser Witz noch eine Mythologie können bestehn ohne ein erstes Ursprüngliches und Unnachahmliches, was schlechthin unauflöslich ist, was nach allen Umbildungen noch die alte Natur und Kraft durchschimmern läßt, wo der naive Tiefsinn den Schein des Verkehrten ⟨103⟩ und Verrückten, oder des Einfältigen und Dummen durchschimmern läßt. Denn das ist der Anfang aller Poesie, den Gang und die

Gesetze der vernünftig denkenden Vernunft aufzuheben und uns wieder in die schöne Verwirrung der Fantasie, in das ursprüngliche Chaos der menschlichen Natur zu versetzen, für das ich kein schöneres Symbol bis jetzt kenne, als das bunte Gewimmel der alten Götter.

Warum wollt Ihr Euch nicht erheben, diese herrlichen Gestalten des großen Alterthums neu zu beleben? – Versucht es nur einmal die alte Mythologie voll vom Spinosa und von jenen Ansichten, welche die jetzige Physik in jedem Nachdenkenden erregen muß, zu betrachten, wie Euch alles in neuem Glanz und Leben erscheinen wird.

Aber auch die andern Mythologien müssen wieder erweckt werden nach dem Maaß ihres Tiefsinns, ihrer Schönheit und ihrer Bildung, um die Entstehung der neuen Mythologie zu beschleunigen. Wären uns nur die Schätze des Orients so zugänglich wie die des Alterthums! Welche neue Quelle von Poesie könnte uns aus Indien fließen, wenn einige deutsche Künstler mit der Universalität und Tiefe des Sinns, mit dem Genie der Übersetzung, das ihnen eigen ist, die Gelegenheit besäßen, welche eine Nation, die immer stumpfer und brutaler wird, wenig zu brauchen versteht. Im Orient müssen wir das höchste Romantische suchen, und wenn wir erst aus der Quelle schöpfen können, so wird uns vielleicht der Anschein von südlicher Gluth, der uns jetzt in der spanischen Poesie so rei-⟨104⟩zend ist, wieder nur abendländisch und sparsam erscheinen.

Überhaupt muß man auf mehr als einem Wege zum Ziel dringen können. Jeder gehe ganz den seinigen, mit froher Zuversicht, auf die individuellste Weise, denn nirgends gelten die Rechte der Individualität – wenn sie nur das ist, was das Wort bezeichnet, untheilbare Einheit, innrer lebendiger Zusammenhang – mehr als hier, wo vom Höchsten die Rede ist; ein Standpunkt, auf welchem ich nicht anstehen würde zu sagen, der eigentliche Werth ja die Tugend des Menschen sey seine Originalität. –

Und wenn ich einen so großen Accent auf den Spinosa lege, so geschieht es wahrlich nicht aus einer subjektiven Vorliebe (deren Gegenstände ich vielmehr ausdrücklich entfernt gehalten habe) oder um ihn als Meister einer neuen Alleinherrschaft zu erheben; sondern weil ich an diesem Beyspiel am auffallendsten und einleuchtendsten meine Gedanken vom Werth und der Würde der Mystik und ihrem Verhältniß zur Poesie zeigen konnte. Ich wählte ihn wegen seiner Objektivität in dieser Rücksicht als Repräsentanten aller übrigen. Ich denke darüber so. Wie die Wissenschaftslehre nach der Ansicht derer, welche die Unendlichkeit und die unvergängliche Fülle des Idealismus nicht bemerkt haben, wenigstens eine vollendete Form bleibt, ein allgemeines Schema für alle Wissenschaft: so ist auch Spinosa auf ähnliche Weise der allgemeine Grund und Halt für jede individuelle Art von Mystizismus; und dieses denke ich werden auch ⟨105⟩ die bereitwillig anerkennen, die weder vom Mystizismus noch vom Spinosa sonderlich viel verstehn.

Ich kann nicht schließen, ohne noch einmal zum Studium der Physik aufzufodern, aus deren dynamischen Paradoxien jetzt die heiligsten Offenbarungen der Natur von allen Seiten ausbrechen.

Und so laßt uns denn, beym Licht und Leben! nicht länger zögern, sondern jeder nach seinem Sinn die große Entwickelung beschleunigen, zu der wir berufen sind. Seyd der Größe des Zeitalters würdig, und der Nebel wird von Euren Augen sinken; es wird helle vor Euch werden. Alles Denken ist ein Diviniren, aber der Mensch fängt erst eben an, sich seiner divinatorischen Kraft bewußt zu werden. Welche unermeßliche Erweiterungen wird sie noch erfahren; und eben jetzt. Mich däucht wer das Zeitalter, das heißt jenen großen Proceß allgemeiner Verjüngung, jene Principien der ewigen Revoluzion verstünde, dem müsste es gelingen können, die Pole der Menschheit zu ergreifen und das Thun der ersten Menschen, wie den Charakter der goldnen Zeit die noch kommen wird, zu erkennen und zu wissen. Dann würde das Geschwätz aufhören, und der Mensch inne werden, was er ist, und würde die Erde verstehn und die Sonne.

Dieses ist es, was ich mit der neuen Mythologie meyne.

Antonio. Ich erinnerte mich während Ihrer Vorlesung an zwey Bemerkungen, die ich oft habe ‹106› hören müssen, und die mir nun weit klarer geworden sind als zuvor. Die Idealisten versicherten mich aller Orten, Spinosa sey wohl gut, nur sey er durch und durch unverständlich. In den kritischen Schriften fand ich dagegen, jedes Werk des Genie's sey zwar dem Auge klar, dem Verstande aber ewig geheim. Nach Ihrer Ansicht gehören diese Aussprüche zusammen, und ich ergötze mich aufrichtig an ihrer absichtslosen Symmetrie.

Lothario. Ich möchte unsern Freund darüber zur Rede stellen, daß er die Physik so einzig zu nennen schien, da er sich doch stillschweigends überall auf die Historie gründete, die wohl der eigentliche Quell seiner Mythologie seyn dürfte, eben so sehr als die Physik; wenn es anders erlaubt ist, einen alten Namen für etwas zu brauchen, was eben auch noch nicht existirt. Ihre Ansicht des Zeitalters indessen scheint mir so etwas, was den Namen einer historischen Ansicht in meinem Sinne verdient.

Ludoviko. Man knüpft da zunächst an, wo man die ersten Spuren des Lebens wahrnimmt. Das ist jetzt in der Physik.

Marcus. Ihr Gang war etwas rasch. Im einzelnen würde ich Sie oft bitten müssen, mir mit Erläuterungen Stand zu halten. Im Ganzen aber hat Ihre Theorie mir eine neue Aussicht über die didaktische, oder wie unser Philologe sie nennt, über die didaskalische Gattung gegeben. Ich sehe nun ein, wie dieses Kreuz aller bisherigen Eintheilungen nothwendig zur Poesie gehört. Denn unstreitig ist das ⟨107⟩ Wesen der Poesie eben diese höhere idealische Ansicht der Dinge, sowohl des Menschen als der äußern Natur. Es ist begreiflich, daß es vortheilhaft seyn kann, auch diesen wesentlichen Theil des Ganzen in der Ausbildung zu isoliren.

Antonio. Ich kann die didaktische Poesie nicht für eine eigentliche Gattung gelten lassen, so wenig wie die romantische. Jedes Gedicht soll eigentlich romantisch und jedes soll didaktisch seyn in jenem weitern Sinne des Wortes, wo es die Tendenz nach einem tiefen unendlichen Sinn bezeichnet. Auch machen wir diese Foderung überall, ohne eben den Namen zu gebrauchen. Selbst in ganz populären Arten wie z. B. im Schauspiel, fodern wir Ironie; wir fodern, daß die Begebenheiten, die Menschen, kurz das ganze Spiel des Lebens wirklich auch als Spiel genommen uns dargestellt sey. Dieses scheint uns das Wesentlichste, und was liegt nicht alles darin? – Wir halten uns also nur an die Bedeutung des Ganzen; was den Sinn, das Herz, den Verstand, die Einbildung einzeln reizt, rührt, beschäftigt und ergötzt, scheint uns nur Zeichen, Mittel zur Anschauung des Ganzen, in dem Augenblick, wo wir uns zu diesem erheben.

Lothario. Alle heiligen Spiele der Kunst sind nur ferne Nachbildungen von dem unendlichen Spiele der Welt, dem ewig sich selbst bildenden Kunstwerk.

Ludoviko. Mit andern Worten: alle Schönheit ist Allegorie. Das Höchste kann man eben weil es unaussprechlich ist, nur allegorisch sagen.

⟨108⟩ *Lothario.* Darum sind die innersten Mysterien aller Künste und Wissenschaften ein Eigenthum der Poesie. Von da ist alles ausgegangen, und dahin muß alles zurückfließen.

In einem idealischen Zustande der Menschheit würde es nur Poesie geben; nämlich die Künste und Wissenschaften sind alsdann noch eins. In unserm Zustande würde nur der wahre Dichter ein idealischer Mensch seyn und ein universeller Künstler.

Antonio. Oder die Mittheilung und Darstellung aller Künste und aller Wissenschaften kann nicht ohne einen poetischen Bestandtheil seyn.

Ludoviko. Ich bin Lothario's Meynung, daß die Kraft aller Künste und Wissenschaften sich in einem Centralpunkt begegnet, und hoffe zu den Göttern, Euch sogar aus der Mathematik Nahrung für Euren Enthusiasmus zu schaffen, und Euren Geist durch ihre Wunder zu entflammen. Ich zog die Physik aber auch darum vor, weil hier die Berührung am sichtbarsten ist. Die Physik kann kein Experiment machen ohne Hypothese, jede Hypothese auch die beschränkteste, wenn sie mit Consequenz gedacht wird, führt zu Hypothesen über das Ganze, ruht eigentlich auf solchen, wenn gleich ohne Bewußtseyn dessen der sie gebraucht. – Es ist in der That wunderbar, wie die Physik, sobald es ihr nicht um technische Zwecke, sondern um allgemeine Resultate zu thun ist, ohne es zu wissen, in Kosmogonie geräth, in Astrologie, Theosophie oder wie Ihrs sonst nennen wollt, kurz in eine mystische Wissenschaft vom Ganzen.

⟨109⟩ *Marcus.* Und sollte Plato von dieser nicht eben so viel gewußt haben als Spinosa, der mir wegen seiner barbarischen Form nun einmal nicht genießbar ist.

Antonio. Gesetzt, Plato wäre auch was er doch nicht ist, eben so objektiv in dieser Hinsicht als Spinosa: so war es doch besser, daß unser Freund den letzten wählte, um uns den Urquell der Poesie in den Mysterien des Realismus zu zeigen, grade weil bey ihm an keine Poesie der Form zu denken ist. Dem Plato hingegen ist die Darstellung und ihre Vollkommenheit und

Schönheit nicht Mittel, sondern Zweck an sich. Darum ist schon seine Form, streng genommen, durchaus poetisch.

Ludoviko. Ich habe in der Rede selbst gesagt, daß ich den Spinosa nur als Repräsentanten anführe. Hätte ich weitläuftiger seyn wollen, so würde ich auch vom großen Jacob Böhme geredet haben.

Antonio. An dem Sie zugleich hätten zeigen können, ob sich die Ideen über das Universum in christlicher Gestalt schlechter ausnehmen, als die alten, die Sie wieder einführen wollen.

Andrea. Ich bitte die alten Götter in Ehren zu halten.

Lothario. Und ich bitte sich an die Eleusinischen Mysterien zu erinnern. Ich wünschte, ich hätte meine Gedanken darüber zu Papiere gebracht, um sie Euch in der Ordnung und Ausführlichkeit vorlegen zu können, welche die Würde und Wichtigkeit des Gegenstandes erfodert. Nur durch die Spuren von den ⟨110⟩ Mysterien habe ich den Sinn der alten Götter verstehn lernen. Ich vermuthe, daß die Ansicht der Natur die da herrschte, den jetzigen Forschern, wenn sie schon reif dazu sind, ein großes Licht anzünden würde. Die kühnste und kräftigste, ja ich möchte fast sagen die wildeste und wüthendste Darstellung des Realismus ist die beste. – Erinnern Sie mich wenigstens daran, Ludoviko, daß ich Ihnen bey Gelegenheit das orphische Fragment bekannt mache, welches von dem doppelten Geschlecht des Zeus anfängt.

Marcus. Ich erinnre mich einer Andeutung im Winkelmann, aus der ich vermuthen möchte, daß er dieses Fragment eben so hoch geachtet wie Sie.

Camilla. Wäre es nicht möglich, daß Sie, Ludoviko, den Geist des Spinosa in einer schönen Form darstellen könnten; oder besser noch Ihre eigne Ansicht, das was Sie Realismus nennen?

Marcus. Das letzte würde ich vorziehn.

Ludoviko. Wer etwa dergleichen im Sinne hätte, würde es

nur auf die Art können und seyn wollen wie Dante. Er müßte, wie Er, nur Ein Gedicht im Geist und im Herzen haben, und würde oft verzweifeln müssen ob sichs überhaupt darstellen läßt. Gelänge es aber, so hätte er genug gethan.

Andrea. Sie haben ein würdiges Vorbild aufgestellt! Gewiß ist Dante der einzige, der unter einigen begünstigenden und unsäglich vielen erschwerenden Umständen durch eigne Riesenkraft, er selbst ganz allein, eine Art von Mythologie, wie sie damals möglich war, erfunden und gebildet hat.

⟨111⟩ *Lothario.* Eigentlich soll jedes Werk eine neue Offenbarung der Natur seyn. Nur dadurch, daß es Eins und Alles ist, wird ein Werk zum Werk. Nur dadurch unterscheidet sichs vom Studium.

Antonio. Ich wollte Ihnen doch Studien nennen, die dann in Ihrem Sinne zugleich Werke sind.

Marcus. Und unterscheiden sich nicht Gedichte, die darauf berechnet sind, nach außen zu wirken, wie z. B. vortreffliche Schauspiele, ohne so mystisch und allumfassend zu seyn, schon durch ihre Objektivität von Studien, die zunächst nur auf die innere Ausbildung des Künstlers gehn, und sein letztes Ziel, jene objektive Wirkung nach außen erst vorbereiten?

Lothario. Sind es bloß gute Schauspiele, so sind es nur Mittel zum Zweck; es fehlt ihnen das Selbständige, Insichvollendete, wofür ich nun eben kein ander Wort finde als das von Werken, und es darum gern für diesen Gebrauch behalten möchte. Das Drama ist im Vergleich mit dem was Ludoviko im Sinne hat, nur eine angewandte Poesie. Doch kann, was in meinem Sinne ein Werk heißt, in einem einzelnen Fall sehr wohl auch objektiv und dramatisch in Ihrem Sinne seyn.

Andrea. Auf die Weise würde unter den alten Gattungen nur in der epischen ein Werk in Ihrem großen Sinne möglich seyn.

Lothario. Eine Bemerkung, die in sofern richtig ist, daß im Epischen das eine Werk auch das einzige zu seyn pflegt. Die tragischen und komischen ⟨112⟩ Werke der Alten hingegen, sind nur Variazionen, verschiedene Ausdrücke, eines und desselben Ideals. Für den systematischen Gliederbau, die Construction und Organisazion bleiben sie die höchsten Muster, und sind, wenn ich so sagen darf, die Werke unter den Werken.

Antonio. Was ich zum Gastmahl beytragen kann, ist eine etwas leichtere Speise. Amalia hat mir schon verziehn und erlaubt, daß ich meine besondern Belehrungen an sie allgemein machen darf.

Brief über den Roman.

Ich muß, was ich gestern zu Ihrer Vertheidigung zu sagen schien, zurücknehmen, liebe Freundin! und Ihnen so gut als völlig Unrecht geben. Sie selbst geben es sich am Ende des Streites darin, daß Sie Sich so tief eingelassen, weil es gegen die weibliche Würde sey, aus dem angebohrnen Element von heiterm Scherz und ewiger Poesie zu dem gründlichen oder schwerfälligen Ernst der Männer sich, wie Sie es richtig nannten, herabzustimmen. Ich stimme Ihnen gegen Sie selbst bey, daß Sie Unrecht haben. Ja ich behaupte noch außerdem, daß es nicht genug sey, Unrecht anzuerkennen; man muß es auch büßen, und die wie mirs scheint, ganz zweckmäßige Buße dafür, daß Sie Sich mit der Kritik gemein gemacht haben, soll nun seyn, daß Sie Sich die Geduld abnöthigen, ⟨113⟩ diese kritische Epistel über den Gegenstand des gestrigen Gesprächs zu lesen.

Ich hätte es gleich gestern sagen können, was ich sagen will; oder vielmehr ich konnte es nicht, meiner Stimmung und der Umstände wegen. Mit welchem Gegner hatten Sie zu thun, Amalia? – Freylich versteht er das, wovon die Rede war, recht sehr wohl und wie sichs für einen tüchtigen Virtuosen nicht anders gebührt. Er würde also darüber sprechen können so gut wie irgend einer, wenn er nur überhaupt sprechen könnte. Dieses haben ihm die Götter versagt; er ist, wie ich schon sagte, ein Virtuose und damit gut; die Grazien sind leider ausgeblieben. Da er nun so gar nicht ahnden konnte, was Sie im innersten Sinne meynten, und das so äußerliche Recht so ganz auf seiner Seite war, so hatte ich nichts angelegeners, als mit ganzer Stärke für Sie zu streiten, damit nur das gesellige Gleichgewicht nicht völlig zerstört würde. Und überdem ists mir natürlicher, wenn es ja seyn muß, schriftliche Belehrungen zu geben als mündliche, die nach meinem Gefühl die Heiligkeit des Gesprächs entweihen.

Das unsrige fing damit an, daß Sie behaupteten, Friedrich Richters Romane seyen keine Romane, sondern ein buntes Allerley von kränklichem Witz. Die wenige Geschichte sey zu schlecht dargestellt um für Geschichte zu gelten, man müsse sie nur errathen. Wenn man aber auch alle zusammennehmen und sie rein erzählen wolle, würde das doch höchstens Be-⟨114⟩kenntnisse geben. Die Individualität des Menschen sey viel zu sichtbar, und noch dazu eine solche!

Das letzte übergehe ich, weil es doch wieder nur Sache der Individualität ist. Das bunte Allerley von kränklichem Witz gebe ich zu, aber ich nehme es in Schutz und behaupte dreist, daß solche Grotesken und Bekenntnisse noch die einzigen romantischen Erzeugnisse unsers unromantischen Zeitalters sind.

Lassen Sie mich bey dieser Gelegenheit ausschütten, was ich lange auf dem Herzen habe!

Mit Erstaunen und mit innerm Grimm habe ich oft den Diener die Haufen zu Ihnen herumtragen sehn. Wie mögen Sie nur mit ihren Händen die schmutzigen Bände berühren? – Und wie können Sie den verworrnen, ungebildeten Redensarten den Eingang durch Ihr Auge in das Heiligthum der Seele verstatten? – Stundenlang Ihre Fantasie an Menschen hingeben, mit denen von Angesicht zu Angesicht nur wenige Worte zu wechseln Sie Sich schämen würden? – Es frommt wahrlich zu nichts, als nur die Zeit zu tödten und die Imaginazion zu verderben! Fast alle schlechten Bücher haben Sie gelesen von Fielding bis zu Lafontaine. Fragen Sie Sich selbst was Sie davon gehabt haben. Ihr Gedächtniß selbst verschmäht das unedle Zeug, was eine fatale Jugendgewohnheit Ihnen zum Bedürfniß macht, und was so emsig herbeygeschafft werden muß, wird sogleich rein vergessen.

Dagegen erinnern Sie sich noch vielleicht, daß es eine Zeit gab, wo Sie den Sterne liebten, sich oft ⟨115⟩ ergötzten, seine Manier anzunehmen, halb nachzuahmen, halb zu verspotten. Ich habe noch einige scherzhafte Briefchen der Art von Ihnen, die ich sorgsam bewahren werde. – Sterne's Humor hatte Ihnen also doch einen bestimmten Eindruck gegeben; wenn gleich eben keine idealisch schöne, so war es doch eine Form, eine geistreiche Form, die Ihre Fantasie dadurch gewann, und ein Eindruck, der uns so bestimmt bleibt, den wir so zu Scherz und Ernst gebrauchen und gestalten können, ist nicht verloren; und was kann einen gründlichern Werth haben als dasjenige, was das Spiel unsrer innern Bildung auf irgend eine Weise reizt oder nährt.

Sie fühlen es selbst, daß Ihr Ergötzen an Sterne's Humor rein war, und von ganz andrer Natur, als die Spannung der Neugier, die uns oft ein durchaus schlechtes Buch, in demselben Augenblick, wo wir es so finden, abnöthigen kann. Fragen Sie Sich nun selbst, ob Ihr Genuß nicht verwandt mit demjenigen war, den wir oft bey Betrachtung der witzigen Spielgemählde empfanden, die man Arabesken nennt. – Auf den Fall, daß Sie sich selbst nicht von allem Antheil an Sterne's Empfindsamkeit frey sprechen können, schicke ich Ihnen hier ein

Buch, von dem ich Ihnen aber, damit Sie gegen Fremde vorsichtig sind, voraussagen muß, daß es das Unglück oder das Glück hat, ein wenig verschrien zu seyn. Es ist Diderot's Fataliste. Ich denke, es wird Ihnen gefallen, und Sie werden die Fülle des Witzes hier ganz rein finden von sentimentalen Beymischungen. Es ist mit Verstand angelegt, und mit sichrer Hand ausgeführt. ⟨116⟩ Ich darf es ohne Übertreibung ein Kunstwerk nennen. Freylich ist es keine hohe Dichtung, sondern nur eine – Arabeske. Aber eben darum hat es in meinen Augen keine geringen Ansprüche; denn ich halte die Arabeske für eine ganz bestimmte und wesentliche Form oder Äußerungsart der Poesie.

Ich denke mir die Sache so. Die Poesie ist so tief in dem Menschen gewurzelt, daß sie auch unter den ungünstigsten Umständen immer noch zu Zeiten wild wächst. Wie wir nun fast bey jedem Volk Lieder, Geschichten im Umlauf, irgend eine Art wenn gleich rohe Schauspiele im Gebrauch finden: so haben selbst in unserm unfantastischen Zeitalter, in den eigentlichen Ständen der Prosa, ich meyne die sogenannten Gelehrten und gebildeten Leute, einige Einzelne eine seltne Originalität der Fantasie in sich gespürt und geäußert, obgleich sie darum von der eigentlichen Kunst noch sehr entfernt waren. Der Humor eines Swift, eines Sterne, meyne ich, sey die Naturpoesie der höhern Stände unsers Zeitalters.

Ich bin weit entfernt, sie neben jene Großen zu stellen; aber Sie werden mir zugeben, daß wer für diese, für den Diderot Sinn hat, schon besser auf dem Wege ist, den göttlichen Witz, die Fantasie eines Ariost, Cervantes, Shakspeare verstehn zu lernen, als ein andrer, der auch noch nicht einmal bis dahin sich erhoben hat. Wir dürfen nun einmal die Foderungen in diesem Stück an die Menschen der jetzigen Zeit nicht zu hoch spannen, und was in so kränklichen Verhältnissen aufgewachsen ist, kann selbst natürlicherweise ⟨117⟩ nicht anders als kränklich seyn. Dieß halte ich aber, so lange die Arabeske kein Kunstwerk sondern nur ein Naturprodukt ist, eher für einen Vorzug, und stelle Richtern also auch darum über Sterne, weil seine Fantasie weit kränklicher, also weit wunderlicher und fantastischer ist. Lesen Sie nur überhaupt den Sterne einmal wieder. Es ist lange her, daß Sie ihn nicht gelesen haben, und ich denke er wird Ihnen etwas anders vorkommen wie damals. Vergleichen Sie dann immer unsern Deutschen mit ihm. Er hat wirklich mehr Witz, wenigstens für den, der ihn witzig nimmt: denn er selbst könnte sich darin leicht Unrecht thun. Und durch diesen Vorzug erhebt sich selbst seine Sentimentalität in der Erscheinung über die Sphäre der Engländischen Empfindsamkeit.

Wir haben noch einen äußern Grund diesen Sinn für das Groteske in uns zu bilden, und uns in dieser Stimmung zu erhalten. Es ist unmöglich, in diesem Zeitalter der Bücher nicht auch viele, sehr viele schlechte Bücher durchblättern, ja sogar lesen zu müssen. Einige unter diesen sind, darauf darf man mit einiger Zuversicht rechnen, glücklicherweise immer von der albernen Art, und da kommt es wirklich nur auf uns an, sie unterhaltend zu finden, indem wir sie nämlich als witzige Naturprodukte betrachten. Laputa ist nirgends oder überall, liebe Freundin; es kommt nur auf einen Akt unsrer Willkühr und unsrer Fantasie an, so sind wir mitten darin. Wenn die Dummheit eine gewisse Höhe erreicht, zu der wir sie jetzt, wo sich alles schärfer sondert, meistens gelangen sehn, so gleicht sie ⟨118⟩ auch in der äußern Erscheinung der Narrheit. Und die Narrheit, werden Sie mir zugeben, ist das lieblichste, was der Mensch imaginiren kann, und das eigentliche letzte Princip alles Amüsanten. In dieser Stimmung kann ich oft ganz allein für mich über Bücher, die keinesweges dazu bestimmt scheinen, in ein Gelächter verfallen, was kaum wieder aufhören will. Und es ist billig, daß die Natur mir diesen Ersatz giebt, da ich über so manches, was jetzt Witz und Satire heißt, durchaus nicht mitlachen kann. Dagegen werden mir nun gelehrte Zeitungen z. B. zu Farçen, und diejenige welche sich die allgemeine nennt, halte ich mir ganz ausdrücklich, wie die Wiener den Casperle. Sie ist aus meinem Standpunkte angesehen, nicht nur die mannigfaltigste von allen, sondern auch in jeder Rücksicht die unvergleichlichste: denn nachdem sie aus der Nullität in eine gewisse Plattheit gesunken, und aus dieser ferner in eine Art von Stumpfheit übergegangen war, ist sie zuletzt auf dem Wege der Stumpfheit endlich in jene närrische Dummheit verfallen.

Dieses ist im Ganzen für Sie schon ein zu gelehrter Genuß. Wollen Sie aber, was Sie leider nicht mehr lassen können, in einem neuen Sinn thun, so will ich nicht mehr über den Bedienten schelten, wenn er die Haufen aus der Leihbibliothek bringt. Ja ich erbiete mich selbst für dieses Bedürfniß Ihr Geschäftsträger zu seyn, und verspreche Ihnen eine Unzahl der schönsten Komödien aus allen Fächern der Litteratur zu senden.

⟨119⟩ Ich nehme den Faden wieder auf: denn ich bin gesonnen Ihnen nichts zu schenken, sondern Ihren Behauptungen Schritt vor Schritt zu folgen.

Sie tadelten Jean Paul auch, mit einer fast wegwerfenden Art, daß er sentimental sey.

Wollten die Götter, er wäre es in dem Sinne wie ich das Wort nehme, und es seinem Ursprunge und seiner Natur nach glaube nehmen zu müssen. Denn nach meiner Ansicht und nach meinem Sprachgebrauch ist eben das romantisch, was uns einen sentimentalen Stoff in einer fantastischen Form darstellt.

Vergessen Sie auf einen Augenblick die gewöhnliche übel berüchtigte Bedeutung des Sentimentalen, wo man fast alles unter dieser Benennung versteht, was auf eine platte Weise rührend und thränenreich ist, und voll von jenen familiären

Edelmuthsgefühlen, in deren Bewußtseyn Menschen ohne Charakter sich so unaussprechlich glücklich und groß fühlen.

Denken Sie dabey lieber an Petrarca oder an Tasso, dessen Gedicht gegen das mehr fantastische Romanzo des Ariost, wohl das sentimentale heißen könnte; und ich erinnre mich nicht gleich eines Beyspiels, wo der Gegensatz so klar und das Übergewicht so entschieden wäre wie hier.

Tasso ist mehr musikalisch und das Pittoreske im Ariost ist gewiß nicht das schlechteste. Die Mahlerey ist nicht mehr so fantastisch, wie sie es bey vielen Meistern der venetianischen Schule, wenn ich meinem Gefühl trauen darf, auch im Correggio und viel-⟨120⟩leicht nicht bloß in den Arabesken des Raphael, ehedem in ihrer großen Zeit war. Die moderne Musik hingegen ist, was die in ihr herrschende Kraft des Menschen betrifft, ihrem Charakter im Ganzen so treu geblieben, daß ichs ohne Scheu wagen möchte, sie eine sentimentale Kunst zu nennen.

Was ist denn nun dieses Sentimentale? Das was uns anspricht, wo das Gefühl herrscht, und zwar nicht ein sinnliches, sondern das geistige. Die Quelle und Seele aller dieser Regungen ist die Liebe, und der Geist der Liebe muß in der romantischen Poesie überall unsichtbar sichtbar schweben; das soll jene Definition sagen. Die galanten Passionen, denen man in den Dichtungen der Modernen, wie Diderot im Fatalisten so lustig klagt, von dem Epigramm bis zur Tragödie nirgends entgehn kann, sind dabey grade das wenigste, oder vielmehr sie sind nicht einmal der äußre Buchstabe jenes Geistes, nach Gelegenheit auch wohl gar nichts oder etwas sehr unliebliches und liebloses. Nein, es ist der heilige Hauch, der uns in den Tönen der Musik berührt. Er läßt sich nicht gewaltsam fassen und mechanisch greifen, aber er läßt sich freundlich locken von sterblicher Schönheit und in sie verhüllen; und auch die Zauberworte der Poesie können von seiner Kraft durchdrungen und beseelt werden. Aber in dem Gedicht, wo er nicht überall ist, oder überall seyn könnte, ist er gewiß gar nicht. Er ist ein unendliches Wesen und mit nichten haftet und klebt sein Interesse nur an den Personen, den Begebenheiten und Situazionen und den individuellen ⟨121⟩ Neigungen: für den wahren Dichter ist alles dieses, so innig es auch seine Seele umschließen mag, nur Hindeutung auf das Höhere, Unendliche, Hieroglyphe der Einen ewigen Liebe und der heiligen Lebensfülle der bildenden Natur.

Nur die Fantasie kann das Räthsel dieser Liebe fassen und als Räthsel darstellen; und dieses Räthselhafte ist die Quelle von dem fantastischen in der Form aller poetischen Darstellung. Die Fantasie strebt aus allen Kräften sich zu äußern, aber das Göttliche kann sich in der Sphäre der Natur nur indirekt mittheilen und äußern. Daher bleibt von dem, was ursprünglich Fantasie war, in der Welt der Erscheinungen nur das zurück was wir Witz nennen.

Noch eines liegt in der Bedeutung des Sentimentalen, was grade das Eigenthümliche der Tendenz der romantischen Poesie im Gegensatz der antiken betrifft. Es ist darin gar keine Rücksicht genommen auf den Unterschied von Schein und Wahrheit, von Spiel und Ernst. Darin liegt der große Unterschied. Die alte Poesie schließt sich durchgängig an die Mythologie an, und vermeidet sogar den eigentlich historischen Stoff. Die alte Tragödie sogar ist ein Spiel, und der Dichter, der eine wahre Begebenheit, die das ganze Volk ernstlich anging, darstellte ward bestraft. Die romantische Poesie hingegen ruht ganz auf historischem Grunde, weit mehr als man es weiß und glaubt. Das erste beste Schauspiel, das Sie sehn, irgend eine Erzählung die Sie lesen; wenn eine geistreiche Intrigue darin ist, können Sie fast mit Gewißheit darauf rechnen, ⟨122⟩ daß wahre Geschichte zum Grunde liegt, wenn gleich vielfach umgebildet. Boccaz ist fast durchaus wahre Geschichte, eben so andre Quellen, aus denen alle romantische Erfindung hergeleitet ist.

Ich habe ein bestimmtes Merkmahl des Gegensatzes zwischen dem Antiken und dem Romantischen aufgestellt. Indessen bitte ich Sie doch, nun nicht sogleich anzunehmen, daß mir das Romantische und das Moderne völlig gleich gelte. Ich denke es ist etwa eben so verschieden, wie die Gemählde des Raphael und Correggio von den Kupferstichen die jetzt Mode sind. Wollen Sie sich den Unterschied völlig klar machen, so lesen Sie gefälligst etwa die Emilia Galotti, die so unaussprechlich modern und doch im geringsten nicht romantisch ist, und erinnern sich dann an Shakspeare, in den ich das eigentliche Centrum, den Kern der romantischen Fantasie setzen möchte. Da suche und finde ich das Romantische, bey den ältern Modernen, bey Shakspeare, Cervantes, in der italiänischen Poesie, in jenem Zeitalter der Ritter, der Liebe und der Mährchen, aus welchem die Sache und das Wort selbst herstammt. Dieses ist bis jetzt das einzige, was einen Gegensatz zu den classischen Dichtungen des Alterthums abgeben kann; nur diese ewig frischen Blüthen der Fantasie sind würdig die alten Götterbilder zu umkränzen. Und gewiß ist es, daß alles vorzüglichste der modernen Poesie dem Geist und selbst der Art nach dahinneigt; es müßte denn eine Rückkehr zum Antiken seyn sollen. Wie unsre Dichtkunst mit dem Roman, so fing ⟨123⟩ die der Griechen mit dem Epos an und löste sich wieder darin auf.

Nur mit dem Unterschiede, daß das Romantische nicht sowohl eine Gattung ist als ein Element der Poesie, das mehr oder minder herrschen und zurücktreten, aber nie ganz fehlen darf. Es muß Ihnen nach meiner Ansicht einleuchtend seyn, daß und warum ich fodre, alle Poesie solle romantisch seyn; den Roman aber, in sofern er eine besondre Gattung seyn will, verabscheue.

Sie verlangten gestern, da der Streit eben am lebhaftesten wurde, eine Definition, was ein Roman sey; mit einer Art, als wüssten Sie schon, Sie würden keine befriedigende Antwort bekommen. Ich halte dieses Problem eben nicht für unauflöslich. Ein Roman ist ein romantisches Buch. – Sie werden das für eine nichtssagende Tautologie ausgeben. Aber ich will Sie zuerst nur darauf aufmerksam machen, daß man sich bey einem Buche schon ein Werk, ein für sich bestehendes Ganze denkt. Alsdann liegt ein sehr wichtiger Gegensatz gegen das Schauspiel darin, welches bestimmt ist angeschaut zu werden: der Roman hingegen war es von den ältesten Zeiten für die Lektüre, und daraus lassen sich fast alle Verschiedenheiten in der Manier der Darstellung beyder Formen herleiten. Das Schauspiel soll auch romantisch seyn, wie alle Dichtkunst; aber ein Roman ists nur unter gewissen Einschränkungen, ein angewandter Roman. Der dramatische Zusammenhang der Geschichte macht den Roman im Gegentheil noch keineswegs zum Ganzen, zum ⟨124⟩ Werk, wenn er es nicht durch die Beziehung der ganzen Composition auf eine höhere Einheit, als jene Einheit des Buchstabens, über die er sich oft wegsetzt und wegsetzen darf, durch das Band der Ideen, durch einen geistigen Centralpunkt wird.

Dieß abgerechnet, findet sonst so wenig ein Gegensatz zwischen dem Drama und dem Roman Statt, daß vielmehr das Drama so gründlich und historisch wie es Shakspeare z. B. nimmt und behandelt, die wahre Grundlage des Romans ist. Sie behaupteten zwar, der Roman habe am meisten Verwandtschaft mit der erzählenden ja mit der epischen Gattung. Dagegen erinnre ich nun erstlich, daß ein Lied eben so gut romantisch seyn kann als eine Geschichte. Ja ich kann mir einen Roman kaum anders denken, als gemischt aus Erzählung, Gesang und andern Formen. Anders hat Cervantes nie gedichtet, und selbst der sonst so prosaische Boccaccio schmückt seine Sammlung mit einer Einfassung von Liedern. Giebt es einen Roman, in dem dieß nicht Statt findet und nicht Statt finden kann, so liegt es nur in der Individualität des Werks, nicht im Charakter der Gattung; sondern es ist schon eine Ausnahme von diesem. Doch das ist nur vorläufig. Mein eigentlicher Einwurf ist folgender. Es ist dem epischen Styl nichts entgegengesetzter als wenn die Einflüsse der eignen Stimmung im geringsten sichtbar werden; geschweige denn, daß er sich seinem Humor so überlassen, so mit ihm spielen dürfte, wie es in den vortrefflichsten Romanen geschieht.

⟨125⟩ Nachher vergaßen Sie Ihren Satz wieder oder gaben ihn auf und wollten behaupten: alle diese Eintheilungen führten zu nichts; es gebe nur Eine Poesie, und es komme nur darauf an, ob etwas schön sey; nach der Rubrik könne nur ein Pedant fragen. – Sie wissen, was ich von den Classificationen, die so im Umlauf sind, halte. Aber doch sehe ich ein, daß es für jeden Virtuosen durchaus nothwendig ist, sich selbst auf einen durchaus bestimmten Zweck zu beschränken; und in der historischen Nachforschung komme ich auf mehre ursprüngliche Formen, die sich nicht mehr in einander auflösen lassen. So scheinen mir im Umkreise der romantischen Poesie selbst Novellen und Mährchen z. B., wenn ich so sagen darf, unendlich entgegengesetzt. Und ich wünsche nichts mehr, als daß ein Künstler jede dieser Arten verjüngen möge, indem er sie auf ihren ursprünglichen Charakter zurückführt.

Wenn solche Beyspiele ans Licht träten, dann würde ich Muth bekommen zu einer *Theorie des Romans*, die im ursprünglichen Sinne des Wortes eine Theorie wäre: eine geistige Anschauung des Gegenstandes mit ruhigem, heitern ganzen Gemüth, wie es sich ziemt, das bedeutende Spiel göttlicher Bilder in festlicher Freude zu schauen. Eine solche Theorie des Romans würde selbst ein Roman seyn müssen, der jeden ewigen Ton der Fantasie fantastisch wiedergäbe, und das Chaos der Ritterwelt noch einmal verwirrte. Da würden die alten Wesen in neuen Gestalten leben; da würde der heilige Schatten des Dante sich aus seiner Unterwelt erheben, Laura himmlisch ⟨126⟩ vor uns wandeln, und Shakspeare mit Cervantes trauliche Gespräche wechseln; – und da würde Sancho von neuem mit dem Don Quixote scherzen.

Das wären wahre Arabesken und diese nebst Bekenntnissen, seyen, behauptete ich im Eingang meines Briefs, die einzigen romantischen Naturprodukte unsers Zeitalters.

Daß ich auch die Bekenntnisse dazu rechnete, wird Ihnen nicht mehr befremdend seyn, wenn Sie zugegeben haben, daß wahre Geschichte das Fundament aller romantischen Dichtung sey; und Sie werden sich, wenn Sie darüber reflektiren wollen, leicht erinnern und überzeugen, daß das Beste in den besten Romanen nichts anders ist als ein mehr oder minder verhülltes Selbstbekenntniß des Verfassers, der Ertrag seiner Erfahrung, die Quintessenz seiner Eigenthümlichkeit.

Alle sogenannten Romane, auf die meine Idee von romantischer Form freylich gar nicht anwendbar ist, schätze ich dennoch ganz genau nach der Masse von eigner Anschauung und dargestelltem Leben, die sie enthalten; und in dieser Hinsicht mögen denn selbst die Nachfolger des Richardson, so sehr sie auf der falschen Bahn wandeln, willkommen seyn. Wir lernen aus einer *Cecilia Beverley* wenigstens, wie man zu der Zeit, da das eben Mode war, sich in London ennuyirte, auch wie eine brittische Dame vor Delicatesse endlich zu Boden stürzt und sich blutrünstig fällt; das Fluchen, die Squire's und dergleichen sind im Fielding wie aus dem Leben gestohlen, und der Wake⟨127⟩field giebt uns einen tiefen Blick in die Weltansicht eines Landpredigers; ja dieser Roman wäre vielleicht, wenn Olivia ihre verlohrne Unschuld am Ende wieder fände, der beste unter allen Engländischen Romanen.

Aber wie sparsam und tropfenweise wird einem in allen diesen Büchern das wenige Reelle zugezählt! Und welche Reisebeschreibung, welche Briefsammlung, welche Selbstgeschichte wäre nicht für den, der sie in einem romantischen Sinne liest, ein besserer Roman als der beste von jenen? –

Besonders die Confessions gerathen meistens auf dem Wege des Naiven von selbst in die Arabeske, wozu sich jene Romane höchstens am Schluß erheben, wenn die bankerotten Kaufleute wieder Geld und Kredit, alle armen Schlucker zu essen bekommen, die liebenswürdigen Spitzbuben ehrlich und die gefallnen Mädchen wieder tugendhaft werden.

Die Confessions von Rousseau sind in meinen Augen ein höchst vortrefflicher Roman; die Heloise nur ein sehr mittelmäßiger.

Ich schicke Ihnen hier die Selbstgeschichte eines berühmten Mannes, die Sie, so viel ich weiß, noch nicht kennen: die Memoirs von Gibbon. Es ist ein unendlich gebildetes und ein unendlich drolliges Buch. Es wird Ihnen auf halbem Wege entgegenkommen, und wirklich ist der komische Roman, der darin liegt, fast ganz fertig. Sie werden den Engländer, den Gentleman, den Virtuosen, den Gelehrten, den Hagestolzen, den Elegant vom guten Ton in seiner ganzen zierlichen Lächerlichkeit durch die Würde dieser histori-⟨128⟩schen Perioden so klar vor Augen sehn, wie Sie nur immer wünschen können. Gewiß man kann viel schlechte Bücher und viele unbedeutende Menschen durchsehn, ehe man so viel Lachstoff auf einem Haufen beysammen findet.

(Die Fortsetzung folgt im nächsten Stücke.)

⟨169⟩ (Fortsetzung.)

Nachdem Antonio diese Epistel vorgelesen hatte, fing Camilla an die Güte und Nachsicht der Frauen zu rühmen: daß Amalia ein solches Maaß von Belehrung anzunehmen nicht für zu gering geachtet; und überhaupt wären sie ein Muster von Bescheidenheit, indem sie bey dem Ernst der Männer immer geduldig, und, was noch mehr sagen wolle, ernsthaft blieben, ja sogar einen gewissen Glauben an ihr Kunstwesen hätten. – Wenn Sie unter der Bescheidenheit diesen Glauben verstehn, setzte Lothario hinzu, diese Voraussetzung einer Vortrefflichkeit, die wir noch nicht selbst besitzen, deren Daseyn und Würde wir aber zu vermuthen anfangen: so dürfte sie wohl die sicherste Grundlage aller edlen Bildung für vorzügliche Frauen seyn. – Camilla fragte, ob es für die Männer etwa der Stolz und die Selbstzufriedenheit sey; indem sich jeder meistens um so mehr für einzig hielte, je un-⟨170⟩fähiger er sey zu verstehen, was der andre wolle. – Antonio unterbrach sie mit der Bemerkung, er hoffe zum Besten der Menschheit, jener Glaube sey nicht so nothwendig als Lothario meyne; denn er sey wohl sehr selten. Meistens halten die Frauen, sagte er, so viel ich habe bemerken können, die Kunst, das Alterthum, die Philosophie und dergleichen für ungegründete Traditionen, für Vorurtheile, die sich die Männer unter einander weiß machen, um sich die Zeit zu vertreiben.

Marcus kündigte einige Bemerkungen über Goethe an, »Also schon wieder Charakteristik eines lebenden Dichters?« fragte Antonio. Sie werden die Antwort auf Ihren Tadel in dem Aufsatze selbst finden, erwiederte Marcus, und fing an zu lesen.

⟨170⟩ *Versuch über den verschiedenen Styl in Goethe's früheren und späteren Werken.*

Goethe's Universalität ist mir oft von neuem einleuchtend geworden, wenn ich die mannichfaltige Art bemerkte, wie seine Werke auf Dichter und Freunde der Dichtkunst wirken. Der eine strebt dem Idealischen der Iphigenia oder des Tasso nach, der andre macht sich die leichte und doch einzige Manier der kunstlosen Lieder und reizenden Dramolets zu eigen; dieser ergötzt sich an der schönen und naiven Form des Hermann, jener wird ganz entzündet von der Begeistrung des Faust. Mir selbst bleibt der Meister der faßlichste ⟨171⟩ Inbegriff, um den ganzen Umfang seiner Vielseitigkeit, wie in einem Mittelpunkte vereinigt, einigermaßen zu überschauen.

Der Dichter mag seinem eigenthümlichen Geschmacke folgen, und selbst für den Liebhaber kann das eine Zeitlang hingehn: der Kenner aber, und wer zur Erkenntniß gelangen will, muß das Bestreben fühlen, den Dichter selbst zu verstehen, d. h. die Geschichte seines Geistes, so weit dieß möglich ist, zu ergründen. Es kann dieses freylich nur ein Versuch bleiben, weil in der Kunstgeschichte nur eine Masse die andre mehr erklärt und aufhellt. Es ist nicht möglich, einen Theil für sich zu verstehen; d. h. es ist unverständig, ihn nur im Einzelnen betrachten zu wollen. Das Ganze aber ist noch nicht abgeschlossen; und also bleibt alle Kenntniß dieser Art nur Annäherung und Stückwerk. Aber ganz aufgeben dürfen und können wir das Bestreben nach ihr dennoch nicht, wenn diese Annäherung, dieses Stückwerk ein wesentlicher Bestandtheil zur Ausbildung des Künstlers ist.

Es muß diese nothwendige Unvollständigkeit um so mehr eintreten bey der Betrachtung eines Dichters, dessen Laufbahn noch nicht geendigt ist. Doch ist das keineswegs ein Grund gegen das ganze Unternehmen. Wir sollen auch den mitlebenden Künstler als Künstler zu verstehen streben, und dieß kann nur auf jene Weise geschehn; und wenn wir es wollen, so müssen wir ihn eben so beurtheilen, als ob er ein Alter wäre; ja er muß es für uns im Augenblick der Beurtheilung gewissermaßen werden. Unwürdig aber wäre es, den ⟨172⟩ Ertrag unsers redlichen Forschens etwa deswegen nicht mittheilen zu wollen, weil wir wissen, daß der Unverstand des Pöbels diese Mittheilung nach seiner alten Art auf mannichfache Weise misdeuten wird. Wir sollen vielmehr voraussetzen, daß es mehre Einzelne giebt, die mit dem gleichen Ernst wie wir nach gründlicher Erkenntniß dessen streben, von dem sie wissen, daß es das rechte sey.

Ihr werdet nicht leicht einen andern Autor finden, dessen früheste und spätere Werke so auffallend verschieden wären, wie es hier der Fall ist. Es ist der ganze Ungestüm der jugendlichen Begeisterung und die Reife der vollendeten Ausbildung im schärfsten Gegensatze. Diese Verschiedenheit zeigt sich aber nicht bloß in den Ansichten und Gesinnungen, sondern auch in der Art der Darstellung und in den Formen, und hat durch diesen künstlerischen Charakter eine Ähnlichkeit theils mit dem was man in der Mahlerey unter den verschiedenen Manieren eines Meisters versteht, theils mit dem Stufengang der durch Umbildungen und Verwandlungen fortschreitenden Entwicklung, welchen wir in der Geschichte der alten Kunst und Poesie wahrnehmen.

Wer mit den Werken des Dichters einigermaßen vertraut ist, und sie mit Aufmerksamkeit auf jene beyden auffallenden Extreme überdenkt, wird leicht noch eine mittlere Periode zwischen jenen beyden bemerken können. Statt diese drey Epochen im allgemeinen zu charakterisiren, welches doch nur ein unbestimmtes Bild geben würde, will ich lieber die Werke nennen, ⟨173⟩ die mir nach reiflichem Überlegen diejenigen zu seyn scheinen, deren jedes den Charakter seiner Periode am besten repräsentirt.

Für die erste Periode nenne ich den Götz von Berlichingen; Tasso ist es für die zweyte und für die dritte Herrmann und Dorothea. Alles dreyes Werke im vollsten Sinne des Worts, mehr und mit einem höhern Maaß von Objektivität, als viele andre aus derselben Epoche.

Ich werde sie mit Rücksicht auf den verschiedenen Styl des Künstlers kurz durchgehn, und einige Erläuterungen aus den übrigen Werken für denselben Zweck hinzufügen.

Im Werther verkündigt die reine Absonderung von allem Zufälligen in der Darstellung, die gerade und sicher auf ihr Ziel und auf das Wesentliche geht, den künftigen Künstler. Er hat bewundernswürdige Details; aber das Ganze scheint mir tief unter der Kraft, mit der im Götz die wackern Ritter der altdeutschen Zeit uns vor Augen gerückt, und mit der auch die Formlosigkeit, die denn doch zum Theil eben dadurch wieder Form wird, bis zum Übermuth durchgesetzt ist. Dadurch bekommt selbst das Manierirte in der Darstellung einen gewissen Reiz, und das Ganze ist ungleich weniger veraltet als der Werther. Doch eines ist ewig jung auch in diesem, und ragt einzeln aus seiner Umgebung hervor. Dieses ist die große Ansicht der Natur, nicht bloß in den ruhigen sondern in den leidenschaftlichen Stellen. Es sind Andeutungen auf den Faust, und es hätte möglich seyn müssen, ⟨174⟩ aus diesen Ergießungen des Dichters den Ernst des Naturforschers vorauszusagen.

Es war nicht meine Absicht, alle Produkte des Dichters zu classificiren, sondern nur die bedeutendsten Momente im Stufengange seiner Kunst anzugeben. Ich überlasse es daher Eurem eignen Urtheil, ob Ihr etwa den Faust wegen der altdeutschen Form, welche der naiven Kraft und dem nachdrücklichen Witz einer männlichen Poesie so günstig ist, wegen des Hanges zum Tragischen, und wegen andrer Spuren und Verwandtschaften zu jener ersten Manier zählen wollt. Gewiß aber ist es, daß dieses große Bruchstück nicht bloß wie die benannten drey Werke den Charakter einer Stufe repräsentirt, sondern den ganzen Geist des Dichters offenbart, wie seitdem nicht wieder; außer auf andre Weise im Meister, dessen Gegensatz in dieser Hinsicht der Faust ist, von dem hier nichts weiter gesagt werden kann, als daß er zu dem Größten gehört, was die Kraft des Menschen je gedichtet hat.

An Clavigo und andern minder wichtigen Produkten der ersten Manier ist mir das am merkwürdigsten, daß der Dichter so früh schon einem bestimmten Zwecke, einem einmal gewählten Gegenstande zu gefallen, sich genau und eng zu beschränken wußte.

Die Iphigenia möchte ich mir als Übergang von der ersten Manier zur zweyten denken.

Das Charakteristische im Tasso ist der Geist der Reflexion und der Harmonie; nämlich daß alles auf ein Ideal von harmonischem Leben und harmonischer Bildung bezogen und selbst die Disharmonie in har-⟨175⟩monischem Ton gehalten wird. Die tiefe Weichlichkeit einer durchaus musikalischen Natur ist noch nie im Modernen mit dieser sinnreichen Gründlichkeit dargestellt. Alles ist hier Antithese und Musik, und das zarteste Lächeln der feinsten Geselligkeit schwebt über dem stillen Gemählde, das sich am Anfange und Ende in seiner eignen Schönheit zu spiegeln scheint. Es mußten und sollten Unarten eines verzärtelten Virtuosen zum Vorschein kommen: aber sie zeigen sich im schönsten Blumenschmuck der Poesie beynah liebenswürdig. Das Ganze schwebt in der Atmosphäre künstlicher Verhältnisse und Misverhältnisse vornehmer Stände, und das Räthselhafte der Auflösung ist nur auf den Standpunkt berechnet, wo Verstand und Willkühr allein herrschen, und das Gefühl beinah schweigt. In allen diesen Eigenschaften finde ich den Egmont jenem Werk ähnlich oder auf eine so symmetrische Art unähnlich, daß er auch dadurch ein Pendant desselben wird. Auch Egmonts Geist ist ein Spiegel des Weltalls; die andern nur ein Wiederschein dieses Lichts. Auch hier unterliegt eine schöne Natur der ewigen Macht des Verstandes. Nur ist der Verstand im Egmont mehr ins Gehäßige nüancirt, der Egoismus des Helden hingegen ist weit edler und liebenswürdiger als der des Tasso. Das Misverhältniß liegt schon ursprünglich in diesem selbst, in seiner Empfindungsweise; die andern sind mit sich selbst Eins und werden nur durch den Fremdling aus höhern Sphären gestört. Im Egmont hingegen wird alles, was Mislaut ist, in die Nebenpersonen gelegt. ⟨176⟩ Clärchens Schicksal zerreißt uns, und von Brakenburgs Jammer – dem matten Nachhall einer Dissonanz – möchte man sich beynah wegwenden. Er vergeht wenigstens, Clärchen lebt im Egmont, die andern repräsentiren nur. Egmont allein lebt ein höheres Leben in sich selbst, und in seiner Seele ist alles harmonisch. Selbst der Schmerz verschmilzt in Musik, und die tragische Katastrophe giebt einen milden Eindruck.

Aus den leichtesten, frischesten Blumengestalten hervor athmet derselbe schöne Geist jener beyden Stücke in Claudine von Villabella. Durch die merkwürdigste Umbildung ist darin der sinnliche Reiz des Crugantino, in dem der Dichter schon früh das romantische Leben eines lustigen Vagabunden mit Liebe dargestellt hatte, in die geistigste Anmuth verklärt, und aus der gröberen Atmosphäre in den reinsten Äther emporgehoben.

In diese Epoche fallen die meisten der Skizzen und Studien für die Bühne. Eine lehrreiche Folge von dramaturgischen Experimenten, wo die Methode und die Maxime des künstlerischen Verfahrens oft wichtiger ist, als das einzelne Resultat. Auch der Egmont ist nach des Dichters Ideen von Shakspeare's Römischen Stücken gebildet. Und selbst beym Tasso konnte er vielleicht zuerst an das einzige deutsche Drama gedacht haben, welches durchaus ein Werk des Verstandes ist (obgleich eben nicht des dramatischen), an Lessings Nathan. Es wäre dieß nicht wunderbarer als daß der Meister, an dem alle Künstler ⟨177⟩ ewig zu studiren haben werden, in gewissem Sinne, der materiellen Entstehung nach ein Studium nach Romanen ist, die wohl vor einer strengen Prüfung weder einzeln als Werke, noch zusammen als eine Gattung gelten dürften.

Dieß ist der Charakter der wahren Nachbildung, ohne die ein Werk kaum ein Kunstwerk seyn kann! Das Vorbild ist dem Künstler nur Reiz und Mittel, den Gedanken von dem was er bilden will, individueller zu gestalten. So wie Göthe dichtet, das heißt nach Ideen dichten; in demselben Sinne, wie Plato fodert, daß man nach Ideen leben soll.

Auch der Triumph der Empfindsamkeit geht sehr weit ab vom Gozzi, und in Rücksicht der Ironie weit über ihn hinaus.

Wohin Ihr Meisters Lehrjahre stellen wollt, überlasse ich Euch. Bey der künstlichen Geselligkeit, bey der Ausbildung des Verstandes, die in der zweyten Manier den Ton angiebt, fehlt es nicht an Reminiscenzen aus der ersten, und im Hintergrunde regt sich überall der classische Geist, der die dritte Periode charakterisirt.

Dieser classische Geist liegt nicht bloß im Äußerlichen: denn wo ich nicht irre, so ist sogar im Reineke Fuchs das Eigenthümliche des Tons, was der Künstler an das Alte angebildet hat, von derselben Tendenz wie die Form.

Metrum, Sprache, Form, Ähnlichkeit der Wendungen und Gleichheit der Ansichten, ferner das meistens südliche Colorit und Costüm, der ruhige weiche ⟨178⟩ Ton, der antike Styl, die Ironie der Reflexion, bilden die Elegien, Epigramme, Episteln, Idyllen zu einem Kreise, gleichsam zu einer Familie von Gedichten. Man würde wohl thun, sie als ein Ganzes und in gewissem Sinne wie ein Werk zu nehmen und zu betrachten.

Vieles von dem Zauber und Reiz dieser Gedichte liegt in der schönen Individualität, die sich darin äußert und zur Mittheilung gleichsam gehn läßt. Sie wird durch die classische Form nur noch pikanter.

In den Erzeugnissen der ersten Manier ist das Subjektive und das Objektive durchaus vermischt. In den Werken der zweyten Epoche ist die Ausführung im höchsten Grade objektiv. Aber das eigentlich Interessante derselben, der Geist der Harmonie und der Reflexion verräth seine Beziehung auf eine bestimmte Individualität. In der dritten Epoche ist beydes rein geschieden, und Herrmann und Dorothea durchaus objektiv.

Durch das Wahre, Innige könnte es eine Rückkehr zur geistigen Jugend scheinen, eine Wiedervereinigung der letzten Stufe mit der Kraft und Wärme der ersten. Aber die Natürlichkeit ist hier nicht selbst eine natürliche Ergießung, sondern absichtliche Popularität für die Wirkung nach Außen. In diesem Gedicht finde ich ganz die idealische Haltung, die andre nur in der Iphigenia suchen.

Es konnte nicht meine Absicht seyn, in einem Schema seines Stufenganges alle Werke des Künstlers zu ordnen. Um dieß durch ein Beispiel anschaulicher zu machen, erwähne ich nur, daß Prometheus ⟨179⟩ z. B. und die Zueignung mir würdig scheinen, neben den größten Werken desselben Meisters zu stehn. In den vermischten Gedichten überhaupt liebt jeder leicht das Interessante. Aber für die würdigen Gesinnungen die hier ausgesprochen sind, lassen sich kaum glücklichere Formen wünschen, und der wahre Kenner müßte im Stande seyn, allein aus einem solchen Stück die Höhe auf der alle stehn, zu errathen.

Nur vom Meister muß ich noch einige Worte sagen. Drey Eigenschaften scheinen mir daran die wunderbarsten und die größten. Erstlich, daß die Individualität, welche darin erscheint, in verschiedne Strahlen gebrochen, unter mehrere Personen vertheilt ist. Dann der antike Geist, den man bey näherer Bekanntschaft unter der modernen Hülle überall wiedererkennt. Diese große Combination eröffnet eine ganz neue endlose Aussicht auf das, was die höchste Aufgabe aller Dichtkunst zu seyn scheint, die Harmonie des Classischen und des Romantischen. Das dritte ist, daß das eine untheilbare Werk in gewissem Sinn doch zugleich ein zwiefaches, doppeltes ist. Ich drücke vielleicht, was ich meyne, am deutlichsten aus, wenn ich sage: das Werk ist zweymal gemacht, in zwey schöpferischen Momenten, aus zwey Ideen. Die erste war bloß die eines Künstlerromans; nun aber ward das Werk, überrascht von der

Tendenz seiner Gattung, plötzlich viel größer als seine erste Absicht, und es kam die Bildungslehre der Lebenskunst hinzu, und ward der Genius des Ganzen. Eine eben so auffallende Duplicität ist sichtbar in den beyden künstlichsten und ⟨180⟩ verstandvollsten Kunstwerken im ganzen Gebiet der romantischen Kunst, im Hamlet und im Don Quixote. Aber Cervantes und Shakspeare hatten Jeder ihren Gipfel, von dem sie zuletzt in der That ein wenig sanken. Dadurch zwar, daß jedes ihrer Werke ein neues Individuum ist, eine Gattung für sich bildet, sind sie die einzigen, mit denen Goethe's Universalität eine Vergleichung zuläßt. Die Art, wie Shakspeare den Stoff umbildet, ist dem Verfahren nicht unähnlich, wie Goethe das Ideal einer Form behandelt. Cervantes nahm auch individuelle Formen zum Vorbilde. Nur ist Goethe's Kunst durchaus progressiv, und wenn auch sonst ihr Zeitalter jenen günstiger, und es ihrer Größe nicht nachtheilig war, daß sie von niemanden erkannt, allein blieb: so ist doch das jetzige wenigstens in dieser Hinsicht nicht ohne Mittel und Grundlagen.

Goethe hat sich in seiner langen Laufbahn von solchen Ergießungen des ersten Feuers, wie sie in einer theils noch rohen theils schon verbildeten Zeit, überall von Prosa und von falschen Tendenzen umgeben, nur immer möglich waren, zu einer Höhe der Kunst heraufgearbeitet, welche zum erstenmal die ganze Poesie der Alten und der Modernen umfasst, und den Keim eines ewigen Fortschreitens enthält.

Der Geist, der jetzt rege ist, muß auch diese Richtung nehmen, und so wird es, dürfen wir hoffen, nicht an Naturen fehlen, die fähig seyn werden zu dichten, nach Ideen zu dichten. Wenn sie nach Goethe's Vorbilde in Versuchen und Werken jeder Art unermüdet ⟨181⟩ nach dem Bessern trachten; wenn sie sich die universelle Tendenz, die progressiven Maximen dieses Künstlers zu eigen machen, die noch der mannigfaltigsten Anwendung fähig sind; wenn sie wie er das Sichre des Verstandes dem Schimmer des Geistreichen vorziehn: so wird jener Keim nicht verloren gehn, so wird Goethe nicht das Schicksal des Cervantes und des Shakspeare haben können; sondern der Stifter und das Haupt einer neuen Poesie seyn, für uns und die Nachwelt, was Dante auf andre Weise im Mittelalter.

Andrea. Es freut mich, daß in dem mitgetheilten Versuch endlich das zur Sprache gekommen ist, was mir gerade die höchste aller Fragen über die Kunst der Poesie zu seyn scheint. Nämlich die von der Vereinigung des Antiken und des Modernen; unter welchen Bedingungen sie möglich, in wie fern sie rathsam sey. Laßt uns versuchen, diesem Problem auf den Grund zu kommen!

Ludoviko. Ich würde gegen die Einschränkungen protestiren, und für die unbedingte Vereinigung stimmen. Der Geist der Poesie ist nur einer und überall derselbe.

Lothario. Allerdings der Geist! Ich möchte hier die Eintheilung in Geist und Buchstaben anwenden. Was Sie in Ihrer Rede über die Mythologie dargestellt oder doch angedeutet haben, ist, wenn Sie ⟨182⟩ wollen, der Geist der Poesie. Und *Sie* werden gewiß nichts dagegen haben können, wenn ich Metrum und dergleichen ja sogar Charaktere, Handlung, und was dem anhängt, nur für den Buchstaben halte. Im Geist mag Ihre unbedingte Verbindung des Antiken und Modernen Statt finden; und nur auf eine solche machte unser Freund uns aufmerksam. Nicht so im Buchstaben der Poesie. Der alte Rhythmus z. B. und die gereimten Sylbenmaaße bleiben ewig entgegengesetzt. Ein drittes Mittleres zwischen beyden giebts nicht.

Andrea. So habe ich oft wahrgenommen, daß die Behandlung der Charaktere und Leidenschaften bey den Alten und den Modernen schlechthin verschieden ist. Bey jenen sind sie idealisch gedacht, und plastisch ausgeführt. Bey diesen ist der

Charakter entweder wirklich historisch, oder doch so construirt als ob er es wäre; die Ausführung hingegen mehr pittoresk und nach Art des Porträts.

Antonio. So müßt Ihr die Diction, die doch eigentlich wohl das Centrum alles Buchstabens seyn sollte, wunderlich genug zum Geist der Poesie rechnen. Denn obwohl auch hier in den Extremen jener allgemeine Dualismus sich offenbart, und im Ganzen der Charakter der alten sinnlichen Sprache und unsrer abstracten entschieden entgegengesetzt ist: so finden sich doch gar viele Übergänge aus einem Gebiete in das andre; und ich sehe nicht ein, warum es deren nicht weit mehr geben könnte, wenn gleich keine völlige Vereinigung möglich wäre.

⟨183⟩ *Ludoviko.* Und ich sehe nicht ein, warum wir uns nur an das Wort, nur an den Buchstaben des Buchstabens halten, und ihm zu gefallen nicht anerkennen sollten, daß die Sprache dem Geist der Poesie näher steht, als andre Mittel derselben. Die Sprache, die, ursprünglich gedacht, identisch mit der Allegorie ist, das erste unmittelbare Werkzeug der Magie.

Lothario. Man wird beym Dante, bey Shakspeare und andern Großen Stellen, Ausdrücke finden, die an sich betrachtet schon das ganze Gepräge der höchsten Einzigkeit an sich tragen; sie sind dem Geist des Urhebers näher als andre Organe der Poesie es je seyn können.

Antonio. Ich habe nur das an dem Versuch über Goethe auszusetzen, daß die Urtheile darin etwas zu imperatorisch ausgedrückt sind. Es könnte doch seyn, daß noch Leute hinter dem Berge wohnten, die von einem und dem andern eine durchaus andre Ansicht hätten.

Marcus. Ich bekenne es gern, daß ich nur gesagt habe, wie es mir vorkommt. Nämlich wie es mir vorkommt, nachdem ich aufs redlichste geforscht habe, mit Hinsicht auf jene Maximen der Kunst und der Bildung, über die wir im Ganzen einig sind.

Antonio. Diese Einigkeit mag wohl nur sehr relativ seyn.

Marcus. Es sey damit wie es sey. Ein wahres Kunsturtheil, werden Sie mir eingestehen, eine ⟨184⟩ ausgebildete, durchaus fertige Ansicht eines Werks ist immer ein kritisches Factum, wenn ich so sagen darf. Aber auch nur ein Factum, und eben darum ists leere Arbeit, es motiviren zu wollen, es müßte denn das Motiv selbst ein neues Factum oder eine nähere Bestimmung des ersten enthalten. Oder auch für die Wirkung nach Außen, wo eben nichts übrig bleibt, als zu zeigen, daß wir die Wissenschaft besitzen, ohne welche das Kunsturtheil nicht möglich wäre, die es aber so wenig schon selbst ist, daß wir sie nur gar zu oft mit dem absoluten Gegentheil aller Kunst und alles Urtheils aufs vortrefflichste zusammen bestehn sehn. Unter Freunden bleibt die Probezeigung der Geschicklichkeit besser weg, und es kann doch am Ende in jeder auch noch so künstlich zubereiteten Mittheilung eines Kunsturtheils kein anderer Anspruch liegen, als die Einladung, daß jeder seinen eignen Eindruck eben so rein zu fassen und streng zu bestimmen suche, und dann den mitgetheilten der Mühe werth achte, darüber zu reflectiren, ob er damit übereinstimmen könne, um ihn in diesem Falle frey- und bereitwillig anzuerkennen.

Antonio. Und wenn wir nun nicht übereinstimmen, so heißt es am Ende: Ich liebe das Süße. Nein, sagt der andre, ganz im Gegentheil, mir schmeckt das Bittre besser.

Lothario. Es darf über manches Einzelne so heißen und dennoch bleibt ein Wissen in Dingen der Kunst sehr möglich. Und ich denke, wenn jene histo-⟨185⟩rische Ansicht vollendeter aus geführt würde, und wenn es gelänge, die Principien der Poesie auf dem Wege, den unser philosophischer Freund versucht hat, aufzustellen: so würde die Dichtkunst ein Fundament haben, dem es weder an Festigkeit noch an Umfang fehlte.

Marcus. Vergessen Sie nicht das Vorbild, welches so wesentlich ist, uns in der Gegenwart zu orientiren, und uns zugleich beständig erinnert uns zur Vergangenheit zu erheben, und der bessern Zukunft entgegen zu arbeiten. Laßt wenigstens uns an jener Grundlage halten und dem Vorbilde treu bleiben.

Lothario. Ein würdiger Entschluß, gegen den sich nichts einwenden läßt. Und gewiß werden wir auf diesem Wege immer mehr lernen, uns über das Wesentliche einander zu verstehn.

Antonio. Wir dürfen also nun nichts mehr wünschen, als daß wir Ideen zu Gedichten in uns finden mögen, und dann das gerühmte Vermögen, nach Ideen zu dichten.

Ludoviko. Halten Sie es etwa für unmöglich, zukünftige Gedichte *a priori* zu construiren?

Antonio. Geben Sie mir Ideen zu Gedichten, und ich getraue mir, Ihnen jenes Vermögen zu geben.

Lothario. Sie mögen in ihrem Sinne Recht haben, das für unmöglich zu halten, was Sie meynen. – Doch weiß ich selbst aus eigner Erfahrung das Gegentheil. Ich darf sagen, daß einigemal der ⟨186⟩ Erfolg meinen Erwartungen von einem bestimmten Gedicht entsprochen hat, was auf diesem oder jenem Felde der Kunst nun eben zunächst nothwendig oder doch möglich seyn möchte.

Andrea. Wenn Sie dieses Talent besitzen, so werden Sie mir also auch sagen können, ob wir hoffen dürfen, jemals wieder antike Tragödien zu bekommen.

Lothario. Es ist mir im Scherz und auch im Ernst willkommen, daß Sie diese Aufforderung an mich richten, damit ich doch nicht bloß über die Meynung der andern meyne, sondern wenigstens Eins aus eigner Ansicht zum Gastmahl beytrage. – Wenn erst die Mysterien und die Mythologie durch den Geist der Physik verjüngt seyn werden, so kann es möglich seyn, Tragödien zu dichten, in denen alles antik, und die dennoch gewiß wären durch die Bedeutung den Sinn des Zeitalters zu fesseln. Es wäre dabey ein größerer Umfang und eine größere Mannichfaltigkeit der äußern Formen erlaubt ja sogar rathsam, ungefähr so wie sie in manchen Nebenarten und Abarten der alten Tragödie wirklich Statt gefunden hat.

Marcus. Trimeter lassen sich in unsrer Sprache so vortrefflich bilden wie Hexameter. Aber die chorischen Sylbenmaße sind, fürchte ich, eine unauflösliche Schwierigkeit.

Camilla. Warum sollte der Inhalt durchaus mythologisch und nicht auch historisch seyn?

⟨187⟩ *Lothario.* Weil wir bey einem historischen Süjet nun einmal die moderne Behandlungsart der Charaktere verlangen, welche dem Geist des Alterthums schlechthin widerspricht. Der Künstler würde da auf eine oder die andre Art gegen die antike Tragödie oder gegen die romantische den kürzern ziehen müssen.

Camilla. So hoffe ich, daß Sie die Niobe zu den mythologischen Süjets rechnen werden.

Marcus. Ich möchte noch lieber um einen Prometheus bitten.

Antonio. Und ich würde unmaßgeblich die alte Fabel vom Apollo und Marsyas vorschlagen. Sie scheint mir sehr an der Zeit zu seyn. Oder eigentlicher zu reden ist sie wohl immer an der Zeit in jeder wohl verfaßten Litteratur.

Über die Unverständlichkeit

⟨335⟩ Einige Gegenstände des menschlichen Nachdenkens reizen, weil es so in ihnen liegt oder in uns, zu immer tieferem Nachdenken, und je mehr wir diesem Reize folgen und uns in sie verlieren, je mehr werden sie alle zu Einem Gegenstande, den wir, je nachdem wir ihn in uns oder außer uns suchen und finden, als Natur der Dinge oder als Bestimmung des Menschen charakterisiren. Andre Gegenstände würden niemals vielleicht unsre Aufmerksamkeit erregen können, wenn wir in heiliger Abgeschiedenheit jenem Gegenstand aller Gegenstände ausschließlich und einseitig unsre Betrachtung widmeten; wenn wir nicht mit Menschen im Verkehr ständen, aus deren gegenseitiger Mittheilung sich erst solche Verhältnisse und Verhältnißbegriffe erzeugen, die sich als Gegenstände des Nachdenkens bey genauerer Reflexion immer mehr vervielfältigen und verwickeln, also auch hierin den entgegengesetzten Gang befolgen.

⟨336⟩ Was kann wohl von allem, was sich auf die Mittheilung der Ideen bezieht, anziehender seyn, als die Frage, ob sie überhaupt möglich sey; und wo hätte man nähere Gelegenheit über die Möglichkeit oder Unmöglichkeit dieser Sache mancherley Versuche anzustellen, als wenn man ein Journal wie das Athenäum entweder selbst schreibt, oder doch als Leser an demselben Theil nimmt?

Der gesunde Menschenverstand, der sich so gern am Leitfaden der Etymologien, wenn sie sehr nahe liegen, orientiren mag, dürfte leicht auf die Vermuthung gerathen können, der Grund des Unverständlichen liege im Unverstand. Nun ist es ganz eigen an mir, daß ich den Unverstand durchaus nicht leiden kann, auch den Unverstand der Unverständigen, noch weniger aber den Unverstand der Verständigen. Daher hatte ich schon vor langer Zeit den Entschluß gefaßt, mich mit dem Leser in ein Gespräch über diese Materie zu versetzen, und vor seinen eignen Augen, gleichsam ihm ins Gesicht, einen andern neuen Leser nach meinem Sinne zu construiren, ja wenn ich es nöthig finden sollte, denselben sogar zu deduciren. Ich meynte es ernstlich genug und nicht ohne den alten Hang zum Mystizismus. Ich wollte es einmal recht genau nehmen, wollte die ganze Kette meiner Versuche durchgehn, den oft schlechten Erfolg mit rücksichtsloser Offenheit bekennen, und so den Leser zu einer gleichen Offenheit und Redlichkeit gegen sich selbst allmählig hinleiten; ich wollte beweisen, daß alle Unverständlichkeit relativ, und darstellen, wie unver-⟨337⟩ständlich mir zum Beyspiel Garve sey; ich wollte zeigen, daß die Worte sich selbst oft besser verstehen, als diejenigen von denen sie gebraucht werden, wollte aufmerksam darauf machen, daß es unter den philosophischen Worten, die oft in ihren Schriften wie eine Schaar zu früh entsprungener Geister alles verwirren und die unsichtbare Gewalt des Weltgeistes auch an dem ausüben, der sie nicht anerkennen will, geheime Ordensverbindungen geben muß; ich wollte zeigen, daß man die reinste und gediegenste Unverständlichkeit gerade aus der Wissenschaft und aus der Kunst erhält, die ganz eigentlich aufs Verständigen und Verständlichmachen ausgehn, aus der Philosophie und Philologie; und damit das ganze Geschäft sich nicht in einem gar zu handgreiflichen Cirkel herumdrehen möchte, so hatte ich mir fest vorgenommen, dieses eine Mal wenigstens gewiß verständlich zu seyn. Ich wollte auf das hindeuten was die größten Denker jeder Zeit (freylich nur sehr dunkel) geahndet haben, bis Kant die Tafel der Kategorien entdeckte und es Licht wurde im Geiste des Menschen; ich meyne eine reelle Sprache, daß wir aufhören möchten mit Worten zu kramen, und schauen alles Wirkens Kraft und Saamen. Die große Raserey einer solchen Kabbala, wo gelehrt werden sollte, wie des Menschen Geist sich selbst verwandeln und dadurch den wandelbaren ewig verwandelten Gegner endlich fesseln möge, ein dergleichen Mysterium durfte ich nun nicht so naiv und nakt darstellen, wie ich aus jugendlicher Unbesonnenheit die Natur der Liebe in der Lucinde zur ewigen ⟨338⟩ Hieroglyphe dargestellt habe. Ich mußte demnach auf ein populäres Medium denken, um den heiligen, zarten, flüchtigen, luftigen, duftigen gleichsam imponderablen Gedanken chemisch zu binden. Wie sehr hätte er sonst misverstanden werden können, da ja erst durch seinen wohlverstandnen Gebrauch allen verständlichen Misverständnissen endlich ein Ende gemacht werden sollte? Zugleich hatte ich mit innigem Vergnügen die Progressen unsrer Nation bemerkt; und was soll ich erst von dem Zeitalter sagen? Dasselbe Zeitalter, in welchem auch wir zu leben die Ehre haben; das Zeitalter, welches, um alles mit einem Worte zu sagen, den bescheidnen aber vielsagenden Namen des kritischen Zeitalters verdient, so daß nun bald alles kritisirt seyn wird, außer das Zeitalter selbst, und daß alles immer kritischer und kritischer wird, und die Künstler schon die gerechte Hoffnung hegen dürfen, die Menschheit werde sich endlich in Masse erheben und lesen lernen.

Nur ganz kürzlich wurde dieser Gedanke einer reellen Sprache mir von neuem erregt, und eine glorreiche Aussicht öffnete sich dem innern Auge. Im neunzehnten Jahrhundert, versichert uns Girtanner, im neunzehnten Jahrhundert wird man Gold machen können; und ist es nicht schon mehr als Vermuthung, daß das neunzehnte Jahrhundert nun bald seinen Anfang nehmen wird? Mit löblicher Sicherheit und mit einer interessanten Erhebung sagt der würdige Mann: »Jeder Chemiker, jeder Künstler wird Gold machen; das Küchengeschirr wird von Silber, von ⟨339⟩ Gold seyn.« – Wie gern werden nun alle Künstler sich entschließen den kleinen unbedeutenden Überrest vom achtzehnten Jahrhundert noch zu hungern, und diese große Pflicht künftig nicht mehr mit betrübtem Herzen erfüllen; denn sie wissen, daß theils noch sie selbst in eigner Person, theils aber auch und desto gewisser ihre Nachkommen in kurzem werden Gold machen können. Daß gerade das Küchengeschirr erwähnt wird, hat zur Ursache, weil jener scharfsinnige Geist gerade das vorzüglich schön und groß an dieser Katastrophe findet, daß wir nun nicht mehr so viele verruchte Halbsäuren von gemeinen unedlen niederträchtigen Metallen wie Bley, Kupfer, Eisen und dergl. werden verschlucken dürfen. Ich sah die Sache aus einem andern Gesichtspunkte. Schon oft hatte ich die Objektivität des Goldes im Stillen bewundert, ja ich darf wohl sagen angebetet. Bey den Chinesen, dachte ich, bey den Engländern, bey den Russen, auf der Insel Japan, bey den Einwohnern von Fetz und Marokko, ja sogar bey den Kosacken, Tscheremissen, Baschkiren und Mulatten, kurz überall wo es nur einige Bildung und Aufklärung giebt, ist das Silber, das Gold verständlich und durch das Gold alles übrige. Wenn nun erst jeder Künstler diese Materien in hinreichender Quantität besitzt, so darf er ja nur seine Werke in Basrelief schreiben, mit goldnen Lettern auf silbernen Tafeln. Wer würde eine so schön gedruckte Schrift, mit der groben Äußerung, sie sey unverständlich, zurückweisen wollen?

Aber alles das sind nur Hirngespinste oder Ideale: ⟨340⟩ denn Girtanner ist gestorben, und ist demnach für jetzt so weit davon entfernt Gold machen zu können, daß man vielmehr mit aller Kunst nur so viel Eisen aus ihm wird machen können, als nöthig wäre, sein Andenken durch eine kleine Schaumünze zu verewigen.

Überdem haben sich die Klagen über die Unverständlichkeit so ausschließlich gegen das Athenaeum gerichtet, es ist so oft und so vielseitig geschehen, daß die Deduction am besten eben da ihren Anfang wird nehmen können, wo uns eigentlich der Schuh drückt.

Schon hat ein scharfsinniger Kunstrichter im Berliner Archiv der Zeit das Athenaeum gegen diese Vorwürfe freundschaftlich vertheidigt, und dabey das berüchtigte Fragment von den drey Tendenzen zum Beyspiel gewählt. Ein überaus glücklicher Gedanke! Gerade so muß man die Sache angreifen. Ich werde denselben Weg einschlagen, und damit der Leser um so leichter einsehen kann, daß ich das Fragment wirklich für gut halte, so mag es hier noch einmal stehen:

> »Die französische Revoluzion, Fichte's Wissenschaftslehre und Goethe's Meister sind die größten Tendenzen des Zeitalters. Wer an dieser Zusammenstellung Anstoß nimmt, wem keine Revoluzion wichtig scheinen kann, die nicht laut und materiell ist, der hat sich noch nicht auf den hohen weiten Standpunkt der Geschichte der Menschheit erhoben. Selbst in unsern dürftigen Culturgeschichten, die meistens einer mit fortlaufendem Commentar begleiteten Varientensamm-⟨341⟩lung, wozu der classische Text verloren ging, gleichen, spielt manches kleine Buch, von dem die lärmende Menge zu seiner Zeit nicht viel Notiz nahm, eine größere Rolle als alles, was diese trieb.«

Dieses Fragment schrieb ich in der redlichsten Absicht und fast ohne alle Ironie. Die Art, wie es misverstanden worden, hat mich unaussprechlich überrascht, weil ich das Misverständniß von einer ganz andern Seite erwartet hatte. Daß ich die Kunst für den Kern der Menschheit, und die französische Revoluzion für eine vortreffliche Allegorie auf das System des transcendentalen Idealismus halte, ist allerdings nur eine von meinen äußerst subjektiven Ansichten. Ich habe es ja aber schon so oft und in so verschiednen Manieren zu erkennen gegeben, daß ich wohl hätte hoffen dürfen, der Leser würde sich endlich daran gewöhnt haben. Alles übrige ist nur Chiffernsprache. Wer Goethe's ganzen Geist nicht auch im Meister finden kann, wird ihn wohl überall vergeblich suchen. Die Poesie und der Idealismus sind die Centra der deutschen Kunst und Bildung; das weiß ja ein jeder. Aber wer es weiß, kann nicht oft genug daran erinnert werden, daß er es weiß. Alle höchsten Wahrheiten jeder Art sind durchaus trivial und eben darum ist nichts nothwendiger als sie immer neu, und wo möglich immer paradoxer auszudrücken, damit es nicht vergessen wird, daß sie noch da sind, und daß sie nie eigentlich ganz ausgesprochen werden können.

Bis hieher ist nun alles ohne alle Ironie, und ⟨342⟩ durfte von Rechtswegen nicht misverstanden werden; und doch ist es so sehr geschehen, daß ein bekannter Jakobiner, der Magister Dyk in Leipzig, sogar demokratische Gesinnungen darin hat finden wollen.

Etwas andres freylich ist noch in dem Fragment, welches allerdings misverstanden werden konnte. Es liegt in dem Wort *Tendenzen*, und da fängt nun auch schon die Ironie an. Es kann dieses nemlich so verstanden werden, als hielte ich die Wissenschaftslehre zum Beyspiel auch nur für eine Tendenz, für einen vorläufigen Versuch wie Kants Kritik der reinen Vernunft, den ich selbst etwa besser auszuführen und endlich zu beendigen gesonnen sey, oder als wollte ich, um es in der Kunstsprache, welche für diese Vorstellungsart die gewöhnliche und auch die schicklichste ist, zu sagen, mich auf Fichte's Schultern stellen, wie dieser auf Reinholds Schultern, Reinhold auf Kants Schultern, dieser auf Leibnizens Schultern steht, und so ins unendliche fort bis zur ursprünglichen Schulter. – Ich wußte das recht gut, aber ich dachte, ich wollte es doch einmal versuchen, ob mir wohl jemand einen solchen schlechten Gedanken andichten werde. Niemand scheint es bemerkt zu haben. Warum soll ich Misverständnisse darbieten, wenn niemand sie ergreifen will? Ich lasse demnach die Ironie fahren und erkläre gerade heraus, das Wort bedeute in dem Dialekt der Fragmente, alles sey nur noch Tendenz, das Zeitalter sey das Zeitalter der Tendenzen. Ob ich nun der Meynung sey, alle diese Tendenzen würden durch mich selbst in Richtigkeit und ⟨343⟩ zum Beschluß gebracht werden, oder vielleicht durch meinen Bruder oder durch Tieck, oder durch sonst einen von unsrer Faction, oder erst durch einen Sohn von uns, durch einen Enkel, einen Urenkel, einen Enkel im sieben und zwanzigsten Gliede, oder erst am jüngsten Tage, oder niemals; das bleibt der Weisheit des Lesers, für welche diese Frage recht eigentlich gehört, anheim gestellt.

Goethe und Fichte, das bleibt die leichteste und schicklichste Formel für allen Anstoß, den das Athenaeum gegeben, und für alles Unverständniß, welches das Athenaeum erregt hat. Das beste dürfte wohl auch hier seyn, es immer ärger zu machen; wenn das Ärgerniß die größte Höhe erreicht hat, so reißt es und verschwindet, und kann das Verstehen dann sogleich seinen Anfang nehmen. Noch sind wir nicht weit genug mit dem Anstoßgeben gekommen: aber was nicht ist kann noch werden. Ja auch jene Namen werden noch mehr als einmal wieder genannt werden müssen, und nur noch heute hat mein Bruder ein Sonett gemacht, welches ich mich nicht enthalten kann, dem Leser mitzutheilen, wegen der reizenden Wortspiele, die er (der Leser) fast noch mehr liebt als die Ironie:

Bewundert nur die feingeschnitzten Götzen,
Und laßt als Meister, Führer, Freund uns Goethen:
Euch wird nach seines Geistes Morgenröthen
Apollo's goldner Tag nicht mit ergötzen.

⟨344⟩ Der lockt kein frisches Grün aus dürren Klötzen,
Man haut sie um, wo Feurung ist vonnöthen.
Einst wird die Nachwelt all die Unpoeten
Korrekt versteinert sehn zu ganzen Flötzen.

Die Goethen nicht erkennen, sind nur Gothen,
Die Blöden blendet jede neue Blüthe,
Und, Todte selbst, begraben sie die Todten.

Uns sandte, Goethe, dich der Götter Güte,
Befreundet mit der Welt durch solchen Boten,
Göttlich von Namen, Blick, Gestalt, Gemüthe.

Ein großer Theil von der Unverständlichkeit des Athenaeums liegt unstreitig in der *Ironie*, die sich mehr oder minder überall darin äußert. Ich fange auch hier mit einem Texte an aus den Fragmenten im Lyceum:

»Die sokratische Ironie ist die einzige durchaus unwillkührliche und durchaus besonnene Verstellung. Es ist gleich unmöglich sie zu erkünsteln und sie zu verrathen. Wer sie nicht hat, dem bleibt sie auch nach dem offensten Geständniß ein Räthsel. Sie soll niemand täuschen, als die, welche sie für Täuschung halten, und entweder ihre Freude haben an der herrlichen Schalkheit, alle Welt zum Besten zu haben, oder böse werden, wenn sie ahnden, sie wären auch wohl mit gemeynt. In ihr soll alles Scherz und alles Ernst seyn, alles treuherzig offen und alles tief versteckt. Sie entspringt aus der Vereinigung von ⟨345⟩ Lebenskunstsinn und wissenschaftlichem Geist, aus dem Zusammentreffen vollendeter Naturphilosophie und vollendeter Kunstphilosophie. Sie enthält und erregt ein Gefühl von dem unauflöslichen Widerstreit des Unbedingten und des Bedingten, der Unmöglichkeit und Nothwendigkeit einer vollständigen Mittheilung. Sie ist die freyeste aller Licenzen, denn durch sie setzt man sich über sich selbst weg; und doch auch die gesetzlichste, denn sie ist unbedingt nothwendig. Es ist ein sehr gutes Zeichen, wenn die harmonisch Platten gar nicht wissen, wie sie diese stete Selbstparodie zu nehmen haben, den Scherz gerade für Ernst und den Ernst für Scherz halten.«

Ein andres von jenen Fragmenten empfiehlt sich noch mehr durch seine Kürze:

»Ironie ist die Form des Paradoxen. Paradox ist alles was zugleich gut und groß ist.«

Muß nicht jeder Leser, welcher an die Fragmente im Athenaeum gewöhnt ist, alles dieses äußerst leicht ja trivial finden? Und doch schien es damals manchem unverständlich, weil es noch eher neu war. Denn erst seitdem ist die Ironie an die Tagesordnung gekommen, nachdem in der Morgendämmerung des neuen Jahrhunderts diese Menge großer und kleiner Ironien jeder Art aufgeschossen ist, so daß ich bald werde sagen können, wie Boufflers von den verschiedenen Gattungen des menschlichen Herzens:

J'ai vu des coeurs de toutes formes,
Grands, petits, minces, gros, mediocres, énormes.

⟨346⟩ Um die Übersicht vom ganzen System der Ironie zu erleichtern, wollen wir einige der vorzüglichsten Arten anführen. Die erste und vornehmste von allen ist die grobe Ironie; findet sich am meisten in der wirklichen Natur der Dinge und ist einer ihrer allgemein verbreitetsten Stoffe; in der Geschichte der Menschheit ist sie recht eigentlich zu Hause. Dann kommt die feine oder die delikate Ironie; dann die extrafeine; in dieser Manier arbeitet Skaramuz, wenn er sich freundlich und ernsthaft mit jemand zu besprechen scheint, indem er nur den Augenblick erwartet, wo er wird mit einer guten Art einen

Tritt in den Hintern geben können. Diese Sorte wird auch wohl bey Dichtern gefunden, wie ebenfalls die redliche Ironie, welche am reinsten und ursprünglichsten in alten Gärten angebracht ist, wo wunderbar liebliche Grotten den gefühlvollen Freund der Natur in ihren kühlen Schooß locken, um ihn dann von allen Seiten mit Wasser reichlich zu besprützen und ihm so die Zartheit zu vertreiben. Ferner die dramatische Ironie, wenn der Dichter drey Akte geschrieben hat, dann wider Vermuthen ein andrer Mensch wird, und nun die beyden letzten Acte schreiben muß. Die doppelte Ironie, wenn zwey Linien von Ironie parallel neben einander laufen ohne sich zu stören, eine fürs Parterre die andre für die Logen, wobey noch kleine Funken in die Coulissen fahren können. Endlich die Ironie der Ironie. Im allgemeinen ist das wohl die gründlichste Ironie der Ironie, daß man sie doch eben auch überdrüßig wird, wenn sie uns überall und immer wieder geboten wird. ⟨347⟩ Was wir aber hier zunächst unter Ironie der Ironie verstanden wissen wollen, das entsteht auf mehr als einem Wege. Wenn man ohne Ironie von der Ironie redet, wie es so eben der Fall war; wenn man mit Ironie von einer Ironie redet, ohne zu merken, daß man sich zu eben der Zeit in einer andren viel auffallenderen Ironie befindet; wenn man nicht wieder aus der Ironie herauskommen kann, wie es in diesem Versuch über die Unverständlichkeit zu seyn scheint; wenn die Ironie Manier wird, und so den Dichter gleichsam wieder ironirt; wenn man Ironie zu einem überflüßigen Taschenbuche versprochen hat, ohne seinen Vorrath vorher zu überschlagen und nun wider Willen Ironie machen muß, wie ein Schauspielkünstler der Leibschmerzen hat; wenn die Ironie wild wird, und sich gar nicht mehr regieren läßt.

Welche Götter werden uns von allen diesen Ironien erretten können? das einzige wäre, wenn sich eine Ironie fände, welche die Eigenschaft hätte, alle jene großen und kleinen Ironien zu verschlucken und zu verschlingen, daß nichts mehr davon zu sehen wäre, und ich muß gestehen daß ich eben dazu in der meinigen eine merkliche Disposition fühle. Aber auch das würde nur auf kurze Zeit helfen können. Ich fürchte, wenn ich anders, was das Schicksal in Winken zu sagen scheint, richtig verstehe, es würde bald eine neue Generation von kleinen Ironien entstehn: denn wahrlich die Gestirne deuten auf fantastisch. Und gesetzt es blieb auch während eines langen Zeitraums alles ruhig, so wäre doch nicht zu trauen. ⟨348⟩ Mit der Ironie ist durchaus nicht zu scherzen. Sie kann unglaublich lange nachwirken. Einige der absichtlichsten Künstler der vorigen Zeit habe ich in Verdacht, daß sie noch Jahrhunderte nach ihrem Tode mit ihren gläubigsten Verehrern und Anhängern Ironie treiben. Shakspeare hat so unendlich viele Tiefen, Tücken, und Absichten; sollte er nicht auch die Absicht gehabt haben, verfängliche Schlingen in seine Werke für die geistreichsten Künstler der Nachwelt zu verbergen, um sie zu täuschen, daß sie ehe sie sichs versehen, glauben müssen, sie seyen auch ungefähr so wie Shakspeare? Gewiß, er dürfte auch wohl in dieser Rücksicht weit absichtlicher seyn als man vermuthet.

Ich habe es schon indirekt eingestehen müssen, daß das Athenaeum unverständlich sey, und weil es mitten im Feuer der Ironie geschehen ist, darf ich es schwerlich zurücknehmen, denn sonst müßte ich ja diese selbst verletzen.

Aber ist denn die Unverständlichkeit etwas so durchaus Verwerfliches und Schlechtes? – Mich dünkt das Heil der Familien und der Nationen beruhet auf ihr; wenn mich nicht alles trügt, Staaten und Systeme, die künstlichsten Werke der Menschen, oft so künstlich, daß man die Weisheit des Schöpfers nicht genug darin bewundern kann. Eine unglaublich kleine Portion ist zureichend, wenn sie nur unverbrüchlich treu und rein bewahrt wird, und kein frevelnder Verstand es wagen darf, sich der heiligen Gränze zu nähern. Ja das köstlichste was der Mensch ⟨349⟩ hat, die innere Zufriedenheit selbst hängt, wie jeder leicht wissen kann, irgendwo zuletzt an einem solchen Punkte, der im Dunkeln gelassen werden muß, dafür aber auch das Ganze trägt und hält, und diese Kraft in demselben Augenblicke verlieren würde, wo man ihn in Verstand auflösen wollte. Wahrlich, es würde euch bange werden, wenn die ganze Welt, wie ihr es fodert, einmal im Ernst durchaus verständlich würde. Und ist sie selbst diese unendliche Welt nicht durch den Verstand aus der Unverständlichkeit oder dem Chaos gebildet?

Ein andrer Trostgrund gegen die anerkannte Unverständlichkeit des Athenaeums liegt schon in der Anerkennung selbst, weil uns eben diese auch belehrte, das Übel werde vorübergehend seyn. Die neue Zeit kündigt sich an als eine schnellfüßige, sohlenbeflügelte; die Morgenröthe hat Siebenmeilenstiefel angezogen. – Lange hat es gewetterleuchtet am Horizont der Poesie; in eine mächtige Wolke war alle Gewitterkraft des Himmels zusammengedrängt; jetzt donnerte sie mächtig, jetzt schien sie sich zu verziehen und blitzte nur aus der Ferne, um bald desto schrecklicher wiederzukehren: bald aber wird nicht mehr von einem einzelnen Gewitter die Rede seyn, sondern es wird der ganze Himmel in einer Flamme brennen und dann werden euch alle eure kleinen Blitzableiter nichts mehr helfen. Dann nimmt das neunzehnte Jahrhundert in der That seinen Anfang, und dann wird auch jenes kleine Räthsel von der Unverständlichkeit des Athenaeums gelöst seyn. Welche Katastrophe! Dann wird es Leser geben die ⟨350⟩ lesen können. Im neunzehnten Jahrhundert wird jeder die Fragmente mit vielem Behagen und Vergnügen in den Verdauungsstunden genießen können, und auch zu den härtesten unverdaulichsten keinen Nußknacker bedürfen. Im neunzehnten Jahrhundert wird jeder Mensch, jeder Leser die Lucinde unschuldig, die Genoveva protestantisch und die Didaktischen Elegien von A. W. Schlegel fast gar zu leicht und durchsichtig finden. Es wird sich auch hier bewähren, was ich in prophetischem Geiste in den ersten Fragmenten als Maxime aufgestellt habe:

> »Eine classische Schrift muß nie ganz verstanden werden können. Aber die welche gebildet sind und sich bilden, müssen immer mehr draus lernen wollen.«

Die große Scheidung des Verstandes und des Unverstandes wird immer allgemeiner, heftiger und klarer werden. Noch viel verborgne Unverständlichkeit wird ausbrechen müssen. Aber auch der Verstand wird seine Allmacht zeigen; er der das Gemüth zum Charakter, das Talent zum Genie adelt, das Gefühl und die Anschauung zur Kunst läutert; er selbst wird verstanden werden, und man wird es endlich einsehen und eingestehen müssen, daß jeder das Höchste erwerben kann und daß die Menschheit bis jetzt weder boshaft noch dumm, sondern nur ungeschickt und neu war. Ich thue mir Einhalt um die Verehrung der höchsten Gottheit nicht vor der Zeit zu entweihen. Aber die großen Grundsätze, die Gesinnungen, worauf es dabey ankommt, dürfen ohne Entweihung mitgetheilt ⟨351⟩ werden; und ich habe versucht das wesentliche davon auszudrücken, indem ich mich an einen eben so tiefsinnigen als liebenswürdigen Vers des Dichters anschloß, in derjenigen Form der Dichtung, welche die Spanier Glosse nennen; und es bleibt nun nichts zu wünschen übrig, als daß einer unsrer vortrefflichen Componisten die meinige würdig finden mag, ihr eine musikalische Begleitung zu geben. Schöneres giebt es nichts auf der Erde, als wenn Poesie und Musik in holder Eintracht zur Veredlung der Menschheit wirken.

Eines schickt sich nicht für alle,
Sehe jeder wie ers treibe,
Sehe jeder wo er bleibe,
Und wer steht daß er nicht falle.

Dieser weiß sich sehr bescheiden
Jener bläs't die Backen voll;
Dieser ist im Ernste toll,
Jener muß ihn noch beneiden.
Alle Narrheit kann ich leiden,
Ob sie genialisch knalle,
Oder blumenlieblich walle;
Denn ich werd' es nie vergessen,
Was des Meisters Kraft ermessen:
Eines schickt sich nicht für alle.

Um das Feuer zu ernähren,
Sind viel zarte Geister nöthig,
Die zu allem Dienst erbötig,
Um die Heiden zu bekehren.
Mag der Lärm sich nun vermehren,
Suche jeder wen er reibe,
⟨352⟩ Wisse jeder was er schreibe,
Und wenn schrecklich alle Dummen
Aus den dunkeln Löchern brummen,
Sehe jeder wie ers treibe.

Ein'ge haben wir entzündet,
Die nun schon alleine flammen;
Doch die Menge hält zusammen,
Viel Gesindel treu verbündet.
Wer den Unverstand ergründet,
Hält sich alle gern vom Leibe,

Die gebohren sind vom Weibe.
Ist der Bienenschwarm erregt,
Den das neuste Wort bewegt,
Sehe jeder wo er bleibe.

Mögen sie geläufig schwatzen,
Was sie dennoch nie begreifen.
Manche müssen irre schweifen,
Viele Künstler werden platzen.
Jeden Sommer fliegen Spatzen
Freuen sich am eignen Schalle:
Reizte dieß dir je die Galle?
Laß sie alle selig spielen,
Sorge du nur gut zu zielen,
Und wer steht daß er nicht falle.

Anhang

Zu dieser Ausgabe

Die Wiedergabe der Texte in dieser Ausgabe folgt den Erstdrucken:

Vom ästhetischen Werthe der Griechischen Komödie. In: Berlinische Monatsschrift. Hrsg. von Johann Erich Biester. Bd. 24: Julius bis December. Dessau: Verlag der Haude- und Spenerschen Buchhandlung in Berlin, 1794 [ersch. 1795]. Nr. 3. S. 485–505.

Über Lessing. In: Lyceum der schönen Künste. Bd. 1. Tl. 2. Berlin: Johann Friedrich Unger, 1797. S. 76–128.

Kritische Fragmente. In: Lyceum der schönen Künste. Bd. 1. Tl. 2. Berlin: Johann Friedrich Unger, 1797. S. 133–169.

Fragmente. In: Athenaeum. Eine Zeitschrift von August Wilhelm Schlegel und Friedrich Schlegel. Bd. 1. H. 2. Berlin: Friedrich Vieweg d. Ä., 1798. Nr. I. S. 3–146.

Über Goethe's Meister. In: Athenaeum. Eine Zeitschrift von August Wilhelm Schlegel und Friedrich Schlegel. Bd. 1. H. 2. Berlin: Friedrich Vieweg d. Ä., 1798. Nr. I. S. 147–178.

Gespräch über die Poesie. In: Athenaeum. Eine Zeitschrift von August Wilhelm Schlegel und Friedrich Schlegel. Bd. 3. H. 1. Berlin: Heinrich Frölich, 1800. Nr. IV. S. 58–128. – Bd. 3. H. 2. Ebd. Nr. II. S. 169–187.

Über die Unverständlichkeit. In: Athenaeum. Eine Zeitschrift von August Wilhelm Schlegel und Friedrich Schlegel. Bd. 3. H. 2. Berlin: Friedrich Vieweg d. Ä., 1800. Nr. VIII. S. 335–352.

Spitzklammern im fortlaufenden Text verweisen auf die originalen Paginierungen. Änderungen wurden nur dort vorgenommen, wo es sich um offensichtliche Druckfehler der Vorlage handelte. Diese wurden stillschweigend verbessert. Wo weitere Änderungen und Verbesserungen angezeigt erschienen, wurden diese in den Anmerkungen mitgeteilt, nicht jedoch im Text selbst ausgeführt. Das gilt auch für (mögliche oder tatsächliche) sachliche Versehen Schlegels. Alle anderen Abweichungen von heutigen Konventionen, wie die Schreibung von Personennamen sowie orthographische und grammatische Besonderheiten der Schlegel-Zeit, blieben dagegen erhalten. So konnte die

Integrität des Erstdrucks gewahrt werden und ein weitgehend authentisches Textbild entstehen, ohne Druckversehen blind fortzuschreiben, wie es faksimilierte und digitalisierte Ausgaben der Erstdrucke zwangsläufig tun.

Die von der *Kritischen Friedrich-Schlegel-Ausgabe* (KFSA) vorgenommenen Modernisierungen und sonstigen Eingriffe in Schlegels Texte wurden dagegen wieder rückgängig gemacht bzw. ignoriert. Zur komplizierten Editionsgeschichte, zur Bewertung der Editionsprinzipien der maßgeblichen Schlegel-Ausgaben und zur Bedeutung der unveröffentlichten und nachgelassenen Schriften sei auf den entsprechenden Beitrag im *Friedrich Schlegel-Handbuch* (hrsg. von Johannes Endres, Stuttgart 2017) und die dort genannte Literatur hingewiesen.

Die vorliegende Ausgabe ähnelt in ihrer Textgestalt am ehesten der von Jakob Minor herausgegebenen zweibändigen Ausgabe der *Prosaischen Jugendschriften* (1794–1802) Friedrich Schlegels, die erstmals 1882 erschien und verglichen mit der die betreffenden Bände der KFSA keinen wesentlichen editorischen Fortschritt darstellen. Anders als die Ausgabe Minors und die von Hans Eichner verantworteten Bände 1 und 2 der KFSA (1979/67) bietet die vorliegende Ausgabe jedoch einen ausführlichen Stellenkommentar, der das Verständnis der Sprache Friedrich Schlegels und seiner Zeit erleichtern sowie in den Beziehungsreichtum seines Darstellungsstils einführen soll.

Obwohl es kommentierte Editionen einzelner oder gesammelter Texte Schlegels hier und da gab und gibt, ist die vorliegende Edition die einzige, die einen zuverlässigen Text nach den Erstdrucken zusammen mit detaillierten Erläuterungen in diesem Format bietet. Im Vergleich zur von Andreas Huyssen herausgegebenen, 1978 erschienenen Vorgängerausgabe verbindet die vorliegende Ausgabe damit ein nicht nur an den Erstdrucken orientiertes, sondern auch maßgeblich erweitertes Textkorpus mit einem weiterführenden Apparat von Sacherläuterungen und Verständnishinweisen.

Die Anordnung der Texte richtet sich nach der Reihenfolge ihres Erscheinens. Alle Hervorhebungen in den Erstdrucken wurden im vorliegenden Text zu Kursivierungen. Eckige Klammern verweisen auf Zusätze des Herausgebers. Dies betrifft vor allem die Nummerierung der sogenannten *Lyceum*- und *Athenaeum*-Fragmente, die dem Muster der Minor'schen Ausgabe folgt. Nicht von Friedrich Schlegel stammende Fragmente erscheinen im Kleindruck; Namenskürzel am Ende weisen auf den Verfasser hin, wobei AWS für August Wilhelm Schlegel, FSM für Friedrich Schleiermacher und N für Novalis (Friedrich von Hardenberg) steht.

Anmerkungen

Vom ästhetischen Werthe der Griechischen Komödie

7,7 f. *ernsthafte dramatische … häuslichen Leben:* Anspielung auf die sog. Neue griechische Komödie.

7,17 *alte Griechische Komödie:* die attische (oder »alt-atheniensische«) Komödie, um 486–400 v. Chr. Vollständig überliefert sind nur elf Stücke von Aristophanes, des wohl bekanntesten ihrer Vertreter. Hauptkennzeichen: persönliche und politische Satire sowie Parodie der Tragödie, Verwendung des Chors, Parabase (bei Schlegel: Parekbase; das Heraustreten der Akteure, besonders des Chors, aus der Spielhandlung und die direkte Anrede an das Publikum), phallische Kostümierung der männlichen Charaktere, derber Witz.

7,31–8,1 *Feste des Bakchus:* Bakchos/Dionysos, Gott des Weines, Rausches, der Vegetation und Sexualität. Feste zu seinen Ehren fanden jährlich im Januar/Februar (Lenäen) und März/April (Große Dionysien) statt; dazu gehörten Tragödien- und Komödienwettbewerbe (Agone).

9,27 *bürgerlichen Freiheit:* Das 5. Jh. v. Chr. gilt als politische, gesellschaftliche und kulturelle Blütezeit der attischen Demokratie, in der die Werke von Aischylos (525–456 v. Chr.), Sophokles (497/496–406/405 v. Chr.) und Euripides (um 480 – 406 v. Chr.) sowie von Sokrates (469–399 v. Chr.), Platon (428/427–348/347 v. Chr.) und Aristoteles (384–322 v. Chr.) entstehen.

9,33 *Willkür:* ohne die heute übliche negative Konnotation, ein Schlüsselbegriff der Schlegel'schen Ästhetik, auf ein anti-mimetisches Kunstprinzip verweisend.

10,5 *Saturnalien:* siebentägiges römisches Fest im Dezember zu Ehren des Saatgottes Saturnus (vgl. auch Anm. zu 231,17), für das eine komische Verkehrung der Wirklichkeit kennzeichnend ist.

10,14 *Gott der Freude:* Bakchos/Dionysos.

10,16 *Institut:* die Dionysosfeiern.

11,12 *Ende:* hier ›Zweck‹, ›Zielbestimmung‹.

11,25 *Verfalle:* Nach dem Peloponnesischen Krieg (431–404 v. Chr.) und der Niederlage Athens gegen Sparta beginnt eine Krisenzeit der attischen Demokratie, die Schlegel auch mit dem Niedergang der Alten Komödie assoziiert (vgl. *Von den Schulen der Griechischen Poesie*, 1794/95, und *Über die weiblichen Charaktere in den Griechischen Dichtern*, 1794).

11,31 *Publikum:* Tatsächlich weiß man wenig über das Publikum des griechischen Theaters.

12,30 *Häßliche:* zu einer ästhetischen Theorie des Hässlichen vgl. Schlegels Aufsatz *Über das Studium der Griechischen Poesie* (1795–97).

14,9 *noch:* doch (?).

15,3 *Energie:* hier ›Wirksamkeit‹ (von griech. *enérgeia*).

15,7 *Fehler:* zur üblichen Kritik an Aristophanes, die sich allerdings schon bei Platon und Aristoteles findet, vgl. z. B. den Artikel »Aristophanes« in Johann Georg Sulzers *Allgemeine Theorie der schönen Künste* (1771–94).

15,8 *wider Reinheit:* wider die Reinheit (Verbesserung Minors).

16,19 *Entzückende:* In der Bearbeitung von 1822 verweist Schlegel auf das Drama Calderóns und das romantische Lustspiel als Beispiele einer christlichen Verklärung der Phantasie, welcher er den Wert des ›Entzückenden‹ beilegt.

17,31 f. *Lust am Schlechten:* Anspielung auf die satirische Tradition der Komödie, die das Verlachen des Lasterhaften zum Ziel hat.

19,20 *Menander:* 342/341–291/290 v. Chr., Hauptvertreter der Neuen Komödie, dessen Stücke zu Schlegels Zeit nur aus röm. Adaptionen bekannt waren.

Über Lessing

20,6 *Veteranen:* Schlegel denkt an den Aufsatz *Gotthold Ephraim Leßing. Gebohren 1729, gestorben 1781* (zuerst 1781) von Johann Gottfried Herder sowie an Christian Gottfried Schütz, *Über Gotthold Ephraim Lessing's Genie und Schriften. Drei Vorlesungen* (1782).
Bruder: Karl Gotthelf Lessing, Verfasser der ersten großen Biographie seines Bruders (vgl. *Gotthold Ephraim Lessings Leben, nebst seinem noch übrigen litterarischen Nachlasse*, 1793–95) sowie Mitherausgeber einer Lessing-Ausgabe, die auch Briefe Lessings enthält (vgl.

G. E. Lessings vermischte Schriften, 30 Bde., hrsg. von Karl Gotthelf Lessing, Johann Joachim Eschenburg, Friedrich Nicolai, Berlin 1771–94).

20,31 f. *Voltaire … Terenz:* vgl. Terenz, *Eunuchus* (161 v. Chr.), Prolog, V. 41: »nullumst iam dictum quod non dictum sit prius«. Das Voltaire-Zitat ist nicht zu ermitteln.

22,33 *in Lessings … gelebt hatte:* Schlegel las Lessing intensiv seit April 1796, kannte seine Schriften aber schon vorher, äußerte sich da jedoch noch durchweg kritisch.

23,6–16 *Ja gewiß … und kann!:* Lessings dichterisches Talent wurde z. B. auch schon von Johann Jakob Hottinger kritisch bewertet, dessen *Versuch einer Vergleichung der deutschen Dichter mit den Griechen und Römern […]* (1789) Lessing nachweislich kannte.

23,17 f. *Mediocristen:* ›Vertreter des Mittelmaßes‹. Zielt hier und weiter unten auf Herder.

23,18 *Moderantisten:* die ›Gemäßigten‹.

23,29 *Addison:* Joseph A. (1672–1719), engl. Schriftsteller und Dramatiker, Herausgeber des *Spectator* (vgl. Lessing, *Hamburgische Dramaturgie*, 1767–69, 15. Stück).

23,32 *Miß Sara Sampson: Miss Sara Sampson. Ein Trauerspiel in fünf Aufzügen* (uraufgeführt 1755).

23,33 *Emilia Galotti: Ein Trauerspiel in fünf Aufzügen* (uraufgeführt 1772).
Nathan den Weisen: erschienen 1779.

24,11 *Säulen des Herkules:* in der Antike Bezeichnung zweier Felsen an der Straße von Gibraltar.

24,13 *sophistischer:* spitzfindiger (nach der Art der Sophisten, griech. Wanderphilosophen, denen Platon Scharlatanerie im Umgang mit der Wahrheit vorwarf).

25,3 *Erziehung des Menschengeschlechts:* erschienen 1777/80.

25,3 f. *Freymäurergespräche: Ernst und Falk. Gespräche für Freimäurer* (erschienen 1778/80).

25,12 *Kant:* vgl. Immanuel Kant, *Kritik der Urteilskraft* (1790), § 33.
Wolf: Friedrich August W. (1759–1824), klassischer Philologe und Altertumswissenschaftler (Zitatanspielung nicht zu ermitteln).

25,23 *halten:* haben (Verbesserung Minors und Eichners).

25,31 *Witz:* im Sinne von ›Gewitztheit‹ (frz. *esprit* ›Scharfsinn‹, ›Einfallsreichtum‹); auch Ausdruck des Vermögens, im Unähnlichen das Ähnliche zu erkennen (und umgekehrt).

26,14 *Maximisten:* Maximist: Maximendrechsler; jemand, der gerne Lehrsätze aufstellt.

26,20 *Cynismus:* bezeichnet hier und im Weiteren eine an weltlichen Werten und Würden uninteressierte Haltung intellektueller Überlegenheit.

27,14–17 *Ja, er ... schnöden Grab:* William Shakespeare, *The Tragedy of Julius Caesar* I,2 (1599; zitiert nach der Übersetzung August Wilhelm Schlegels).

27,31–28,1 *Patriarch ... Alhafi ... Nathan:* Figuren aus Lessings Drama *Nathan der Weise*.

28,4 *bibliothekarische und antiquarische Mikrologie:* In seiner Zeit als Bibliothekar der Herzog August Bibliothek in Wolfenbüttel (1771–81) gab Lessing die gegen den orthodoxen Protestantismus gerichtete *Apologie oder Schutzschrift für die vernünftigen Verehrer Gottes* des Hermann Samuel Reimarus (1694–1768) heraus und löste damit den sog. Fragmentenstreit aus.

28,7 f. *fragmentarisch:* Unter dem Sammeltitel *Fragmente* veröffentlichte Lessing Lehrgedichte. Schlegel benutzte den Titel *Fragmente* aber auch, um darunter eine Auswahl aus Lessings Schriften zu publizieren (vgl. *Lessings Gedanken und Meinungen aus dessen Schriften zusammengestellt und erläutert von Friedrich Schlegel*, 1804).

28,17 *Anti-Götze: Anti-Goeze* (1778), gegen den Hamburger Hauptpastor Johann Melchior Goeze (1717–1786) gerichtete Serie von elf theologischen Streitschriften Lessings.

28,28 f. *»für welche ... sein mag,«:* Zitat nicht zu ermitteln.

28,30 *Fichte's:* Johann Gottlieb Fichte (1762–1814), Philosoph.

29,20 *Jakobischen:* Friedrich Heinrich Jacobi (1743–1819), Schriftsteller und Philosoph.

29,20 f. *Mendelsohnschen:* Moses Mendelssohn (1729–1786), Philosoph, Briefpartner und Kontrahent in Lessings *Briefwechsel über das Trauerspiel* (1756/57) und Vorbild für den Nathan.

29,26 *Leibnitzen:* Gottfried Wilhelm Leibniz, Autor der *Essais de Théodicée* (1710).

29,27 *Spinosist:* Anhänger des Pantheismus nach Baruch de Spinoza (1632–1677). Nach Lessings Tod war unter Jacobi und Mendelssohn eine heftige Debatte über Lessings mutmaßliche Sympathien für die Lehren Spinozas entbrannt (sog. Spinozismusstreit).

29,28 f. *Conjekturalkritik:* auf Vermutung basierende Verbesserung einer verderbten Textüberlieferung.

30,5 *Fermente:* Gärstoffe, Enzyme. Lessing verwendet den Ausdruck (»fermenta cognitionis«) auch zur Kennzeichnung seiner eigenen Arbeitsweise (vgl. *Hamburgische Dramaturgie*, 95. Stück).

30,27 f. *»was aller … Kritik spottet,«:* vgl. Lessing, *Hamburgische Dramaturgie*, 7. Stück (hier frei zitiert).

31,21 *Luthern:* Martin Luther (1483–1546), Reformator.

31,24–26 *»Einen elenden … man unerbittlich.«:* vgl. Lessing, *Briefe* (1753), 15. Brief (*Über das Heldengedicht der Messias*). Schlegel zitiert nach der in Anm. zu 20,6 (»Bruder«) genannten Ausgabe, mit Angabe des Bandes (»Th[eil]«) und der Seite.

31,27–33 *»Wenn ich … den Kabalenmacher«:* vgl. Lessing, *Briefe, antiquarischen Inhalts* (1768/69), 57. Brief.

31,33 *164:* richtig: 163 (Druckfehler oder Irrtum Schlegels).

32,1–3 *»Der wahre … sein u. s. w.«:* vgl. Lessing, *Anti-Goeze*, I.

32,15–17 *»einen Popanz … verscheuchen möchten?«:* vgl. Lessing, *Von dem Zwecke Jesu und seiner Jünger* (1778), Vorrede (hier frei zitiert).

32,18–26 *»daß sich … jezt widersprechen?«:* vgl. Lessing, *Ernst und Falk*, 5. Gespräch (hier frei zitiert).

32,33 *verehren:* erheben (Verbesserung Minors und Eichners).

32,33–33,2 *»Wenn es … salzen soll?«:* vgl. Lessing, *Eine Duplik* (1778), 3. Widerspruch (Zitat leicht verändert).

33,5 f. *»daß bis … worden ist«:* vgl. *Eine Duplik*, 6. Widerspruch (Zitat leicht verändert).

33,7 f. *»bei den … Statt findet.«:* vgl. Lessing, *Ernst und Falk*, 5. Gespräch (hier frei zitiert).

34,6 *Dramaturgie:* Lessings *Hamburgische Dramaturgie.*

34,8 f. *Poetik des Aristoteles:* Aristoteles, *Perì poietikês* (um 335 v. Chr.).

34,12 *Laokoon:* vgl. Lessing, *Laokoon oder über die Grenzen der Mahlerey und Poesie* (1766).

36,33 *überall:* hier im Sinne von ›überhaupt‹.

37,6 f. *merkantilischen:* Die *Hamburgische Dramaturgie*, die zunächst in periodischen (wenn auch nicht exakt ›wöchentlichen‹) Einzellieferungen (»Stücken«) erschien, war für das Deutsche Nationaltheater in Hamburg verfasst worden, dessen Dramaturg und Berater Lessing war.

37,12 *Euklides:* Anspielung auf Euklid von Alexandria (3. Jh. v. Chr.), griech. Mathematiker.

37,14 *Monodrama:* Einpersonenstück.

37,14–16 *»Ich bin ... noch Dichter.«:* vgl. Lessing, *Hamburgische Dramaturgie*, 100.–104. Stück.

37,17–38,17 *»Man erweiset ... als ich.«:* vgl. *Hamburgische Dramaturgie*, 100.–104. Stück (etliche Zitierungenauigkeiten).

37,21 *verquistet:* vergeudet, verschwendet.

39,10–22 *»Seines Fleißes ... ein Fisch.«:* vgl. *Hamburgische Dramaturgie*, 100.–104. Stück.

39,27–40,5 *»Ich wage ... wie ich.«:* vgl. *Hamburgische Dramaturgie*, 100.–104. Stück.

41,23 f. *Mendelsohns Bemerkung zu den Portraitdichtern:* vgl. Mendelssohn, *Hauptzüge von Lessings Persönlichkeit* (1795): »Am glücklichsten war er [Lessing] in solchen Charakteren, die an den seinigen grenzten«.

42,9 *Guarini:* Giovanni Battista G. (1538–1612), ital. Diplomat und Dichter (*Il pastor fido*, 1590).

Gozzi: Carlo G. (1720–1806), ital. Lustspieldichter.

42,26–32 *»Man muß ... Einfluß hat.«:* vgl. Lessings Brief an den Bruder Karl, 25. Januar 1772.

42,33–43,2 *»Ich danke ... Gedanken verliehre.«:* vgl. Lessings Brief an Friedrich Nicolai, 22. Oktober 1772.

43,5–11 *»Wenn man ... aufgeführt wird.«:* vgl. Lessings ungedruckte Vorrede zum *Nathan*.

43,23 f. *nach seiner ... nicht viele:* vgl. Lessings Brief an Karl Wilhelm Ramler, 12. November 1774.

43,27 *vindiciren:* rechtmäßig beanspruchen.

44,13 *Alexander:* A. der Große (356–323 v. Chr.), König von Makedonien. Die hypothetische Frage wurde u. a. vom röm. Historiker Titus Livius (59 v. Chr. – 17 n. Chr.) diskutiert.

44,23–27 *Als Christ … Rinde wachse:* vgl. Lessing, *Nathan* IV,4, V. 306–310.

44,24 *Jamerlonk:* Lessing zufolge ein »weites Oberkleid der Araber«.

44,30–45,4 *»In den … erreicht hat.«:* vgl. Lessing, *Hamburgische Dramaturgie*, 48. Stück. (Zitat leicht verändert).

45,5 *die:* diese (Verbesserung Minors und Eichners).

45,24–30 *»Da habe … zehn Fragmenten.«:* vgl. Lessings Brief an den Bruder Karl, 11. August 1778 (Zitat leicht verändert). Lessings *Nathan* setzt die Auseinandersetzung mit Goeze auf dem Theater fort.

46,5–16 *»Mein Nathan … bleiben lassen.«:* vgl. Lessings Brief an den Bruder Karl, 7. November 1778 (Zitat leicht verändert).

46,11 *Schwarzröcken:* (protestantische) Geistliche.

46,17 f. *Offenbarungsschwärmerey:* als »Offenbarungsreligion« kritisieren die Aufklärer und Lessing die Auffassung, nach der religiöse Wahrheit nur von Gott gegeben werden kann, und setzen ihr das Konzept einer durch eigene Einsicht erworbenen »Vernunftreligion« entgegen (vgl. Lessing, *Erzichung des Menschengeschlechts*, § 4).

46,23 f. *an einem andern Orte:* vgl. Lessings Brief an den Bruder Karl, 20. Oktober 1778.

46,30–47,4 *»Ich habe … ergreifen muß.«:* vgl. Lessings Brief an Karl Wilhelm Ramler, 18. Dezember 1778 (etliche Zitat- bzw. Druckfehler, u. a. heißt es bei Lessing »Prose« statt »Poesie«).

47,12 *Subordinazion:* hier ›Ordnung‹.

47,22 *Minna von Barnhelm: Oder das Soldatenglück. Ein Lustspiel in fünf Aufzügen* (1763/67).

47,31 *Recha, Sitta, Daja:* weibliche Figuren im *Nathan.*

48,8 *»Noch bin … Trocknen nicht;«:* vgl. *Nathan* II,2, V. 233 f. (Zitat leicht verändert).

48,16–22 *»Es kann … zweifeln lernt.«:* vgl. Lessings Brief an den Bruder Karl, 18. April 1779.

49,1 *Meister der Weltweisheit:* Anspielung auf Mendelssohn und dessen Abhandlung *Morgenstunden, oder Vorlesungen über das Daseyn Gottes* (1785), 15. Vorlesung.

49,3 *Theodicee:* Rechtfertigung Gottes angesichts des Übels in der Welt.

49,7 *Virtuose der Dialektik:* vgl. Friedrich Heinrich Jacobi, *Wider Men-*

delssohns Beschuldigungen betreffend die Briefe über die Lehre des Spinoza (1786).

49,11 *Theismus:* Glaube an einen persönlichen Schöpfergott, im Gegensatz zu Pantheismus einerseits, Atheismus andererseits.

49,32 f. *Mährchen von ... drey Ringen:* vgl. die sog. Ringparabel im *Nathan* III,7.

50,13 *Parabel an Götze:* Lessing, *Eine Parabel. Nebst einer kleinen Bitte, und einem eventualen Absagungsschreiben an den Herrn Pastor Goeze, in Hamburg* (1778).

51,9 *in der angeführten Stelle:* vgl. Anm. zu 49,7.

51,30 *Derwisch:* Figur im *Nathan.*

51,30–32 *Nathans Geschichte ... Recha's Adoption:* vgl. *Nathan* IV,7.

52,2–4 *Klosterbruders ... Tempelherr:* Figuren im *Nathan.*

52,9 f. *Inkonvenienzen:* hier ›Nachteile‹.

52,16 f. *Julius Cäsar:* Gaius Iulius Caesar (100–44 v. Chr.), röm. Feldherr, Politiker und Schriftsteller.

52,24–27 *»Wer / Sich ... Auf immer;«:* vgl. *Nathan* II,9, V. 719–721.

52,29 f. *»Der wahre ... wahre König!«:* vgl. *Nathan* II,9, V. 728 f.

53,16 *Lauine:* Lawine.

53,18 *Der Beschluß ... nächsten Stück:* Schlegel schloss den Aufsatz nicht ab. In seinen *Charakteristiken und Kritiken* (erschienen 1801) druckte er aber nicht nur den Text von *Über Lessing* – leicht verändert – wieder ab, sondern schloss auch eine »Fortsetzung« an.

Kritische Fragmente ‹*Lyceum*-Fragmente›

54,7 *Diderot im Jakob:* Denis D., *Jacques le fataliste et son maître*, entstanden 1778–80, 1792 ins Deutsche übersetzt.

54,14 f. *Mozarts:* Wolfgang Amadeus Mozart (1756–1791).

54,17 f. *Götheschen Gedichte:* Schlegel denkt an Goethes Epos in Hexametern *Hermann und Dorothea* (1797).

54,21 *Mein Versuch ... griechischen Poesie:* vgl. Schlegels Aufsatz *Über das Studium der Griechischen Poesie* (1795–97).

54,29 *Witz:* vgl. Anm. zu 25,31.

55,1 *die Alten:* die *Anciens*, die Autoren der Antike, im Unterschied zu den *Modernes*, den neueren, nach-antiken Autoren.

55,6 *Bodmer:* Johann Jakob B. (1698–1783), schweiz. Literaturhistoriker und Dichtungstheoretiker der Aufklärung.

55,6 f. *homerisch:* in der Art des griech. Dichters Homer (2. Hälfte 8. Jh. v. Chr.).

55,7 *aristophanisch:* vgl. Schlegels Aufsatz *Vom ästhetischen Werthe der Griechischen Komödie* (1794/95) in diesem Band.

55,20 *kategorischen Imperativ:* »Handle nur nach derjenigen Maxime, durch die du zugleich wollen kannst, dass sie ein allgemeines Gesetz werde« (Kant, *Grundlegung zur Metaphysik der Sitten*, 1785).

56,8 *»Und siehe ... war gut.«:* vgl. 1 Mose 1,10.

56,16 *Romane:* hier weiträumige Bezeichnung für Romane, Epen und selbst Dramen (z. B. Shakespeares).

56,30 f. *naive und sentimentale:* vgl. Schillers Abhandlung *Über naive und sentimentalische Dichtung* (1795/96). Zu Schlegels Gebrauch dieser Begriffe vgl. das *Gespräch über die Poesie* in diesem Band.

57,2–4 *Thomasius ... paucis et trompetis:* Christian Th. (1655–1728), Jurist und Philosoph: »Wahrlich nun werden die Musikanten mit Pauken und Trompeten musizieren«.

57,25 *hôtel de Saxe:* ehemaliges Hotel in der Leipziger Innenstadt.

58,20 f. *Willkühr:* vgl. Anm. zu 9,33.

59,11 *Ästhetisch:* ursprünglich ›sinnlich wahrnehmbar‹, erst seit der Mitte des 18. Jh.s zunehmend auf das Schöne und die Kunst eingeschränkt.

59,16 *Roman Faublas:* Jean-Baptiste Louvet de Couvray, *Les Amours du chevalier de Faublas* (1787–90).

59,22 *Stoiker:* Anhänger der Philosophie der Stoa (4. Jh. v. Chr.–2. Jh. n. Chr.), im übertragenen Sinn auch Bezeichnung für einen unerschütterlichen, gleichmütigen Menschen.
Urbanität: lat. *urbanitas* bedeutet u. a. ›feiner Witz‹.

59,23 *rhetorische Ironie:* das Gegenteil des Gemeinten sagen.

59,32 f. *transcendentale Buffonerie:* im Stile eines Buffo, einer komischen Figur der ital. Oper.

60,5 *Hippel:* Theodor Gottlieb von H. der Ältere (1741–1796), satirischer Autor.

60,14 f. *Besitz des ... zu beweisen*: vgl. Anm. zu 49,32 f.

60,19 f. *que pourtant ... toujours François:* »aber trotzdem sind wir in Gefahr, immer Franzosen zu bleiben«.

60,23 f. *Dante ... göttliche Komödie: Divina Commedia* (um 1307–21). Der Titel geht auf Boccaccio zurück.

60,26 *Mimen:* von lat. *mimus* ›Possenspiel‹; Gattung der antiken Komödie.

60,27–30 *Shakespear ... Pyramus:* vgl. Shakespeare, *A Midsummer Night's Dream* V,1 (1590–96), sowie Ovid, *Metamorphosen* 4,55–166.

61,9 *Moyens:* Hilfsmittel.

61,10 *romantischen:* hier und öfter im Sinne von ›romanartig‹, ›den Roman betreffend‹.

61,15–17 *Chamfort sagt ... appelle talent.«:* Sébastien-Roch Nicolas, genannt Nicholas Ch., *Maximes et pensées, caractères et anecdotes* (1795 posthum erschienen): »Die Versform gesellt Geist zu den Gedanken eines Menschen, der mitunter recht wenig hat: man spricht dann von Talent«.

62,16 *Shaftesbury:* Anthony Ashley Cooper, dritter Earl of Sh. (1671–1713), engl. Politiker, Philosoph und Essayist.

62,25 *en état d'epigramme:* zum Epigramm aufgelegt.

62,26 *cynisch:* hier Anspielung auf die antike Philosophenschule der Kyniker (›Hunde‹).

63,5 *Laokoon:* vgl. Anm. zu 34,12.

63,14 *Grundwuth ... Reinholds:* Carl Leonhard Reinhold (1757–1823), Philosoph, Anhänger Kants, Vertreter der sog. Grundsatzphilosophie, die vom Prinzip der Selbstgewissheit ausgeht.

63,18 *roués:* Lüstlinge, Wüstlinge.
wits: gewitzte Köpfe.

63,31 f. *Platonischen Eros ... der Armuth:* in Platons *Symposion* (385–380 v. Chr.) ist Eros der Sohn von Poros (Überfluss) und Penia (Armut).

63,33 *Geist ... Buchstaben:* vgl. 2 Kor 3,6.

64,26 *Epigramme:* Epigramm: eigtl. ›Aufschrift‹ (bzw. ›Inschrift‹) auf einem Gegenstand, solchermaßen Gattung der Lyrik, dann auch ›witzige Pointe‹, ›Rätsel‹.

64,28 *Nicht-Ich:* Begriff der *Wissenschaftslehre* Fichtes.

64,31–33 *Tasso's Gabriel ... il secondo:* Anspielung auf Torquato Tassos

Epos *La Gerusalemme liberata* (1570–75), in dem Gabriel, der zweite Erzengel nach Michael, als derjenige charakterisiert wird, »der unter den Ersten Zweiter war« (I,11,4).

65,8 *Nathan:* vgl. Anm. zu 23,33.

65,19 f. *Kants Stammbaum der Urbegriffe:* Kants sog. Kategorientafel in der *Kritik der reinen Vernunft* (1781).

66,11 *Der Zweck ... zu bilden!:* kritische Anspielung auf den 21. der *Humanitätsbriefe* (1797) von Herder.

67,2 *Lebensluft:* Sauerstoff.
Azote: Stickstoff.

67,12 f. *This is ... except himself:* Alexander Pope, *Peri Bathous, Or the Art of Sinking in Poetry* (1727): »Das ist der größte Elefant der Welt, ihn selbst ausgenommen«.

69,19 *Sokratische Ironie:* philosophische Verstellungskunst, infolge derer der Wissende unwissend scheint.

70,9 *Hemsterhuys:* Frans Hemsterhuis (1721–1790), niederl. Philosoph und Kunsttheoretiker.
Hülsens: August Ludwig Hülsen (1765–1809), philosophischer Schriftsteller, Anhänger Fichtes, später Mitarbeiter am *Athenaeum*, Verfasser der Schrift *Was hat die Metaphysik seit Leibniz und Wolf für Progressen gemacht?* (1796), auf die sich Schlegel hier bezieht.

70,19 *Rousseau:* Jean-Jacques R. (1712–1778), frz. Philosoph und Dichter der Aufklärung.

70,25 *Mirabeau's:* Honoré Gabriel de Riqueti, comte de M. (1749–1791), frz. Publizist und Revolutionspolitiker.

71,8 *Symphilosophie oder Sympoesie:* Wortschöpfungen Schlegels und der Jenaer Romantik, analog zu ›Symposion‹, also ›gemeinschaftliche Philosophie oder Poesie‹.

71,9 *Voß ... Louise:* Johann Heinrich V. (1751–1826), Dichter und Homer-Übersetzer, Autor des idyllischen Hexameter-Gedichts *Luise* (1782–94). Der Streit über dieses Fragment führte zu Schlegels Trennung vom *Lyceum* und dessen Herausgeber.
Homeride: im engeren Sinne die Nachkommen Homers in dessen Geburtsort Chios, dann auch alle, die Homer nacheifern und seine Epen rezitieren und auslegen (oder übersetzen).

71,32 *Sapphische Gedichte:* Sappho (630/612–570 v. Chr.), griech. Lyrikerin von der Insel Lesbos.

72,9 *Petrarka:* Francesco Petrarca, ital. Dichter, Autor der Liebessonette an Laura (*Canzoniere*, verfasst nach 1348).

72,13 *Phryne vor allen Griechen:* Phryne, griech. Hetäre (4. Jh. v. Chr.), soll dem Maler Apelles als Modell für seine *Venus Anadyomene* gedient haben.

72,16 *Lorber:* Attribut Apolls, Symbol des Dichterruhms.

72,17 *Horazens:* der röm. Dichter Horaz (65–8 v. Chr.).

72,20 *Göthe's Meister:* vgl. Schlegels Abhandlung *Über Goethe's Meister* (1798) in diesem Band.

73,1 *Johnson:* Samuel J. (1709–1784), engl. Gelehrter, Verfasser von Biographien engl. Dichter (*The Lives of the Most Eminent English Poets*, 1779–81).

73,19–21 *Champagnerflasche und ... Tisch setzt:* in Goethes Roman *Wilhelm Meisters Lehrjahre* (1795/96) ein wiederkehrendes Motiv (vgl. 1. Buch, 3. Kap.; 7. Buch, 8. Kap.).

73,26 *Solon:* S. von Athen (um 638–558 v. Chr.), Lyriker und Staatsmann. *Aristides:* Aristeides, athenischer Staatsmann (530–468 v. Chr.).

73,31 *Lictoren:* Leibwächter der röm. Könige, später auch hohe Staatsbeamte.

74,6 f. *Witz ... Nase:* Lat. *nasus* bedeutet sowohl ›Nase‹ als auch ›spöttischer Witz‹, ›Satire‹.

Fragmente (*Athenaeum*-Fragmente)

75,8 *Kant hat ... des Negativen:* vgl. Kant, *Versuch den Begriff der negativen Größen in die Weltweisheit einzuführen* (1763).

75,20 *Herrmann und Dorothea:* vgl. Goethe, *Hermann und Dorothea* (1797), 7. Gesang.

75,28 *Sthenelos dem Agamemnon:* vgl. Homer, *Ilias* 4,405 (um 8. Jh. v. Chr.).

76,1 *Pflicht ist ... und Alles:* »Dankbarkeit ist Pflicht, d. i. [...] unmittelbare Nötigung durchs moralische Gesetz« (Kant, *Metaphysik der Sitten*, 1797).

76,5 *Geßners Idyllen:* Salomon Geßner, *Idyllen* (1756/72).
76,6 *Gaum:* Gaumen.
77,5 *Cynismus:* vgl. Anm. zu 62,26.
77,8 *Stoiker:* vgl. Anm. zu 59,22.
77,22 f. *Hund im Bratenwender:* spielt auf die historische Praxis an, Bratenwender durch Tretmühlen zu betreiben, die von Hunden fortbewegt wurden.
77,28 *Duclos:* Charles Pinot D. (1704–1772), frz. Schriftsteller und Historiker.
78,3–5 *untergeschobnen Briefe … Weg legt:* vgl. Shakespeare, *Twelfth Night, or What You Will* II,5 (1602).
78,7 *Kniegürtel:* dient der Befestigung der Kniehose unter dem Knie.
78,21 *transcendental:* im Sinne Kants die Bedingung der Möglichkeit von Erfahrung betreffend.
79,12 f. *Werke der Alten … Werke der Neuern:* vgl. Anm. zu 55,1.
79,24 f. *Leibnitzens mögliche Welten:* Anspielung auf Leibniz' Gedanken, dass nicht alle Möglichkeiten (»Prätendenten«) der Schöpfung von Gott auch realisiert werden müssen.
79,32 *Witzige Einfälle:* vgl. Anm. zu 25,31.
80,9 *Alexandrinischer Styl:* künstlicher, schwerfälliger, überladener Stil.
80,12 *Konkubinate:* Beischlafgemeinschaften (ohne Eheschließung).
80,12 f. *Ehen an der linken Hand:* morganatische Ehen, bei denen ein Ehepartner von niedrigerem Stand ist.
80,22 *integrante Theil:* wesentliche Bestandteil.
81,4 *Altarblatt:* Altarbild.
81,12 *S.:* Schleiermacher (führt sich hier selbst als Redender ein).
Chamforts état d'epigramme: vgl. Anm. zu 61,15–17.
82,3 f. *per antiphrasin:* ironisch.
82,4 *epitheton ornans:* schmückendes Beiwort.
82,5 f. *Plato mit den Spartanern:* vgl. v. a. Platon, *Politeia* (um 370 v. Chr.) und *Nomoi* (um 360 v. Chr.).
82,27 *Homerische Naive:* In Schillers Aufsatz *Über naive und sentimentalische Dichtung* gilt Homer als Exponent einer naiven Dichtung.
83,8 f. *Centralmonaden:* Anspielung auf Leibniz' *Monadologie* (1720), die die Monade als elementarste unzusammengesetzte Substanz definiert.

83,21 f. *»Es ist alles Glück nur Glück;«*: vgl. Shakespeare, *Twelfth Night, or What You Will* II,5 (Zitat leicht verändert).

84,4 *Dionysius:* D. I. von Syrakus (um 430 – 367 v. Chr.), Tyrann, schrieb auch Tragödien.

84,5 *Kotzebue:* August von K. (1761–1819), erfolgreicher Theaterautor und Schriftsteller.

84,7 *Latomien:* Steinbrüche, dienten in Syrakus und anderswo als Gefängnis.

84,19 *Wochenstube:* Kindbett.

84,22 *Moderantismus:* vgl. Anm. zu 23,18.

85,8 *Pantomimen der Alten:* griech. *pantomimos*, Figur der antiken Tragödie (Tänzer), dann auch Gattungsbezeichnung für eine wortlose theatrale Darstellung.

85,32 f. *Arithmetik der vier Species:* Addition, Subtraktion, Multiplikation, Division.

86,3 *intellektuale Anschauung:* philosophischer Terminus Kants, Fichtes und der Frühromantiker, die Paradoxie einer zugleich empirischen und nicht-sinnlichen (intuitiven) Erkenntnis betreffend.

86,3 f. *kategorische Imperativ:* vgl. Anm. zu 55,20.

86,26 f. *Demonstrazionen im … militärischen Kunstsprache:* taktisches Manöver zur Irreführung des Gegners.

86,31 f. *Chamfort von den Freunden:* »In der Welt, sagt M., habt ihr drei Arten von Freunden: solche, die euch lieben, solche, die sich nicht um euch bekümmern, und solche, die euch hassen« (Chamfort, *Maximes et pensées, caractères et anecdotes*).

87,14 *Gesetze der zwölf Tafeln:* röm. Gesetzessammlung (um 450).

87,17 *Symphilosophie:* vgl. Anm. zu 71,8.

87,22 *Wolf:* Christian Wolff (1679–1754), Philosoph und Universalgelehrter, zentrale Figur der Aufklärung.

88,13 *Lichtputze:* Schere zum Abschneiden des verkohlten Kerzendochtes.

88,29 *pragmatische Wissenschaft:* Anpielung auf das System der Sieben Freien Künste (*Septem artes liberales*), in dem die Grammatik (neben Rhetorik und Logik/Dialektik) zum sog. *Trivium* gehörte.

88,31 *Lehre vom Geist und Buchstaben:* vgl. Anm. zu 63,33.

89,7 *Sophist:* vgl. Anm. zu 24,13.

89,15 f. *»Wem eignet … Menschen eignet?«*: vgl. Lessing, *Nathan der Weise* III,1, V. 40 f.

90,9 *Schellings:* Friedrich Wilhelm Joseph Schelling (1775–1854), Philosoph, Mitglied der Jenaer Romantik.

90,10 f. *Prometheus des Aeschylus:* vgl. Aischylos, *Prometeús desmótes* (*Der gefesselte Prometheus*; um 470 v. Chr.).

90,14 *Pagliaß:* Bajazzo, ital. Clownsfigur.

90,18 *bienfaisant bourru:* vgl. Carlo Goldoni, *Le bourru bienfaisant* (*Der gutherzige Polterer*; uraufgeführt 1771).

90,21 f. *Harmonien der Evangelisten:* Eine Evangelienharmonie versucht aus den vier Evangelien eine einheitliche Lebensgeschichte Jesu zu rekonstruieren.

91,18 *Pindar:* griech. Dichter von Siegesliedern (522/518–445 v. Chr.).

91,22 *romantische:* vgl. Anm. zu 61,10.

92,29 f. *Willkühr des Dichters:* vgl. Anm. zu 9,33.

94,8 *Bonzen:* buddhistische Mönche oder Priester.

95,3 *Bürgern:* Gottfried August Bürger (1747–1794), Dichter.

95,5 *Bibliothek der schönen Wissenschaften:* Zeitschrift, von Friedrich Nicolai (1733–1811) und Moses Mendelssohn begründet.

95,7 *Poesie:* hier im Unterschied zu Prosa, also Dichtung in Versen.

95,17 *Sympoesie:* vgl. Anm. zu 71,8.

95,25 *Jean Paul:* eigtl. Johann P. Friedrich Richter (1763–1825), romantischer Dichter und Dichtungstheoretiker.

Peter Leberecht: Pseudonym von Ludwig Tieck (1773–1853), Mitglied der Jenaer Romantik.

95,31 *Mimen:* vgl. Anm. zu 60,26.

95,32 *Klopstock ist … grammatischer Poet:* vgl. Friedrich Gottlieb K., *Grammatische Gespräche* (1794). Ein Beitrag August Wilhelm Schlegels über Klopstocks *Gespräche* hatte das erste Heft des *Athenaeum* eröffnet.

96,6 *schöne Lüge:* vgl. Platons Verdikt gegen die Dichter in *Politeia* X 600e–601b.

96,7 f. *Magnanima menzogna … te preporre?:* »Großmütige Lüge! Doch wann ist die Wahrheit / So schön, dass sie dir vorzuziehen wäre?« (Tasso, *La Gerusalemme liberata* II,22,3 f.; Zitat leicht verändert).

96,9 *Moriz:* Karl Philipp Moritz (1756–1793), u. a. Verfasser sprachphilosophischer Werke.

96,14 *Narzisse:* vgl. Ovid, *Metamorphosen* 3,339–510.

96,18 *Nayren:* Nayar (oder Nair) ist der Name einer südindischen Kaste mit matrilinearer Verwandtschaftsstruktur.

97,30 *Hemsterhuys:* vgl. Anm. zu 70,9.

97,31 *Jacobi:* vgl. Anm. zu 29,20.

98,2 *Antiken:* Kunstwerke (Statuen) aus dem griech.-röm. Altertum.

98,10 *goldne Zeitalter der römischen Litteratur:* auch Goldene Latinität, um 80 v. Chr.–14 n. Chr. (augusteische Epoche).

98,11 *silberne:* auch Silberne Latinität, um 14–120 n. Chr. (Kaiserzeit nach Augustus).

98,24 f. *Cicero, Caesar, Suetonius:* Marcus Tullius C. (106–43 v. Chr.), röm. Politiker, Rhetoriker und Autor; Gaius Iulius C., vgl. Schlegels Abhandlung *Caesar und Alexander. Eine welthistorische Vergleichung* (1796); Gaius S. Tranquillus (um 70–130/140 n. Chr.), röm. Biograph.

98,33 *Cato:* Marcus Porcius C. der Jüngere (95–46 v. Chr.), röm. Senator und Feldherr, Widersacher Caesars.

Sallust: Gaius Sallustius Crispus (86–35/34 v. Chr.), röm. Politiker und Historiker (*De coniuratione Catilinae*, um 41 v. Chr.).

99,1 *Winkelmann:* Johann Joachim Winckelmann (1717–1768), Altertumskundler, Begründer der modernen Archäologie und Kunstgeschichte, wichtiger Anreger für Schlegels Beschäftigung mit der Antike.

99,11 *Agrikola des Tacitus:* vgl. Publius Cornelius T., *De vita e moribus Iulii Agricola* (um 98 n. Chr.).

99,12 *konsularischen:* Agricola, der Schwiegervater des Tacitus, war röm. Konsul.

99,26 *Aristophanes:* vgl. *Vom ästhetischen Werthe der Griechischen Komödie* (1794/95) in diesem Band.

99,28 *Athene:* Schutzgöttin Athens, berühmt für ihre Webkunst.

99,31 *rohen kosmopolitischen Versuche der Carthager:* Bis zur Zerstörung durch Rom (146 v. Chr.) war das nordafrikanische Karthago eine See- und Handelsmacht mit weitgespannten Kontakten.

100,6 *jambischen:* Jambik ist eine aus dem Demeter- und Dionysoskult entstandene Gattung griech. Schmäh- und Spottlyrik.

100,6 f. *Archilochus:* griech. Lyriker (um 680–646 v. Chr.), gilt Schlegel als Begründer der literarischen Jambik.

100,8 *Ovid:* Publius Ovidius Naso (43 v. Chr. – um 17 n. Chr.), röm. Dichter.

Euripides: zu Schlegels kritischer Bewertung des Euripides als Vertreter eines ästhetisch-kulturellen Dekadenzstils vgl. *Von den Schulen der griechischen Poesie.*

100,11 *Martial:* Marcus Valerius Martialis (40–103/104 n. Chr.), röm. Dichter.

Katullisch: Gaius Valerius Catullus (um 84–54 v. Chr.), röm. Dichter.

100,14 *Mosella des Ausonius:* vgl. das Gedicht des röm. Beamten und Dichters Ausonius über die Mosel, *Mosella* (um 371).

100,16–18 *Attische Bildung ... Dorischer Harmonie ... Sokratische Anmuth:* zur Charakteristik der verschiedenen Perioden und Stile der griech. Dichtung vgl. Schlegels *Von den Schulen der griechischen Poesie.*

100,16 *Xenophon:* griech. Feldherr und Schriftsteller (um 430 – 355 v. Chr.), Autor der *Anabasis* (›Hinaufmarsch‹; um 370 v. Chr.) und der *Memorabilia* (nach 371 v. Chr.), war Anhänger des Sokrates (»seines Meisters«).

100,32 *Hesiodische:* Anspielung auf Hesiod (um 700 v. Chr.), griech. Dichter, der mit Werken wie der *Theogonía* neben Homer eine Hauptquelle unserer Kenntnis antiker Mythologie ist.

101,1 f. *Aristotelischen Bemerkung:* Möglicherweise denkt Schlegel hier an Aristoteles, *Metaphysik* 1074a/b.

101,23 f. *dithyrambische:* Der Dithyrambus ist ursprünglich eine Form der altgriech. Chorlyrik innerhalb des Dionysoskults.

102,1 f. *Cicero würdigt ... den Redner:* vgl. Cicero, *Orator* 4,14–16 (46 v. Chr.).

102,8 f. *Eudämonismus:* Glückseligkeitslehre.

102,17 f. *Aristoteles machte ... Welt kugelrund:* vgl. Aristoteles, *Perì ouranoú* 2,14 (*Über den Himmel*; 350 v. Chr.).

102,20 *Phytagoräer:* benannt nach Pythagoras von Samos (um 570 – nach 510 v. Chr.), sie glaubten an eine von der Bewegung der Himmelskörper produzierte Sphärenharmonie.

102,21 *Herschelsche:* Friedrich Wilhelm Herschel (1738–1822), dt.-engl. Astronom, Erfinder eines nach ihm benannten Spiegelteleskops.

102,31 *affairirter:* vielbeschäftigter.
103,9 *le flegme allemand:* das deutsche Phlegma (Trägheit).
103,10 *Müllers Geschichte der Schweiz:* vgl. Johannes von Müller, *Die Geschichte der Schweizerischen Eidgenossenschaft* (5 Tle., 1786–1802).
104,2 *Abt Vogler:* Georg Joseph V. (1749–1814), Musiker, Komponist, Geistlicher, genannt Abt (oder Abbé) Vogler.
104,3 f. *Raphaels:* Raffaello Santi (1483–1520), ital. Renaissancekünstler.
104,4 *Albrecht Dürer:* Künstler, Kunsttheoretiker und Mathematiker (1471–1528).
104,4 f. *Holbein:* Hans H. der Ältere (1465–1524) oder Hans H. der Jüngere (1497–1543).
104,5 *Mengs:* Anton Raphael M. (1728–1779), Maler und Kunstschriftsteller des dt. Klassizismus.
104,15 *Satyrn:* tierisch-menschliche Doppelwesen im Gefolge des Dionysos, meist mit Phallus dargestellt.
104,19 *Hermaphroditen:* männlich-weibliche Zwittergestalten der griech. Mythologie.
104,22 *Rubens':* Peter Paul Rubens (1577–1640), belg.-niederl. Maler.
104,26 *Flamänder:* Flame.
104,27 *Diderot:* vgl. Diderots Kunstkritiken, *Salons, critique d'art* (1759–81).
104,29 *Hogarth:* William H. (1697–1764), engl. Maler, Graphiker und Kunsttheoretiker (*The Analysis of Beauty*, 1753).
104,31 f. *Peter Laar's … in Italien:* Pieter Bodding van Laer (um 1599 – 1642), genannt »Il Bamboccio« (›Puppe‹), niederl. Maler, Schöpfer der »Bambocciaden«, Darstellungen des ital. Volkslebens.
105,2 f. *daß der … eingestoßen hätte:* Anspielung auf die kolossale Zeus-Statue des Phidias (um 500–432 v. Chr.) im Zeustempel von Olympia, eines der sieben Weltwunder der Antike (vgl. Strabo, *Geographica* 8,3,30).
105,3 f. *Herkules auf einem geschnittnen Steine:* ein Stein-Relief, Herkules und Eurystheus zeigend, erwähnt Benjamin Hederichs *Gründliches mythologisches Lexicon* (1770).
105,11 *Rembrandschem:* Rembrandt van Rijn (1606–1669), niederl. Künstler des Barock.

105,13 *Cimmerier:* Kimmerier (oder Kimmerer), antikes Reitervolk aus dem Kaukasusgebiet, von Homer als Landstrich ewiger Finsternis beschrieben.

105,16 f. *wie die … die Leidenschaften:* vgl. Aristoteles, *Perì poietikês* 1449b

105,19 *Vestalinn:* im antiken Rom jungfräuliche Priesterinnen der Göttin Vesta.

105,22 *Jan Steen:* niederl. Genremaler und Gastwirt (1626–1679).

105,25 *Diderots Essai sur la peinture:* erschienen 1795.

106,2 *Salvator Rosa:* ital. Maler (1615–1673).

106,11 *Mummius:* Lucius M., röm. Politiker und Feldherr, zerstörte die griech. Stadt Korinth (146 v. Chr.) und entführte deren berühmte Kunstschätze.

106,19 f. *Propertius, der … charakterisiren konnte:* vgl. Properz, *Elegiae* 2,9 (um 23 v. Chr.).

106,25 *Michel Angelo:* Michelangelo Buonarotti (1475–1564), ital. Renaissancekünstler.

106,26 *Ariost:* Ludovico Ariosto, ital. Hofmann und Dichter (*Orlando Furioso*, 1516).

106,32 *Besitzers:* Besitzes (Verbesserung Minors und Eichners).

107,10 *Condorcet:* Marie Jean Antoine Nicolas Caritat, Marquis de C. (1743–1794), verfasste seine *Esquisse d'un tablau historique des progrès de l'esprit humain* (1794) kurz vor seiner Verhaftung durch die Jakobiner (vgl. dazu auch Schlegels Rezension gleichen Titels).

107,18 *Rousseau:* Rousseaus Autobiographie *Les Confessions* erschien posthum 1782–89.

107,19 f. *Benvenuto Cellini:* ital. Künstler (1500–1571), seine Autobiographie erschien posthum (1728), von Goethe 1798 auszugsweise ins Deutsche übertragen.

107,27 f. *Autopseusten:* Wortschöpfung Schlegels, aus griech. *autós* ›selbst‹ und *pseústes* ›Lügner‹, also ›Selbstbetrüger‹.

107,31 *Hyperboreer:* galten in der Antike als sagenhafter Volkstamm mit ungewöhnlichem Opferritus.

108,10 f. *»Ich will … Gehirn sehe.«:* vgl. Shakespeare, *Twelfth Night, or What You Will* IV,2.

108,25 *Mythologie:* vgl. Karl Philipp Moritz, *Götterlehre oder mythologische Dichtungen der Alten* (1791).

Anthusa: vgl. Moritz, *Anthousa oder Roms Alterthümer. Ein Buch für die Menschheit* (1791–96).

109,8 *Priester der Cybele:* Kybele, phrygische Natur- und Fruchtbarkeitsgöttin, ihre Priester waren Eunuchen.

109,25 f. *Rouget de Lisle:* Claude Joseph R. de L. (1760–1836), frz. Dichter und Komponist, Schöpfer der Marseillaise.

109,29 *Schlug Simson … einem Eselskinnbacken?:* vgl. Ri 15.

110,17 f. *Fichte's Wissenschaftslehre:* vgl. Fichte, *Grundlage der gesammten Wissenschaftslehre* (1794).

110,18 *Goethe's Meister:* vgl. Schlegels Rezension *Über Goethe's Meister* (1798) in diesem Band.

110,18 f. *Tendenzen des Zeitalters:* zum Verständnis des Wortes »Tendenzen« vgl. *Über die Unverständlichkeit* (1800) in diesem Band sowie folgende Notiz aus dem Nachlass (1797): »Die drei größten Tendenzen unsres Zeitalters sind die Wissenschaftslehre Wilhelm Meister und die französische Revoluzion. Aber alle drei sind doch nur Tendenzen ohne gründliche Ausführung«.

110,30 *nebenausbildende:* Wortschöpfung Schlegels (womöglich Eindeutschung von ›epigenetisch‹), die »absichtliche Durchbildung […] des Innersten und Kleinsten im Werke nach dem Geist des Ganzen« bezeichnend (vgl. in diesem Band *Athenaeum*-Fragment [Nr. 253], S. 120).

111,6 *Thucydides:* griech. Historiker (vor 454 – um 399 v. Chr.).

111,24 *Gibbon:* vgl. Edward G., engl. Historiker, Autor von *History of the Decline and Fall of the Roman Empire* (1776–88) und *Memoirs of my Life and Writings* (1796). Schlegel bezieht sich auf letztgenannten Titel.

111,26 *Epigrammen:* vgl. Anm. zu 64,26.

112,6 *Baco:* Francis Bacon (B. von Verulam; 1561–1626), engl. Philosoph, Wissenschaftler und Staatsmann.

112,15 *echappées de vue:* Ausblicke.

112,17 f. *Kopernikus der Philosophie:* bezieht sich auf Kants Selbstvergleich mit Kopernikus in der Vorrede zur zweiten Auflage (1787) der *Kritik der reinen Vernunft.*

112,29 *synthesirenden:* synthetisierenden.

113,33 *Lebenskunstlehre:* Wortschöpfung Schlegels und Novalis'. Vgl. auch *Über Goethe's Meister* und das *Gespräch über die Poesie* (1800) in diesem Band.

114,16 *Dann:* denn (Verbesserung Minors und Eichners).

115,13 *Herodot:* H. von Halikarnassos (490/480 – um 424 v. Chr.), griech. Historiker.

116,10 *Grandison:* vgl. Samuel Richardson, *The History of Sir Charles Grandison* (1753).

116,16 f. *Transcendentalpoesie:* Begriffsprägung Schlegels. In Anlehnung an Kants Transzendentalphilosophie reflektiert die »Transzendentalpoesie« auf die Voraussetzungen ihrer eigenen Möglichkeit bzw. Entstehung.

116,17–20 *Sie beginnt ... Identität beyder:* vgl. Schiller, *Über naive und sentimentalische Dichtung.*

117,13 *Einer oder ... unsern Dichtern:* richtet sich u. a. gegen Christoph Martin Wieland (1733–1813) und Friedrich von Matthison (1761–1831).

117,14 *Grazien:* Chariten, Begleiterinnnen der Aphrodite.

117,32 *goldnen Zeit:* die Idee eines Goldenen Zeitalters als eines vergangenen Idealzustands geht auf Hesiod zurück.

118,25 *Dante's prophetisches Gedicht:* die *Divina Commedia.*

119,22 *würden:* würde (Verbesserung Minors und Eichners).

119,29 *Ich = Ich:* Anspielung auf den ersten Grundsatz der *Wissenschaftslehre* Fichtes (»Ich bin Ich«).

120,3–5 *Eine Philosophie ... Kunstlehre enthält:* vgl. Platon, *Politeia* III 392c–394c.

120,8 *das bildern wollte:* das Bilder in einem Buch suchen wollte.

120,33 *Vossens Luise:* vgl. Anm. zu 71,9 (»Voß ... Louise«).

122,3 *lanx satura:* wörtl. ›Schale mit Früchten‹, hier Gattungsname der (röm.) Satire.
Lucilius: Gaius L. (nach 180 – 103 v. Chr.), röm. Satirendichter.

122,3 f. *fermenta cognitionis:* vgl. Anm. zu 30,5.

122,6 *Wieland hat gemeynt:* vgl. Wielands »Vorbericht« zu dessen *Sämmtlichen Werken* (1794).

122,11 *Claudine von ... »Toll aber klug«:* vgl. Goethes Singspiel *Claudine von Villa Bella* (2. Fassung, 1788), 1. Aufzug.

123,3 *W.:* August Wilhelm Schlegel (Friedrich hat das Fragment aus einem Brief des Bruders herausgelöst).

123,8 f. *Leibniz ließ ... Spinosa machen:* Anspielung auf eine optische Erfindung von Leibniz, erwähnt in zwei Briefen vom 5. Oktober und 9. November 1671, an deren Realisierbarkeit Spinoza zweifelte.

124,6 *Nicht-Ich:* vgl. Anm. zu 64,28.

124,18 *Plane:* Pläne.

124,21 *Theodicee:* vgl. Anm. zu 29,26.

124,22 *Bayle:* Pierre B., frz. Philosoph, kritisierte Leibniz in seinem *Dictionnaire historique et critique* (1697).

124,27 *Hektischer:* Schwindsüchtiger (Tuberkulosekranker).

125,2 f. *praestabilirten Harmonie:* philosophischer Begriff Leibniz', eine von Gott im Voraus festgesetzte Ordnung bezeichnend.

125,6 *neue Darstellung der Wissenschaftslehre:* vgl. Fichte, *Versuch einer neuen Darstellung der Wissenschaftslehre* (1797).

126,16 *Deutschheit ist ächte Popularität:* spielt auf die Etymologie von ›deutsch‹ im Sinne von ›zum Volk (lat. *populus*) gehörig‹ an.

126,30 *Hülsen:* vgl. Anm. zu 70,9.

127,17 f. *Fontenelle:* Bernard le Bovier de F. (1657–1757), frz. Schriftsteller der Frühaufklärung.

127,18–20 *vergleicht das ... der Biber:* vgl. Fontenelle, *Sur la poésie en général* (1751).

127,22 *La gêne ... la Poesie:* »Die Not macht das Wesen und glänzende Verdienst der Poesie aus« (Fontenelle, *Sur la poésie en général*).

127,24 f. *Academicien:* Mitglied der *Académie Française* (wie Fontenelle).

127,31 *le grand tour:* im 17.–19. Jh. obligatorische Bildungsreise junger (britischer) Adliger und reicher Bürgerssöhne, die durch Mittel- und Südeuropa führte.

128,6 f. *»Ein Kaiserwort ... noch deuteln.«:* vgl. Gottfried August Bürgers Ballade *Die Weiber von Weinsberg* (1778).

128,16 *Kartons:* Bildvorlagen in Originalgröße.

129,33 *Rhapsodien:* Gedichte in freien Rhythmen bzw. von sog. Rhapsoden mündlich vorgetragene epische Dichtungen.

130,3 *Geschichte von den Gergesener Säuen:* vgl. Lk 8,26–33.

130,4 *Kraftgenie's:* ursprünglich satirische Bezeichnung für Mitglieder der literarischen Bewegung des Sturm und Drang (um 1765–85).

130,8 *Peter Leberechts gestiefelten Kater:* vgl. Ludwig Tiecks Komödie *Der gestiefelte Kater* (1797).

130,21 *unerwartete Entdeckung:* vgl. Aloys Hirt, *Laokoon* (erschienen 1797 in Schillers *Horen*). August Wilhelm Schlegels kritisches Fragment löste eine Kontroverse zwischen ihm und Hirt aus.

130,22 *Gruppe des Laokoon:* griech. Marmorskulptur (Kopie, entstanden im 1. Jh. v. Chr. oder später), den Todeskampf des trojanischen Priesters Laokoon und seiner beiden Söhne darstellend (das Original war vermutlich eine Bronzeplastik aus der Zeit um 200 v. Chr.).

130,27 *Lessing:* vgl. *Über Lessing* in diesem Band.

Winkelmann: vgl. Winckelmann, *Gedanken über die Nachahmung der Griechischen Werke in der Malerey und Bildhauerkunst* (1755). Dort auch die berühmte Formulierung, griech. Kunstwerke besäßen »edle Einfalt und stille Größe«.

130,32 *Kamtschadalen:* Bewohner der russ. Halbinsel Kamtschatka.

131,13 *Medusenköpfen:* Darstellungen der Medusa, einer Gorgone, deren Anblick den Betrachter zu Stein erstarren lässt.

131,18 *Bakchantinnen:* Mänaden, Begleiterinnen des Bakchos/Dionysos.

131,18 f. *Flamändischen Schule:* Schule der niederl. Malerei.

132,8 f. *darauf antragen:* beantragen.

132,12 f. *die eroberten ... in Paris:* Im Auftrag der Nationalversammlung erbeutete Napoleon ab 1794 zahlreiche europäische Kunstwerke für die Sammlungen des Louvre (vgl. auch Schlegels Besprechung einiger dieser Werke in seiner *Nachricht von den Gemählden in Paris*, 1803).

132,14 *Carracci:* ital. Malerfamilie.

132,22 *Angelika Kaufmann:* A. Kauffmann (1741–1807), schweiz.-österr. Malerin, bekannt v. a. für ihre Porträts.

132,27 f. *die Plinius ... Figuren an:* vgl. Gaius P. Secundus der Ältere, *Naturalis historia* 35,147 (um 77).

133,2 *lydischen:* Lydien ist der antike Name einer Landschaft an der Mittelmeerküste Kleinasiens.

133,7 f. *philosophischen Journal:* Erscheinungsort von Teilen der *Wissenschaftslehre.*

133,10 *Garve:* Christian G. (1742–1798), populärer Philosoph der dt. Aufklärung.

133,11 f. *Heraklit sagte ... durch Vielwisserey:* vgl. H. von Ephesos (um

520–460 v. Chr.): »Vielwisserei lehrt nicht Verstand haben« (*Über die Natur*; zit. nach: *Die Fragmente der Vorsokratiker*, Griech./Dt., hrsg. von Hermann Diels und Walther Kranz, Bd. 1, Berlin [4]1922, S. 68, Fragment 40).

133,13 *reine Vernunft*: Anspielung auf Kants *Kritik der reinen Vernunft*.

133,16 f. *Platos Karakteristik dieser Gattung*: vgl. Platon, *Ion* (nach 399 v. Chr.).

133,25 *modigen*: modischen.

133,31 *Konjektur*: vgl. Anm. zu 29,28 f.

134,18 f. *Alle Gattungen … langweilige Gattung*: vgl. Voltaire, Vorrede zu *L'enfant prodigue* (1736): »Ich sage es noch einmal, alle Arten sind gut, außer derjenigen, welche lange Weile machet«.

134,24 f. *Wie Simonides … Poesie nannte*: Den Ausspruch des Simonides von Keos (557/556–468/467 v. Chr.) überliefert u. a. Plutarch, *De gloria Atheniensium* 3,346 F (um 100 n. Chr.).

134,27 *Apoll*: Im Orakel von Delphi äußerte sich der Gott oftmals interpretationsbedürftig.

134,30 *Lessing*: vgl. Lessing, *Laokoon oder über die Grenzen der Mahlerey und Poesie*, Vorrede.

135,8 *stätisch*: widerspenstig, störrisch.

135,10 *Caesar*: vgl. Sueton, *De vita Caesarum* 1,62 (nach 120 n. Chr.).

136,10 *welcher sich selbst setzt*: vgl. den ersten Grundsatz der *Wissenschaftslehre* Fichtes.

136,24 *Vision des Propheten*: vgl. Ez 37,1–14.

137,4 f. *Gott ist … Möglichkeit verhindert*: vgl. Leibniz, *Essais de Théodicée*, § 44 f.

137,10 f. *dynamisch afficirt*: Anspielung auf Leibniz' *Specimen Dynamicum* (1695).

137,21 *englischen Gartens*: Landschaftsgarten im Stil des 18. Jh. s.

139,2 *sanguinische*: hier ›optimistische‹.

139,17 *elektrische Spitze*: Anspielung auf das Phänomen der sog. Spitzenentladung, eine elektrophysikalische Reaktion, die sich bevorzugt an hervorstehenden Spitzen ereignet.

139,21 *Heinrich Stilling*: Johann H. Jung, genannt »Jung-Stilling« (1740–1817), Pietist und Autobiograph.

139,24 *an*: von (Verbesserung Minors und Eichners).

141,29 *Linné:* Carl von L. (1707–1778), schwed. Naturforscher und Begründer der modernen botanischen und zoologischen Artenklassifikation.

142,1 *Salto mortale:* zitiert eine Formulierung Jacobis aus dessen *Über die Lehre des Spinoza in Briefen an den Herrn Moses Mendelssohn* ([2]1789), die Schlegel wiederum im Schlusssatz seiner Rezension *Jacobis Woldemar* (1796) zitiert.

142,5 f. *Don Quixotes ... hölzernen Pferde:* vgl. Miguel de Cervantes Saavedra, *El ingenioso hidalgo Don Quixote de la Mancha* (1605/15), 2. Buch, Kap. 40 f.

143,23 *Mittelgut:* im Unterschied zu ›Feingut‹ Ware mittelmäßiger Qualität.

144,3 *Mathematiker:* Anspielung auf den griech. Mathematiker und Physiker Archimedes von Syrakus (287–212 v. Chr.) und den nach diesem benannten archimedischen Punkt.

144,10 *Lessing:* vgl. Lessing, *Erziehung des Menschengeschlechts,* § 43.

144,20 *Cela peut aller jusqu'au sentiment:* »Das kann bis zur Empfindung gehen« (Leibniz, *Principes de la nature et de la grâce, fondés en raison,* 1714, § 4).

144,26 *cela peut aller jusqu'a la philosophie:* »das kann bis zur Philosophie gehen« (Wilhelm Dilthey, *Leben Schleiermachers,* 1870, Bd. 1, Anhang, S. 72, Nr. 30).

145,7 f. *mauvaise plaisanterie:* schlechter Scherz.

145,13 *Leibniz sieht ... eine Hofcharge:* vgl. Leibniz, *Principes de la nature et de la grâce, fondés en raison,* § 9–15.

145,15 *Regale:* königliches Recht.

145,32 f. *Mustercharte:* Musterkarte (z. B. von Stoffen).

147,11 *Laura:* vgl. Anm. zu 72,9.

149,4 *Sparta:* zur angeblich von Lykurg geschaffenen Verfassung des antiken Sparta vgl. Plutarch, *Bíoi parálleloi* (*Vergleichende Lebensbeschreibungen*; nach 96 n. Chr.).

150,4 *Correggio:* Antonio da C. (1489–1534), ital. Maler der Renaissance.

150,6 *Tizian:* Tiziano Vecellio (um 1490 – 1576), ital. Maler der Hochrenaissance.

150,7 *in ecclesia pressa:* wörtl. ›in der unterdrückten Kirche‹, hier ›in Bedrängnis‹.

150,14 *Candide: Candide ou l'optimisme* (1759; dt. 1776) ist der Titel eines Romans von Voltaire, der sich satirisch gegen die Leibniz'sche Philosophie und Theodizee richtet.

151,22 *Satanisken:* Teufelchen.

151,27 f. *Amorinen:* Pluraldiminutiv zu ›Amor‹ (wie ›Amorette‹), Darstellungen nackter, geflügelter kindlicher Liebesgöttinnen.

152,32 *Unterhaltungen der Ausgewanderten:* vgl. Goethes Novellenzyklus *Unterhaltungen deutscher Ausgewanderten* (1795).

154,18 *Harris Home:* James Harris (1709–1780), engl. Gelehrter; Henry Home Kames (1696–1782), schott. Philosoph und Jurist.

155,6 *Flachshecheln:* mit einem kammartigen Gerät den Flachs durchziehen und reinigen.

155,16 *allenfalls:* jedenfalls.

155,23 f. *wie Caesar ... einander abwog:* vgl. Sueton, *De vita Caesarum* 1,47.

159,12 *unsichtbare Kirche:* nach protestantischem Verständnis die Gemeinschaft der Gläubigen.

159,32 *William Lovell: Die Geschichte des Herrn William Lovell* (1795/96) ist ein Briefroman Tiecks.

160,5 f. *Balder:* eine Figur in Tiecks *William Lovell.*

160,21 *Sternbald:* vgl. Tiecks Künstlerroman *Franz Sternbalds Wanderungen* (1798).

160,23 *Klosterbruders:* vgl. Wilhelm Heinrich Wackenroder (zusammen mit Tieck), *Herzensergießungen eines kunstliebenden Klosterbruders* (1797).

160,23 f. *Arabesken:* arabische Verzierungen, Ornamente aus stilisierten Pflanzenmotiven, von Schlegel meist in übertragener Bedeutung verwendet zur Kennzeichnung eines spielerischen, scheinbar ordnungslosen künstlerischen Formprinzips.

161,26 f. *die Rousseau ... verbunden hat:* Schlegel denkt wohl an Rousseaus Briefroman *Julie ou la Nouvelle Héloïse* (1761).

162,12 f. *wie der ... herrlichen Leibgeber:* vgl. Jean Paul, *Siebenkäs* (1796/97), Drittes Bändchen, Kap. 11.

162,23 *Louvets Pohlen:* vgl. Anm. zu 59,16. Im dort genannten Roman tritt ein polnischer Adliger unter falschem Namen auf.

163,22 *Robespierre:* Maximilien R. (1758–1794), radikaler Anführer der Jakobiner und bestimmendes Mitglied des Wohlfahrtsausschusses.

163,24 *Buonaparte:* Napoleon Bonaparte (1769–1821), Revolutionsgeneral, ab 1799 erster Konsul der Republik, ab 1804 Kaiser der Franzosen.

163,27 *Kardinal Richelieu:* Amand-Jean du Plessis, Premier Duc de R. (1585–1642), Erster Minister König Ludwigs XIII., Schöpfer des frz. Absolutismus.

164,12 *positive:* positives Recht ist vom Menschen gesetztes Recht, Gesetz (im Unterschied zum Naturrecht).

167,29 *Romanze:* Erzähllied, Ballade.

168,5 *Goethe's Braut von Korinth:* vgl. Goethes Vampirballade *Die Braut von Korinth* (1798).

168,17 *Opfre den Grazien:* Aufforderung Platons an seinen Schüler Xenokrates. Vgl. Diogenes Laertios, *Vitae philosophorum* 4,6 (*Leben und Meinungen berühmter Philosophen*; 3. Jh. n. Chr.).

169,14 *Kopernikus:* Nikolaus K. (1473–1543), dt.-poln. Astronom, Vertreter eines heliozentrischen Weltbilds.

169,16 *Fachwerk:* ein im Fach einer Wissenschaft ausgearbeitetes Werk.

170,3 f. *Fürstenspiegel:* an einen Regenten adressiertes didaktisches Werk.

170,8 *Dekorum:* lat. *decorum*, im Bereich der Rhetorik das Schickliche und Angemessene.

170,13 f. *in usum delphini:* wörtl. ›zum Gebrauch des Dauphins‹, von anstößigen Stellen gereinigte Ausgabe eines Texts.

170,18 *Humaniora:* humanistisches, auf die Kenntnis der griech.-röm. Antike gegründetes Bildungsprogram.

170,20 f. *visum repertum:* ärztliches Gutachten.

170,31 f. *Griechische Dichotomie der Erziehung:* das klassische System der *paideía* (Bildung, Pädagogik) setzt sich aus *symmetría* (körperlicher) und *kalokagathía* (musisch-geistiger Erziehung) zusammen.

172,14 *mußte:* müßte (Verbesserung Minors und Eichners).

172,15 *Müllers … Forsters:* zu Müller vgl. Anm. zu 103,10; Johann Georg Adam Forster (1754–1794), Naturforscher, Reiseschriftsteller und Revolutionär.

172,22 *Rousseau's Polemik ... die Poesie:* vgl. z. B. Rousseaus *Lettre a M. d'Alembert sur les Spectacles* (1758).
172,24 f. *er hielt ... einstimmigste Musik:* vgl. Platon, *Phaidon* 61a.
172,26 *Epikur:* griech. Philosoph (um 341–271/270 v. Chr.), der einen sinnlichen Lustbegriff favorisierte.

Über Goethe's Meister

174,7 f. *kluge Alte:* Barbara, Marianes Dienerin und »Führerin«.
174,8 f. *reicheren Liebhaber:* Norberg, ein Kaufmann.
174,9 *Mädchen:* Mariane.
174,11 *Jüngling:* Wilhelm Meister.
174,12 *Schauspielerin:* Mariane. Schlegels Paraphrase bezieht sich auf *Wilhelm Meisters Lehrjahre*, 1. Buch, 1. Kap. (im Folgenden zit. als: WML, unter Nennung von Buch und Kapitel).
174,31 f. *Schauspielergesellschaft auf ... dem Fremden:* vgl. WML 2,9. Der »Fremde«, ein Landgeistlicher, entpuppt sich in WML 7,9 als Abgesandter der Turmgesellschaft.
175,16 *Erinnerungen an die Puppenspiele:* vgl. WML 1,2–7.
175,18 *Bilder aller Art:* in der Kunstsammlung von Wilhelms Großvater (vgl. bes. WML 1,17; 8,3).
175,32 *Jugend:* Tugend (Verbesserung Minors und Eichners).
176,3 f. *kleinen Reise ... Versuch senden:* vgl. WML 1,11; 1,13–15.
176,23 *Abstich:* Kontrast (»Mißlaut«).
176,27 *Nebenausbildung:* vgl. Anm. zu 110,30.
177,2 *Fremde:* vgl. WML 1,17 (auch ein Abgesandter der Turmgesellschaft; vgl. WML 7,9).
177,11 *Serenate:* »Nachtmusik« (WML 1,17).
178,16 *begeistertes Lob der Poesie:* vgl. WML 2,2.
179,2 *Philine:* Wilhelm lernt sie in Gesellschaft Mignons und anderer Schauspieler kennen (vgl. WML 2,4).
179,3 f. *Laertes:* auch ein Schauspieler im Gefolge Philines und Mignons, dessen Namensgebung (vgl. WML 2,4) auf seine spätere Rolle bei der *Hamlet*-Aufführung vorausweist (vgl. WML 5,5; 5,11).

179,5 *Friedrich:* Bruder Natalies, hält sich immer in Philines Nähe auf, die er später schwängert (vgl. WML 8,6).

179,8 *Alte:* der Harfner Augustin, wird in WML 2,11 eingeführt, Vater Mignons, die er im unwissentlichen Inzest mit seiner Schwester Sperata gezeugt hat (vgl. WML 8,9).

179,10 f. *heilige Kind:* Mignon.

179,15 *Melina's:* Melina und Madame Melina, Schauspieler und später Leiter einer kleinen Theatertruppe, werden in WML 1,13 eingeführt.

179,17 *Anempfinderin:* Wortschöpfung Goethes; jemand, der die Gefühle eines anderen als seine eigenen ausgibt (vgl. WML 2,5). Bezieht sich auf Madame Melina.

179,18 *zierlichen Sünderin:* Madame Melina (vgl. WML 1,13).

179,19 *Vorlesung des Ritterstücks:* vgl. WML 2,10.

180,8 *Sinn für das Weltall:* in späteren Textfassungen ändert Schlegel dies zu »Sinn für das Unendliche und mit ihm der Sinn für die Welt«.

180,24 *Willkühr:* vgl. Anm. zu 9,33.

180,30 *ersten Theil:* Goethes Roman erschien in vier Bänden (1795: Bd. 1–3, 1796: Bd. 4), wobei jeder Band zwei Bücher enthielt.

181,7 f. *Komödie der Fabrikanten:* vgl. WML 2,3.

181,8 *Vorstellung der Bergmänner:* vgl. WML 2,4.

181,22 *Seiltänzer:* vgl. WML 2,4.

181,22 f. *Dichtung über ... jugendlichen Poesie:* vgl. WML 2,2.

181,24 *improvisirte Komödie:* vgl. WML 2,9.

181,27 f. *romantischen Gesängen:* vgl. WML 2,11; 2,13. ›Romantisch‹ meint hier ›mittelalterlich‹ bzw. ›schmerzlich-sehnsuchtsvoll‹.

182,11 *zugleich ein ... vollendeter Künstler:* Schlegel unterscheidet hier zwischen bildender bzw. darstellender Kunst einerseits und Dichtkunst andererseits.

182,15 f. *Werners und ... der Dichtkunst:* vgl. WML 1,10.

182,18 *goldne Früchte in silbernen Schalen:* vgl. Spr 25,11.

182,19 *Poesie:* vgl. Anm. zu 95,7.

182,24 *seltsamen:* seltenen, kostbaren.

183,4 f. *wo Personen ... Endzweck sind:* Eine Rezension des Romans im von Schlegel kritisierten Sinn ist etwa die (anonym erschienene) Besprechung von Johann Kaspar Friedrich Manso in der *Neuen Allgemeinen Deutschen Bibliothek* (1797).

183,17–19 *junge Mann … Kuckuck vertreibt:* vgl. WML 2,4.
184,8 *Genius:* hier ›Schutzgeist‹, ›Lebensfunke‹.
184,27 *den:* der (Verbesserung Minors und Eichners).
185,11 *Jarno:* wird in WML 3,4 eingeführt; macht Wilhelm mit Shakespeares Werken bekannt, rät ihm jedoch auch, sich vom Theater abzuwenden; entpuppt sich ebenfalls als Mitglied der Turmgesellschaft (vgl. WML 7,9) und geht schließlich nach Amerika.
185,12 *Amazone:* kommt dem verletzten Wilhelm in WML 4,6 zu Hilfe. Ihre Identität mit Natalie wird in WML 8,2 enthüllt.
185,21 *Mignons Dahin:* Mignons Italienlied (vgl. WML 3,1).
185,21 f. *Wilhelms und … ersten Kuss:* vgl. WML 3,12.
186,19 *unendlicher Bildungstrieb:* vgl. Christian Gottfried Körners Besprechung *Über Wilhelm Meisters Lehrjahre* (1796), die Schlegel rezensiert hatte und auf die er sich hier wohl bezieht.
186,26 *Repräsentazion eines … gebildeten Adels:* Anspielung auf die Schlossgesellschaft des 3. Buchs um die Baronesse und den Baron.
187,7 *Corps:* wörtl. ›Körper‹, hier ›Einheiten‹, ›Verbindungen‹.
187,12 *gemeiniglich:* gewöhnlicherweise (die Bedeutungsverschlechterung von ›gemein‹ in allen seinen Verbindungen ist erst eine Erscheinung des späteren 19. Jh.s).
187,12–14 *Kontrast zwischen … schlechten Bewirthung:* vgl. WML 3,3.
187,17 f. *Pedant bekommt sogar Prügel:* vgl. WML 3,9.
188,23 *Aureliens:* Schauspielerin, Schwester Serlos, wird in WML 4,13 eingeführt, stirbt später (vgl. WML 5,16).
189,24 *Serlo:* Schauspieler und Theaterdirektor, dessen Truppe sich Wilhelm anschließt (vgl. WML 5,3); seine Geschichte wird in WML 4,18 erzählt.
190,9 *Hamlet:* vgl. Shakespeare, *The Tragedy of Hamlet, Prince of Denmark* (uraufgeführt zwischen 1599 und 1602). Der *Hamlet*-Rezeption im Roman liegt Christoph Martin Wielands Prosa-Übertragung (1766) zugrunde. August Wilhelm Schlegels *Hamlet*-Übersetzung erscheint erst 1798.
190,29 *diesem und … nächsten Bandes:* vgl. das 4. und 5. Buch des Romans.
192,1 *Mänade:* vgl. Anm. zu 131,18.
192,8 *Krise:* Wendepunkt.

192,17 f. *Ideal eines Souffleurs:* vgl. WML 5,6.
192,18 *Skizze der Liebhaber der Schauspielkunst:* vgl. WML 5,8.
192,19 *Grundsätze über ... des Romans:* vgl. WML 5,7.
192,20 *Bekenntnisse der schönen Seele:* vgl. das gesamte 6. Buch des Romans. In die Handlung integriert werden diese Bekenntnisse u. a. durch die verwandtschaftlichen Beziehungen der schönen Seele zu anderen Figuren des Romans (sie ist z. B. Natalies Tante).
193,15 f. *Onkel:* der »Oheim« (eigtl. Großonkel) der schönen Seele, in dessen Haus im 8. Buch die Fäden des Romans zusammenlaufen. Dort, im »Saale der Vergangenheit«, findet sich auch die verloren geglaubte Kunstsammlung von Wilhelms Großvater wieder.
193,31 f. *Schonung des ... die Tante:* vgl. das 6. Buch des Romans (aus dem die Formulierungen »Schonung« und »Toleranz« zitiert sind). Schlegel bezieht sich auf die kritischen Bemerkungen des Oheims über die Religiosität der schönen Seele.
194,24 *moralisches Gutachten:* Anspielung auf Daniel Jenisch, *Über die hervorstechendsten Eigenthümlichkeiten von Meisters Lehrjahren oder über das, wodurch dieser Roman ein Werk von Göthen's Hand ist* (1797).
195,14 *kleine Felix:* Wilhelms und Marianes Sohn.
195,22 *Therese:* wird in WML 6,6 eingeführt. Wilhelm und Therese lieben sich, sie heiratet aber schließlich Lothario.
195,26 f. *Lebenskunstlehre:* vgl. Anm. zu 113,33.
196,9–11 *von dem ... einer Pächterstochter:* Gemeint ist Lothario, der Bruder Natalies, ein Mitglied der Turmgesellschaft (vgl. WML 7,7).
196,13 f. *Ducaten zählenden Laertes:* vgl. WML 7,8.
196,15 *Wundarzt:* vgl. WML 7,2–3.
196,17 *geheime Gesellschaft des reinen Verstandes:* die Turmgesellschaft.
196,21 *andern:* andere (Verbesserung Minors und Eichners nach dem Text der Ausgabe der *Charakteristiken und Kritiken*).
196,27 *Wilhelms allegorischer Traum:* vgl. WML 7,1.
196,29 f. *segnende Graf:* vgl. WML 8,10.
196,30 *schwangre Philine vor dem Spiegel:* vgl. WML 8, 6.
196,31 *Nemesis:* Vergeltung (nach der griech. Göttin der Rache und Gerechtigkeit).
196,31 f. *sterbend geglaubte ... Butterbrodt verlangt:* vgl. WML 8,10.
197,9 *Abbé:* Geistlicher, Oberhaupt der Turmgesellschaft. Wilhelm trifft

ihn zuerst in WML 7,1. Er händigt Wilhelm dessen Lehrbrief aus (vgl. WML 7,9).

198,12 *Exequien:* Begräbnisfeierlichkeiten (vgl. WML 8,8).

198,15 *(Die Fortsetzung folgt.):* Ein Abschluss erfolgte nicht. Allerdings wendete sich Schlegel dem Roman u. a. im *Gespräch über die Poesie* (in diesem Band) wieder zu.

Gespräch über die Poesie

203,4 *zum ewigen Frieden:* ironische Anspielung auf Kants 1795 erschienene Schrift *Zum ewigen Frieden* (vgl. auch Schlegels Aufsatz *Versuch über den Begriff des Republikanismus,* 1796).

203,25 *Rolle:* ursprüngl. die Schreibrolle, auf der die Partie des Schauspielers notiert ist.

203,31 *Gedicht:* hier ›Erfindung‹.

204,20 f. *Gemein:* vgl. Anm. zu 187,12.

205,13 *Smith über den Nationalreichthum:* vgl. Adam Smith, *An Inquiry into the Nature and Causes of the Wealth of Nations* (1776).

205,21 *Pope:* Alexander P. (1688–1744), engl. Dichter.
Dryden: John D. (1631–1700), engl. Dichter, Literaturkritiker und Übersetzer.

205,23 *goldne Zeitalter:* vgl. Anm. zu 117,32.

206,11 *lebendiger Geist . . . gebildeten Buchstaben:* vgl. Anm. zu 63,33.

206,29 *Homeriden:* vgl. Anm. zu 71,9. Vgl. auch das Kapitel »Die Schule der Homeriden« in Schlegels *Geschichte der Poesie der Griechen und Römer* (1798).
allbildsamer: durchgebildeter.

207,2 *Anfang der Natur im Wasser:* so z. B. Thales von Milet (um 624–547 v. Chr.), mit dem Schlegel den Beginn der griech. Philosophie assoziiert.

207,11 f. *Ilias und Odyssee:* Beide Werke werden in der Regel Homer zugeschrieben.

207,22 *Joniern:* Volksstamm des alten Griechenland. Zur ›ionischen Schule‹ in der Kunst vgl. Schlegels *Von den Schulen der griechischen Poesie* (1794/95).

207,22 *Jamben:* vgl. Anm. zu 100,6.
207,28 *Epoden:* wörtl. ›Nachgesänge‹, hier eine von Horaz in die röm. Dichtung eingeführte zweistrophige Versform.
207,29 *Aristophanes:* vgl. Schlegels Aufsatz *Vom ästhetischen Werthe der Griechischen Komödie* (1794/95) in diesem Band.
207,31 *größte Lücke in der Kunstgeschichte:* zwischen dem 8. und 5. Jh. v. Chr.
208,4 f. *melischen, chorischen:* das von einem Einzelnen gesungene Lied (von griech. *melos* ›Lied‹, ›Gedicht‹) im Unterschied zum von mehreren vorgetragenen Chorlied.
208,5 *Dorer:* zur ›dorischen Schule‹ (zwischen ›ionischer‹ und ›athenischer‹) vgl. Schlegels *Von den Schulen der griechischen Poesie.*
Aeolier: Volksstamm des alten Griechenland.
208,6 *Alkman:* griech. Chorlyriker (2. Hälfte 7. Jh. v. Chr.), gilt Schlegel als Stifter der dorischen Poesie.
208,28 *Dithyramben:* vgl. Anm. zu 101,23 f.
208,29 *Orchestik:* Tanzkunst, Lehre vom pantomimischen Tanz.
209,11 *Rhapsodie:* vgl. Anm. zu 129,33.
209,25 f. *Declamation:* hier ›Rhetorik‹.
209,33 *didaskalischen:* didaktischen, lehrhaften.
210,4 *Gnome:* Denkspruch, Sentenz.
210,5 *Empedokles:* griech. Philosoph und Dichter (um 495–435 v. Chr.), von dem lediglich Fragmente erhalten sind.
210,6 *Symposien:* wörtl. ›geselliger Umtrunk‹, ›Gastmahl‹; hier Anspielung auf die philosophischen Gespräche Sokrates', Xenophons und Platons, deren Form Vorbild für Schlegels *Gespräch* ist.
210,10 *Philoxenos:* griech. Dithyrambendichter (um 435–380 v. Chr.).
210,13 f. *Alexandrien:* von Alexander dem Großen gegründete Hafenstadt im heutigen Ägypten, in der Antike berühmt für seine Bibliothek, kulturelles Zentrum der hellenistischen Welt.
210,14 f. *classisches Siebengestirn tragischer Dichter:* auch »tragische Plejade« genannt, eine Liste von sieben als vorbildlich geltenden griech. Tragödiendichtern, die im 3. Jh. v. Chr. u. a. vom Direktor der Bibliothek von Alexandrien zusammengestellt wurde.
210,25 *Idyllion:* Idylle, epische Kleinform in Versen oder rhythmischer Prosa, oft in Dialogform, einen idealischen Naturzustand darstellend.

210,30 *Mimen:* vgl. Anm. zu 60,26.

210,31 *lokalsten Farbe:* die für einen dargestellten Gegenstand charakteristische Farbe.

210,33 *Epigramm:* vgl. Anm. zu 64,26.

211,26 *romantisches:* hier ›moralisches‹ (so jedenfalls in der Fassung von 1823).

211,33 *Lucretius:* Titus L. Carus (um 99–53 v. Chr.), röm. Philosoph und Dichter (*De rerum natura / Über die Natur der Dinge*; um 55 v. Chr.), Vertreter der antiken Atomistik.

212,5 f. *Augustus:* Gaius Octavius (63 v. Chr.–14 n. Chr.), erster röm. Kaiser.

212,6 *Maecenas:* Gaius M. (um 70 – 8 v. Chr.), Vertrauter des Augustus, Förderer junger Dichter, u. a. des Horaz und Properz (um 48 – 15 v. Chr.), aber auch Vergils (70–19 v. Chr.), den Schlegel nicht erwähnt.

212,7 *Cinquecantisten:* eigtl. ›Cinquecentisten‹, ital. Dichter und Künstler des 16. Jh. s.

Ludwig der vierzehnte: frz. König (1638–1715), Vertreter des Absolutismus.

212,10 *Königin Anna:* Königin von Großbritannien und Irland (1665–1714).

212,13 *die Deutschen zuletzt:* Anspielung auf den von Johann Christoph Gottsched (1700–1766) favorisierten Literaturbegriff. Vgl. Schlegels *Geschichte der alten und neuen Literatur* (1812–14), 15. Vorlesung.

212,22 *alten Komödie:* vgl. dazu Schlegels *Vom ästhetischen Werthe der Griechischen Komödie* in diesem Band.

212,25 *Stoischem:* vgl. Anm. zu 59,22.

213,20 *Gothischen:* hier und weiter unten im Sinne von ›germanischen‹ oder ›mittelalterlichen‹.

213,26 *Romanze:* vgl. Anm. zu 167,29.

214,2 *provenzalische Kunst:* vgl. Schlegels *Beiträge zur Geschichte der modernen Poesie und Nachricht von provenzalischen Manuscripten* (1803).

214,8 *Einem ungeheuren Gedicht:* die *Divina Commedia.*

214,25 *Boccaccio's:* Giovanni B., ital. Dichter (*Il Decamerone,* entstanden um 1349–53, Erstdruck 1470).

215,2 *Terzine:* dreiversige Strophenform mit strophenübergreifendem

Reimschema, bei Dante und Boccaccio aus elfsilbigen Versen bestehend.

215,14 *Romanzo:* Versroman, antike und mittelalterliche Heldenlegenden aufgreifend, Vorläuferform des modernen Romans.

215,19 *Boyardo:* Matteo Maria Boiardo, ital. Dichter (*Orlando Innamorato*, 1483).

215,21 *Stanze:* Strophenform aus acht elfsilbigen Versen mit festgelegtem Reimschema.

215,29 *Epopöe:* Epos.

216,2 *Guarini, im Pastorfido:* vgl. Anm. zu 42,9.

216,20 *Galatea:* ein Schäferroman (1585), erstes erzählerisches Werk des Cervantes.

216,24 *Numancia: El cerco de Numancia*, Verstragödie von Cervantes (um 1582).

Kothurns: Kothurn: dicksohliger Bühnenschuh der antiken Tragödie, hier metonymisch für ›Theater‹.

216,28 *Witz:* vgl. Anm. zu 25,31.

217,7 *Persiles:* Cervantes, *Los Trabajos de Persiles y Sigismundo* (1617).

217,9 *Heliodor:* Heliodoros aus Emesa (3./4. Jh.), griech. Romanschriftsteller.

217,19 *Geschichte:* Geschichten (Verbesserung Minors und Eichners nach dem Text der Ausgabe *Friedrich Schlegel's sämmtliche Werke*).

218,7 *Locrinus: Locrine* (veröffentlicht 1595), kein Drama Shakespeares, aber möglicherweise von ihm überarbeitet.

218,9 *Perikles: Pericles, Prince of Tyre* (um 1607/08), gilt heute als Gemeinschaftswerk von Shakespeare und George Wilkins (gest. 1618).

218,13 *Adonis:* Shakespeare, *Venus and Adonis* (1593).

218,20 *Spenser:* Edmund S. (um 1552 – 1599), engl. Renaissance-Dichter (*The Faerie Queene*, 1590/96). Schlegel denkt hier wohl an Spencers Liebessonette *Amoretti* (1595).

218,30 *Untersuchung von Tieck:* Die angekündigte Untersuchung legte Tieck schließlich in *Alt-Englisches Theater. Oder Supplemente zum Shakspear* (1811) vor.

219,10 *adstruirte:* dichtete … an.

219,16 *römischen Stücke: The Tragedy of Julius Caesar* (1599); *Antony and Cleopatra* (um 1607); *Coriolanus* (um 1608).

219,22 *Lope de Vega:* Félix Arturo L. de V. y Carpio (1562–1635), span. Dichter des des sog. Goldenen Zeitalters (*Siglo de Oro*).

219,32 f. *schwächliche Geisteskrankheit … guten Geschmackes:* Anspielung auf Nicolas Boileau und dessen *L'Art poétique* (1674), die maßgebliche Poetik des frz. Klassizismus, die die Kunst dem Prinzip des *bon sens* verpflichtete.

220,7 *Alten:* vgl. Anm. zu 55,1.

221,5 *Liede der Nibelungen:* mhd. Heldenepos (um 1200).

Flamming: Paul Fleming (1609–1640), Lyriker des Barock.

Weckherlin: Georg Rodolf W. (1584–1653), Lyriker der Renaissance.

227,25 *Willkühr:* vgl. Anm. zu 9,33.

228,33 *ausgedruckt:* ausgedrückt (Verbesserung Minors und Eichners nach dem Text der Ausgabe *Friedrich Schlegel's sämmtliche Werke*).

231,17 *Saturn:* Saturnus/Kronos, Gott des Ackerbaus, der Obst- und Weinkultur, Begründer und Beherrscher des Goldenen Zeitalters. S. stürzte seinen Vater (Uranos) und entmannte ihn und wurde seinerseits von seinem Sohn (Zeus/Jupiter) entmachtet und verbannt.

231,20 *Titanen:* die sechs Söhne und sechs Töchter des Uranos und der Gaia. Wurden von den Kroniden unter Führung des Zeus besiegt.

231,25 *Laren:* röm. Schutzgötter des Hauses und der Familie.

233,26 *Arabeske:* vgl. Anm. zu 160,23 f.

234,17 *Indien:* vgl. Schlegels spätere Studie *Über die Sprache und Weisheit der Indier. Ein Beitrag zur Begründung der Alterthumskunde* (1808).

235,12 *Wissenschaftslehre:* vgl. Anm. zu 110,17 f.

235,22 *dynamischen Paradoxien:* so etwa die im 18. Jh. entdeckte Tatsache, dass Gegenstände, die an Strömungsgrenzen von Gasen oder Flüssigkeiten stoßen, in diese hineingezogen werden (und nicht abgestoßen).

235,30 *Diviniren:* Ahnen, Weissagen, Erraten.

237,18 *uns:* und (Verbesserung Minors und Eichners nach dem Text der Ausgabe *Friedrich Schlegel's sämmtliche Werke*).

238,26 f. *barbarischen Form:* Anspielung auf den ›geometrischen‹ Darstellungsstil Spinozas (vgl. *Ethica, ordine geometrica demonstrata*, 1677).

239,1 *Schönheit nicht … sondern Zweck:* vgl. Platon, *Symposion* 211c d.

239,5 *Jacob Böhme:* Jakob B. (1575–1624), Philosoph und Mystiker.

239,11 *Eleusinischen Mysterien:* geheime Initiations- und Weiheriten zu Ehren der Demeter, der Göttin des Ackerbaus, benannt nach ihrem Schauplatz Eleusis (bei Athen).

239,22 f. *orphische Fragment:* hymnische Dichtungen in Versform aus dem 7./6. Jh. v. Chr., die von ihren Urhebern dem mythischen Sänger Orpheus zugeschrieben wurden.

239,23 f. *doppelten Geschlecht des Zeus:* Den Orphikern galt Zeus als männlich und weiblich zugleich, da er der Weltengrund ist, der alles enthält.

239,25 *Andeutung im Winkelmann:* vgl. Winckelmann, *Versuch einer Allegorie, besonders für die Kunst* (1766), 1. Kap.

242,5 f. *die Grazien ... leider ausgeblieben:* zitiert nach Goethe, *Torquato Tasso* (1790), V. 947.

242,14 f. *Friedrich Richters:* vgl. Anm. zu 95,25.

242,31 *herumtragen:* hereintragen (Verbesserung Minors und Eichners nach dem Text der Ausgabe *Friedrich Schlegel's sämmtliche Werke*).

243,7 *Fielding:* Henry F. (1707–1754), satirischer Schriftsteller der engl. Aufklärung.

243,7 *Lafontaine:* August Heinrich Julius L. (1758–1831), Verfasser von Unterhaltungsromanen.

243,13 *Sterne:* Laurence S. (1713–1768), engl. Romanschriftsteller (*The Life and Opinions of Tristram Shandy, Gentleman*, 1759–67).

244,3 f. *Diderot's Fataliste:* vgl. Anm. zu 54,7.

244,23 *Swift:* Jonathan S. (1667–1745), irisch-engl. Schriftsteller.

245,22 *Laputa:* von weltfremden Gelehrten bewohnte, fliegende Insel in Swifts satirischem Roman *Gulliver's Travels* (1726), Tl. 3.

246,3 f. *diejenige welche ... allgemeine nennt:* Anspielung auf die seit 1798 bei Johann Friedrich Cotta in Stuttgart erscheinende *Allgemeine Zeitung*.

246,4 f. *Wiener den Casperle:* Die komische Titelfigur des Kaspertheaters hat ihren Ursprung im Hanswurst des Wiener Volkskomödie.

247,3 f. *Tasso, dessen Gedicht:* Tassos Epos *La Gerusalemme liberata*.

249,8 *Emilia Galotti:* vgl. Anm. zu 23,33.

250,31 f. *Boccaccio schmückt ... von Liedern:* Am Ende eines jeden Tages wird im *Decamerone* ein Lied angestimmt.

251,25 f. *im ursprünglichen Sinne des Wortes:* griech. *theoría* bedeutet ›geistige Schau‹.

252,1 *Laura:* vgl. Anm. zu 72,9.

252,3 f. *Sancho von … Don Quixote:* Figuren aus Cervantes' Roman *El ingenioso hidalgo Don Quixote de la Mancha.*

252,22 *Cecilia Beverley:* vgl. Frances (Fanny) Burney, *Cecilia or Memoirs of an Heiress* (1782).

252,25 *Squire's:* engl. Landadlige.

252,26 f. *Wakefield:* vgl. Oliver Goldsmith, *The Vicar of Wakefield* (1766).

252,28 *Olivia:* die Tochter des Landpfarrers in Goldsmiths Roman.

253,9 *Confessions von Rousseau:* vgl. Anm. zu 107,18.

253,10 *Heloise:* vgl. Anm. zu 161,26 f.

253,13 f. *Memoirs von Gibbon:* vgl. Anm. zu 111,24.

253,18 *Hagestolzen:* Hagestolz: ältlicher Junggeselle.

254,29 *Iphigenia:* vgl. Goethe, *Iphigenie auf Tauris* (1787).

254,31 *Dramolets:* kleine Dramen. Schlegel denkt u. a. an Goethes Singspiele.

255,1 *Hermann:* vgl. Anm. zu 75,20.

255,2 *Faust:* vgl. Goethe, *Faust. Ein Fragment* (1790).

256,26 *Götz von Berlichingen:* vgl. Goethe, *Götz von Berlichingen mit der eisernen Hand* (1773).

257,1 *Werther:* vgl. Goethe, *Die Leiden des jungen Werthers* (1774).

257,28 *Meister:* vgl. Goethe, *Wilhelm Meisters Lehrjahre* (1795/96), sowie Schlegels Aufsatz *Über Goethe's Meister* in diesem Band.

257,32 *Clavigo:* vgl. Goethe, *Clavigo* (1774).

258,17 *zeigen:* zeigten (Verbesserung Minors und Eichners nach der Ausgabe *Friedrich Schlegel's sämmtliche Werke*).

258,23 *Egmont:* vgl. Goethe, *Egmont* (1788).

259,2 *Clärchens:* Klärchen, Egmonts Geliebte in Goethes Drama.

259,2 *Brakenburgs:* Brackenburg, der in Klärchen verliebt ist.

259,10 f. *Claudine von Villabella:* vgl. Anm. zu 122,11.

259,12 *Crugantino:* Name einer Figur (Vagabund) in der ersten Fassung von *Claudine von Villa Bella* (1776). Die Kennzeichnung des Vagabunden als »lustig« sowie die Änderung des Namens in »Rugantino« in der Fassung des *Gesprächs* von 1823 deuten jedoch darauf hin, dass sich Schlegel hier – wie im *Athenaeum*-Fragment [Nr. 261] (in diesem

Band S. 122) – tatsächlich auf die zweite Fassung des Singspiels (von 1788) bezieht.

259,25 *Lessings Nathan:* vgl. Anm. zu 23,33.

260,4 *Triumph der Empfindsamkeit:* vgl. Goethe, *Der Triumph der Empfindsamkeit* (1777/87).

260,13 *Reineke Fuchs:* Epos in zwölf Gesängen (1794) von Goethe.

261,11 *Prometheus:* Gedichthymne (1772–74) Goethes.
Zueignung: Eröffnungsgedicht (»Der Morgen kam«) der ersten Werkausgabe Goethes (*Schriften*, Bd. 1, 1789).

261,29 *zwiefaches, doppeltes:* Tatsächlich gehen die *Lehrjahre* auf einen fragmentarischen Romanentwurf Goethes (*Wilhelms Meisters theatralische Sendung*, entstanden 1777–85) zurück, der erst Anfang des 20. Jh.s entdeckt und gedruckt wurde.

263,25–27 *Der alte ... ewig entgegengesetzt:* vgl. den zuerst von Martin Opitz (1597–1639) betonten Unterschied zwischen quantitierenden (lange und kurze Silben unterscheidenden) Verssprachen, wie den klassischen Sprachen, und akzentuierenden (dem Wortakzent folgenden) Verssprachen, wie dem Deutschen.

267,3 *Trimeter:* ursprüngl. antikes Versmaß, aus sechs Jamben bestehend (darum auch jambischer Trimeter).

267,4 *Hexameter:* antikes Versmaß aus sechs Daktylen.

267,14 *Niobe:* vgl. Ovid, *Metamorphosen* 6,146–312.

267,16 *Prometheus:* vgl. u. a. Hesiod, *Theogonia* 507–616.

267,19 *Apollo und Marsyas:* Der Silen Marsyas forderte Apollo zu einem musikalischen Wettkampf heraus, unterlag diesem und wurde zur Strafe bei lebendigem Leibe gehäutet.

Über die Unverständlichkeit

268,22 f. *Athenäum:* mit *Über die Unverständlichkeit* reagiert Schlegel auf die zeitgenössische Kritik am *Athenaeum* und beschließt zugleich die Zeitschrift, die mit dem sechsten Heft (und dritten Jahrgang) ihr Erscheinen einstellt.

269,12 *Garve:* hier vielleicht Anspielung auf Christian Garves *Von der Popularität des Vortrags* (1796).

269,18 f. *geheime Ordensverbindungen:* ironische Anspielung auf die im 18. Jh. modischen Geheimgesellschaften vom Schlage der Illuminaten, Rosenkreuzer, Freimaurer u. a.

269,28 *bis Kant ... Kategorien entdeckte:* vgl. Anm. zu 65,19 f.

269,30 *reelle Sprache:* eine Sprache, die ein konkretes Referenzobjekt hat und deshalb unmissverständlich ist (im Gegensatz zu »Chiffernsprache«).

269,30 f. *daß wir ... und Saamen:* vgl. Goethe, *Faust. Ein Fragment*, V. 31 f. (hier frei zitiert).

269,32 *Kabbala:* seit dem Spätmittelalter Bezeichnung für die jüdische Mystik.

270,4 *Lucinde:* vgl. Schlegels 1799 erschienenen gleichnamigen, von den Zeitgenossen überwiegend mit Unverständnis aufgenommenen Roman.

270,24 *Girtanner:* Christoph G. (1760–1800), schweiz. Arzt, Chemiker und historisch-politischer Schriftsteller.

270,28–30 *»Jeder Chemiker ... Gold seyn.«:* vgl. Girtanner, *Untersuchung, ob der Salpeterstoff ein einfacher, oder ein zusammengesetzter Körper sey* (1800). Girtanner hält eine solche »Revolution« für »in kurzem bevorstehend«.

271,7 *Halbsäuren:* Oxide (Sauerstoffverbindungen). In seiner Schrift *Anfangsgründe der antiphlogistischen Chemie* (1792) hatte Girtanner erfolglos versucht, den dt. Ausdruck durchzusetzen.

271,13 *Fetz:* Fez (oder Fès), Stadt und Provinz in Marokko.

271,13 f. *Kosacken:* Kosaken: ostslawisches Reitervolk.

271,14 *Tscheremissen:* russ. Volksstamm.
Baschkiren: türkischsprachiges Volk im russ. Uralgebirge.
Mulatten: Nachkommen eines weißen und schwarzen Elternteils.

271,18 *Basrelief:* Flachrelief (im Unterschied zu Hochrelief).

271,33–272,1 *Kunstrichter im ... der Zeit:* vgl. die anonyme, von August Ferdinand Bernhardi verfasste Rezension in *Berlinisches Archiv der Zeit und ihres Geschmacks* (1800), die das Erscheinen des fünften Hefts des *Athenaeum* zum Anlass nimmt, die Zeitschrift gegen den Vorwurf der Unverständlichkeit zu verteidigen.

272,8–19 *»Die französische ... diese trieb.«:* vgl. *Athenaeum*-Fragmente [Nr. 216], S. 110 in diesem Band und die Anm. dazu. Dort heißt es allerdings »Variantensammlung« statt »Varientensammlung« (ein Druckfehler?).

272,25 f. *transcendentalen:* vgl. Anm. zu 78,21.

272,31 *Meister:* vgl. Schlegels Aufsatz *Über Goethe's Meister* und den Abschnitt »Versuch über den verschiedenen Styl in Goethe's früheren und späteren Werken« im *Gespräch über die Poesie* (beide in diesem Band).

273,12 *Magister Dyk:* Johann Gottfried Dyck (1750–1813), Leipziger Verleger und Schriftsteller. Schlegel bezieht sich auf dessen Flugschrift *Über des Herrn Professor Fichtes Appellation an das Publikum [...]* (1799): »Hat nicht bereits ein anderer Jenaischer Literator, Fichtes Wissenschaftslehre und die französische Revolution zusammengestellt und gesagt: sie seien die zwei größten Tendenzen des achtzehnten Jahrhunderts?«

274,5 *Bruder:* August Wilhelm Schlegel (1767–1845).

274,6 *Faction:* hier der Kreis der Jenaer Romantiker.

274,24–275,6 *Bewundert nur ... Gestalt, Gemüthe:* in August Wilhelm Schlegels *Sämmtliche Werke* (1846) wurde das Gedicht unter dem Titel *Goethe* aufgenommen.

274,27 *Apollo's:* des griech. Gottes der Künste.

275,11–276,3 *»Die sokratische ... Scherz halten.«:* vgl. *Kritische Fragmente* [Nr. 108], S. 69 in diesem Band und die Anm. dazu. Der Text dort ist allerdings abweichend.

276,6 f. *»Ironie ist ... groß ist.«:* vgl. *Kritische Fragmente* [Nr. 48], S. 61 in diesem Band.

276,15 *Boufflers:* Stanislas Jean, Chevalier de B. (1738–1815), frz. Schriftsteller.

276,17 f. *J'ai vu ... mediocres, énormes:* vgl. Boufflers Gedicht *Le Coeur* (1766): »Ich habe Herzen gesehen jeder Form, / Große, kleine, dünne, dicke, mittelmäßige und gewaltige« (von Schlegel frei zitiert).

276,26 *Skaramuz:* ital. *scaramuccia* ›angeberischer Feigling‹; komische Figur der *commedia dell'arte* und in Tiecks *Die verkehrte Welt* (1798).

279,16 *sohlenbeflügelte:* Anspielung auf den röm. Götterboten Mercurius.

280,1 *Genoveva:* vgl. Tiecks Drama *Leben und Tod der heiligen Genoveva* (1800).

280,1 f. *Didaktischen Elegien von A. W. Schlegel:* vgl. August Wilhelms Elegien *Die Kunst der Griechen, an Goethe* (1799) und *Neoptolemus an Diokles* (1800).

280,6–8 *»Eine classische … lernen wollen.«:* vgl. *Kritische Fragmente* [Nr. 20], S. 55 in diesem Band.

280,25 *Spanier Glosse nennen:* die Glosse ist eine aus zehnzeiligen Strophen (Dezimen) bestehende span. Gedichtform des 17. Jh.s, die ein vorgestelltes Gedicht oder Motto Zeile für Zeile kommentiert (glossiert) und in der letzten Zeile jeder Strophe auch zitiert.

281,1–4 *Eines schickt … nicht falle:* Zitat der letzten Strophe von Goethes Gedicht *Beherzigung* (1789).

Literaturhinweise

Ausgaben

Friedrich Schlegel's sämmtliche Werke. 10 Bde. Wien: Mayer, 1822–25.

Friedrich Schlegel 1794–1802. Seine prosaischen Jugendschriften. Hrsg. von Jakob Minor. 2 Bde. Wien: Konegen, 1882.

Kritische Schriften. Hrsg. von Wolfdietrich Rasch. 2., erw. Aufl. München: Hanser, 1964. [[1]1956.]

Kritische Friedrich-Schlegel-Ausgabe [KFSA]. Hrsg. von Ernst Behler [u. a.]. München [u. a.]: Schöningh, 1958 ff.

Werke in zwei Bänden. Hrsg. von Wolfgang Hecht. Berlin/Weimar: Aufbau Verlag, 1980.

Dichtungen und Aufsätze. Hrsg. von Wolfdietrich Rasch. München: Hanser, 1984.

Über Goethes Meister. Gespräch über die Poesie. Mit einer Einl. hrsg. von Hans Eichner. Paderborn [u. a.]: Schöningh, 1985.

Kritische Schriften und Fragmente. Studienausgabe in sechs Bänden. Hrsg. von Ernst Behler und Hans Eichner. Paderborn [u. a.]: Schöningh, 1988.

Schriften zur Kritischen Philosophie 1795–1805. Hrsg. von Andreas Arndt und Jure Zovko. Hamburg: Meiner, 2007.

Fragmente der Frühromantik. Edition und Kommentar. Hrsg. von Friedrich Strack und Martina Eicheldinger. 2 Bde. Berlin/Boston: de Gruyter, 2011.

Briefe von und an Friedrich und Dorothea Schlegel. Hrsg. von Josef Körner. Berlin: C. A. Kindle, 1926.

Briefe von und an August Wilhelm Schlegel. Ges. und erl. durch Josef Körner. 2 Bde. Zürich/Leipzig: Amalthea-Verlag, 1930.

Krisenjahre der Frühromantik. Briefe aus dem Schlegelkreis. Hrsg. von Josef Körner. 3 Bde. Bern/München: Francke [2]1969. [[1]1937/58.]

Forschungsliteratur

Arndt, Andreas / Zovko, Jure: Einleitung. In: Friedrich Schlegel: Schriften zur Kritischen Philosophie 1795–1805. Hamburg 2007. S. VII–LXIV.

Bauer, Manuel: Friedrich Schlegel und Schleiermacher. Frühromantische Kunstkritik und Hermeneutik. Paderborn [u. a.] 2011.

Behler, Ernst: Friedrich Schlegels Theorie der Universalpoesie. In: Jahrbuch der deutschen Schillergesellschaft 1 (1957) S. 211–252.

– Friedrich Schlegel mit Selbstzeugnissen und Bilddokumenten. Reinbek b. Hamburg 1966.

– Die Zeitschriften der Brüder Schlegel. Ein Beitrag zur Geschichte der deutschen Romantik. Darmstadt 1983.

Benjamin, Walter: Der Begriff der Kunstkritik in der deutschen Romantik [1920]. In: W. B.: Werke und Nachlaß. Kritische Gesamtausgabe. Bd. 3. Hrsg. von Uwe Steiner. Frankfurt a. M. 2008.

Benne, Christian / Breuer, Ulrich (Hrsg.): Antike – Philologie – Romantik. Friedrich Schlegels altertumswissenschaftliche Manuskripte. Paderborn 2011.

Breuer, Ulrich: Friedrich Schlegel. In: Romantik. Epoche – Autoren – Werke. Hrsg. von Wolfgang Bunzel. Darmstadt 2010. S. 60–75.

– [u. a.] (Hrsg.): Friedrich Schlegel und die Philologie. Paderborn [u. a.] 2013.

– / Tabarasi-Hoffmann, Ana-Stanca (Hrsg.): Der Begriff der Kritik in der Romantik. Paderborn [u. a.] 2014.

Bubner, Rüdiger: Zur dialektischen Bedeutung romantischer Ironie. In: Die Aktualität der Frühromantik. Hrsg. von Ernst Behler und Jochen Hörisch. Paderborn [u. a.] 1987. S. 85–95.

Dierkes, Hans: Literaturgeschichte als Kritik. Untersuchungen zu Theorie und Praxis von Friedrich Schlegels frühromantischer Literaturgeschichtsschreibung. Tübingen 1980.

Eichner, Hans: Friedrich Schlegel im Spiegel seiner Zeitgenossen. Hrsg. von Hartwig Mayer und Hermann Patsch. 4 Bde. Würzburg 2012.

Endres, Johannes (Hrsg.): Friedrich Schlegel-Handbuch. Leben – Werk – Wirkung. Stuttgart 2017.

Erlinghagen, Armin: Das Konzept des ›Ganzen‹ in Friedrich Schlegels Poetik 1793–1804. Ein systematischer Aufriss auf der Grundlage sei-

ner Traktate über Lessing und des unveröffentlichten Notizhefts *Studien des Alterthums.* In: Athenäum. Jahrbuch der Friedrich Schlegel-Gesellschaft 22 (2012) S. 15–63.
– Das Universum der Poesie. Prolegomena zu Friedrich Schlegels Poetik. Historisch-kritische Edition der Leipziger Manuskripte. Mit dem Faksimile der Leipziger Manuskripte I & II. Paderborn [u. a.] 2012.
Frank, Manfred: »Wechselgrundsatz«. Friedrich Schlegels philosophischer Ausgangspunkt. In: Zeitschrift für philosophische Forschung 50 (1996) S. 26–50.
Frischmann, Bärbel: Vom transzendentalen zum frühromantischen Idealismus. Johann Gottlieb Fichte und Friedrich Schlegel. Paderborn [u. a.] 2005.
Jauß, Hans Robert: Schlegels und Schillers Replik auf die »Querelle des Anciens et des Modernes«. In: H. R. J.: Literaturgeschichte als Provokation. Frankfurt a. M. 1979. S. 76–106.
Körner, Josef: Romantiker und Klassiker. Die Brüder Schlegel in ihren Beziehungen zu Schiller und Goethe [1924]. Darmstadt 1971.
Leventhal, Robert G.: Gattungen und System der Kritik beim jungen Schlegel. In: Athenäum. Jahrbuch der Friedrich Schlegel-Gesellschaft 24 (2015) S. 99–145.
Matuschek, Stefan: Winkelmänner der Poesie. Herders und Friedrich Schlegels Anknüpfung an die *Geschichte der Kunst des Altertums.* In: Deutsche Vierteljahrsschrift für Literaturwissenschaft und Geistesgeschichte 77 (2003) S. 548–563.
Mergenthaler, May: Zwischen Eros und Mitteilung. Die Frühromantik im Symposion der Athenäums-Fragmente. Paderborn [u. a.] 2012.
Michel, Willy: Ästhetische Hermeneutik und frühromantische Kritik. Friedrich Schlegels fragmentarische Entwürfe, Rezensionen, Charakteristiken und Kritiken (1795–1801). Göttingen 1982.
Schnyder, Peter: Die Magie der Rhetorik. Poesie, Philosophie und Politik in Friedrich Schlegels Frühwerk. Paderborn [u. a.] 1999.
Schöning, Matthias: Ironieverzicht. Friedrich Schlegels theoretische Konzepte zwischen *Athenäum* und *Philosophie des Lebens.* Paderborn 2002.
Schumacher, Eckhard: Die Ironie der Unverständlichkeit. Johann Georg Hamann, Friedrich Schlegel, Jacques Derrida. Frankfurt a. M. 2000.

Szondi, Peter: Poetik und Geschichtsphilosophie I. Studienausgabe der Vorlesungen. Bd. 2. Hrsg. von Jean Bollack [u. a.]. Frankfurt a. M. 1974. – Poetik und Geschichtsphilosophie II. Bd. 3. Ebd.

Wanning, Berbeli: Friedrich Schlegel zur Einführung. Hamburg 1999.

Zimmermann, Harro: Friedrich Schlegel oder die Sehnsucht nach Deutschland. Paderborn [u. a.] 2009.

Zovko, Jure: Verstehen und Nichtverstehen bei Friedrich Schlegel. Zur Entstehung und Bedeutung seiner hermeneutischen Kritik. Stuttgart-Bad Cannstatt 1990.

»Alles Wissen ist symbolisch«. Poetik und Kritik bei Friedrich Schlegel

Grundlagen der Literaturtheorie und Ästhetik Schlegels

Die Menschheit hat Friedrich Schlegel einmal einen »Champignon mit Bewußtseyn« genannt.[1] Auch wenn das Bonmot aus einer späteren Zeit stammt als die hier vorgelegten Texte, so beleuchtet es doch ein generelles Kennzeichen Schlegel'schen Denkens: seine witzige Originalität, die schon die Zeitgenossen verblüfft und nicht selten geärgert hat. Schlegels kombinatorischer Scharfsinn lebt aber zugleich von einer formgeschichtlichen Tradition der französischen Aphoristik des 17. und frühen 18. Jahrhunderts, die er nicht nur studiert, sondern in Gestalt des sogenannten Fragments auch in die deutsche Literatur eingeführt hat. Zum Leitmedium einer neuen intellektuellen Bewegung konnte der Aphorismus aber erst durch den literarischen Innovationsgeist eines Kreises junger Männer und Frauen um 1800 werden, die die von François de La Rochefoucauld, Nicholas Chamfort u. a. überlieferte Gattung an ein neuartiges, eben frühromantisches Geschichtsbewusstsein anschlossen. Ein solches Bewusstsein kommt in Schlegels Einsicht zum Ausdruck, es müsse die »Anschauung der Kunst [...] jetzt wohl fragmentarisch sein, da die Kunst selber nichts anders ist, als ein Fragment, eine Ruine vergangner Zeiten«.[2]

Die Kürze Schlegel'scher Fragmente und Notizen ist also das Ergebnis einer Verkürzung, in der eine vergangene, verlorene

1 Kritische Friedrich-Schlegel-Ausgabe [im Folgenden zit. als: KFSA], Bd. 20, hrsg. von Ernst Behler, München [u. a.] 1995, S. 329, Nr. 272.

2 KFSA, Bd. 4, 1959, S. 80.

und zugleich sentimental erinnerte Ganzheit in konzentrierter Form erkennbar bleibt – wie ein verfallenes Gebäude aus seiner Ruine. Schlegels Formsprache ist damit auch das Symptom einer Krise, in der das Erbe einer über ihren literaturgeschichtlichen Beziehungsreichtum evozierten Vergangenheit auf dem Spiel steht. Seine Fragmente – wie das vom Menschen als intelligenter Pflanze – versuchen mithin nicht zuletzt, den durch den Verlust alter Ordnungen und Orientierungen entstandenen Freiraum mit einem frappierend neuen Sinn zu füllen. Das eigentlich Überraschende an ihnen ist daher aber gerade das, was sie *nicht* sagen, sondern aussparen, so dass es vom Leser ergänzt werden muss. Der Kommentar der vorliegenden Textausgabe versucht eine solche Aufgabe zu erleichtern, indem er – Schlegels Feststellung aus einer seiner *Horen*-Rezensionen folgend – Hinweise zu einer ergänzenden Lektüre gibt: »Es sind durchaus Anmerkungen nötig«.[3]

Schlegels Krisenbewusstsein wird durch einen geschichtlichen Umbruch ausgelöst, der sich im letzten Drittel des 18. Jahrhunderts abgespielt und auf mehreren Ebenen ausgewirkt hat. Das sogenannte Tendenzenfragment, wonach die »Französische Revoluzion, Fichte's Wissenschaftslehre, und Goethe's Meister [...] die größten Tendenzen des Zeitalters« sind,[4] bringt drei entscheidende Aspekte jenes Umbruchs zum Ausdruck: (1) seine politische Dimension, die einen ganzen Kontinent erschüttert und bleibend verändert hat; (2) seine philosophische Dimension, die zur Umstellung der Weltwahrnehmung von einem Objektbezug auf einen Selbstbezug ihres aktiven Betrachters geführt hat; und schließlich (3) seine literarische Dimension, in deren Folge die Darstellung der Welt im Medium der Sprache revolutioniert worden ist. Es ge-

3 KFSA, Bd. 2, 1967, S. 20.
4 S. 110 in diesem Band.

hört zu Schlegels bleibenden Leistungen, die krisengeschichtliche Zusammengehörigkeit jener drei Revolutionen erkannt und ihre Ungleichartigkeit in ›witzig‹ vergleichender Form auf den Punkt gebracht zu haben.

Im gleichen Fragment reflektiert Schlegel eine solche Krisenerfahrung als Verlusterfahrung, indem er die Gegenwart mit »einer mit fortlaufendem Kommentar begleiteten Variantensammlung, wozu der klassische Text verlohren ging«, vergleicht.[5] Das heißt, dass die Beschäftigung mit der klassischen Antike – wie sie im vorliegenden Band der Aufsatz *Vom ästhetischen Werthe der Griechischen Komödie* dokumentiert – die Fragment-Kunst Schlegels und die von ihr ausgehende Proklamation eines »romantischen« Zeitalters sowohl vorbereitet als auch vom Krisenbewusstsein jener Fragment-Kunst und ihrem Wissen um die Uneinholbarkeit einer dergestalt beschworenen Vergangenheit inspiriert ist. In seiner großen Abhandlung *Über das Studium der Griechischen Poesie* (1795–97) konstatiert Schlegel daher, seinem Vorbild Johann Joachim Winckelmann folgend, die »*absolute* Versch.[iedenheit] des Antiken und Modernen«,[6] ohne die ständige Rücksicht auf frühere Epochen der Kulturgeschichte in seinem Werk jemals aufzugeben. Sie macht vielmehr die Signatur seines Denkens und Schreibens sowie dessen Erläuterungsbedürftigkeit wesentlich aus.

Schlegels schriftstellerische Tätigkeit folgt über weite Strecken dem Gestus der »Kritik« und »Charakteristik«, Kunstworte, die er zur Kennzeichnung seines eigenen Arbeitsstils geprägt hat. Eine solche Vorgehensweise entnimmt Schlegel wiederum seinen Gegenständen. So sind die literarischen Leistungen Lessings und Goethes für Schlegel in erster Linie

5 Ebd.
6 KFSA, Bd. 16, 1981, S. 44, Nr. 114.

›sekundärliterarische‹ Leistungen, in denen der Kritiker das Verfahren der Kritik zugleich vorgebildet findet. Das gilt sowohl für Lessing, der die Texte anderer kritisch kommentiert, als auch für Goethe, der seinen eigenen Text nicht nur schreibt, sondern im Rahmen seiner literarischen Fiktion auch selbst bespricht. Folgerichtig lobt Schlegel den Kritiker Lessing auf Kosten des Dichters und preist den Autor des *Wilhelm Meister* für seine Fähigkeit, »den Helden fast nie ohne Ironie zu erwähnen, und auf sein Meisterwerk selbst von der Höhe seines Geistes herabzulächeln«.[7] Eine solche Form innerliterarischer Selbstreflexivität, wie sie Schlegel zufolge nur die moderne Literatur kennt, wird im 247. *Athenaeum*-Fragment auch als »Poesie der Poesie« bezeichnet. Moderne Kunst ist damit aber immer auch schon Kritik und umgekehrt alle Kritik auch schon Kunst, da nur eine solche Kritik kunstgerecht ist, die »selbst ein Kunstwerk ist«.[8]

Ins Zentrum der literarischen Aufmerksamkeit rückt damit der Leser, der mit einem berühmten Wort des Novalis zum »erweiterte[n] Autor« wird.[9] Kritik im Sinne Schlegels und der Frühromantik ist daher ›ergänzendes‹ Lesen, das im Idealfall in ein Besserverstehen des Autors seitens des Lesers mündet: denn »*Kritisiren* heißt einen Autor besser verstehn als er s.[ich] selbst verstanden hat«.[10] Schlegel leitet eine solche Ermächtigung des Lesers, die mit Friedrich Schleiermachers Vorlesungen über *Hermeneutik und Kritik* (1838) zu einer bis ins 20. Jahrhundert ausstrahlenden Maxime wissenschaftlicher

7 S. 182 in diesem Band.
8 S. 71 in diesem Band.
9 Friedrich von Hardenberg (Novalis), *Vermischte Bemerkungen*, Nr. 125, in: Novalis, *Werke, Tagebücher und Briefe Friedrich von Hardenbergs*, hrsg. von Hans-Joachim Mähl und Richard Samuel, München/Wien 1978, Bd. 2, S. 282.
10 KFSA, Bd. 16, 1981, S. 168 [Nr. 992].

Textauslegung wird, aus klassischen Prinzipien der Philologie wie der Konjekturalkritik und der Diaskeuase (der nachbessernden Bearbeitung antiker Werke) ab, die er mit romantischen Vorstellungen der Divination (der ahnenden Vorhersage) verknüpft und zu einer die Positionen von Autor, Werk und Leser vermittelnden Rezeptionsästhetik umbildet. Das Geschäft des Lesens wird damit jedoch auch zu einem prinzipiell unabschließbaren Vorgang, dessen Vorläufigkeit die Bedeutungsoffenheit des Textes widerspiegelt – »weil jedes vortreffliche Werk [...] mehr weiß als es sagt, und mehr will als es weiß«.[11]

Eine solche Nobilitierung des Lesers und seines Tuns verabschiedet den Autor gleichwohl nicht, der vielmehr eine feste Bezugsgröße in Schlegels exegetischer Theorie und Praxis bleibt. Auch bestimmt Schlegel den Bedeutungsreichtum der Texte vergleichsweise traditionell als Ergebnis ihrer symbolischen Struktur, die er in Begriffen der rhetorischen Allegorie – der Einkleidung eines unendlichen Sinns in einen endlichen, zeichenhaften Ausdruck – fasst. Noch die bekannte Forderung nach einer »neue[n] Mythologie« im *Gespräch über die Poesie* zielt daher nicht zuletzt auf einen Vorrat symbolischer Themen für eine nicht-mehr-klassische Kunst. Von der Rolle des Autors für Schlegels Literaturverständnis zeugt dagegen seine Feststellung, die besten Romane seien »eine Encyclopädie des ganzen geistigen Lebens eines genialischen Individuums«[12] – eine Feststellung, die den Autor aus seinen Werken ableitet, nicht jedoch umgekehrt. Gleichzeitig erweitert die intellektuelle Geselligkeitskultur der Frühromantik um Friedrich und August Wilhelm, Caroline und Dorothea Schlegel, Novalis, Ludwig und Sophie Tieck, Friedrich Wilhelm Joseph Schelling

11 S. 191 in diesem Band.
12 S. 65 in diesem Band.

und Friedrich Schleiermacher ein traditionelles Verständnis von Autorschaft zugunsten einer gemeinschaftlichen, dialogischen Urheberschaft.

Wie Schlegels Vorsatz, aus Lessings Werken »*Lessings Geist im Ganzen zu charakterisiren*«,[13] gleichfalls verdeutlicht, kann der Autor und dessen Intention aber keineswegs die letzte, geschweige denn einzige Instanz eines ergänzenden Verstehens sein – eines Verstehens, dem es, im Gegenteil, zur Aufgabe gemacht wird, Autor und Werk »in Beziehung auf jenen großen Organismus aller Kunst und Wissenschaft genetisch zu konstruieren«.[14] Die Tätigkeit des Lesens ist für Schlegel mithin eine totalisierende, den Text historisch und methodisch kontextualisierende, die ihren Horizont an einem hypothetischen Ganzen findet, das die unendliche Perfektibilität des Verstehensprozesses auch wieder durch die Annahme einer letzten Zweckmäßigkeit (eines »Organismus«) begrenzt. Diesen letzten Zweck werden Schlegels *spät*romantische Werke zur Philosophie- und Literaturgeschichte dann »Gott« nennen.

Zu Schlegels wichtigsten Entdeckungen als Kunstkritiker gehört die einer historischen (oder ›genetischen‹) Methode. Sie kommt in folgender Maxime aus dem *Gespräch über die Poesie* zum Ausdruck: »Denn der Verständige läßt jedes Gebildete in seiner Sphäre, und beurtheilt es nur nach seinem eignen Ideale.«[15] Eine solche Maxime, die in Werken Johann Gottfried Herders, Friedrich Schillers u.a. vorbereitet wird, geht über ein bloßes Interesse an historischen Gegenständen, wie es auch noch der spätere Schlegel kennt, hinaus. Beim frühromantischen Schlegel geht das Interesse an der Geschich-

13 S. 20 in diesem Band.
14 KFSA, Bd. 2, 1967, S. 412.
15 S. 211 in diesem Band.

te dagegen mit der Einsicht in die Veränderlichkeit menschlicher Ausdrucks- und Kunsttätigkeit und damit mit einer Vergeschichtlichung der Kunstkritik einher, die nicht länger an überzeitlichen Normen der Richtigkeit und Wahrscheinlichkeit, der Schönheit und Vorbildlichkeit orientiert ist, sondern ihre Bewertungsmaßstäbe aus der geschichtlichen Umgebung ihrer Gegenstände bzw. aus diesen Gegenständen selbst nimmt. Schlegels historische Methode vollzieht, anders gesagt, die Geschichtlichkeit der Geschichte auch hinsichtlich ihrer eigenen Voraussetzungen mit. Damit wird Schlegel zu einem der grundlegenden Vordenker moderner Wissenschaftlichkeit.

Kunsttheorie und Kunst werden von Schlegel folgerichtig in eine direkte Nähe zum Wissen gerückt, das seinerseits der Kunst angenähert wird: »Alle Kunst soll Wissenschaft, und alle Wissenschaft soll Kunst werden«.[16] In Abkehr vom Prinzip einer ›ästhetischen‹ Urteilskraft im Sinne Kants führt Schlegel die Grundlagen der Wahrnehmung des Schönen und Erhabenen nicht mehr auf die sinnliche Erscheinung des Kunstwerks zurück, sondern hält an einer Wahrheitspflichtigkeit der Kunst fest. Ein solcher Grundsatz zieht sich durch die gesamte Geschichte seines kunsttheoretischen und -historischen Denkens und wird beim späteren Schlegel als religiöse Wahrheit ausbuchstabiert.[17] Auch den Begriff des Kunstschönen definiert er darum nicht rezeptiv, hinsichtlich unserer sinnlichen Affiziertheit durch den Kunsteindruck, wie in Kants berühmter Formulierung vom »interesselosen Wohlgefallen«, sondern inhaltlich, und zwar als Erscheinung der »GÖTTLICHKEIT«, an

16 S. 71 in diesem Band.

17 Gegen eine (nur) ästhetische Funktionsbestimmung der Kunst polemisiert Schlegel dagegen spätestens seit dem 40. *Lyceum*-Fragment. Vgl. S. 59 in diesem Band.

deren Existenz der Betrachter durchaus interessiert ist.[18] Das Kunstwerk ›wissen‹ bedeutet demnach so viel wie seine ideelle Wahrheit erkennen.

Dass eine solche Wahrheit vom Kunstwerk allerdings nie ganz ausgesprochen werden kann, ist eine für Schlegels Kunstphilosophie ebenso bezeichnende Einsicht wie unter den Frühromantikern *common sense.* Schlegels enger geistiger Vertrauter, Novalis, hat das Verhältnis von Idee und Darstellung im Kunstwerk darum auch so bestimmt: »Die ganze Repraesentation beruht auf einem Gegenwärtig machen – des Nicht Gegenwärtigen und so fort – (Wunderkraft der *Fiction.*)«.[19] Das Kunstwerk verweist folglich auf ein Gemeintes, das die Vergegenwärtigungstechniken der künstlerischen Symbolsprache übersteigt, von dieser also nur indirekt und per Andeutung evoziert werden kann. Andererseits wird dieses Gemeinte und indirekt Dargestellte unter den Voraussetzungen des In-der-Welt-Seins nie direkt ansichtig und weder von empirischer Beobachtung oder naturwissenschaftlicher Erkenntnis noch von philosophischer Reflexion je ganz eingeholt. Es ist daher zugleich nirgends ›präsenter‹ als gerade in den aus dem Material der sinnlichen Welt – aus Farben, Tönen und Worten – hergestellten, fingierten Welten der Kunst. Das ist auch gemeint, wenn es im *Gespräch über die Poesie* heißt: »Die Fantasie strebt aus allen Kräften sich zu äußern, aber das Göttliche kann sich in der Sphäre der Natur nur indirekt mittheilen und äußern.«[20] Angesichts der Einschränkungen, die für die künstlerische Repräsentation der Wahrheit sowie für die Wissbarkeit eines immer nur mittelbar zugänglichen Absoluten gelten, dekretiert

18 KFSA, Bd. 16, 1981, S. 30 [Nr. 22].
19 Novalis, *Das Allgemeine Brouillon*, Nr. [782], in: Novalis, *Werke*, (s. Anm. 9), S. 661.
20 S. 248 in diesem Band.

Schlegel darum auch: »*Alles Wissen ist symbolisch*«.[21] Damit ist die grundsätzliche – nämlich wechselseitige – Verwiesenheit von (symbolischem) Wissen und (symbolischer) Kunst nachdrücklich festgestellt.

Zu Auswahl und Gestalt der Texte

Die vorliegende Ausgabe konzentriert sich auf Texte des frühen Schlegel bis zum Ende der *Athenaeum*-Zeit (1794–1800). Danach hat sich Schlegels Denken – eingeleitet von einem ›kritischen Lebewohl‹, mit dem er sich von den Prinzipien seiner eigenen Frühzeit verabschiedet –[22] zunehmend in andere Richtungen entwickelt. Wie diese späteren Positionen zu bestimmen sind, wie und ob sie mit seinen frühromantischen Überzeugungen zusammenhängen, wird in der Schlegel-Forschung kontrovers diskutiert. Fest steht, dass Schlegel ein deutliches Bewusstsein jener Veränderungen hatte, wie nicht zuletzt die von ihm selbst veranstaltete Ausgabe seiner *Sämmtlichen Werke* zeigt, in der er seine Jugendschriften entweder unterdrückt oder in stark überarbeiteter, von seinen späteren Überzeugungen diktierter Form widergegeben hat.[23]

Darüber hinaus beschränkt sich die vorliegende Edition auf literatur- und kunstkritische Schriften Schlegels, lässt also Texte zu vorrangig philosophischen, politischen, geschichtlichen und altertumskundlichen Themen außer Acht (mit Ausnahme des Komödien-Aufsatzes). Der Herausgeber folgt darin der Überzeugung, dass Schlegels literatur- und kunsttheoretisches Interesse sein Interesse an Geschichte, Politik und Philosophie

21 KFSA, Bd. 12, 1964, S. 9 [u. ö.].
22 Vgl. KFSA, Bd. 2, 1967, S. 409.
23 Vgl. *Friedrich Schlegel's sämmtliche Werke*, 10 Bde., Wien 1822–25.

letztlich angeleitet hat. So sind seine Äußerungen zur politischen Freiheitskultur des alten Athen (im Aufsatz zur griechischen Komödie), die im Zeitalter der Französischen Revolution durchaus zeitkritische Bezüge enthalten, konsequent auf die griechische Kunst und die sogenannte Alte Komödie bezogen.

Schließlich erscheinen hier nur solche Texte, die bereits zu Schlegels Lebzeiten veröffentlicht wurden, wenngleich sein Schaffen auch Material umfasst, das erst posthum herausgegeben wurde bzw. noch immer nicht ediert ist. Die vorliegende Ausgabe entscheidet sich also dafür, den seinen Zeitgenossen öffentlich zugänglichen Schlegel abzubilden, weshalb sie der Wiedergabe der Texte auch deren Erstdruck – in den Zeitschriften *Berlinische Monatsschrift*, *Lyceum der schönen Künste* und *Athenaeum* – zugrunde legt (vgl. »Zu dieser Ausgabe«). Das ist in der Schlegel-Edition durchaus gängige Praxis. Anders als die seit 1958 erscheinende, noch nicht abgeschlossene *Kritische Friedrich-Schlegel-Ausgabe* (KFSA) sowie frühere und spätere Textausgaben normalisiert und modernisiert sie den Text jedoch nicht. Darin fühlt sich der Herausgeber einem von Albrecht Schöne formulierten Grundsatz verpflichtet, uns in ihren Formen, Bedeutungen, Voraussetzungen und Absichten ferne Texte auch im Erscheinungsbild als »fremde Texte« auszuweisen.[24]

Einführung zu den einzelnen Texten

Der Aufsatz V*om ästhetischen Werthe der Griechischen Komödie* ist aus einer ursprünglich geplanten Abhandlung Schlegels zur *Geschichte der Griechischen Komödie* hervorgegangen.[25]

24 Albrecht Schöne, in: *Das Zeitalter des Barock. Texte und Zeugnisse*, hrsg. von A. Sch., München 1988, S. XVII.

25 Vgl. Erlinghagen, *Das Universum der Poesie*, S. 18.

Der Aufsatz dokumentiert Schlegels bemerkenswerte Kenntnis der antiken Literatur, Kultur und Geschichte, die auch deren Ränder (aus der Sicht des 18. Jahrhunderts) nicht auslässt, so die Komödie des Aristophanes. Schlegels Aufsatz leitet die Wiederentdeckung eines wegen seiner obszönen Komik und unklassischen Ästhetik traditionell unterschätzten Autors mit ein. Allerdings bleiben auch in Schlegels ›Apologie‹ noch ältere Vorbehalte und Ressentiments spürbar, die jedoch im Sinne eines kulturphilosophischen Modells von Höhepunkt und Verfall der Antike methodisch reflektiert werden. So steht dem Lob der Alten Komödie als schönstem »Symbol der bürgerlichen Freiheit« die Kritik ihrer »Vergehungen wider die Schönheit« sowie ihrer sittlichen Verderbtheit gegenüber.[26]

Gleichzeitig entdeckt Schlegel an der aristophanischen Komödie Prinzipien, die für seine eigene Theorie der romantischen Literatur wegweisend werden: so das Verfahren der Illusionsunterbrechung, das er einerseits in der antiken Komödie im Heraustreten der Akteure aus der Spielhandlung am Werk sieht (»Parekbase«) und das er andererseits, seit den *Lyceum*-Fragmenten, als Verfahren der ›romantischen Ironie‹ theoretisiert: »Die Ironie ist eine permanente Parekbase«.[27] Auch nimmt das für die Komödie des Aristophanes diagnostizierte Gesetz einer »unbeschränkte[n] Autonomie« der Kunst, das sich unter »dem Deckmantel der Religion und Politik« herausgebildet habe, zentrale künstlerische und kunstkritische Auffassungen Schlegels vorweg.[28]

Vorbildlich hat Schlegels Aufsatz nicht zuletzt hinsichtlich seiner Einbettung der griechischen Komödie und des Dramas überhaupt in den Dionysos- bzw. Bacchuskult gewirkt, der als

26 S. 12 in diesem Band.

27 KFSA, Bd. 18, 1963, S. 85 [Nr. 668].

28 S. 10 in diesem Band.

Kult eines ›fremden Gottes‹ zugleich die Gegenbildlichkeit der Alten Komödie zur griechischen Kultur bewusst hält. Typisch für Schlegels Denken ist dabei der konjunktivische bzw. utopische Zug der Argumentation, der besonders in der Proklamation eines die Errungenschaften der griechischen Komödie reaktivierenden und ihre »Fehler« vermeidenden Kunstwerks der »Zukunft« bemerkbar wird.[29] Inzwischen liegt die historisch-kritische Edition einer von Schlegels Hand stammenden Manuskriptabschrift des Komödien-Aufsatzes vor, die in einigen Punkten vom hier mitgeteilten Erstdruck abweicht.[30]

Der Aufsatz *Über Lessing* trägt Züge einer »höhern Polemik«. Allerdings ist allen kritischen Tönen zum Trotz, die besonders Lessings Talent als Dichter gelten, Schlegels Anerkennung für dessen schriftstellerisch-intellektuelle Lebensleistung nicht zu übersehen. Schlegel Kritik gilt, vereinfachend gesagt, Lessings aufklärerischer Poetik und ihren Konsequenzen für dessen Dichtung, über die sich der ›Romantiker‹ jeweils hinaus wähnt. Seine ungeteilte Bewunderung finden dagegen Lessings »Stil«, sein polemischer Scharfsinn und das von ihm perfektionierte Handwerk der Kritik. Insofern wendet Schlegel Lessings eigene Methode auf diesen selbst an. Dazu zitiert er ausführlich aus Lessings Texten, ein Verfahren, das nicht nur spätere literaturwissenschaftliche Arbeitsweisen, sondern auch Schlegels Anthologie *Lessings Gedanken und Meinungen aus dessen Schriften zusammengestellt und erläutert* (1804) vorbereitet. Zusammen mit dem 1801 in den *Charakteristiken und Kritiken* publizierten »Abschluss des Lessing-Aufsatzes«, der zugleich mehr und weniger ist als dessen angekündigter »Beschluß« (und dem Schlegel auch den Aufsatz noch einmal voranstellt), zählen die Les-

29 S. 11 und 16 in diesem Band.
30 Vgl. Erlinghagen, *Das Universum der Poesie*, S. 64–71. Bei der Manuskriptabschrift handelt es sich *nicht* um eine Druckvorlage.

sing-Schriften jedenfalls zu den wichtigsten methodischen Selbstdarstellungen der Schlegel'schen Literaturkritik. Nicht zuletzt unterstreicht der Essay Schlegels Talent zur erschließenden Lektüre, die die Betrachtung textlicher Details mit einem synthetisierenden Blick auf weiteste Kontexte verbindet.

Die wegen ihres Erscheinungsorts auch als *Lyceum*-Fragmente zitierten *Kritischen Fragmente* sind »die ersten deutschen Aphorismen, die bewußt eine neue literarische Gattung sein wollen«.[31] Sie sind zum Startschuss für die deutsche (Früh-)Romantik geworden, wenngleich Schlegel den Begriff ›romantisch‹ selbst erst später – und niemals ausschließlich – als Epochenbezeichnung im heute geläufigen Sinne verwendet. Die *Lyceum*-Fragmente dokumentieren damit nicht zuletzt die theoretische Entwicklung der Romantik aus ihren historischen Mustern, und zwar in Abgrenzung zu diesen wie in der schließlichen Verallgemeinerung des Worts ›romantisch‹ zum Qualitätswort für alle zukunftsweisende Literatur: »denn in einem gewissen Sinn ist oder soll alle Poesie romantisch seyn«.[32] In den *Lyceum*-Fragmenten distanziert sich Schlegel auch von der Epoche seiner eigenen – von Schiller kritisch als »gräkomanisch«[33] apostrophierten – altertumskundlichen Schriften, von deren Entdeckungen er gleichwohl lebenslänglich zehrt.

Was den inhaltlich und thematisch extrem weit und teils offen gefassten Aphorismen gemeinsam ist, ist ihre äußere Form, die zugleich als intellektuelle Signatur einer literarischen Generation zu lesen ist. Begrifflich fassen lässt sich die-

31 KFSA, Bd. 2, 1967, S. XXXVI.

32 S. 92 in diesem Band.

33 Vgl. Friedrich Schiller (mit Johann Wolfgang Goethe), *Xenien*, Nr. 320, in: F. Sch., *Sämtliche Werke*, hrsg. von Gerhard Fricke und Herbert G. Göpfert, München 1987, Bd. 1, S. 292.

se Form jedoch nur sehr schwer, am ehesten wird ihr eine notgedrungen unvollständige Beschreibung ihrer Eigenschaften und Wirkungen gerecht (als fragmentarisch, paradox, pointiert, plötzlich, überraschend, synthetisch, systematisch-unsystematisch usw.). Noch hartnäckiger als ihre Form widersetzt sich jedoch ihr Sinn einer eindeutigen Bestimmung. Nicht zu Unrecht hat man Schlegel den »unverständlichste[n] Aphoristiker der Deutschen« genannt.[34] Solche Unverständlichkeit ist jedoch kalkuliert und formt einen Appell an den Leser, sich der experimentellen Tendenz der romantischen Erkenntnisbewegung anzuschließen, die klassische Rationalitätskriterien zugunsten einer unendlichen, progressiven Wahrheitssuche dynamisiert. Als wichtigstes Thema und zugleich zentrale Technik Schlegel'scher Fragment-Kunst erscheint darum auch der »Witz«, verstanden als Fähigkeit, Ähnlichkeiten im (scheinbar) Unähnlichen zu entdecken. Der schier unbegrenzten Kombinationslust des Witzes verdanken die Fragmente somit ein assoziatives Gegengewicht zu ihrer Knappheit und formalen Isoliertheit, die nicht zuletzt als Verknüpfungsgrammatik – zwischen den Fragmenten sowie inner- und außertextlicher Wirklichkeit – wirksam wird.

Die Gründung des *Athenaeum*, das in insgesamt sechs Heften zwischen 1798 und 1800 erschien, geht auf einen Vorschlag Friedrich Schlegels an seinen Bruder August Wilhelm zurück (in einem Brief vom 31. Oktober 1797). Die Zeitschrift wird zu einem der wichtigsten Schauplätze der Frühromantik und ihrer epochemachenden Gedanken. Die sogenannten *Athenaeum*-Fragmente nehmen dabei eine herausragende Stellung ein, insofern sie die literarische Praxis der *Lyceum*-Fragmente

34 Gerhard Neumann, *Ideen-Paradiese. Untersuchungen zur Aphoristik von Lichtenberg, Novalis, Friedrich Schlegel und Goethe*, München 1976, S. 417.

nicht einfach fortsetzen, sondern versuchen, »mehr kondensirte und kompakte Abhandlung und Charakteristik zu geben, als Einfälle« (Friedrich Schlegel an seinen Bruder am 31. Oktober 1797). So sprengen sie den vergleichsweise bescheidenen Rahmen der *Lyceum*-Fragmente schon rein quantitativ und spitzen darüber hinaus deren intellektuelle Schärfe weiter zu. Nicht zuletzt aber setzen sie das Prinzip einer kollektiven Autorschaft in die Tat um, das schon das 112. *Lyceum*-Fragment als »Symphilosophie oder Sympoesie« theoretisiert hatte und das fortan zum Markenzeichen frühromantischen Denkens und Schreibens wird. So stammen mindestens 86 der *Athenaeum*-Fragmente von August Wilhelm Schlegel, mindestens 29 von Friedrich Schleiermacher, 13 von Novalis und die restlichen von Friedrich Schlegel, wobei die Fragmente im Erstdruck nicht namentlich gekennzeichnet waren.

Die zeitgenössischen Reaktionen waren spontan und spiegeln Friedrichs Absicht wieder, für die Beiträge zum *Athenaeum* eine *»erhabne Frechheit«* verbindlich zu machen (an August Wilhelm Schlegel, 31. Oktober 1797). Positiv sticht Goethes Urteil hervor, der die Fragmente mit einem »Wespenneste« verglich, aber auch »Ernst«, »Tiefe« und »Liberalität« derselben lobte (an Friedrich Schiller, 25. Juli 1798). Die zeitgenössische Rezeption der Fragmente etablierte aber auch einen bis heute aktuellen Kritikpunkt: den ihrer Unverständlichkeit. Abgesehen von der Gewolltheit eines solchen Effekts, dürfte sich der kryptische Sinn mancher Fragmente auch aus ihrem ›symphilosophischen‹ Entstehungszusammenhang erklären, zu dem sich die Fragmente verhalten wie die sprichwörtliche Spitze zum Eisberg. Ihre Schwerverständlichkeit ist aber auch Ausdruck eines gewissen esoterischen Geists der Frühromantik, die von einen Zirkel Eingeweihter und Gleichgesinnter dominiert wird.

In jedem Fall aber sind die Fragmente ironisch im Sinne

Schlegels, d. h. sie machen den dynamischen Wechsel von »Selbstschöpfung und Selbstvernichtung« sowie einen dialektischen Bezug von Endlichkeit und Unendlichkeit, Einzelnem und Ganzem ansichtig.[35] Ein solcher Wechselbezug relativiert das Gesagte beständig und vermittelt es zugleich mit der Poetologie und Weltanschauung des Autors, der über seinen Gegenstand spricht und über sein Sprechen als solches. Die Unverständlichkeit der Fragmente versteht sich so auch als Unsicherheit des Lesers, auf welcher Ebene er den Text lesen soll: der Objektebene des Gesagten – oder der Metaebene des Gemeinten, das sich zu Ersterem nicht einfach gegenteilig, sondern komplementär verhält.

Eine weitere Errungenschaft der *Athenaeum*-Fragmente betrifft den Entwurf einer »progressiven Universalpoesie«, von der das berühmte 116. Fragment handelt. Damit ist ein alle Gattungen vermischendes und die Grenzen von Poesie, Philosophie und Wissenschaften auflösendes, erzählerisch-reflektierendes Textgebilde bezeichnet, das Schlegel auch »Roman« nennt. Progressiv ist ein solches literarisches Mischwesen, weil es weder formal noch inhaltlich abgeschlossen, sondern ein in alle Richtungen wachsendes *work in progress* ist, dessen Projektcharakter Programm ist. Zu Recht hat man die *Athenaeum*-Fragmente darum auch als »Verkündigung der Doktrin der romantischen Poesie« gedeutet.[36] Sie verkündigen eine solche Doktrin aber nicht nur – die zudem weniger Doktrin als Experiment ist –, sondern verwirklichen diese auch. Eine Auswahl der *Athenaeum*- wie auch der *Lyceum*-Fragmente hat Schlegel unter dem Titel *Eisenfeile* in den »Abschluss des Lessing-Aufsatzes« in den späteren *Charakteristiken und Kritiken* wieder aufgenommen.

35 Vgl. Bubner, »Zur dialektischen Bedeutung romantischer Ironie«.
36 KFSA, Bd. 2, 1967, S. XLVI.

Der Geist der »Verbrüderung«, der das *Athenaeum* umwehen sollte,[37] liegt auch noch dem Plan zur *Wilhelm Meister*-Rezension zugrunde. Ursprünglich hatte Schlegel nämlich vor, ihr die Form einer Abhandlung in Briefen zu geben, um so die Kommunikationskultur, an der sie partizipiert, zu betonen (an August Wilhelm Schlegel, 31. Oktober 1797). Die Rezension setzt das Verständnis der Schlegel'schen Theorie der romantischen Literatur bereits voraus, formuliert sie aber auch weiter aus. Als ›Strukturanalyse‹ des Goethe'schen Romans demonstriert sie zudem wie kein zweiter Text die Fähigkeit Schlegels zu einer nicht nur sentenziösen oder auf Inhaltliches gerichteten Literaturkritik.

Goethes Roman war zwischen 1795 und 1796 in insgesamt vier Teilbänden erschienen. Seine Bedeutung für die romantische Selbstreflexion ist kaum zu überschätzen, wie schon die Tatsache unterstreicht, dass ihm auch Novalis grundlegende Reflexionen gewidmet hat. Es wäre jedoch falsch zu denken, die Frühromantiker hätten in Goethes ›Bildungsroman‹ lediglich eine Umsetzung ihrer eigenen Theorien gesehen. Dazu sind sowohl Novalis' spätere Äußerungen viel zu kritisch als auch Schlegels verstreute Kommentare zum Roman insgesamt zu uneinheitlich. Richtig ist gleichwohl, dass die romantische Theoriebildung ohne die *Lehrjahre* unvollständig geblieben wäre, deren Muster Schlegel noch zitiert, wenn er für seine Autobiographie den Titel *Philosophische Lehrjahre* erwägt.[38]

Bezeichnend für Schlegels romantische Perspektive auf Goethes Roman ist insbesondere die Betonung der ironischen Tendenzen desselben, die den Grund zur Deutung des *Wilhelm*

37 August Wilhelm und Friedrich Schlegel, »Vorerinnerung«, in: *Athenaeum. Eine Zeitschrift von August Wilhelm Schlegel und Friedrich Schlegel*, Ersten Bandes Erstes Stück, Berlin 1798, S. III.

38 Vgl. KFSA, Bd. 18, 1963, S. XIV.

Meister als ›Transzendentalroman‹ seitens der modernen Forschung gelegt hat – der Feststellung also, dass der Roman Goethes und der Goethezeit die epische Handlung von der symbolischen Bedeutung der Erzählung trennt.[39] Dass Schlegel diese Ironie auch gegen Goethes Roman in Stellung bringt, wie die Verständigung über Schlegels Rezension im Kreis der Jenaer Romantiker andeutet,[40] macht einmal mehr das Spektrum der Bedeutungen und Funktionen romantischer Ironie bewusst.

Das *Gespräch über die Poesie* ist aus einer Vorlesung Schlegels »über den *verschiedenen Styl in Goethe's frühern und spätern Werken*« hervorgegangen (an Caroline Schlegel, Mai 1799). Das *Gespräch* steht daher nicht nur in engem Zusammenhang mit seiner *Meister*-Rezension, als deren angekündigte, nie erschienene »Fortsetzung« es gelten kann; der Goethe-Abschnitt stellt auch die eigentliche Keimzelle des *Gesprächs* dar, das einer der aspektreichsten und komplexesten Texte Schlegels überhaupt ist. Formal orientiert es sich am klassischen Muster des ›Symposions‹ im Stile Platons. Gleichzeitig fließen aber auch andere Formen mit ein: des Briefes (im *Brief über den Roman*), der Rede (wie in der *Rede über die Mythologie*) sowie der literaturgeschichtlichen Abhandlung (wie in den *Epochen der Dichtkunst*). Man hat auch versucht, in den fiktiven Gesprächsteilnehmern Personen des Jenaer Kreises wiederzuerkennen: Caroline Schlegel in Amalia, Schleiermacher in Antonio, Fichte oder Schelling in Ludoviko, August Wilhelm Schlegel in Marcus, Friedrich Schlegel in Lothario. Solche Zuschreibungen sind jedoch müßig, da die Namen des *Gesprächs* keine Pseudo-

39 Vgl. Manfred Engel, *Der Roman der Goethezeit*, Bd. 1: *Anfänge in Klassik und Romantik: Transzendentale Geschichten*, Stuttgart [u. a.] 1993.

40 Vgl. Friedrich Schlegel, *Über Goethes Meister. Gespräch über die Poesie*, mit einer Einl. hrsg. von Hans Eichner, Paderborn [u. a.] 1985, S. 61.

nyme sind, sondern Rollen in einem episch-dramatischen Dialog bezeichnen. Sein Charakter als dynamisches Rollenspiel verleiht dem *Gespräch* denn auch eine dezidiert literarische Qualität, die es zu einer der bedeutendsten Dichtungen ihres Autors macht. Die programmatische Übergängigkeit von Theorie und Praxis der Literatur ist in keinem Schlegel'schen Text gelungener realisiert als eben hier.

Das *Gespräch* bildet gleichsam die Quintessenz des frühromantischen Denkens Schlegels, bevor sich dieser neuen Aufgaben zuwendet. Es fällt daher schwer, die wichtigsten seiner Themen auch nur zu nennen. Am berühmtesten ist sicherlich die Forderung nach einer »neuen Mythologie« geworden. Letztere soll dem Umstand abhelfen, dass es der modernen Poesie an einem »Mittelpunkt« mangelt, »wie es die Mythologie für die der Alten war«.[41] Als künftige stoffliche Grundlage unterscheidet sich der ›neue‹ Mythos vom alten jedoch darin, dass er noch gar nicht existiert. Er muss also seinerseits »das künstlichste aller Kunstwerke seyn«.[42] Folglich kann sich die moderne Dichtung auf die Mythologie nur beziehen, wenn sie selbst diese Mythologie *ist*. Das Verhältnis zwischen Mythos und Poesie kehrt sich in der modernen bzw. romantischen Literatur also um: Die Dichtung muss den Mythos schaffen, ohne den sie nicht möglich ist, wie der Mythos die Dichtung ermöglichen soll, die es ohne jenen nicht gibt. Das schreibt der Forderung nach einer »neuen Mythologie« eine utopische Dimension ein. Für die Ausgabe *Friedrich Schlegel's sämmtliche Werke* (Bd. 5, 1823) hat Schlegel den Text um einen erweiterten Schlussteil ergänzt.

Den Aufsatz *Über die Unverständlichkeit* hat Schlegel im September 1798 begonnen und im Winter 1799 beendet. Für

41 S. 227 in diesem Band.
42 S. 228 in diesem Band.

das sechste und letzte Heft des *Athenaeum* (1800) hat er ihn nochmals überarbeitet. Der Aufsatz reagiert auf die zeitgenössische Rezeption der Zeitschrift, die Schlegel in einem Brief an Novalis vom Juli 1798 so resümiert hat: »Was man nicht versteht, hat ein Schlegel geschrieben«. So witzig wie diese Bemerkung ist der kleine Aufsatz insgesamt, den Schlegel auch eine »Fuge von Ironie« genannt hat (an Friedrich Schleiermacher, wohl 27. Juni 1800). Insofern handelt der Text nicht nur von Unverständlichkeit, sondern ist auch selber wieder ›unverständlich‹. Das liegt daran, dass Schlegel eine letzte Verständnisschwierigkeit seines Denkens und Schreibens gar nicht auflösen will, da sie mit einem Grundsatz frühromantischer Hermeneutik zusammenhängt. Demnach ist alles Verstehen einem infiniten Prozess unterworfen, der sich seinem Ziel immer nur annähern kann, ohne es je ganz zu erreichen. Die in der *Meister*-Rezension und anderswo thematisierte Vorbehaltlichkeit des Verstehens reklamiert Schlegel damit auch für seine eigenen Werke, denen nur eine unausgesetzte Lektüreanstrengung gerecht werden kann.

